桂林唐代石刻の研究

戸 崎 哲 彦

白帝社

此書奉献給桂林人民

はじめに

石刻の史料性と分類

金石は古代人の発明した、今日のCD-ROMにも匹敵する記録媒体である。彼らはそれに記号を刻入することによって時空を越えた伝達性の獲得に成功した。今日、我々が目にする金石文は千百年前の事実であり、メッセージである。それは後に出現した紙・木等を媒体とする写本・版本と異なる。写本・版本の類は千万里を越えて運搬できるように空間超越性に優れるが、時間超越性の上では金石に遠く及ばない。両者が並行して行われてきた理由の一つもこの機能の差異にある。中でも石刻は青銅・鉄器等と較べて安価であり、また刻入・装飾等の加工も容易であり、何よりも腐食に耐え得るという特徴を有する。したがって早くから広く行われてきた。墓誌の類はその好例である。それらは死者と共に土中にありながら永遠に生き続ける。後世、このような石刻は、抄本や版本とは異なる高い史料性と芸術性が認められて、北宋の欧陽修『集古録』で知られるように、拓本の収集が始まり、テキストの校勘に用いられ、史書の補正が試みられ、また書跡の模範や鑑賞のために法帖が作られるようになった。周知の如く、石刻は今日に至っても第一級の史料・一次資料として広く文史哲に亙って訂正・補遺等に利用されている。唐代についていえば、最近出版された『全唐詩補編』や『全唐文新編』・『全唐文拾遺』等の新資料にはいずれも石刻が多い。

記録媒体としての石に対する信頼とその活用は古代より世界各地に見られるが、中国におけるその発展は特異であり、内容は多岐に及んでいる。たとえば死者の生前を記した墓碑・墓誌をはじめ、同盟・征伐など政治的事件の記録、祠廟・寺院などの造営や城池・庭園等の築造の記事、儒佛道の経典や個人の文学・絵画などの作品、土地等の契約証など、さらに都市・寺観・景観・人物等の圖など、じつに多くの分野に及び、それらは今日に至っても文学・歴史や書道を中心とした芸術のみならず、政治・経済・軍事・宗教・絵画・建築・地理学・医学・文化人類学など、百学に貴重な資料を提供している。このような石刻の多様性は、文字形式に限らず線描形式による絵画等をも含む点において、ほとんど文献資料の場合と異ならないというよりも、それ以上に広範囲である。たとえば清代に再燃した金石学の集大成ともいうべき清・葉昌熾『語石』（一九〇一年）が試みている四十二類という分類がその多様性を告げている。しかし四十二もの類目はあまりにも多く、更にその上位分類が必要となる。そこで後に楊殿珣編『石刻題跋索引』（商務印書館一九四〇年）は、『金石萃編』一六〇巻・『八瓊室金石補正』一三〇巻等を始めとする計一三六種約一三五〇巻にものぼる厖大な石刻史料をまとめて、七分類を提示している。それは（一）墓碑・（二）墓誌・（三）刻經・（四）造像（画像を含む）・（五）題名題字、（六）詩詞・（七）雑刻（磚瓦・法帖を含む）である。これは内容を主にした今日の分類であり、数量の上でも適当であろう。今、この内容分類に注目すれば、この裏に歴史的な変遷をうかがうことができる。これらの類は時を同じくして出現したわけでは固よりない。この分類は大きく前半の（一）墓碑・（二）墓誌・（三）刻經・（四）造像と後半の（五）題名題字と（六）詩詞にわけることができ、後者は前者に遅れて増加している。これは事件の記録から所感の記録への拡大という現象を反映しているといえよう。換言すれば、歴史から文学への拡大を示している。刻石は地中の墓誌や地上の墓碑・刻経から巖上の題名題字・詩詞に及び、しかも個人の嗜好によって比較的気軽に刻されるようになっていった。その展開期は唐代にあり、中国における山水の遊覧とその文学の発展はこれと直接に関係している。たとえば北宋・朱文長『墨池編』巻六「碑刻」は、大量の石刻を時間と内容によって整理しており、まず「周碑」四・「秦碑」九・「漢碑」九四・「魏碑」一一・「呉碑」五・「晋碑」一二・「宋斉梁陳碑」一六・「後魏斉周碑」二五・「隋碑」三〇というように王朝・時代によって分類した後で、唐代については次のように細分している。

唐碑	一九七（収録数。以下同じ。）
唐頌	五七
唐碣	六
唐銘	七
唐誌	一九
唐記	一三
唐佛家碑	一〇〇
唐佛銘	三二
唐佛記	二七
唐道家碑	三二
〔唐〕道家銘頌記	二三
〔唐〕祠廟	八七
〔唐〕宮宇	三八
〔唐〕山水	五六
〔唐〕題名	三七
〔唐〕藝文	一一一
〔唐〕傳模	五一

注目したいのは、唐以前の歴朝の作が計二〇六点であるのに対して唐一代で計八九三点、四倍以

上にも激増していることである。そこで細分が必要となり、およそ十七に分類しているわけである。また、「藝文」の類が必要となり、しかもかなりの数量に増大している。この「藝文」は楊殿珣七分類の「詩詞」に相当する、文学の類である。ただし太宗「登逍遥樓詩」・韓愈「漢堂詩」などが「藝文」ではなく「宮宇」に、いっぽう刻経の類が「藝文」に入れられている等、分類に問題がないわけではない。また、「藝文」と区別して「山水」を立てていることも注目される。本書でも扱う呉武陵「新開隱山記」はこの「山水」に入れられている。この類も山水文学として広く文学に分類してよい。この時期、「藝文」と区別するまでに「山水」の類が増大したわけである。

唐代の山水文学と嶺南地域

文学の発展は風土と密接な関係がある。中国の場合、自然地理としては華北・華中・華南の区分がなされるが、文学の生産拠点もこの自然地理と対応させることが可能である。周知の如く、周代に北の西安・洛陽の地に都が置かれて以来、その地では後に『詩経』としてまとめられる文学が生まれた。それらは黄河の中流域の風土を背景にして生まれた文学といってよい。これに対して南方では『詩経』とは内容・形式ともに異なる『楚辞』が生まれた。それは温暖で豊潤な江南の風土を背景としている。これは長江の中流域の文学といってよい。『楚辞』系の辞賦は漢代の文学に大きな影響を与えるが、漢代以後、文学の創作の主体は文人官僚・知識人となり、都を中心にして創作活動が営まれた。中には竹林の七賢、招隠・遊仙の文学、謝霊運の山水詩や陶淵明の田園詩など、都市・官界を離れた場で創作する方向もうまれたが、魏晋南北朝時代から唐代にかけて、基本的には北の長安・洛陽を中心とする黄河中流域と今の南京を中心とした長江下流域が文学創作の主要な場であった。しかし唐代に至るとこの二地域の他に重要な地点が加わった。それらはこの二地域を取り巻く外縁に当たる。つまり、一つは黄河中流域の西北、砂漠地帯であり、他の一つは長江中流域の南である。黄河西北地域はいわゆる辺塞文学を生み、長江以南地域は左遷の文学を生んだ(1)。時代的に見れば、前者は唐代の前半、後者は唐代の後半に集中する。文学の場はいわば中央から周縁へと拡大していったといえる。その中で黄河西北の文学と言語は、早くから仏教の東漸やシルクロードという主題のもとに関心を集めており、また前世紀での大量の文献の発掘によって成立した“敦煌学”の発達によって、研究は相当進んでいる。これに対して長江以南の文学については、今日に至ってもあまり注目されていない。しかし唐代において重要な思想家・文士詩人が左遷されたのは長江以南の地であり、その地で彼らによって多くの文学が創作され、中央に向けて発信された。その一つが広い意味での山水文学である。山水文学というジャンルは世界的に見て中国文学の特徴をなす一つであるといえよう。それが唐代において、長江以南の地で急速に発達する。そこには都あるいは北方には無い、また長江流域にも稀な、自然空間と景観があった。この南方の特異な山水景観と自然環境は文士詩人に様々な思索をあたえた。山水文学は山水の観賞による、単なる文字による山水の描写にとどまらない。文学表現として山水美への感動や慰安、自己投影、自己韜晦、処遇・政界・世相への風諭など、その内容は多様である。また、南方の自然と風土は、独り文学のみならず、さらに絵画・造園などを含む、広く芸術・精神文化を発展させたことにおいても、もっと注目されてよい。

唐代における山水への傾斜には幾つかの要因があった。まず、先の南朝における南方開発を継承した統一国唐朝は南方の版図に多くの州県を置き、中央から官吏を派遣してその経営・治安に当たらせた。つまり南方で多くの官僚を必要とした。特に多くの州が置かれたのが嶺南地域である。嶺南は面積の上からみて州が最も密集している。次に、嶺南を中心とする南方は中央・北方とは異なる苛酷な自然環境と異民族が多くて異質な文化をもつ地域であり、中華の風教の及ばぬ遠隔の地とされて、官僚の配所として使われた。ちなみに隋の流罪地は都を去ること二千五百里であったが、唐代では三千里になった。この距離の変化は長江の南域から南嶺の北麓にまで延びたことをつげている。次に、唐帝国はかつて無いほどの統一と延命を果たしたが、王朝の安定は有力な政権によってはかられた。逆にいえば中央官界では官僚の党争が盛んになり、敗者は排除された。そこで失脚者の貶謫が盛んとなり、それは中華の文化果つる地と認識されていた南方、特に嶺南が選ばれた。いっぽう貶謫された者には中央からの失脚者であるが故に有為・有能な官僚が多かった。その地に左遷された官僚たちは望郷の念を抱きながら、当地の自然を遊覧・観賞し、あるいは政治への理想を深く秘め、あるいは中央や世相を風諭し、あるいは自ら景勝を開発して、その景観・足跡・所感等を詩歌に詠み、あるいは文で記し、題名をのこした。しかもかれらの題名や詩文は、墓誌や記念碑のような石碑に刻むというのではなく、当地の岩壁や洞穴周辺の石上に直接書刻するという方法がとられた。流謫の地ではなかった北方にはこのような形態の石刻は少ない。また、自然巌への刻石という形をとったが故にそれらは多く今日に残ることができた。石碑の類は、墓誌のように土中に埋められるものは例外として、自然・戦火による、あるいは人為的な破壊をうけやすいが、石山の壁上に刻されたものは比較的そのような被害に遭いにくい。

嶺南の石刻は中国文献研究の一次史料であると同時に、山水文学の発展から見れば直接それを示す物証でもあるといえる。その中でも重要なものが“摩崖石刻”である。そもそも石刻は内容と形状とに相関関係がある。現在、石刻を最も多く蔵しているのは西安の“碑林”であり、一一七〇〇余点あるという。しかし西安碑林には碑文・墓誌などを中心とする碑刻が多く、いっぽう嶺南地域には“摩崖”が多い。広義の石刻については先に示したように多くの分類が試みられているが、それは主に刻されている内容によるものであり、その他に清・馮雲鵬『金石索』が「古者方曰“碑”、圓曰“碣”、就其山而鑿之曰“摩崖”、亦曰“石刻”」として二類に大別しているように、形状によって分類することも可能である。先の楊殿珣の分類でいえば、墓碑・墓誌・刻經の類は“碑碣”、題名題字・詩詞の類は多くが“摩崖”に属す。両者は石に刻されているという点では共通するが、“碑碣”の類は自然界にある岩山等から切り出されて加工された石板に刻したものであり、いっぽう“摩崖”は自然界にある岩山の壁上に直接刻したものである。文学の研究、とりわけ山水文学の研究からいえば、“摩崖”は単に刻石という石刻一般のもつ高い保存性の故に重要な史料であるだけでなく、内容と刻された地とに切り離せない因果の関係がある直接の物証として重要である。

桂林の摩崖石刻の重要性とその特徴

先に示した中国文学の風土ラインにあって、長江以南の文学の地で最も注目されるのが嶺南地域であるが、さらに嶺南地域においては桂林が最も重要な地である。桂林の山水は今日に至っても「桂林山水甲天下」という成句とともに有名である(2)。早く清・葉昌熾『語石』が「桂林山水甲天下、唐宋士大夫度嶺南來、題名賦詩、摩崖殆遍」・「唐宋題名之淵藪、以桂林爲甲」というように、嶺南における題名・詩文の刻石が盛んになるのは唐代であった。「嶺南」とは今の広東省と広西壮族自治区の地である。摩崖石刻は広西に多く、広西においては桂林が群を抜く。

『桂林石刻』(一九八一年)上冊「編輯説明」(p1)(3) によれば、桂林の市内に存在する清末(一九一一年)以前の摩崖石刻は一九七七年の調査では二千近くあり、その中で六朝隋唐四七点、宋四八九点、元三一点、明三六一点、清五〇三点、年代無考一三八点、計一五六九点を収録している。また、『桂林旅游資源』(一九九九年)「摩崖石刻」(p226)によれば、総計約二五〇〇点、うち桂林城区に二〇〇〇点近くあるという。総計数の差は、その約二十年間における新たに発見された石刻が加わっているだけでなく、周辺諸県の合併による桂林市地区(桂林市十二県)の拡大による増加が主な原因であろう。しかも約二千点の大半が城区内の二十余の山中にある。このような集中は全国的にみて極めて珍しい。また、『中國西南地區歴代石刻匯編(第九冊)廣西桂林巻』(一九九八年)「前言」(p1)によれば、桂林に現存する石刻は二千以上であるが、その中でも“摩崖”が最も多く、全体の約五分の四を占めるという。そこで中国における摩崖石刻の所在についていえば、「紀泰山銘」(開元十四年726)を有する泰山や「大唐中興頌」(大暦六年771)を有する浯渓が有名であるが、現在知られる泰山のそれは約一二〇〇(4)、浯渓のそれは約五〇〇であるという(5)。いずれも桂林の数量に遠く及ばない。次に嶺南地域の摩崖についてみれば、広東に現存する摩崖石刻は二四〇〇余点、二二〇余個所にあるという(6)。これは広東全省に亙る数量であり、しかも清代以後のもの、社会主義国設初期の「革命標語」までも含む。この二四〇〇の中に清以後のものがどれほどあるか今つまびらかにしないが、広東省全体の清末までの摩崖石刻の数は明らかに桂林一市の数に遠く及ばない。しかも広東省のそれは全省二二〇個所に点在するが、桂林のそれは二〇余個所に集中している。また、唐代のものについていえば、広東全省にはわずか十余点に過ぎず、しかも韓愈のものが半分近くを占めるから、人数から見れば更に少ない。この数量は実に桂林一市所存の約四分の一である。つまり、墓誌・碑碣等を除く石刻の中で摩崖石刻は嶺南地域にあって桂林が最も多く、その数量は他の比ではない。今日、唐宋の以後の摩崖石刻の数量は桂林が中国一であるといわれる所以である(7)。これは桂林の地域的特性、その山水美と直接関係する。さらに摩崖という点からいえば、刻石に適した地であったことも挙げてよい。広西は全国的にみて、また広東に較べて、カルスト地形が発達して石山が多い。桂林はまさにその中心にあり、山水美の形成もそれに起因する。また、摩崖石刻は石山の岩壁上に刻されたものを指すが、桂林のそれには位置の上でも特徴がある。カルスト地形には鍾乳洞が発達しており、桂林の摩崖石刻は、その洞口周辺を中心とした洞外だけでなく、洞内の岩壁上にも多く見られる。つまり、桂林の石刻の特徴は、(一) 山水景勝地の発見・開発の記録である題名題字を含む山水文学に関するものが多い、(二) それらは“摩崖”の形態をとる、(三) 洞内にも見られる、という点が挙げられる。摩崖石刻は碑碣の類とは違って破壊を免れやすく、洞内のものはさらにそうである。したがって桂林は嶺南にあっても貴重な一次史料の宝庫であるといえる。

先に挙げたように石刻の分類は多くの場合その内容によってなされるのが一般であるが、石刻の研究を現物の調査から始める場合には別の分類が必要である。清・馮雲鵬『金石索』が示した碑碣と摩崖という形状からの二分類に加え、摩崖石刻においては、さらに刻石場所や石面状態などによって分ける必要がある。例えば石刻が洞外にあるのか洞内にあるのかという存在場所によって調査の方法やそのために必要な器具の類が異なってくる。一般的にいって、洞外の刻石には風雨による浸食や亀裂が多いが、洞内のものにはそれが少ない。ただし洞内は往々にして足場が悪く、また照明等を必要とする。また、碑碣の類は石面を磨削して平らにした上で刻石するのが一般であるが、摩崖の類は磨平せずに直接刻石している場合がある。桂林の石刻についていえば、宋代およびそれ以後の摩崖はほとんど石面を磨平した上で刻されているが、唐代のものの中には磨平されていないものが多い。さらに磨削の状態にも差があり、石面を平らに磨いたものもあれば、粗く削っただけのものもある。これは石上に直接書いた上で刻す方法（いわゆる書丹）と紙に書いたものを貼り付けて刻すという方法の相違とも関係しているであろう。このような石面の状態によってもその調査の方法と必要器具は異なり、現場の情況の違いへの対応が今回実際に調査に当たって最も苦労した所である。例えば今回は主にカメラで撮影して基礎資料を得たが、そのような方法では、撮影の位置・角度、光源との関係や天候だけでなく、さらに時間帯や季節にも配慮する必要がある。

石刻の拓本と本研究の方法

本研究では事前に方志・歴史地理書等による文献研究を行った上で石刻の存否を確認し、場所を可能な限り特定して現地に赴き、更に詳細な情報を収集すると同時に、山野を跋渉するというフィールドワークを行い、発見した石刻をカメラで撮影してゆくという方法を採った。今回、カメラ撮影によって原資料を収集したのは拓本をとることが許可されないからだけではない。例えば高さ10mの懸崖にある石刻に足場を組んで一辺数mもの拓本をとることは、物理的にも、経済的にも困難であるが、カメラで撮った原石の画像資料には、拓本にはない利点がある。

（一）今日まで一般に、石刻は紙・墨を用いて拓本にとってから使用されることが多いが、その扱いには注意が必要である。拓本は保存性の高い石刻に拠っているために版本や抄本、さらには帛書・簡策書などよりも原文に忠実であり、したがって歴史・文学・芸術等々の多くの分野において一次史料として扱われている。しかし過度の信頼は禁物である。厳密にいえば、石刻の現物が一次史料であり、拓本は二次史料である。石刻と拓本は本来的に異なる。拓本は石刻を写し取ったものであり、当然、原物には及ばない。原石が現存するならば、それを詳細に調査する必要がある。

（二）拓本はいかに鮮明なものであっても、本来的に表現力に乏しい、換言すれば情報量が少ない。原石は千年の星霜を経て当時のままではあり得ない。部分的に破損し、あるいは亀裂が入り、また苔・カビが生えたり塵などが付着している。このような原石の拓本は、いかに石面を洗滌した上でとるとはいえ、墨によって写し取ったものであり、それは亀裂・破損部分だけでなく、微細な付着物に至るまで、白か黒かで表現される。この点において拓本は原石の写真には及ばない。拓本とモノクロ写真の白黒の表現は異なる。ただし写真は光源の照射によってかなり異なり、相当の技術が必要である。拓本は確かに鮮明ではあるが、白か黒の二色で表現されており、その中間色がない分、じつは不鮮明・不正確である。モノクロ写真では白黒の中間色で表現されることによってそれらが何であるか判断しやすくなる。しかしこれらもカラー写真には及ばない。カラー写真であれば、黒く写っている点が緑の菌類であったというようなことも分かり、亀裂の深さ角度まで分かる。

（三）今日カメラによる画像を用いることの最も大きな利点はパソコン等による画像処理が可能であることにある。写真はレンズを用意すれば、容易に近づけない高所にあるものでも撮れるが、上下の明暗や形状が一定でないなどの問題が生じる。拡大縮小は無論のこと、コントラストやデフォルメなどの補正も画像をデジタル化することで可能であり、容易に現状に近付くことができる。拡大して文字を判読するためには、デジタルカメラならば六〇〇万画素は欲しい。フィルムカメラの情報量はそれ以上であり、フィルムからデジタル化しても使用できる。写真は万一の場合に備えてデジタルとフィルムの二台のカメラで撮っておくのがよい。

したがって拓本があっても、石刻が現存するならば、現物を写真に撮って資料とするのがよい。しかし、先にも述べたように石刻の存在場所や刻石の状態などによって撮影の方法や用具が異なり、実際には容易ではない。

ただし、一般的にいって石刻の拓本は原石の写真よりも劣るとはいえ、拓本の方が研究に有益である場合もある。原石が破壊されて存在しない場合は拓本は唯一貴重な史料である。また、浸食・亀裂が多い場合にはより早い段階にとられた拓本は貴重である。桂林の石刻で今日に伝わっている拓本は多くが民国期あるいは文化大革命後のものであるが、中には清代初期のものもある。それらの拓本は北京図書館・桂林石刻博物館やわが国では京都大学人文科学研究所などに蔵されており、その一部は影印して出版されて容易に見られるようになった。桂林石刻の拓本影印は桂林石刻博物館蔵（桂海碑林）のものが最も多い。

なお、本書は平成十三年度・十四年度（二〇〇二年）科学研究費補助金（基盤研究(C)(2)）による研究「中国嶺南地域の摩崖石刻の資料化とそれに拠る中国山水文学の実証的研究」（課題番号13610534）の主要な研究成果に基づいて執筆したものである。

二〇〇四年七月　戸崎哲彦

注

（１）　拙稿「唐代における山水文学の展開——“嶺南地域”文学研究の提唱——」（『彦根論叢』333、滋賀大学経済学部2001年）を参照。

（２）　拙稿「成句“桂林山水甲天下”の出自と典拠について——王正功の詩と范成大・柳宗元の評論——」（『島大言語文化』14、島根大学法文学部2003年）を参照。

（３）　桂林に関する文献資料については本書に付録の「参考文献」に詳しい。

（４）　徐自強等『中国的石刻与石窟』（商務印書館1996年、p20）。

（５）　湖南省文物事業管理局『浯渓碑林』（湖南美術出版社1992年、p5）。

（６）　広東省文物管理委員会弁公室（曹騰騑・黄道欽主編）『広東摩崖石刻』（広東人民出版社1998年）「概述」。

（７）『桂海碑林』（漓江出版社1997年）「序言」（ｐ2）、『桂林市民読本』（接力出版社2000年）「桂林大概有多少摩崖石刻」（ｐ140）。

凡　例

（一）本研究は中国にあって最も摩崖石刻の集中する嶺南の広西壮族自治区桂林市に現存する唐・五代の石刻に関する現地調査に基づく。ただし最近失われたもの、また最近の記録に現存するとされているが今回確認できなかったものはそれらに関する先行の記録に拠る。

（二）摩崖石刻を中心とするが、貴重な碑刻・摩崖像を若干含む。唐代の作と思われる造像は嶺南地域の中でも桂林に特に多く現存するが、題記・題名など、文字を含まないものは基本的に除外した。

（三）各石刻には標題を掲げて節の題名として示した。標題は原作にあるものはそれに従ったが、無いものはその内容に拠って仮につけた。また、標題の前に、現存しているものには〔存〕、佚している場合は〔佚〕でそれを示したが、現存していないことの証明は困難であり、その場合は〔？〕で示した。

（四）摩崖石刻は自然界にある岩石の上に刻されたものであるから、ほんらい山中にあり、桂林の石刻もいくつかの山に集中が見られる。そのため、本書ではまず地点によって分け、さらに同地点内では刻石の年代順に配した。ただし年代を明確にしがたいものは後にまわした。

（五）石刻の存在地を可能なかぎり明らかにし、かつＧＰＳによって経度・緯度を示した。たとえば方志や『桂林石刻』（一九八一年）等の先行資料には「在～山」「在～洞」等とあっても、今日その山・洞を特定し、さらにその数十米から数キロ米に亙る洞内や山中に入ってそれを探し出すのは大変な苦労をともなう作業である。今回の調査では一石刻を探し出すのに数日を要したものがある。また、三回の渡航を果たしたが、中には未だに探し出せないものもある。地点を明確にすることは、後学の労を軽減するだけでなく、それ自体が方志等の解読をともなうフィールドワークであり、研究の重要な一部である。

（六）今回調査できた石刻は釈文して「現状」を示した上で、他の録文・拓本等の「資料」に拠る「校勘」を行って「復元」を試み、さらに問題とすべきものについては「考察」を加えた。「解読」では復元文の断句を試み、また説明を要する語句にはそれを加えた。特殊な異体字は通行のものに改めた。

（七）録文では基本的に明朝体繁体字を用いた。石刻には書者の書風・筆致に由来するものを含み異体字が多いが、小さな差異には必ずしも拘らなかった。□は缺字、〔　〕は補缺、[　] は訂正、……は省略、(　) は注釈を示す。

（八）「資料」中の文献や引用書の筆者名・出版社名等は、必要なもの以外は逐一示す煩を避け、桂林研究の基礎文献として作成して本書に付録した「参考文献」にまわした。

目　　次

桂林唐代石刻の研究

零、桂林市による現存石刻の調査研究と課題

まず、公的機関による桂林に現存する石刻の調査と研究の現状について概述し、問題点等を指摘しておく。

桂林市による石刻調査とその成果

桂林市では早くから文物調査を重ねて行っており、遺跡・石刻の現存状態はほぼ全貌が明らかになっている。しかし具体的な年代および数量に至っては発表されている公的な文献の間に出入りが見られる。今、『桂林市志（下）』（一九九七年）「文物志」第七章「文物管理・保護與研究」第二節「文物保護」の「文物調査」（ｐ3035）に拠れば、解放後に行われた比較的大規模な調査は六回ある。

一九六二年　市風景文物整理委員会による明代靖江王墓群の調査

一九六四～五六年　自治区博物館・市文物管理委員会による洞穴遺跡の調査

一九七七年　市文物管理委員会による桂林市区歴史石刻の調査

一九八二年　市文物管理委員会による陽朔県の文物調査

一九八三年　市歴史文化名城普査弁公室による城区と郊区の文物調査

一九八五年　市文物工作隊・臨桂県文物管理所による臨桂県の文物調査

これらの調査を経て一九六六年・八二年・八四年・八七年に“文物保護単位”が公布され、九〇年末の時点で桂林市の七九個所が文物保護単位に指定。九六年末に至ってもこの数に変化はないが、ただランク（自治区・市級・県級）認定に移動がある。『桂林市志（下）』はそれら七九個所を「革命遺址及革命紀念建築」（一六個所）・「古建築及歴史紀念建築」（二八個所）・「摩崖造像及石刻」（二五個所）・「古遺址及古墓葬」（一〇個所）の三つに分類してそれぞれその「名称」・「年代」・「所在地」・「級別」等を示す表を附している（ｐ3035～3037）。この中で桂林の石刻は、最近二〇〇一年六月に“国家重点文物保護単位”つまり国宝に昇格した。『中国文物報』（2001年７月15日）に掲載の「第五批中国重点文物保護単位」の「四、石窟寺及石刻（共計31处）」の項に「序号462：Ⅳ-20『桂林石刻』唐至清」という。おそらくその基礎資料となっているのは九七年に「中国旅游資源普査規範」に基づいて組織された桂北旅游資源普査弁公室が行った調査をまとめた桂林旅游資源編委員会編の大著『桂林旅游資源』（漓江出版社一九九九年）であり、さらにその基礎資料が七七年の調査に基づく「摩崖造像及石刻」である。その時の調査結果をまとめたものが、本研究にも直接関係して有益な桂林市文物管理委員会編（林半覚・張益桂主編）『桂林石刻』（上・中・下）三冊（一九七七年編者「編輯説明」、一九八一年編者「後記」）である。

『桂林石刻』の上冊の「編輯説明」・下冊の「後記」および『桂林市志』によれば、すでに一九七四年から清・宣統三年（1911）辛亥革命以前の市区四〇余個所について調査・拓印・抄録・校勘・編集等の作業が行なわれ、五年の歳月を経て得た二千件近くの石刻の中で一五六九件を厳選し、それらが『桂林石刻』に収められた。『桂林石刻』三冊は、その「後記」によれば、主編の一人である林半覚（1907－1983）の編集によって約一二〇〇件を収めた『桂林石刻志』（稿本）に拠る所が大きいと思われるが、桂林現存の石刻一五六九件について録文した上でその所在地・書体・字徑・年代を可能な限り示して「南朝隋唐五代」・「宋代」・「元代」（以上は上冊、384p）、「明代」（中冊、258p）、「清代」（下冊、468p）に分冊して収録（1110p）している。その内訳は南朝二件（ともに地券）、隋代一件（題字）、唐代四二件、五代二件、宋代四八九件、元代三一件、明代三六一件、清代五〇三件、年代無考一三八件である。桂林の石刻を網羅しているものは今日のところこの書以外になく、極めて貴重である。ただ残念なことに、録文が断句されていないのは好いが、すべて簡体字で記されている。これは資料としての価値を減じてしまっており、最も惜しまれる点である。しかし当時の事情を考慮すればやむを得ない方法であった。また、釈文にも多くの問題がある。該書には「勘誤表」が付録されているが、なお誤字・脱字が多く見られる。『桂林石刻』は先の数回におよぶ現地調査によって録文したものであるというが、釈文そのものに誤りが多いだけでなく、旧来の拓本や方志等の文献史料にそのまま拠っているものが意外と多く見受けられる。唐代のものに限っていえば、『桂林石刻』には、清代の勅撰『全唐文』・『全唐詩』および最近その補遺・訂正を試みた国家的プロジェクトによる『全唐文補遺』（一九九四年）・『全唐文新編』（二〇〇〇年）・『全唐詩補編』（一九九二年）にも収められていないものが録されており、また既収のものにあっても文字にかなりの異同が認められる。いっぽう『全唐文新編』・『全唐詩補編』の中には『桂林石刻』によって拾遺し、校訂しているものもあるが、誤脱等を無批判に踏襲しているものが多い。桂林の石刻については全面的な整理・対校のみならず、再度の調査が必要である。

桂林石刻の所在地と数量

次に、桂林市に現存する民国期までの摩崖石刻（壁書・碑刻を含む）の数と確定年代についても、公的機関の発表している資料の間にかなり異同が見られる。今、最近出版された代表的なもの、桂林市地方志編纂委員会編『桂林市志（下）』（一九九七年）「文物志」第三章「石刻・壁書・造像」第一節「石刻」（p2994～3000）第二節「壁書」（p3001）、桂林市旅游局編『桂林旅游志』（一九九九年）「摩崖石刻及造像」（p58～66）、桂林旅游資源編委員会編『桂林旅游資源』（一九九九年）第四章「古跡与建築」第十一節「碑碣」（p588～595）・第二十節「摩崖石刻」（p657～708）・付録「（桂林市五城区）摩崖石刻」（p826～827）・「（桂林市十二県）石刻及其他」（p841～844）の三書によれば、桂林石刻の所在地と数量はおよそ次の通りである。（　）内は唐代のものを示す。

このように三者にはかなり異同があり、唐代に限ってみても『桂林市志』と『桂林旅游志』は三五件、『桂林旅游資源』は三六件と近いが、地点によってかなり違いがあり、隠山・普陀山などはそれが著しい。また、『桂林石刻』によれば唐代は四二件、五代は二件、計四四件であり、

石刻所在地／資料	『桂林市志』	『桂林旅游志』	『桂林旅游資源』
虞山	65（2）	〃	〃
鉄封山	6（1）	〃	〃
鸚鵡山	6		
宝積山	32	〃	19
畳彩山	207（5）	201（5）	200余（4）
伏波山	112（2）	〃	〃
独秀峰	136（2）	〃	137（2）
隠山	85（8）	〃	94（12）
中隠山	16	〃	〃
清秀山	18	〃	〃
普陀山	300（6）	251（6）	[150]
七星岩			70（1）
元風洞			10
玄武洞			16
弾子岩			9
留春岩			3
省春岩			13
曽公岩			26＋3
月牙山	25	24	25
龍隠岩・龍隠洞	205(1)	220余（1）	108＋101（2）
会仙岩			9
象鼻山	64	〃	49（1）
雉山	31	〃	〃
穿山	6	〃	8
南渓山	145（3）	〃	150（4）
府学文廟	14	14	
芦笛岩	77（5）	78（5）	77（5）
大岩	93	〃	〃
冠岩			8

これとも合わない。唐代石刻の現存の有無をめぐって、また唐刻であるかどうかの鑑定について、当地の発表にも大小の相違のあることが知られる。ただし一部のものについては墨書と造像記の扱いとに関係しているように思われる。『桂林市志』等三書の「芦笛岩」「大岩」は石刻ではなく墨書であるから、三〇件・三一件になる。これには西山の造像記は含まれていないようである。

『桂林市志』（一九九七年）と『桂林旅游志』（一九九九年）は出版年が極めて近いから同一の資料に基づいている可能性が高いが、『桂林旅游志』と同年の『桂林旅游資源』（一九九九年）は最近の調査と整理によるものであるというから、こちらを信頼すべきであろう。しかし、そもそも今日、唐刻と考えられている現存石刻は果たしてそうであろうか。筆者の調査と研究によれば、唐刻でないものが含まれており、いっぽうそれ以外にも唐刻で現存しているものがあるように思われる。また、その基本資料である『桂林石刻』の釈文そのものにもかなり誤りがあり、それは作者や製作年代の判定に関わる。

公的機関による桂林石刻の調査と研究の成果の重要なものには、『桂林石刻』三冊の他に、『中國西南地區歴代石刻匯編（第四冊～八冊）廣西省博物館巻』（天津古籍出版社一九九八年）・『中國西南地區歴代石刻匯編（第九冊）廣西桂林巻』がある。前者は広西壮族自治区博物館所蔵の、後者は桂林石刻博物館所蔵の拓本を影印したものである。唐代の石刻は両者を合わせれば二二件が収められている。これは今日現存するとされている唐刻三六件の約三分の二に達する。しかし、なお三分の一を欠いており、また『桂林石刻』所収の数四二件と比べれば、拓本の影印は約半分に過ぎない。また、拓本影印は、残念ながら鮮明さを欠くものが多い。その最も大きな原因は縮刷されていることにある。しかし問題は印刷の技術にとどまらない。拓本の影印本は拓本そのものより劣り、拓本は原石に及ばない。たとえば虞山の「舜廟碑」や南渓山の「南溪詩并序」・「南溪玄巖銘并序」などはその好例であり、それらの拓本は殆ど判読に堪えないほどに浸蝕されている感を見る者に抱かしめるが、原石の文字は極めて鮮明である。「はじめに」で強調したように、拓本は二次資料に過ぎないのである。現存が三六件であるにしても、原石が存在しているならば、それに拠る必要がある。

本書は桂林に現存する石刻の一部、唐・五代の石刻について調査と研究を試みたものであるが、一個人、しかも外国人がそれを行うには限界がある。桂林市人民政府当局には先の調査の不備と研究の意義を再確認され、本格的な再調査をされることを切望する。本書がそのような契機を与えることとなれば、これにまさる喜びはない。

一、虞山石刻

位置：虞山（Yu2shan1）は桂林市の北、疊彩区虞山路の東北端、虞山大橋（一九八八年完成、310m）西端の南西岸に位置する。虞山の海抜は208m（相対高度58m）、東は漓江に臨み、遥か東に堯山（909m、相対高度760m）を望み、南に鉄封山（249m、相対高度約100m）を望んで屹立する。虞山から鉄封山の東端（宋城東鎮門の武台）まで約545m。虞山の東、漓江の岸はかつて港（虞山港）であり、その南には明代に驛（東江驛）が置かれていた。いわば北の玄関に当たる。漓江両岸の間は約240m。

沿革：かつて虞帝こと舜が南巡した時に登ったと伝承される。そこで虞山、あるいは舜山とよばれる。晩唐の莫休符『桂林風土記』（899年）にある「舜祠」の条は伝承について最も早い記録である。さらに古くは南朝・宋の景平元年（423）に湘州始安郡（唐の桂州、今の桂林市）太守となった顔延之に「爲張湘州祭虞帝文」（『藝文類聚』十一）があり、それによって東晋（316－420）に虞山の南麓に虞帝廟が創建されたことが知られる。それらの碑文は虞山に刻されていたはずであるが、早くから失われている。廟は唐・大暦十一年（776）に重建、“舜廟”の他に“舜祠”・“虞帝祠”ともよばれる。廟は日中戦争期に破壊。解放後、虞山周辺は部隊営房区として使用されていたが、一九九五年から虞山公園として整備され、九九年末に完成、桂林市園林局が管理。『桂林旅游資源』（p657、p826）によれば、虞山摩崖石刻は一九六三年に桂林市文物保護単位、八一年に広西壮族自治区文物保護単位に指定。なお、『桂林文物古跡』（p46）・『桂林市志（下）』（p2994）は広西壮族自治区文物保護単位に指定された年を一九六三年とするが、これは桂林市文物保護単位に指定された年の誤りであろう。

石刻：現存する摩崖石刻は六五件、それらは虞山の東南の懸崖、および山下を南北に貫通する洞窟“韶音洞”（長さ105m、高さ２～３m、幅5.5m）の中と洞口に集中している。『桂林市志（下）』（p2994）・『桂林旅游資源』（p657）によれば、現存の六五件中、唐代のものは二件。唐刻二件は「舜廟碑」と王溆道樹題名だと思われるが、後者については『桂林石刻（上）』（一九八一年）「唐・王溆道樹虞山題名」（p10）に「原石已毀、現據旧存拓本校録」というから、すでに現存しない。

1-01 〔存〕建中元年（780）韓雲卿撰「舜廟碑」

「舜廟碑」は虞山の南崖、韶音洞の南口から東に約20m、岩壁上約２～６mの所に刻されている。北緯25°18′078″、東経110°17′085″。韓雲卿はかつて桂州長史であった韓叡素の第三子で、唐代の文豪韓愈（768－825）の叔父。碑文末に「建中元年……建」とあるが、建年と撰年とは同じではなく、撰年は同一者の作である「平蠻頌」と同じ大曆十二年（777）であった可能性が高い。

【資料】

録文：

明・張鳴鳳『桂勝』四「虞山」(四庫全書本8b)

〃　(古学彙刊本4a)

〃　(校点本p116)（以上、張本と略称）

清・汪森『粤西文載』三七「碑文」祠廟（2a）(汪本と略称)

清・謝啓昆『粤西金石略』一（7b）

〃　『廣西通志』二一五「金石略」1「晋唐」(9a)

清・胡虔『臨桂縣志』七「山川」六「虞山」(以上、謝本と略称)

清・陸耀遹（陸增祥校訂）『金石續編』九（1a）(陸續本と略称)

清・陸增祥『八瓊室金石補正』六五（1a）(陸補本と略称)

清・楊翰『粤西得碑記』(9a)（楊本と略称）

清・黄泌『臨桂縣志』二〇「金石志」(中冊p372)（黄本と略称）

清・欽定『全唐文』四四一「韓雲卿」(15b)

今・周紹良『全唐文新編』四四一「韓雲卿」(８冊p5156)（以上、全唐本と略称）

今・桂林市文物管理委員会『桂林石刻（上）』(ｐ8)（桂林本と略称）

謝本の三種は同一人（胡虔）による撰であり、基本的に同じ。全唐本は「虞帝廟碑銘」と題して収めるが、「闕～字」という注記があるのによって、拓本に拠ったものと推測される。詳しくは後述。桂林本はかなりの文字が補闕されており、それは石刻の中ほどに刻入されている明・楊銓の詩（一五二五年）による磨滅部分を含む。この部分は五百年近く前に失われているはずであり、当時の拓本が残っていたとは思われない。桂林本は時に「據舊拓本校録」ということがあるが、何に拠ったものであるか、明記されていない。恐らく先人の録文や考証を参考にしたのではなかろうか。字体は陸補本が最も忠実に写している。

拓本影印：

『桂林文物』(一九八〇年)（ｐ22）

『桂林石刻選』(一九八〇年)（ｐ13）

『北京圖書館藏中國歴代石刻拓本匯編・唐』(一九八九年）第28冊（ｐ4）(北京本と略称)

『中國西南地區歴代石刻匯編（第9冊）廣西桂林卷』(一九八九年)（ｐ8－9）(広西本と略称)

拓本：

京都大学人文科学研究所蔵（京大本と略称）

『桂林文物』所収本はやや鮮明ではあるが、残念ながら保存状態のよい上段部分（楊詩より上）しかない。『桂林石刻選』は「唐・李陽冰題舜廟碑額」と題して篆額「舜廟碑」のみを収める。北京本は、楊詩の刻入があり、下段および左側の破損部分に石を嵌めて補修した後のもの。また、墨が薄くて全体的に不鮮明である。広西本は『桂林文物』所収のものと同一であるが、全体を収めており、かつ北京本よりも鮮明である。京大本は拓本状態は良いが、楊詩や破損している部分の外に、篆額や正文の前と後の数行を缺き、整本ではない。

この他、清・銭大昕『潜研堂金石文跋尾』七（24a）・『潜研堂金石文字目録』三（4b）、清・洪頤煊『平津讀碑再續』一（19b）、民国・欧陽輔『集古求真』一〇（16a）・『集古求真補正』四（5a）なども所蔵の拓本によって考証を加えており、参考になる。ただし『集古求真補正』に「舜廟碑：是碑在桂林城北、鎮南峯」・「平蠻碑［頌］：是碑在臨桂虞山」という二碑の場所は誤りで、逆である。

以下、まず今日の碑文の状態を楷書で示した上で、これらの資料を参考にして行毎に校勘し、それを通して原文の復元を試みる。

【現状】

01　　舜　廟　碑
02　舜廟碑并序
03　□議□□□□□□□郎中上柱國韓雲卿□
04　□議□□□□□□□府長史武陽縣□國男翰林□　詔韓秀實書
05　京兆□□□□□□□冰篆額
06　帝舜有虞氏姚姓諱重華帝顓□□□□□□□瞽叟之子廿以孝聞卅堯□□□□授堯之禪丁酉法
07　堯禪禹在位五十季南巡狩崩□□□□□□□一百一十有二葬聖徳垂□□□靈魄遊乎無方南人
08　懷思立祠禱祭歴夏殷周秦拒□□□□□□□享奠不替大暦十一年
09　皇族隴西縣男兼御□中丞昌□□□□□□□地虔祗統命肅龔神寺以□□□圮狹隘朽陋不足延
10　降聖靈迎致恭恪齋服祭器不□□□□□□□邀福慢禮有里巷蠻夷□□□□於州佐縣尹曰上有
11　陽崖陰竇下有迴潭伏溜風雲□□□□□□□之伏處宜乎僊駕蔭痳□□□□不□不邃神將遐弃
12　因以俸錢增新繕故崇垣峻宇□□□□□□□度□□□成以時昭享□□□□踐□□□兢愼恂懼
13　肅然無不加敬牲□既設巫祝□□□□□□□然□□□誠簫鼓既缺俎豆斯撤神□人悦僾然如受
14　其福是歳寇賊殲平年□登稔□□□□□□□社官□長老願刊琢表識以□懿列□辭曰
15　惟虞禪夏夏徳斯淪更殷歴周□□□□□□□尊帝□莫宣祀典空存祀禮□聞於□　　皇家踵
16　美虞唐篤生淳□□□□同□□□□□□□□□□□穆穆宗臣祗愼肅龔廣廈增□展禮竭忠人神

17 胥會風雨晦蒙三千季間禮幣贊通西原寇平南畝有年祀事報功皇靈降臻□佐□□□戰自剋叒叒
18 農耜我勤乃□日用遊焉惡知　□□□□天人同□□存影會誠感昭通屑易窒□□□播美垂億千
19 載
20 大唐建中元年□□□□□月景寅朔二日丁卯□

石面磨平、塗墨、南向き。篆額を含む石碑の大きさは縦4.29m×横2.24m、正文は隷書（八分書）、向かって右から左行き。字径は9cm、十八行、行四〇字。額は横書き、右から左行、縦0.3m×横0.7m、篆書、字径は20cm。今日の碑石は剥蝕が進んでいるだけでなく、明・嘉靖四年(1525）に広西左参政であった楊銓が碑石のほぼ中央部を削って自分の詩を刻しているために、碑文の十四行、毎行七字を喪失している。また、碑石は下から約1/4のあたりの所でいくつかに横割れしており、向かって左側の中段から上段にかけては大きな亀裂が入っている。その他にも破損が数個所見られるが、その多くは石を嵌め込んで補修されている。

【校勘】

01　舜廟碑

「舜廟碑」：三字は李陽冰による篆額。碑文の上にあり、横書き、向かって右から左行き、字径20cm。楊震方『碑帖叙録』（一九八二年）「舜廟碑」（p187）に「在廣西桂林虞山、韓雲卿撰、韓秀實書。篆額缺二［三？］字、李陽冰書」というが、篆額は三字とも現存しており、破損もほとんどない。楊震方の解説は拓本に拠ったものであると思われるが、「篆額缺二字」という「二字」は不自然であり、二字のみ拓本にうまく写っていなかったとは考えにくい。拠った拓本そのものがこの部分を缺いていたのではなかろうか。京大本もこの部分を缺く。「舜」字について、陸補本に「與『説文』・『古尚書』均不同、陽冰故好爲變體者」という。『桂林石刻選』（p13）に拓本影印「唐・李陽冰題舜廟碑額」を収める。

02　舜廟碑并序

「舜廟碑并序」：汪本・全唐本は題を「虞帝廟碑銘」に誤る。拓本を見ておらず、正文のみに拠ってつけた題擬であろう。桂林本は「并序」を小字に作る。現存の石刻（以下、現石と略称）も小字、向かって右寄り。これ及び以下は韓秀実による隷書（八分書）。

03　□議□□□□□□□郎中上柱國韓雲卿□

「□議」：現石には亀裂が入っており、判読不能。陸補本は同じ韓雲卿の撰「平蠻頌」（鉄封山に現存、詳しくは後述）によって考証して「奉」とするが、「平蠻頌」では明らかに「朝議郎」。朝議

1－01 〔存〕建中元年（780）韓雲卿撰「舜廟碑」

郎は散官正六品上、奉議郎は従六品上。

「議□□□□□□□郎中」：楊詩刻入のために削缺。桂林本は「朝議郎守尚書禮部郎中」に作る。これは「平蠻頌」に刻す結銜に拠ったものではなかろうか。「平蠻頌」は「議」から「郎」までの間が六字であり、そこで陸補本は「平蠻頌」に拠って「議」の下を「郎守尚書禮部」の六字としながら「然與『續編』所言缺七字者不符、恨未得整本也」として断定を避け、「光緒乙亥（元年1875）得精拓整本、又校一過磨鑿處、就第十六行、横絜之、實缺七字」という。謝本・楊本・黄本は八字を空ける。缺八字ならば毎行は四一字になる。黄本は標題「大歷［曆］舜廟碑磨崖」の下に「凡十九行、毎行四十一字、銘四十字」と注する。これは缺八字にしているためであるが、「銘四十字」と合わない。楊詩刻入のために磨缺している部分は、現存する碑石では陸補本がいうように明らかに七字。したがって正文は銘を含んで毎行四〇字。今、対比して見れば次のようになる。

平蠻頌「朝議郎守尚書禮部郎中上柱國韓雲卿撰」大暦十二年（777）

舜廟碑「□議□□□□□□□郎中上柱國韓雲卿撰」建中元年（780）

「郎中」は尚書省の六部の官であり、六部の名称は二字「○部」であるから、「□議□□□尚書○部郎中……」であったはずである。元・劉傑「帝舜廟碑」（現存、虞山）にも「帝廟肇修於唐観察使李公昌巙；文之者、禮部郎中韓雲卿」という。これは明代の楊詩刻入よりも前の記録であるから、「郎中」の前は「禮部」であった。『元和姓纂』四や『新唐書』七三「宰相世系表」にも「禮部郎中韓雲卿」とする。そこで「□議□□□尚書禮部郎中……」となる。しかし「議」をもつ文散官が「朝議郎」ならば、礼部郎中は従五品上であるから、「朝議郎□守尚書禮部郎中……」となって一字分余る。この字数の違いは大暦十二年から建中元年の間の官位あるいは官職の異動によるものであろうか。前の朝議郎よりも上位で「議」を含む文散官名には朝議大夫（正五品下）がある。そこで字数を合わせれば「朝議大夫行尚書禮部郎中」が考えられる。ただし大暦十二年から建中元年までの三年の間に朝議郎（正六品上）から三階級上の朝議大夫（正五品下）になるのは、例がないことはないが、特進であり、断定を躊躇する。あるいは碑文・篆額の撰・書の年と刻石・立石の年との違いによるものであろうか。碑の正文は八分書であるが、最後の一行「大唐建中元年□□□□□月景寅朔二日丁卯□［建］」の字体は明らかに楷書である。この形式は「平蠻頌」が全文八分書であるのと異なる。「舜廟碑」の末にいう「建中元年」は立石あるいは刻石の年をいうが、正文には桂州刺史李昌巙による「大曆十一年」の舜廟の改修のことが記されている。また、「平蠻頌」は大曆十二年の建であり、これは李昌巙の夷蛮平定の功績を頌えるものであり、「舜廟碑」にも「有里巷蠻夷□□」「是歳寇賊殲平」というように夷蛮平定の功績が記されている。つまり「平蠻頌」と「舜廟碑」は、両者ともに李昌巙の事績を在任中に同一人物に依頼して撰し、書したものである。したがって両者の撰・書はほぼ同じ時期でなければならない。そうならば撰者・書者の結銜も同じであってよい。しかし現存する碑石では明らかに字数が一字分異なる。この問題は次行にいう書者についても当てはまることであり、書者に関する史料によって次行で再考する。

「韓雲卿」: 現石には斜めに亀裂が走っているが、「雲」の上は「韓」と読める。陸續本は「諱雲卿」に作るが、「諱」は「韓」の誤字。陸續本には以下にもこのような不注意による誤字が多い。韓雲卿は韓愈の叔父。

「卿□」：現石は破損しているが、左の「手」偏は判読可能。文脈および「平蠻頌」に拠って「撰」であることは明らか。

04　□議□□□□□□□府長史武陽縣□國男翰林□　詔韓秀實書

桂林本は「朝議郎守梁州都督府長史武陽縣開國男翰林待詔韓秀實書」に作る。これも同じく韓秀実の書である「平蠻頌」に示す結銜に拠ったものであろう。「平蠻頌」では「議」から「府」までの間は六字になるが、「舜廟碑」では謝本・楊本・黄本は八字を「□」缺字で示し、陸續本・陸補本は「磨缺七字」とする。陸補本も「平蠻頌」に拠って「郎守梁州都督」の六字であろうというが、前行と同様に「然與『續編』所言缺七字者不符、恨未得整本也」として断定を避けている。この他に『集古録目』八の「昭義節度使薛崇神道碑」・「贈工部尚書郗玉碑」・「刑部尚書李光進碑」・「馬璘新廟碑」や『匋齋藏記』二六の「李氏志」にも韓秀実の結銜が見える。今、それらを対比して見れば次のようになる。

薛崇碑	（大曆　八年773）	「　　　梁州都督府長史　　　　　　　翰林待詔」
郗玉碑	（大曆　九年774）	「　　前梁州都督府長史　　　　　　　翰林院待詔」
李光進碑	（大曆　十年775）	「　　　梁州　　　司馬」
平蠻頌	（大曆十二年777）	「朝議郎守梁州都督府長史武陽縣開國男　翰林待詔」
李氏志	（大曆十三年778）	「朝議郎守太子中允　　　武陽縣開國男　翰林待詔」

馬璘新廟碑　(大暦十四年779)「　　　　太子中允　　　　　　　　　　翰林待詔」

舜廟碑　　　(建中　元年780)「□議□□□□□□□府長史武陽縣開國男翰林□詔」

前行と同じく字数が合わない問題は、前行と同じく昇進があったと考えるならば、「朝議大夫○△州都督府長史」となり、さらに梁州都督府であったならば、梁州は下都督府であり、その長史は従五品上であるから、「朝議大夫行梁州都督府長史」が考えられる。しかし職事官は大暦十四年に梁州都督府長史から太子中允に移っているから、建中元年に再び梁州都督府長史に復したとは考え難い。やはり先に仮説したように「舜廟碑」にいう「建中元年」(780)は碑の建年をいうものであって、碑文の撰年は正文にいう大暦十一年あるいは「平蠻頌」の同じ大暦十二年と考えるべきであろう。しかしそうだとしても依然として一字合わない。そこで注目されるのが大暦九年の「郝玉碑」に「前梁州都督府長史」とあったという記録である。この「前」は「守」の誤字であることも考えられるが、「朝議郎前守梁州都督府長史」であったならば、字数が合う。そこで前行もこれに合わせて「朝議郎前守尚書禮部郎中上柱國韓雲卿撰」と考えておく。

「武陽」: 陸續本は「武陰」に誤る。03の「諱」が明らかに「韓」の誤字であったように、陸續本には誤字が多い。入手した拓本の出来が良くなかっただけでなく、転書に際しての誤りもあるように思われる。

「□國」: 謝本・楊本・黄色本は「國」の上を「□」缺字にする。現石および諸拓本でも亀裂があって不鮮明であるが、諸本が作るように、下に「國」があることによって「開」である。

「翰林」以下 : 謝本・楊本・黄本は「翰□□□□詔」(缺四字)に作り、陸續本・陸補本は「翰林□□□詔」(缺三字)にする。現石の状態でも「翰林」までは明確に読み取れるから、謝本等は不注意によって「林」を脱字したに過ぎないであろう。あるいは現石ではなく拓本に拠って判読したものであり、その部分の拓本状態が悪かったのかも知れない。

「詔」の上 : 現石で「林」の下から「詔」の上まで缺損。「詔」字は下2/3が残存しており、判読可能。また、字の間隔から見て缺字は一字、空格が一字であったはずであり、空格は「待」と「詔」の間でなければならない。「平蠻頌」では「……翰林待詔韓秀實書」に作って空格がないが、例えば「贈司空李楷洛碑」(『八瓊室金石補正』六二)に

　尚書禮部郎中知　制誥楊炎撰

　朝散大夫守都水使者集賢殿學士仍翰林待　制上柱國史惟則書并篆額

というように、官職名であっても「制」「詔」「勅」等の語が有ればその前は一字空格するのが通例であった。

「秀實」: 清・繆荃孫『藝風堂金石文字目』六(6b)「舜廟碑」には全文を録してはいないが、「韓雲卿撰、韓秀弼分書、大暦十一年、在廣西臨桂虞山」といって「實」を「弼」に誤る。秀實と秀弼は兄弟、著名な書家である韓擇木の子、八分書を善くした。

05　京兆□□□□□□□□氷篆額

桂林本は「京兆□□□□□□李陽冰篆額」に作る。桂林本では「兆」下から「氷」上まで缺字は六字とするが、謝本・楊本・黄本は八字、陸續本・陸補本は七字とする。『集古求真』一〇（16a）「舜廟碑」に「二韓姓名具在、惟李陽氷［氷］止存一“氷［氷］”字」。現石でも「京兆」と「氷篆額」は残っており、「氷」の右は「府」（04行）・「郎」（03行）と並んでいるから、「兆」下から「氷」上までの缺字は七字。同人の書である大暦十二年八月建の「平蠻頌」では「□□府□□□□李陽氷篆額」となっており、呉鋼主編『全唐文補遺（一）』（三秦出版社一九九四年）に収める「唐故開府儀同三司兼内侍監贈揚州大都督陪葬泰陵高公（力士）神道碑并序」（p35）の末に「大暦十二年歳次丁巳五月辛亥朔十一日辛酉奉勅立石。太中大夫・守將作少監・翰林待詔張少悌奉勅書、京兆府戸曹參軍李陽氷篆額□□、徐濟刻字」とある。つまり次のような関係になる。

高力士碑：「京兆府戸曹參軍李陽氷」＝大暦十二年（777）五月

平蠻頌　：「□□府□□□□李陽氷」＝大暦十二年（777）八月

舜廟碑　：「京兆□□□□□□□氷」＝建中元年（780）三月

しかし建中元年およびそれ以後の作には国子監丞・集賢院学士とする。たとえば『集古録目』八（10a）「顔惟貞家廟碑」は「建中元年七月」であり、「集賢院學士李陽氷」といい、『唐代墓誌彙編』（p1822）所収の建中元年十一月の「唐相國贈太傅崔公（祐甫）墓誌銘」（開封博物館蔵石）に「國子丞李陽氷篆」、『集古録目』八（11a）に録す建中二年十月「刺史王密徳政碑」に「國子監丞李陽氷」という。したがって「舜廟碑」の署銜も「京兆府戸曹參軍」が正しく、建元元年は建碑の年代であり、撰文は大暦十二年であったと考えられる。「舜廟碑」に「大暦十一年……是歳、寇賊殲平、年穀登稔」といい、「平蠻頌」に「大暦十一年、桂林象郡之外有西原賊……隴西縣南昌巙領桂州都督兼御史中丞、持節招討」とあるから、平蠻は大暦十一年秋のことであり、撰文は当然それ以後。これは「平蠻頌」の建年である大暦十二年八月に近い。

「氷」：陸續本・楊本は「氷」に作る。異体字。現石では明らかに「氷」。唐・顔元孫『干禄字書』に「氷・氷：上通、下正」、李陽氷自身も常に「氷」を用いる。李陽氷については拙稿「李陽氷事跡考（上）」（『島大言語文化』一五、二〇〇三年）を参照。

以下の正文は毎行40字。

06　帝舜有虞氏姚姓諱重華帝顓□□□□□□□瞽叟之子廿以孝聞卅堯□□□□授堯之禪丁酉法

「虞氏」以下：張本・汪本は「虞氏南巡狩……」に作っており、「虞氏」と次行「南巡」の間の数十字を缺く。

「顓」以下：「瞽」の上までの中段の欠損部分は、陸續本・陸補本・桂林本は缺七字、謝本・楊本・全唐本・黄本は缺八字とする。この部分は楊詩の刻入による磨缺。以下の行と照らしてみれば明らかに缺七字。この前後の記述は史書の記録に合っており、たとえば『史記』一「五帝本紀」に「虞舜者、名曰重華、重華父曰瞽叟、瞽叟父曰端牛……窮蟬父曰帝顓頊、顓頊父曰昌意、以至舜七世矣。自從窮蟬以至帝舜、微爲庶人」という。磨缺部分もこれと同じような内容であったと思われる。字数を合わせれば、たとえば「帝顓頊六世之孫、庶人瞽叟之子」のような文が考えられる。少なくとも「顓」の下は「頊」である。

「廿」: 謝本・楊本・黃本は「□」とし、全唐本も「闕一字」と注記するが、諸拓本のみならず現石でも「廿」字があり、しかも亀裂等は無く、極めて鮮明。したがって清代でも判読できたはずである。これらの諸本のみが缺字にするのは共通の拓本、しかも不鮮明な拓本に拠ったからではなかろうか。

「卅堯」の下: 四字欠損。『史記』一「五帝本紀」に「舜年二十以孝聞、三十而帝堯問可用者、四嶽咸薦虞舜」「舜年二十以孝聞、年三十堯舉之、年五十攝行天子事」という。「卅堯□□□□授」もこれと同じような内容であったはずであり、この前後は四字で句を成しているから、「廿以孝聞、卅堯舉之、五十授堯之禪」のような字句が考えられる。磨缺部分四字は「舉之五十」ではなかろうか。「授」の上の字はわずかにその1／3が残っており、「十」のようにも読める。少なくとも「十」のように簡単な文字である。

「授」: 全唐本は「受」に誤る。現石でも明らかに手偏の「授」に作っている。

07　堯禪禹在位五十秊南巡狩崩□□□□□□□一百一十有二葬聖德垂□□□靈魄遊乎無方南人

「秊」: 陸補本以外、謝本・陸續本・楊本・全唐本・黃本はいずれも「年」に作る。異体字。唐・顔元孫『干祿字書』に「年・秊: 上通、下正」。

「崩」以下: 「崩」から「一」までの間、七字が明・楊詩の刻入によって磨缺。したがって清の録文はこの部分を缺くが、明の張本と清初の汪本はこの文を「崩於蒼梧之野南人懷思立祠」（汪本は「於」を「于」）に作り、桂林本は「崩于蒼梧之野□□一百」に作る。汪本は張本に拠り、桂林本は汪本あるいは張本に拠ったのであろうが、張本が何に拠ったかは不明。この部分は明・楊詩（嘉靖四年1525）の刻入によって張本（万曆十七年1589）より五十年以上前から磨缺していた。張本は旧拓本に拠ったことも考えられるが、張本では「之野」と「南人」の間にかなりの脱字がある。そこで他の史料に拠ったことも考えられるが、『史記』に「踐帝位三十九年、南巡狩、崩於蒼梧之野、葬於江南九疑」とあり、『礼記』の「檀弓」上には「舜葬於蒼梧之野」、『竹書紀年』に「帝舜有虞氏……四十九年、帝居于鳴條: 五十年、帝陟」、『帝王世紀』（『藝文類聚』十一）にも「有苗氏叛、南征、崩于鳴條、殯以瓦棺、葬於蒼梧九疑山之陽」という。しかし張本が『史記』に拠って「於蒼梧之野」を補ったとは考えにくい。

「葬」: 陸續本・陸補本は「筭」に作り、謝本・全唐本・黃本・桂林本は「算」に作るが、現石では「竹」は「艸」。異体字。「節・莭」・「答・荅」「籔・薮」「藤・籐」の類の如し。ただし唐代では「筭」が正字、『干禄字書』・『開成石経』に見える。「一百一十有二算」は、前後の文意から見て舜の享年をいうものであろう。『史記』には「年六十一代堯踐帝位。踐帝位三十九年、南巡狩、崩於蒼梧之野」というから一〇〇歳になり、また『集解』にも「皇甫謐（『帝王世紀』）云：舜以堯之二十一年甲子生……百歳癸卯崩」といい、『帝王世紀』（『初学記』九）に「舜年八十一即眞……攝政五年崩、年百歳也」、顔延之「祭虞帝文」にも「百齡厭世、萬里陟方」という。しかし『尚書』の「舜典・虞書」に「舜生三十徵庸、三十在位、五十載陟方乃死」とあり、孔安国の注に「三十徵庸、三十在位、服喪三年（二十五個月）、其一在三十之數（つまり30＋30＋３－１＝62）、爲天子五十年、凡壽百一十二歳（62＋50）」という。「舜廟碑」は一一二歳説に従ったもの。

「聖」：現石は左上部分を破損するが、諸本が作るように判読可能。

「垂」：謝本・楊本・黄本・全唐本は「垂」を缺いて「徳」と「靈」の間を缺四字にするが、缺五字が正しい。ただし他の諸本が「聖徳垂□□□□靈」に作るように、現石でも明らかに「徳」下は「垂」であるから、「垂」字を脱した可能性がある。

「垂」の下：諸本は缺字、現石も破損しているが、「聖徳□□□□、靈魄遊乎無方」と対句を成すであろうから、「聖徳」の下は「於」か「于」、さらにその下には「天下」というような語が入るであろう。『帝王世紀』（『藝文類聚』十一）に「舜於是徳被天下」。

「靈魄遊乎」：「靈」字は上部を破損しているが、諸本が作るように判読可能。その下は、陸續本・陸補本は「魄遊乎」、謝本・全唐本・黄本は「魄遊於」、楊本は「魂遊於」、桂林本は「魂游乎」に作るが、現石では明らかに「魄遊乎」。

08　懷思立祠禴祭歷夏殷周秦拒□□□□□□□享奠不替大暦十一年

「拒」：張本・汪本・全唐本は「距」に作るが、現石では明らかに「拒」。

「拒」の下：「享奠」の上まで七字、楊詩による磨缺であるが、張本および汪本・全唐本・桂林本はその部分を「乎有國凡更十姓」七字に作る。

「不替」：謝本・楊本は「不□」として一字缺く。現石では「替」字の上部に亀裂があるが、判読可能。

「十一年」の下：謝本・楊本・全唐本・黄本は缺八字とするが、陸補本が「下空」とするのが正しい。現石でも文字らしきものは確認できない。次の句に「皇族」があるために改行したもの。ただしこのような場合、通例では空三格。なお、張本（四庫全書本）・全唐本・謝本・楊本・黄本は「暦」を「歴」に作り、陸補本が闕筆しているのは、いずれも清の国諱（高宗弘暦）を避けたもの。

09　皇族隴西縣男兼御□中丞昌□□□□□□□地虔祇統命肅龔神寺以□□□圮狹隘朽陋不足延

「男」：張本（四庫全書本）は「公」、張本（古学彙刊本）は「尹」に誤る。現石では明晰。転書上の誤りであろう。

「御□中丞」：現石では亀裂があるが、前後によって官職名であることは明らかであり、「史」が入る。張本・汪本・全唐本・謝本・楊本・陸續本・黄本では「史」を入れ、陸補本では缺いて小字で注記しているから、その間の時期に亀裂が入ったのであろうか。

「昌」以下：楊詩刻入部分であり、諸本の多くは缺字にするが、張本・汪本・全唐本・桂林本は「昌巙領桂林象郡之地」に作る。ただし全唐本（新編）は「巙」を誤って「狃」、桂林本は「夔」に作る。「平蠻頌」に「大曆十一年、桂林象郡之外有西原賊……隴西縣南昌巙領桂州都督兼御史中丞、持節招討」とある。

「祇」：謝本・楊本・黄本は缺字にしているが、他の諸本が作っているように、現石でも明らかに「祇」。

「龔」：張本は「恭」に作るが、他の諸本が作っているように、現石でも明らかに「龔」。「龔」と「恭」が同音であるために誤ったものであろう。

「寺」：張本・汪本・全唐本は「祀」に作るが、他の諸本が作っているように、現石でも明らかに「寺」。これによっても張本・汪本・全唐本が深い関係にあることが知られる。

「寺」以下：清代の諸本の多くが四字を缺いているが、「寺」の下は現石また拓本でも「以」と判読可能であり、破損部分は三字。明の張本・汪本および全唐本は「以祠宇堕」に作っており、桂林本もこれに拠る。この部分は明代にはまだ破損していなかったと思われる。

「圮」：張本（古学彙刊本・校点本）は「圯」に誤る。張本（四庫全書本）は他の諸本と同じく「圮」。現石は鮮明。

「圮」以下：謝本・楊本は「□隘□陋」に作り、他の諸本は「狹隘朽陋」に作る。現石では「狹」の右上が破損しており、不鮮明ではあるが、拓本によって判読可能。「朽」は鮮明。

10　降聖靈迎致恭恪齋服祭器不□□□□□□□邀福慢禮有里巷蠻夷□□□□於州佐縣尹曰上有

「聖」：張本・汪本は「神」に誤る。諸本および現石は明らかに「聖」。

「祭器不」以下：「邀福」の上まで、楊詩刻入による磨缺七字。

「慢」：陸續本は「慶」に誤る。他の諸本が作るように、現石でも明らかに「慢」。

「蠻夷」以下：「於」まで四字、現石は破損のため石を嵌めて補修。諸本も缺字としているから、早くから碑石が割れていたはずであるが、桂林本は「□□遂謀」四字に作る。これは張本・汪本が「降神靈遂謀於州佐縣尹」（古学彙刊本・校点本は「於」を「于」）に作るのに拠ったものであろう。ただし「降神靈」と「遂謀於州佐縣尹」の間には「迎致……蠻夷」の脱字（二五字）がある。張本はこの部分の破損があまり進行していない時にとられた拓本に拠ったものであろうか。

「州佐」：謝本・楊本・全唐本は「□□」にするが、張本・汪本・陸續本・陸補本・黄本・桂林本は「州佐」に作る。現石では「州」が浸食が進んでいるためにやや判読困難であるが、「佐」は鮮明。

11　陽崖陰竇下有迴潭伏溜風雲□□□□□□□之伏處宜乎僊駕蔭庥□□□□不□不邃神將遐弃

「崖」：陸續本は「虗」に誤る。

「竇」：陸續本は「實」に誤る。

「迴」：陸續本は「洄」に誤る。

「伏」：陸續本は「洑」に誤る。

「溜」：謝本・楊本・全唐本・黄本は「滔」に誤る。いずれも拓本・現石によっても明らか。

「之伏處」以下：謝本・楊本・全唐本は「之□處□□□駕□□□□□□□□□□□□□□□」、黄本は「之□處□□僊駕蔭□□□□□不□□□神將遐弃」に作って缺字が多いが、現石でも陸補本が作るように「之伏處□乎僊駕蔭庥□□□□不□□邃神將遐弃」に読める。

「宜」：諸本は缺字、桂林本は「宜」に作る。現石では横に亀裂があるが、「宜」に近い。

「不邃」：諸本は「邃」の上を缺字、桂林本は「不」に作る。現石では左上を破損しているが、他の部分は「不」に近い。

「弃」：「棄」の異体字。唐代では「棄」字が太宗（李世民）の諱「世」を含むために避けて「弃」を用いた。

張本・汪本は前行の「縣尹」以下およびこの一行を脱しており、両者の深い関係を告げている。

12　因以俸錢增新繕故崇垣峻宇□□□□□□□度□□□成以時昭享□□□□踐□□□競愼恂懼

「繕」：張本・汪本・全唐本は「易」に誤る。現石は謝本・楊本・陸補本・黄本が作るように明らかに「繕」。

「宇」以下：「度」の上まで七字、楊詩による磨欸。諸本は缺字にするが、張本・汪本・全唐本は「蕭屏牖戸有倫有」に作る。この中で張本のみ「倫」を「輪」に作るが、転写上の誤りであろう。

「度」：陸續本は「慶」に誤る。諸本が作るように、現石は明らかに「度」。

「度」の下：「成」の上まで三字、現石は破損のため石を嵌めて補修。諸本は缺字にするが、張本・汪本・全唐本は「垩［興］繕既」に作る。この中で張本・汪本・全唐本は「垩」、陸續本は「興」、陸補本は「度」の下に小字で「興」と旁注するが、これは陸續本に拠ったものであろう。現石では下半分が破損しているが、「興」のように読める。

「享」の下：「踐」の上まで四字、現石は破損のため石を嵌めて補修。張本・汪本・全唐本は「瞻覩門屏」に作る。

「踐」：陸續本は「來」、桂林本は「路」に作る。現石は下1／3が破損しているが、張本・汪本・全唐本が作るように明らかに「踐」。

「踐」の下：二字、現石は破損のために石を嵌めて補修。張本・汪本・全唐本は「履堦」に作る。

「兢」の上：一字、現石は浸食のため不鮮明であるが、“門”構えの字であり、張本・汪本・全唐本が作る「闉」に近い。

「兢」：張本（校点本）・楊本は「競」、他の諸本は「兢」に作る。現石でも明らかに「兢」。張本では校点本が底本としている古学彙刊本や四庫全書本ともに「兢」に作っているから、校点本の誤りであろう。

「愼」：張本・汪本・全唐本は「業」に作るが、諸本が作るように現石でも明らかに「愼」。

13　肅然無不加敬牲□既設巫祝□□□□□□□然□□□誠簫鼓既缺俎豆斯撤神□人悦優然如受

前行と同じく諸本は楊詩による磨缺部分や破損・亀裂部分を缺字にするが、張本・汪本・全唐本には全く缺字がなく、「肅然無［莫］不加敬牲牷既設巫祝斯列齋莊蠲潔慤然如享其誠簫鼓既缺［闋］俎豆斯徹神人和悦優然如受」に作る。ただ張本（古学彙刊本）は「潔」を脱する。

「無」：謝本・楊本・全唐本・黄本は「莫」、陸續本・陸補本は「無」に作る。現石は明らかに「無」。

「牲」の下：一字、現石は破損のため石を嵌めて補修。張本・汪本・全唐本は「牷」、他本は「□」缺字。

「祝」以下：楊詩刻入による磨缺部分（七字）であって現石・拓本では確認はできないが、張本・汪本・全唐本は「齋莊蠲潔」、桂林本は「齋莊吉蠲」に作る。文意から見て「齋莊蠲潔」がよい。

「然」の下：三字、現石は破損のため石を嵌めて補修。張本・汪本・全唐本は「如享其」、他本は缺字。「其」は上半分を缺損。

「缺」：全唐本は同音「闋」に誤る。現石は下に亀裂があるが、判読可能。張本・汪本および陸補本・桂林本が作るように「缺」。

「撤」：張本・汪本・全唐本は「徹」、陸補本は「撤」に作る。現石・北京本もやや不鮮明であるが、「撤」に近い。京大本はこの部分を缺く。

「神□人悦」：張本・汪本・全唐本は「神人和悦」、謝本・楊本・陸續本・陸補本・黄本は「神□人悦」に作る。現石・北京本でも明らかに「神□人悦」。張本・汪本・全唐本は「和人」を誤って「人和」に転倒。京大本は「神」部分を缺く。

14　其福是歳寇賊殲平年□登稔□□□□□□□祉官□長老願刊琢表識以□懿列□辭曰

この行も前行と同じく諸本は楊詩刻入による磨欤部分や破損・亀裂部分を缺字にするが、張本・汪本・全唐本には全く缺字がなく、「其福是歳寇賊殲平年穀豐稔五嶺之人陰受帝祉官屬長老願刊〔石〕琢表識以彰懿烈其辭曰」に作る。ただし張本（古学彙刊本）は「辭」を「詞」に作る。

「平」：拓本・現石は上右が不鮮明であるが、判読可能。

「登」：張本・汪本・全唐本および謝本・楊本・黄本は「豐」、陸續本・陸補本は「登」に作る。拓本・現石では明らか「登」。

「刊琢」：全唐本のみ「刊石琢」に作るが、「石」は衍字。他の諸本および現石に「石」は無い。

「以」の下：張本・汪本・全唐本および謝本・楊本・黄本は「彰」、陸續本・陸補本は「詠」に作る。現石には亀裂が入って判読困難であるが、残存する上1／3は「彰」字に近い。京大本はこの前後四字を缺く。

「列」：張本・汪本・全唐本および陸續本・陸補本・黄本は「烈」、謝本・楊本は「□」に作るが、北京本・現石では亀裂・破損はなく、明らかに「列」。

「列」の下：謝本・楊本・陸續本・陸補本・黄本はいずれも缺字。現石は破損。張本等が作るように、一般の碑銘の書式・用語から見て「其」であろう。以下は銘文。

15　惟虞禪夏夏徳斯淪更殷歷周□□□□□□□尊帝□莫宣祀典空存祀禮□聞於□　　　皇家踵

この行も前行と同様に張本・汪本・全唐本には全く缺字がなく、「惟虞禪夏夏徳斯淪更殷歷周以及嬴秦帝號再尊帝道莫宣祀典空存祀［記］禮無聞於穆皇家踵」に作る。この中で張本のみ「祀」を「記」に作るが、転書上の誤りであろう。また、楊詩刻入による磨缺部分に当たる「號」は、唐代の国諱（太祖李虎）を含むために、「号」字が用いられた、あるいは缺筆されたが、清・周広業『經史避名彙考』一六「憲宗」に「顔元孫『干禄字書』、大歷［曆］九年（774）顔真卿書、“屯・モ・純・頓”皆缺末筆、“虎・虒”字未避、已祧故也」というように、すでに大曆年間では必ずしも避諱する必要がなかった。

「更殷」：陸續本が「夏殷」に作るのは誤写であろう。

「周」：拓本・現石は左半分が不鮮明であるが、文脈上「周」であることは明らか。

「於□」：張本・汪本・全唐本は「於穆」、謝本・楊本・陸續本・陸補本・黄本は「於□」、桂林本は「於戲」に作る。北京本・現石では「於」の下は破損、判読不可能。桂林本が「戲」に作る根拠は不明。あるいは「於戲」で嘆詞「ああ」と解したのであろうか。

「於□」の下：現石では三字分が空きになっている。下に「皇家」があることによる空格であり、缺字ではない。

16　美虞唐篤生淳□□□□同□□□□□□□□□□□□穆穆宗臣祇愼肅龔廣厦增□展禮竭忠人神

この行も同様に張本・汪本・全唐本には全く缺字がないが、やや異なる。張本は「美虞唐獨生淳儉後嗣其昌明明大君祜祜俾躬穆穆宗臣祇業肅恭廣廈增飾展禮竭忠人神」に作る。ただし張本（古学彙刊本）・陸補本は「淳」を異体字「湻」に作る。清の国諱（同治帝載淳）を避けたもの。汪本もほぼ同じであるが、「獨生」を「獨主」に作る。いっぽう全唐本は「美於唐獨主淳儉後嗣其昌明明大君俾祐爾躬穆穆宗臣祇愼肅龔廣廈增飾展禮竭忠人神」に作っており、かなり異なる。

「虞唐」: 全唐本は「於唐」、他の諸本は「虞唐」に作る。拓本・現石は明らかに「虞」。「虞」を「於」に作るのは同音による転書上の誤り。

「篤生」: 張本・全唐本は「獨生」、汪本および謝本・楊本・黄本は「獨主」に作る。ただし謝本と同系の胡虔『臨桂縣志』は「獨淳」に作って「主」を脱している。他の諸本は「篤生」に作る。拓本・現石も明らかに「篤生」。

「淳」以下 : 張本・汪本・全唐本は「淳儉後嗣其昌」に作る。謝本・楊本・黄本は「淳儉」以下を缺字にし、陸續本は「淳」以下を缺字にしているが、陸補本は「淳□□嗣□同」に作り、桂林本は「淳儉復嗣其同」に作る。現石には「同」の上まで縦に亀裂が入っており、不鮮明。「後」と「復」の違いは右文にあり、文意の上では「復」よりも「後」がよい。「後」の下は現石では「嗣」の左半分が判読可能。

「同」: 張本・汪本・全唐本が「昌」に作るのは現石によって明らかに誤り。字形が近いために張本が誤り、汪本・全唐本はその誤りを襲った。

「同」以下 : 張本・汪本・全唐本は「明明大君」、桂林本では「昌明大君」に作る。この部分は現石が破損していて判読不可能であるが、後句の「穆穆宗臣」と対を成すから「昌明大君」ではなく「明明大君」がよい。

「穆穆」の上 : 張本・汪本は「祜祜俾躬」、全唐本は「俾祐爾躬」、桂林本は「祐祜俾躬」、謝本・楊本は「□祐俾□」、黄本は「□不俾□」、陸續本は「□□俾□」、陸補本は「□古俾□」に作るというように異同が甚だしい。現石は破損しており、判読困難。ただ現石でも「穆穆」の上の字の右は明らかに「卑」、更にその上の字の右は「古」に近いから、「□祜俾躬」ではなかろうか。この二句は下の二句と対を成している。ただし張本・汪本は下の二句を「穆穆宗臣、祇業肅恭」に作るが、現石では全唐本および他の諸本が作るように「穆穆宗臣、祇愼肅龔」である。したがって「穆穆宗臣」は「明明大君」に対応するから、「祇愼肅龔」に対応する句は「祜祜俾躬」という重字を含むものではなかろう。また、陸續本が「凡十九韻三十八句、“篤生淳” 以下至 “俾□”、缺十四字。以韻句合之、止缺十一字、其三字乃原空格也」といい、陸補本も「篤生淳□□嗣□同」

と「古俾□」の間に「下缺八字。原空三格、實缺五字。……光緒乙亥（1875）得精拓整本、又一遇磨鑿處、就第十六行（16）、横絜之、實缺七字」というように、原文では空格があり、缺字の数え方に違いが見られるが、空格は「大君」の前に三字分あったはずである。そこで且く「明明（空三格）大君、祐祜俾躬」と考えておく。

「厦」：謝本・全唐本・黄本は「廈」に作る。異体字。

「增」の下：張本・汪本・全唐本は「飾」、謝本・陸續本・陸補本・楊本は「□」。黄本は「□」を脱している。現石は破損していて判読不可能。

17　胥會風雨晦蒙三千秊間禮幣贊通西原寇平南畞有年祀事報功皇靈降臻□仡□□□戰自剋翜翜

この行も張本・汪本・全唐本には全く缺字がなく、ともに「胥會風雨晦蒙三千年間禮幣贊通西原寇平南畝有年祀事報功皇靈降臻仡仡武夫我戰自克［剋］翜翜」に作る。

「秊」：諸本は「年」に作る。異体字。

「臻」以下：「戰」の上までの部分は現石が破損しているが、「仡」は判読可能。謝本・楊本・黄本は「仡仡武□」に作る。ただし、陸續本は「徳化□□」に作り、陸補本は「□化□□」として「化」の前に小字で「徳」を注記する。「徳化」に作るのは、すでに亀裂が入っていて不鮮明であったのを推測したものである。この部分は次の「翜翜農耜」との対句関係から見ても「仡仡武夫」が正しい。

「□戰」：謝本・楊本・黄本は「我戰」に作るが、陸續本は「攻戰」に作り、陸補本も「攻戰」と小字で注記する。この部分は対句であり、後の「翜翜農耜、我勤乃獲」との構造関係からみて「仡仡武夫、我戰自剋」がよい。また現石は上1／3が破損しているが、下部分は「攻」よりも「我」に近い。

「剋」：張本（四庫全書本）は「剋」、張本（古学彙刊本・校点本）は異体字「尅」。謝本・楊本・黄本は「克」に作るが、現石では他の諸本が作るのと同じく明らかに「剋」。

18　農耜我勤乃□日用遊焉惡知　□□□□天人同□□存影會誠感昭通屑易窒□□□播美垂億千

この行も張本・汪本・全唐本には全く缺字がなく、「農耜我勤乃穫［獲］日用遊［游］焉惡知帝力天人同休心存影會誠感昭［照］通屑易窒礙［碍］刊石播美垂億千」に作る。

「耜」：桂林本が「耟」に作るのは誤り。他の諸本および現石でも明らかに「耜」。

「乃」の下：汪本は「穫」、張本・全唐本は「獲」に作り、他の諸本は「□」缺字。現石は破損のため石を嵌めて補修。「穫」字の方が善かろう。

「用」：陸補本が「月」に作るのは誤り。他の諸本および現石は「用」。「月」に作るのは前の「日」に影響されたもの。

「遊」：汪本・張本（古学彙刊本）は「遊」、張本（四庫全書本）・全唐本は「游」に作るが、謝本・楊本・陸續本・陸補本・黄本および現石は「遊」。桂林本が「逷」に作るのは誤り。

「悪」：陸補本は異体字「悪」に作るが、現石では明らかに「惡」。ただし同人の書「平蠻頌」では「悪」。

「知」以下：陸續本・陸補本は「知」と「天」の間に三字分の空格を入れている。現石では「知」の下は明らかに空格、その下は「天」まで破損しており、他の石で補修されている。今、銘の字数・韻等の形式から見れば、「翜翜農耜、我勤乃穫。日用遊焉、悪知□□□帝。力天人同休、心存影會」とは為り得ず、「……。日用遊焉、悪知帝力。……」と断句されるから、「悪知」と「帝力」の間は缺字ではなく、三字の空格があったはずである。この点は「力」が前の「寇」の位置に対応していることからもわかる。「帝」のために空格にしたもの。ただし「力」字に作るのには問題がある。謝本・楊本・陸續本・黄本も「力」に作り、また光緒十五年（1889）建立の沈秉成「重修虞帝廟碑」に「耿耿祉哉、帝力也、其何可忘夫」という表現も唐碑を意識したものかも知れない。陸補本・桂林本は「功」に作る。現石でも右半分は残っており、「力」字のようにも読めるが、左に何らかの偏傍をもつ字であったようにも読める。「功」に作るのはそのためであろう。しかし前の句の「穫」（『広韻』では入声「藥鐸」韻）や後の句の「會」（去声「泰」韻）との押韻から考えれば、明らかに「功」（平声「東」韻）ではなく、むしろ「力」（入声「職」韻）に近い。あるいはこの句が韻を踏んでいるのは前の句ではなく、後の「天人同休、心存影會」であることも考えられる。そうならば「會」の韻（『広韻』よりも広く通用）に属する、「力」「功」に似た別の字であり、「劾」等が考えられる。

「人」：陸續本は「之」に作るが、諸本が作るように現石でも「人」。

「昭」：張本（古学彙刊本・校点本）は「照」に誤る。諸本および現石も明らかに「昭」。ただし唐代では武則天の諱（照）を避けて「昭」が用いられた。

「窒」の下：「播」まで破損。「窒」の下字を張本（四庫全書本）は異体字「碍」、張本（古学彙刊本・校点本）は「碣」、汪本・全唐本は「礙」に作る。「碣」は押韻の上から見て明らかに誤り。「碍」と字形が似ていることによる誤字であろう。「礙」は異体字「碍」を改めたものと思われる。

「播」の上：拓本および現石では上半分を破損しているが、張本・汪本・全唐本が作るように「石」に近い。

19　載

諸本および現石でも明らかに「載」で終わっており、以下は空き。なお、「載」には上声「海」韻と去声「代」韻があるが、ここでは前句の「碍」と押韻しており、去声で用いられている。

20　大唐建中元年□□□□□月景寅朔二日丁卯□

この最後の一行は正文（八分書）と字体が異なっており、楷書である。張本・汪本・全唐本・謝本・楊本はこの行を録さず。黄本は「大唐」を欠いて「建中元年（脱字あり？）朔二日丁卯□」、陸續本・陸補本は「大唐建中元年□□□□□月景寅朔二日丁卯□」、桂林本は「大唐建中元年□□□□□□月□寅朔二日丁卯□」に作る。

「年」: 拓本・現石は左半分を破損しているが、判読可能。以下、「月」の上まで破損。京大本は「月」以下を缺く。

「年」の下 : 陸續本・陸補本は「月」の上まで缺字、北京本もこの部分を缺き、現石でも破損して他の石がはめ込まれている。この前後の書式を見れば、このような場合、元号年の下に歳次を示すのが通例である。陸續本・陸補本は缺字を五字、桂林本は六字にするが、破損部分は五字。建中元年は庚申。建中元年「景寅朔」の月は三月。そこで缺文を補えば「建中元年〔歳次庚申三〕月景寅朔」であったに相違ない。桂管觀察使李昌巙は『舊唐書』徳宗紀によれば建中二年二月乙未に荊南節度使に移っている。

「景」: 陸續本・陸補本は「景」、桂林本は「□」に作るが、現石でこの部分は残存しており、明らかに「景」。また北京本でも明白。建中元年にあって「景寅朔」の月は三月、「二日」は「丁卯」、朔は丙寅。唐代で世祖（李昞）の諱を避けて「丙」を「景」で代用した。陸補本は「朔」を異体字（左を「羊」）に作る。

「丁卯」の下 : 陸續本・陸補本は「卯」の下に「下缺」と注する。現石でも亀裂があって判読は困難であるが、何か一字ある。通常では「立」「建」の類が考えられるが、韓雲卿「平蠻頌」の場合は「建」であり、現石でも残存する下1／3は「立」よりも「建」に近い。

【復元】

01　　　　舜　　廟　　碑
02　舜廟碑并序
03　　　　　　　　　朝議郎前守尚書禮部郎中上柱國韓雲卿撰
04　　　　　　　　　朝議郎前守梁州都督府長史武陽縣開國男翰林待　詔韓秀實書
05　　　　　　　　　京兆府戸曹參軍李陽冰篆額
06　帝舜有虞氏姚姓諱重華帝顓頊□□□□□□瞽叟之子廿以孝聞卅堯□□□□授堯之禪丁酉法
07　堯禪禹在位五十年南巡狩崩于蒼梧之野□□一百一十有二葬聖德垂於□□靈魄遊乎無方南人
08　懷思立祠禱祭歴夏殷周秦拒乎有國凡更十姓享奠不替大曆十一年
09　皇族隴西縣男兼御史中丞昌巙領桂林象郡之地虔祇統命肅龔神寺以祠宇墮圮狹隘朽陋不足延

10 降聖靈迎致恭恪齋服祭器不□□□□□□□邀福慢禮有里巷蠻夷□□遂謀於州佐縣尹曰上有
11 陽崖陰竇下有迴潭伏溜風雲□□□□□□□之伏處宜乎僊駕蔭庥□□□□不□不邃神將遐弃
12 因以俸錢增新繕故崇垣峻宇蕭屏牖戸有倫有度興繕既成以時昭享瞻覿門屏踐履堦闥兢愼恂懼
13 肅然無不加敬牲牷既設巫祝斯列齋莊蠲潔愨然如享其誠籥鼓既缺俎豆斯撤神和人悦僾然如受
14 其福是歳寇賊殲平年穀登稔五嶺之人陰受帝祉官屬長老願刊琢表識以彰懿列其辭曰
15 惟虞禪夏夏徳斯淪更殷歷周以及嬴秦帝號再尊帝道莫宣祀典空存祀禮無聞於穆　　　皇家踵
16 美虞唐篤生淳儉後嗣同昌明明　　　大君祐祜俾躬穆穆宗臣祗愼肅龔廣厦增飾展禮竭忠人神
17 胥會風雨晦蒙三千季間禮幣贄通西原寇平南畝有年祀事報功皇靈降臻仡仡武夫我戰自剋畟畟
18 農耜我勤乃穫日用遊焉悪知　　　帝力天人同休心存影會誠感昭通屑易窒碍刊石播美垂億千
19 載
20 　　　　　　　　大唐建中元年歳次庚申三月景寅朔二日丁卯建

原碑文の全字数（篆額・落款を入れ、空格を除く）は計五八一字。後に明代に楊詩が刻入されて八八字が缺損。『桂林旅游資源』（p657）は碑文の字数を「計576字」とするが、正確ではない。この合計字数は現存する字数であるとしても、楊詩だけでも八八字に当たるから、大きく合わない。現存の文字数は、一部破損していて判読可能なものを数に入れたとしても四五〇字前後であろう。ただ、「計576字」という数値は、篆額三字・題五字および末の日付二〇字を除く、本文五二一字（498＋空格23）と署名五五字に当たるから、この部分、つまり先の行で示せば03から19までの計十七行を指すのではなかろうか。いずれにしても正確な記述とはいえない。

【解読】

以下に通釈として句読点等を施し、さらに判読不能の個所で推測したものを〔　〕で示して全文を掲げる。

舜廟碑（篆額）　舜廟碑并序（八分書、以下同じ）

朝議郎〔前〕尚書禮部郎中・上柱國韓雲卿撰；朝議郎〔前〕梁州都督府長史・武陽縣開國男・翰林待詔韓秀實書；京兆府戸曹參軍李陽冰篆額。

帝舜有虞氏、姚姓、諱重華、帝顓頊〔六世之孫、庶人〕瞽叟之子。廿以孝聞、卅堯〔擧之、五十〕授堯之禪、丁酉法堯禪禹。在位五十年、南巡狩、崩於蒼梧之野、□□一百一十有二算、聖徳垂於〔天下〕、靈魄遊乎無方。南人懷思、立祠禱祭、歴夏・殷・周・秦、拒乎有國、凡更十姓、享奠不替。大暦十一年（776）、皇族隴西縣男兼御史中丞（李）昌巙、領桂林・象郡之地、虔祗統命、肅龔神寺、以祠宇堕圮、狹隘朽陋、不足延降聖靈。迎致恭恪、齋服祭器、不□□□□□□□邀福慢禮、有里巷蠻夷□□、遂謀於州佐・縣尹曰：上有陽崖陰竇；下有迴潭伏溜。風雲□□□□□□□之伏處、宜乎僊駕蔭庥、□□□□、不□不邃、神將遐弃。因以俸錢増新繕故、崇垣峻宇。蕭屏牖戸、有倫有度。興繕既成、以時昭享。瞻覿門屏、踐履堦闥、兢愼恂懼、肅然無不加敬。牲牷既設、巫祝斯列、齋莊蠲潔、愨然如享其誠。簫鼓既缺、俎豆斯撤、神和人悦、僾然如受其福。是歳（大曆十一年秋）、寇賊（西原蛮）殲平、年穀登稔。五嶺之人、陰受帝祉。官屬長老、願刊琢表識、以彰懿列（烈）。其辭曰：

惟虞禪夏、夏德斯淪。
更殷歷周、以及嬴秦。
帝號再尊、帝道莫宣。
祀典空存、祀禮無聞。
於穆皇家、踵美虞唐。
篤生淳儉、後嗣同昌。
明明大君、祐祜俾躬。（代宗皇帝）
穆穆宗臣、祗愼肅龔。
廣厦増飾、展禮竭忠。
人神胥會、風雨晦蒙。
三千季間、禮幣贇通。
西原寇平、南畝有年。（西原蛮、首領は潘長安）
祀事報功、皇靈降臻。
仡仡武夫、我戰自剋。
畟畟農耜、我勤乃穫。
日用遊焉、悪知帝力。
天人同休、心存影會。
誠感昭通、屑易窒礙。
刊石播美、垂億千載。（以上、八分書）

大唐建中元年歳次庚申（780）三月景寅朔二日丁卯建。（楷書）

【考察】

欽定『全唐文』所収「虞帝廟碑銘」の出自

この碑文は諸本の中で『全唐文』・『桂林石刻』に収めるものが最も缺字が少ないが、それは当時、つまり現代あるいは清代の拓本に拠ったからではなく、いずれも清代以前のもの、恐らく明代の張鳴鳳『桂勝』あるいは清初の汪森『粵西文載』等を参考にしているためではなかろうか。

まず、『全唐文』の録文から当時の碑文の状態を復元すれば次のようになる。下線は誤字を示す。また、『全唐文』が楊詩入部分を「闕八字」とするのは他の完全な行（09・12・13）、および現存する碑文に照らして明らかに七字の誤りであり、今そのように改める。

『全唐文』に拠る復元：

06　帝舜有虞氏姚姓諱重華帝顓□□□□□□□瞽叟之子□以孝聞卅堯□□□□受堯之禪丁酉法
07　堯禪禹在位五十年南巡狩崩于蒼梧之野□□一百一十有二算聖徳□□□□靈魄遊於無方南人
08　懷思立祠禱祭歷夏殷周秦距乎有國凡更十姓享奠不替大曆十一年
09　皇族隴西縣男兼御史中丞昌巙領桂林象郡之地虔祇統命肅龔神祀以祠宇堕圮狹隘朽陋不足延
10　降聖靈迎致恭恪齋服祭器不□□□□□□□邀福慢禮有里巷蠻夷□□□□於□□縣尹曰上有
11　陽崖陰竇下有迴潭伏溜風雲□□□□□□□之□處□□□駕□□□□□□□□□□□□□□
12　因以俸錢增新易故崇垣峻宇蕭屏□戸有倫有度堊繕既成以時昭享瞻覿門屏踐履堦闠競業恂懼
13　肅然莫不加敬牲牷既設巫祝斯列齋莊鐲潔愨然如享其誠簫鼓既闋俎豆斯徹神人和悦優然如受
14　其福是歳寇賊殲平年穀豐稔五嶺之人陰受帝祉官屬長老願刊石琢表識以彰懿烈其辭曰
15　惟虞禪夏夏徳斯淪更殷歷周以及嬴秦帝號再尊帝道莫宣祀典空存祀禮無聞於穆　　　皇家踵
16　美於唐獨主淳儉後嗣其昌明明　　　大君俾祐爾躬穆穆宗臣祇愼肅龔廣廈增飾展禮竭忠人神
17　胥會風雨晦蒙三千年間禮幣贄通西原寇平南畝有年祀事報功皇靈降臻仡仡武夫我戰自克翜翜
18　農耜我勤乃獲日用游焉惡知　　　帝力天人同休心存影會誠感昭通屑易窒礙刊石播美垂億千
19　載

この『全唐文』の録文で最も大きな疑問は中段の部分である。現存する碑石には02行から15行までの中段（六字～七字）を削磨して明・楊銓が嘉靖四年（1525）に作った五言詩が刻まれている。欽定『全唐文』は嘉慶十三年に編纂を開始して嘉慶十九年（1814）に完成。復元の06・07および10・11の各行の中段に見られる缺字はその痕跡を示している。しかしその一方で、08・09および12～15の各行の中段には当然あるべき缺字が全く見られない。『全唐文』が拠ったのは当時の石刻本ではない。その拠った所は張鳴鳳『桂勝』あるいは汪森『粤西文載』ではなかろうか。そこで『桂勝』に拠って復元してみれば次のようになる。

『桂勝』に拠る復元：

06　帝舜有虞氏□□□□□□□□□□□□□□□□□□□□□□□□□□□□□□□□□□□
07　□□□□□□□□南巡狩崩於蒼梧之野□□□□□□□□□□□□□□□□□□□□□南人
08　懷思立祠禱祭歷夏殷周秦距乎有國凡更十姓享奠不替大曆十一年
09　皇族隴西縣男兼御史中丞昌巙領桂林象郡之地虔祇統命肅恭神祀以祠宇堕圮狹隘朽陋不足延
10　降聖靈□□□□□□□□□□□□□□□□□□□□□□□□□□□遂謀於州佐縣尹□□□
11　□□
12　因以俸錢增新易故崇垣峻宇蕭屏□戸有輪有度堊繕既成以時昭享瞻覿門屏踐履堦闠競業恂懼

13　肅然無不加敬牲牷既設巫祝斯列齋莊蠲潔愨然如享其誠簫鼓既缺俎豆斯徹神人和悦優然如受
14　其福是歳寇賊殲平年穀豐稔五嶺之人陰受帝祉官屬長老願刊琢表識以彰懿烈其辭曰
15　惟虞禪夏夏徳斯淪更殷歴周以及嬴秦帝號再尊帝道莫宣祀典空存記禮無聞於穆　　皇家踵
16　美虞唐獨生淳儉後嗣其昌明明　　大君祐祐俾躬穆穆宗臣祗業肅恭廣廈增飾展禮竭忠人神
17　胥會風雨晦蒙三千年間禮幣贄通西原寇平南畝有年祀事報功皇靈降臻仡仡武夫我戰自剋叜叜
18　農耜我勤乃獲日用游焉惡知　　帝力天人同休心存影會誠感昭通屑易窒碍刊石播美垂億千
19　載

張鳴鳳「桂勝序」は万暦十七年（1589）の作である。それは楊銓が碑文の中段に自作の詩を刻した嘉靖四年（1525）よりも約六十年近くも後のことであり、したがって中段部分が多く欠落していてよい。しかし欠落している部分は前半（11行まで）に集中しており、またその位置も中段部分ではない。そこで『桂勝』は当時の碑文あるいは当時の拓本ではなく、明らかに嘉靖四年以前の史料に拠って録していることになる。06・07および10・11の各行で今日でも確認可能な上段・下段部分を缺いているのは、当時破損していたわけではないから、不自然である。そこで、張鳴鳳は旧録の拓本等によってほぼ全文を録していたのであり、後に『桂勝』が転書された過程で欠落したのではないかと推測される。しかし古学彙刊本『桂勝』の「書目提要」に拠れば、明人の旧抄本に拠ったものであり、『《桂勝・桂故》校點』が校本として用いている明・万暦十八年（1590）何太庚刻本とも文字に大きな異同は見られない。つまり、少なくとも「舜廟碑」に関しては、古学彙刊本・四庫全書本・万暦刻本ともに基本的に同じであり、明刻本が万暦十八年、「『桂勝』序」の翌年であるということから、張鳴鳳の原書を伝えていると考えられる。そうならば、張鳴鳳が拠ったのは当時の石刻やその拓本でもなく、また楊詩刻入以前の旧拓本でもない、別の資料ということになる。このことは清・汪森『粤西文載』に収める「舜廟碑」との関係からも言える。先に見たように汪本に作る所は『桂勝』と最も近い。汪森も収録に当たっては当時の石刻やその拓本に拠ったのではなく、桂林の歴史・文物の記録と考証で当時最も詳細であった『桂勝』に拠った可能性が高い。『粤西文載』七五巻・『粤西詩載』二五巻・『粤西叢載』三〇巻を含むいわゆる『粤西通載』は、「粤西叢載序」によれば、汪森（1653−1726）が康熙三十三年に桂林通判として着任して以来、七年勤めた間および退職後も資料を蒐集・整理して康熙四十四年（1705）に完成している。したがって『桂勝』成立から汪森による収録の間に「舜廟碑」内の一部分が大きく欠落するようなことはなかった。しかし、『桂勝』には、特に詩文等の収録部分には、「舜廟碑」に限らず、欠落部分が多い。これは明抄本（古学彙刊本）や明万暦刻本に共通することである。そうならば、張鳴鳳の原書では全文が録されていたが、抄本・刻本の段階で欠落したのではなかろうか。仮にそうならば、『桂勝』は「序」にいうように実際の調査・石刻・拓本に基づいて録文されたものであるが、「舜廟碑」に限っていえば旧拓本あるいはそれに基づいた資料に拠ったものといわざるを得ない。

そこで『全唐文』が利用したものとしては『桂勝』が考えられるが、直接拠ったのは汪森『粤西文載』であろう。『全唐文』と『粤西文載』は同じく題を「虞帝廟碑銘」とする。また、楊詩刻入による磨削部分等に缺字がなく、汪森『粤西文載』と同じに作っているが、汪森『粤西文載』は別に幾つかの行を脱しており、この部分では謝啓昆『粤西金石略』(あるいは『廣西通志』金石略)を利用している。「舜廟碑」は銭大昕『潜研堂金石文跋尾』(一六六七年)によれば「粤西石刻以此爲最佳、而收藏家多不著録」であり、康熙の間に至ってもほとんど知られていなかった。その後、王昶『金石萃編』(一八〇五年)に至っても著録されていない。このような中にあって、それを世に広く知らしめたのは謝啓昆(1737−1802)である。謝啓昆『廣西通志』は嘉慶五年(1800)に編修を開始、嘉慶七年に印行、その中の「金石略」を独立・単行させた謝啓昆『粤西金石略』は胡虔「粤西金石略敍」によれば嘉慶六年に完成、胡虔『臨桂縣志』も嘉慶七年に完成している。それらに録されている碑文は『粤西文載』と文字にかなり異同がある。謝啓昆の方法は汪森のような単なる史料蒐集ではなく、銭大昕等の金石学を継承する文献考証学の方法を採るものであった。拓本をとって、字体・大きさ・缺字等を示して忠実に録し、かつ考証を加えている。『粤西通載』は乾隆四十四年(1779)に、『桂勝』は乾隆四十六年に校上して『(欽定)四庫全書』に入れられる。いっぽう『全唐文』は嘉慶十三年に編纂を開始して嘉慶十九年(1814)に完成。

以上を要するに、『全唐文』所収の韓雲卿撰「虞帝廟碑銘」は汪森『粤西文載』と謝啓昆『粤西金石略』に拠って録され、また汪森『粤西文載』は張鳴鳳『桂勝』に拠って録していると考えられる。

桂林虞山舜廟の廟名と碑題

桂林虞山舜廟の碑文は韓愈の叔父・韓雲卿の撰、書は韓秀実、額は李白の従叔父・李陽冰の作という、唐代著名の才子・書家の合作にして桂林では“三絶碑”と呼ばれている。その存在は早くから知られていたが、碑文そのものが録されることは少なかったらしい。清初・銭大昕『潜研堂金石文跋尾』七(24a)に次のようにいう。

> 歐・趙・陳三家皆未著録。(南宋)王象之『輿地碑目』稱“静江府有虞帝廟碑、唐李陽冰篆”、而不載撰書人姓名、(明)于奕正『(天下)金石志』以爲韓雲卿撰、又不及書篆者、皆攷之未審也。……粤西石刻以此爲最佳、而收藏家多不著録。

宋代の欧陽修『集古録跋尾』十巻、趙明誠『金石録』三十巻、陳思『寶刻叢編』二十巻や清・葉奕苞『金石録補』二十七巻などをはじめ、『潜研堂金石文跋尾』(一六六七年)よりも約一四〇年後の清・王昶『金石萃編』(一八〇五年)一六〇巻に至っても収録されていないから、広く知られてはいなかった。ただ『大明一統志』八三「桂林府」(4b)に「舜山:在府城北五里、一名虞山、層巖臨江。有舜祠并唐人磨崖刻記」、明・黄佐『廣西通志』十二「山川志」一（4a）に「虞山：在城北五里、又名舜山。層聳臨江、前有虞帝廟、旁有渡、曰皇澤湾。唐建中磨崖刻記具存」と記載されているから、明代には広くその存在が知られていたはずである。

ただし廟の名称は史料によって異なっている。唐の廟名は現存の石刻に拠って明らかなのであるが、先に見たように清・汪森『粤西文載』と欽定『全唐文』は題を「虞帝廟碑銘」としている。これはいわば通称であり、石刻には「舜廟碑并序」とある。石刻に拠れば唐代の名称は“舜廟”であり、あるいは“舜祠”とも呼ばれていた。たとえば嶺南に流罪された宋之問（656?－712?）に「桂林黄潭舜祠」詩があり、桂州刺史であった張九齢（678－740）に「祭舜廟文」、桂管の属僚であった李商隱（813？－858）に「賽舜廟文」、晩唐の桂林出身の元状である趙観文に「桂州新修尭舜二祠祭器記」、唐末の莫休符『桂林風土記』に「舜祠」の条がある。このように唐代では“舜廟”と呼ばれていた。たしかに『全唐文』等が作るように“虞帝廟”と呼ばれることもあったが、それは後の宋代からである。

虞山の唐建「舜廟碑」の近く、向かって左（西）約10mのところに、有名な朱熹「有宋静江府新作“虞帝廟”碑」（淳熙三年1176）があり、その碑文中に「静江府故有“虞帝祠”……有唐石刻辭在焉」と見える。ただし「虞帝祠」というのは古雅な呼称を用いたものかも知れない。宋・景平元年（423）に湘州始安郡太守となった顔延之の「爲張湘州祭虞帝文」によれば東晋時代に“虞帝廟”が創建されていた。しかし「唐石刻辭」つまり韓雲卿撰「舜廟碑」にそのことは見えない。後の南宋・王象之『輿地碑目』（また同人『輿地紀勝』一〇三）「静江府」には「唐大暦磨崖：在“舜祠”。『“虞帝廟”碑』：唐李陽冰篆」ともいう。この「唐大暦磨崖」と「虞帝廟碑」は同一碑文を指す。これによっても宋代から虞帝廟と呼ばれていたことがわかる。その後、『大明一統志』（天順五年1461刻）八三「桂林府」に「虞帝祠：在舜山、有唐韓雲卿記、刻于崖石」、黄佐『廣西通志』（嘉靖十年1531刻）三三「壇廟志」桂林府に「虞帝廟：在城北虞山下」というから、明代でも虞帝廟・虞帝祠が正式名となっていた。

したがって清・汪森『粤西文載』や欽定『全唐文』の作る「虞帝廟碑銘」は宋以後の名称に拠ったものであり、清・謝『金石略』や清・黄『縣志』が「大歴［暦］舜廟碑磨崖」とし、清・胡『縣志』が「唐大歴［暦］舜廟碑磨崖」とするのが正しい。これは王象之のいう「唐大暦磨崖」と「虞帝（舜）廟碑」を合一した名称である。ただし「大暦舜廟碑」の意味には注意が必要である。それは「大暦の舜廟碑」ではなく、「大暦舜廟の碑」である。つまり、大暦に碑文が作られたのではなく、大暦に造られたのは舜廟であり、碑文は大暦十一年（776）に建立された舜廟についてその四年後の建中元年（780）に撰せられたものである。後人には舜廟の建立年とその廟碑の撰刻年＝碑文建立年の相違に気付いていない者が多い。たとえば清・繆荃孫『藝風堂金石文字目』六（6b）に「舜廟碑：韓雲弼撰、韓秀弼［實］分書、大暦十一年、在廣西臨桂虞山」、清・

呉式芬『金石彙目分編』一八（1a）に「唐・舜廟碑：韓雲卿撰、韓秀實分書、李陽冰篆額、大曆十一年、在虞山」というのがそれである。また今日に至っても『桂林文物』（一九八〇年）に「『舜廟碑』為建中元年（780年）李昌夔建虞帝廟時所刻」（p 21）といい、『桂林旅游資源』（一九九九年）にも「唐代建中元年（780）重建舜廟、有韓雲卿撰文」（p 336）という。いずれも建廟（大曆十一年776）と撰碑（建中元年780）を混同しており、正しくない。

桂林虞山舜廟の創建年

虞山舜廟の創建年代についても通説には問題がある。『桂林旅游資源』は「山西南麓旧有舜廟（又称舜祠・虞帝廟）、始建年代不詳、最早記載見于南宋顔延之『湘州祭虞帝文』（424）」（p 336）というが、また同書（p 657）には「虞山最早的石刻、原是東晋咸康六年（340）庾闡的『虞帝像贊并序』、早毀」ともいっており、相い矛盾する。後者の説は『桂林旅游志』（p 66）に「山下曽有晋代舜廟。文学者庚［庾］闡曽為桂州撰写『虞帝像贊并序』、因年代久遠、該碑早已不存」といい、『桂林市志（下）』（p 2994）にも「東晋時在山南麓建虞帝廟」というように広く紹介されている。これらの根拠は不明であるが、早くは明・鄺露（1604－1650）「遊虞山記」に「其碑、晉有庾闡之叙、後魏有温子升之碑、唐有張曲江之文・宋延清之詩・（趙）觀文之隷・李陽氷之篆、宋則朱紫陽之碑。桂山文獻茲焉特盛」という。ここにいう庾闡「虞帝像贊并序」・温子昇「舜廟碑銘」・顔延之「爲張湘州祭虞帝文」はともに『藝文類聚』十一「帝王部」の「帝舜有虞氏」条に引かれている。鄺露「記」の挙げる所は当時虞山に存在した碑刻のようであるが、顔延之「湘州祭虞帝文」は挙げられていない。しかし明代に現存した碑刻は張鳴鳳『桂勝』が網羅しており、それには庾闡「虞帝像贊并序」・温子昇「舜廟碑銘」だけでなく、顔延之「湘州祭虞帝文」も録されていない。

庾闡の贊によれば、虞帝像があり、それは廟堂内に置かれていたというから、確かに虞帝廟なるものがあった。「東晋咸康六年（340）」は顔延之（384－456）が始安郡太守となった宋・景平元年（423）よりも百年近くも昔のことである。しかし『晉書』九二「文苑傳」に載せる「庾闡傳」に「出補零陵太守、入湘川、弔賈誼。其辭曰：“中興二十三載、余忝守衡南、……”」という。「東晋咸康六年（340）庾闡的『虞帝像贊并序』」という根拠はこれであろうが、「曽為桂州」というのは根拠を欠く。本伝によれば、晋が中興して二十三年目の咸康五年（339）に庾闡（294？－347？）が太守に補せられたのは零陵郡である。始安郡（治は今の桂林市）は零陵郡（治は今の湖南省永州市）の西南に隣接して近いが、郡を異にする、つまり始安郡は零陵郡太守の管轄外の地である。じつは零陵郡の南東には九疑山があり、そこには南巡した舜帝が迷い込んで（山名の“九疑”はそれに由来するという）客死したという伝承が早くからあり、九疑山の麓には舜廟があった。『史記』六「秦始皇紀」に「三十七年……十一月、行至雲夢、望祀虞舜於九疑山」というから、九疑山の舜廟は秦からあったと思われる。東晋・庾闡「虞帝像贊并序」にいう虞帝廟は零陵郡九疑山のそれであろう。

さらに言えば、疑わしいのは東晋に始安郡（今の桂林市）の虞山に舜廟が創建されたということだけでない。顔延之の「祭虞帝文」が虞山の舜廟での作であると断定することも確証を欠く。たしかに顔延之は始安郡太守になったことがあるが、祭文の名は「爲張湘州祭虞帝文」である。つまり、湘州刺史であった張某の為に作った代作である。そうならば湘州に属する零陵郡の虞帝廟での祭文であった可能性が高い。これには他にも根拠がある。顔延之には「祭屈原文」（『文選』所収）があり、それに「湘州刺史呉郡張邵、恭承帝命、建旗舊楚、訪懷沙之淵……」とある。これも湘州刺史張邵の為に作った祭文である。そこで「爲張湘州祭虞帝文」も張邵の為に作ったものであって湘州内の虞帝廟を指し、当時にあって湘州の虞帝廟といえば先ず零陵郡のそれが有名であった。また、その祭文には「在麓不迷、御衡以正。……百齡厭世、萬里陟方。敬詢故老、欽沓聖君。職奉西湘、虔屬南雲」とあり、客死までのことを述べると同時に九疑山のことに言及しているが、現存する祭文（『藝文類聚』十一所収）を見る限り、虞山あるいは桂林周辺のことについては触れていない。舜が客死した地は『史記』以来、零陵・九疑山とされて来た。ただし桂林虞山を客死の地とする説もあったらしい。唐・張九齡が桂州刺史の時に作った「祭舜廟文」には「不以荒服之外、不以黄屋之尊、巡守而來、殂落于此」という。「殂落」とは『尚書』舜典に「帝乃殂落、百姓如喪考妣」というように、帝王の死去を意味する。しかし張九齡よりも約二十年早く桂林に在った宋之問の「桂林黄潭舜祠」詩には「虞帝巡百越、相傳葬九疑。精靈遊此地、祠樹日光輝」といい、また唐末の『桂林風土記』にも「舜祠在虞山之下、有澄潭、號皇潭。古老相承言：舜南巡、曾游此潭。……舊傳：舜葬蒼梧丘、在道州江華縣九疑山也」というように、舜が客死したのは九疑山であり、虞山は南巡して遊んだ地とするのが当地での通説であった。

さらに他に傍証を求めれば、清・汪森『粤西文載』三七「碑文」で唐・韓雲卿「虞帝廟碑銘」の前に収められている後魏・温子昇「舜廟碑銘」がある。汪森はこの舜廟を「粤西」地方にあるものとしているわけであるから、始安郡の虞山のそれと考えた可能性が高い。少なくとも零陵郡（清の湖南省南部に当たる）のそれではない。温子昇（495−547）は顔延之（384−456）よりも後の人であり、温子昇「舜廟碑」は『藝文類聚』十一では顔延之「爲張湘州祭虞帝文」の前に置かれているが、当時すでに始安郡虞山にも舜廟があったとしても、温子昇のいう舜廟は必ずしもそれではない。というのは温子昇「舜廟碑」には「蒼梧之窆不歸、爰自先民、實存舊廟。……疑山永逝、湘水長違。靈宮肅肅、神館微微」とあるから、廟があったことは確かであるが、それは蒼梧の野、九疑の麓に在った。つまり、温子昇のいう舜廟も零陵郡九疑山の舜廟であり、始安郡の虞山のそれではない。

以上を要するに、通説では六朝・宋の顔延之「祭虞帝文」を桂林虞山舜廟とするが、その確証はなく、零陵郡九疑山の舜廟である可能性が高い。また、桂林虞山舜廟の最も早い記録として東晋・庾闡「虞帝像贊并序」を挙げるのもほぼ通説となっているが、零陵郡九疑山の舜廟を指すと考えてまず間違いない。

1-02 〔佚〕貞元六年（790）王漵等題名

『桂林市志（下）』（p2994）・『桂林旅游資源』（p657）によれば、虞山に現存する六五件の石刻中、唐代のものは二件である。唐刻二件は「舜廟碑」と「王潄題名」であると思われる。前者は現存するが、後者は原石が破壊されて存在しない。

【録文】

『桂林石刻（上)』（p10）に「唐・王潄道樹虞山題名」として収め、それによれば次のような内容である。

　　王潄道樹　貞元庚午立春同游

按語に「右磨崖在虞山韶音洞。高一尺一寸、寬八寸、真書径二寸。原石已毀、據旧存拓本校録」という。

『桂林石刻（上)』に「旧存拓本」というから、七〇年代にはすでに原石刻は存在していなかったらしい。筆者も韶音洞の内外をくまなく調査したが見当たらなかった。虞山公園副主任・周開保氏に取材したところ、“蒋中正石榻”（洞内東壁、1940年に蒋介石が日本軍の爆撃を避けて洞内に居住した）を造った時に無くなったのではなかろうかということである。謝啓昆『廣西通志』二一五「金石略」一「晋唐」、胡虔『臨桂縣志』など清代の方志にも録されていないから、その後に発見され、拓本がとられたのであろうか。

【校勘】

01　王潄

「潄」:「漵」の異体字。「淑」の誤りである可能性もある。「旧存拓本」によれば「高一尺一寸、寬八寸」というから、一行ではなく、三行あるいは四行であったと思われる。そうならば以上は人名、以下は時間の記載であるから、その間で改行されているであろう。

02　道樹

03　貞元庚午

「庚午」: 貞元庚午は六年（790)。芦笛岩にある王漵等の題名（墨書跡）には「貞元十六」(800年)

とあるという。貞元十六年は「庚辰」であり、「午」は「辰」の誤りということになるが、芦笛岩の題名に問題がある。詳しくは後述。

04　立春同游

「同游」: 張益桂「桂林芦笛岩・大岩壁書考釋」(『広西師範大学学報』1986-1) には「王溆・道樹、貞元庚午立春」として「同游」の二字を闕く。しかしこれも恐らく『桂林石刻』あるいは『桂林石刻』の拠った「旧存拓本」に基づくものであろうから、脱字であろう。「游」は「遊」であった可能性もある。

【復元】

01	王溆
02	道樹
03	貞元庚午
04	立春同游

【解読】

王溆、(僧) 道樹、貞元庚午 (六年) 立春、同遊。

【考察】

蘆笛巖墨書との関係

芦笛岩 (蘆笛巖) 内の岩壁に残されている墨書跡にも「王溆」の名が見られ、張益桂「桂林芦笛岩・大岩壁書考釋」は虞山の石刻題名に見える「王溆」と同一人物と考えている。芦笛岩は桂林市の中心より西北に約 7 kmの山間、桃花江の西岸の光明山 (404.4m、相対高度254m) の南の山腹に在る。現在は芦笛公園となって開放されている。張益桂の論文によれば、芦笛岩の洞内には次のようにあるという。

01　洛□

02　壽武

03　顔証

04　陳臯

05　王溆

06　貞□十六正月

07　　　三日立春

高さ66cm、幅1.3m、字径16cm、行書、左から右行。ただし張益桂論文（一九八六年）よりも早い桂林市革命委員会文物管理委員会編印『芦笛岩大岩壁書』（一九七四年）「68.唐寿武顔証等題名」には06行を「貞十六正月」に作り、編者の按語に「“貞”下應脱“元”字、王溆于貞元六年有虞山題名刻石。十六年爲公元八〇〇」という。たしかに張益桂が作るように「貞」と「十」の間に缺字があるのらなば、「“貞”下應脱“元”字」の可能性がある。後に『遠勝登仙桂林游』（p60）も「貞十六正月」に作って「貞」下に「元」を脱しているとする。『桂林旅游資源』（p658）は「貞（元）十六年正月」に作って「年」がある。『桂林文物』（一九八〇年、桂林市文物管理委員会編著、張益桂執筆）では「芦笛岩壁書最早見于唐貞元六年（790）洛陽寿武・陳臯・顔証・王溆等四人題名」（p1）と紹介しており、『桂林文物古跡』（一九九三年、p66）もこれを襲って「芦笛岩壁書年代最早者為唐貞觀六年（790年）洛陽寿武・陳臯・顔証・王溆等４人的題名墨書」とする。ただし「貞觀六年（790年）」は「貞元六年（790年）」の誤りであろう。後に張益桂氏の論文では「貞元六年」を改めて「貞元十六年」としており、『桂林旅游資源』等は張氏の説に従ったものと思われる。

芦笛岩の墨書跡が「貞元十六」年であるならば、虞山の石刻とは十年の開きがあることになる。王溆がいかなる理由で桂林に滞在していたのかは不明であるが、仮に官吏として桂林に赴任していたのであれば、当時一般の状況に照らして滞在期間が長すぎる。また、同遊の年が「立春」であるのも芦笛岩の壁書と一致する。そこで考えられるのは「貞元庚午」の「午」は「辰」字の誤りではなかろうかということである。貞元庚辰は貞元十六年である。「午」と「辰」の字体は部分的に似ており、「辰」字の部分に少し剥落があったために、拓本では「午」に近くなり、その拓本によって「午」と判読されたのではなかろうか。しかし芦笛岩墨書が「貞十六正月」であって缺字が無いことも考えられよう。そこで「貞十六正月」の「十」を「元」の誤字（見誤り）であると仮定してみれば、「貞元六」年は庚午であるから、虞山の題名と一致する。そもそも「貞十六」という表記は不自然である。貞元十六年を「貞元十六」ということはあっても「貞十六」ということは無かろう。「元」を脱しているのではなくて「十」を「元」の誤りと考える方が自然である。ただしこれは「王溆」を同一人物とするという仮定に立ったものである。また、ここに別の問題がある。芦笛岩墨書・虞山石刻ともに「立春」というが、「貞元庚午」六年正月の「立春」は十二日頃であって「三日」ではなく、逆に貞元十六年正月立春は「三日」である。そうならば、「貞〔元〕十六」が正しいことになる。したがって同一年ではなく、また同一人物ではない可能性も否定できない。今、芦笛岩墨書も虞山旧拓本も確認できないため、虞山石刻に限っては桂林本にいう「貞元庚午」に従っておく。

王溆については記録があり、大暦六年（771）の状元。『唐才子傳』四「章八元」の条に「大暦六年、王溆榜第三人進士」と見え、徐松『登科記考』一〇はこれに拠っている。いっぽう傅璇琮

『唐才子傳校箋（二)』（中華書局1989年）はこの大暦の進士の「王漵」を「王淑」に作っており、異同があることを指摘していない。「漵」「溆」が「淑」の誤字であることは十分考えられるが、王淑ならば別にもう一人いる。『冊府元亀』に「(大和三年）明經王淑等十八人、並及第」と見える、大和三年（829）の明経科及第者がいた。大暦の進士とは時代・科ともに異なっており、同一人物ではない。

道樹（734−825）も未詳であるが、僧侶と見てまず間違いなく、時間的関係から見て北宗六祖・神秀（606−706）の弟子が考えられる。『宋高僧傳』九・『景徳傳燈録』四・『五燈會元』二等に伝がある。

二、鉄封山石刻

位置：鉄封山（Tie3feng1shan1）は桂林市疊彩区中山北路から東に延びる。海抜は248.6ｍ（相対高度100ｍ）、東端は漓江の岸、北は虞山（208ｍ、相対高度58ｍ）、南は疊彩山（251ｍ、相対高度約100ｍ）を望み、西は鸚鵡山（263ｍ、相対高度119ｍ）に接する。南北180ｍ、東西430ｍ。鸚鵡山と並んで東西に長く延びており（両山の間約80ｍ）、桂林の北を守る天然の城壁を成している。山の東端は宋代に築かれた城壁の東北の角に当たり、東鎮門・武台が残っている。東端（武台）から虞山まで545ｍ、漓江の東岸まで242ｍ、疊彩山東端の明月峰まで約400ｍ。

沿革：“鉄封山”は岩山が鉄の封鎖の如く聳えて天然の城塞を成していることに由来するであろう。宋代の記録によれば“鎮南峰”とよばれた。これは山壁に刻されている「(唐）平蠻碑」・「大宋平蠻碑」に頌える平鎮南蛮の意に由来するのではなかろうか。また、山の東南麓には宋代に“東鎮門”が築かれ、“東鎮門山”ともよばれた。鉄封山は東西二つの峰からなり、民間では宋代には栗家山とよばれ、明代には馬鞍山ともよばれた。鎮南峰・東鎮門・栗家山の名はいずれも南宋の石刻「静江府城池圖」(現存、今の鸚鵡山南崖）に見える。馬鞍峰は『徐霞客遊記』三「粵西遊日記」１に「東峯俗呼爲於馬鞍、西峯俗呼爲眞武。東峯疑即鎮南峯、『志』言“有唐人勒石”、尚未覓得。西峯南麓、王陽明祠」という。なお、桂林にはこの“鉄封山”と同音の山“鉄峰山”（221ｍ、相対高度40ｍ）があるが、鉄峰山は漓江の遥か東、七星区堯山の西南麓、今の航天工業管理学校の敷地内に在る。

石刻：『桂林文物古跡』（ｐ49）・『桂林市志（下）』（ｐ2994）・『桂林旅游資源』（ｐ661）等によれば、現存する摩崖石刻は六件、うち唐代のものは一件、宋代のもの二件、唐宋のものはいずれも西南の懸崖に刻されている。一九六三年に桂林市文物保護単位、八一年に広西壮族自治区重点文物保護単位に指定。

2-01 〔存〕大暦十二年（777）韓雲卿撰「平蠻頌」

「平蠻頌」は鉄封山の西南端の懸崖に刻されている。鸚鵡路（鸚鵡山南麓の東端）から中山北路を夾んで東側の歩道に鉄封山の南麓に通じるゆるやかな坂道（幅１～２ｍ）があり、それを東に約30ｍ進み、さらにやや南に約30ｍ進んだところで鉄封山の西南端に突き当たる。N25°17′758″、E110°17′624″。鉄封山西端と鸚鵡山東端の間は約80ｍ。道口の南角に雑貨屋があったが、二〇〇三年から中山北路が改修されて撤去、周辺は大きく様変わりしている。今、懸崖の下には公衆トイレ（セメント造り、高さ2.5ｍ）があり、位置を知る目印となろう。トイレの真後0.5ｍに迫る懸崖はトイレの屋上よりも約１m高い位置に広いテラスのような空間（約２m×４m）ができており、石刻はその岩棚から約４m～８mの高さのところにある。「平蠻頌」の向かって左には余靖撰「大宋平蠻碑」（皇祐五年1053）が刻されている。

【資料】

録文：

明・張鳴鳳『桂故』八「雜志」「平蠻碑」（桂林図書館蔵清抄本5b）

〃　（四庫全書本8b）

〃　（校注本p235）

〃　（校点本p198）（以上、張本と略称）

清・汪森『粤西文載』四五（1a）「平蠻碑」（汪本と略称）

清・金鉷『〔雍正〕廣西通志』一〇五（1a）「平西原蠻碑記」（金本と略称）

清・謝啓昆『粤西金石略』一（5b）「大歴［暦］平蠻頌磨崖」

〃　『〔嘉慶〕廣西通志』二一五「金石略」一「晉唐」（6b）「大歴［暦］平蠻頌磨崖」

清・胡虔『〔嘉慶〕臨桂縣志』一〇「鎮南峰」（14b）「大歴平蠻頌磨崖」（以上、謝本と略称）

清・陸耀遹（陸増祥校訂）『金石續編』八（43a）「平蠻碑」（陸續本と略称）

清・陸増祥『八瓊室金石補正』六四（14b）「平蠻碑」（陸補本と略称）

清・欽定『全唐文』四四一（10b）「平蠻頌」（全唐本と略称）

清・楊翰『粤西得碑記』（11a）（楊本と略称）

清・黄泌『〔光緒〕臨桂縣志』二三（p33）（黄本と略称）

今・『桂林石刻（上）』（p6）「唐・韓雲卿平蛮頌」（桂林本と略称）

張本は早いものとして最も貴重であり、これについては李文俊『桂故校注』（広西人民出版社一九八八年）や斉治平等『《桂勝・桂故》校點』（広西人民出版社一九八八年）があるが、校勘にはなお誤りが多い。清・葉奕苞『金石録補』一七（2b）にも一部引用と考証がある。

拓本影印：

『北京圖書館蔵中國歴代石刻拓本匯編・唐』第二七冊（p152）（北京拓本と略称）

『桂林』（一九九三年、p150）

『中國西南地區歴代石刻匯編（第九冊）廣西桂林巻』（p7）（以上、桂林拓本と略称）

『桂林』・『中國西南地區歴代石刻匯編（第九冊）廣西桂林巻』に所収のものは不鮮明。両者は本来同じ拓本であろう。『桂林』本は極めて小さいが（3cm×6cm）、写真であるため、カラーコピー機で四〇〇％くらいに拡大すれば、『中國西南地區歴代石刻匯編（第九冊）廣西桂林巻』本よりも鮮明。しかしいずれも北京拓本には遠く及ばない。北京拓本には「顧595」とあるから、清・

顧広圻（字は千里、1770～1839）の旧蔵。碑石の剥蝕が少ない点から見て、『桂林』本は無論のこと、恐らく謝啓昆・陸耀遹・陸増祥の見たものよりも早い時代にとられた拓本であると思われる。極めて貴重な史料である。ただし字の刻線がかなり太く粗く写っており、判読が困難。これは拓本の技術が好くなかったのではなく、すでに風雨によってかなり浸食していたためである。顧千里が拓本を入手した正確な年代はわからないが、嘉慶から道光の頃。謝本は嘉慶六年（1801）の成書であり、この頃、顧千里は三二歳であるから、拓本を入手したのは謝本の成立よりも後と考えられるが、拓本がとられた年と拓本を入手した年は必ずしも同じではない。

【現状】

石刻の表面はかなり浸食が進んでいて文字の凹凸が少ないために、太陽光線の下では陰影が鮮明でなく、判読は極めて困難である。筆者は夏（八月末）と冬（十二月末）の午後に調査したが、周辺は四季を通じて灌木雑草が繁茂して枝葉に深く覆われているため、離れて観ることはできなかった。冬は下草がやや少ないものの、灌木はあまり落葉していない。ここに限らず、亜熱帯に近い桂林は一般にそうである。また、懸崖の下（公衆トイレの後方）にある岩棚に登れば近づくことはできるが、石刻はそこから垂直に４ｍ～８ｍの位置にあるため、はやりつぶさに観察することはできない。初回（二〇〇一年十二月末）の調査では２ｍと４ｍの梯子を使ったが、まったく届かなかったために、二回目（二〇〇二年八月末）の調査では６ｍの梯子と５ｍの脚立を準備した。しかしそれでも十分ではなかった。10m近くの梯子が必要であるが、そのような大きさの物を運び上げるのは極めて困難である。

今日の碑石には右上と左下に破損があり、また左には縦に長い亀裂が入っており、下半分に剥落が部分的に見られるものの、石刻全体に占める破損の面積は「舜廟碑」より少ない。ただし碑石は「舜廟碑」よりもすこし小さく、約2／3の大きさ。碑石の最上部、篆額の上にはセメント（？）で小さな庇が造られて保護されており、碑石の上部約１／5はかなり泥・塵埃が積もっており、文字はほとんど見えない。またそれより下の部分は表面が風雨によってかなり浸食が進んでおり、判読は困難である。全体的に破損は「舜廟碑」よりも少ないから保存状態は良好であるといえる。「平蠻頌」は「舜廟碑」と同等の、あるいはそれ以上の史料的価値を有する歴史文物であり、幸い破損も少ない。市当局には破損・浸食を避けるべく、今以上の保護対策を講じられんことを望む。

今回は望遠レンズで撮ったものをパソコンで処理した結果、辛うじて四割位が判読できた。下半分は浸食が激しいが、上半分は泥をかぶっているためであり、それを除去すれば判読可能な部分は八割以上になるのではなかろうか。

01　平　蠻　頌
02　平□□并序
03　　　　　□□郎守尚書禮部郎中上□國韓雲卿撰
04　　　　　□□郎守梁州都督府長史□□縣開國男翰林待詔韓秀□□
05　　　　　□□□□□□□□陽冰篆□
06　惟□□十一□□□□郡之外有西原賊率潘長安僞稱安南王誘脅□□連
07　□□□□□□□□□平人南□□□交趾西控昆明夜郎北洎黔巫衡湘彌
08　亘萬□人□□□　　天子命□□西縣男昌巙□桂州都督兼御史中丞
09　持節□□□□□□□□□□元□并□下□率八十四人生□　　厥下其
10　餘逼□□□□□□□□耕牛□□□□□屋□外□拾捌州牧守羈縻反□
11　歷代□□□□□□□□□□□□其自新□守厥□□農漁樵各復其□□
12　□鰥□□□□□□□□□□□□□隘爲□途五□之人若出玄泉而□□
13　□如□□□□□□□□□□□□□□焉公卿百辟將校耆艾□願歌□□
14　□以銘□□□□□
15　皇□嗣位十□□□□□□□□□□□□□□□□□□□□□□□□□
16　□□□□西□□□□□□□□□□□□□□□□□喩徳□□□弗□含
17　□□□□□□□□□□□□□□□□揚九天出其不意億萬踣顛來者面
18　□□□□□□□□穴覆其巣宅若鼓洪爐燎彼毛毳若振飄風摧乎朽脆海
19　□□□□開天光俾祲作咊化□爲農三軍臥鼓四鄙□柝原野蕭條萬里澄
20　□　　□□□□□人是□□之□□用垂無疆
21　　　　　　　　　大唐大曆十□□□□□□□□

石面磨平、無塗墨。篆額、横書き、向かって右から左行き。正文は隷書（八分書）。向かって右から左行き。北京拓本によれば、正文は縦2.89m、横1.84m、額は縦0.3m、横0.89m。字径は、正文は字径 6 cm、篆額は約25～30cm（縦がやや長い）。

【校勘】

01　平蠻頌

「頌」: 謝本は「大歴［曆］平蠻頌磨崖」と題して改行した上で「平蠻碑」に作り、その下に「篆額、徑八寸許」と小字夾注を加える。「歴」に作るのは清の国諱（乾隆帝弘曆）を避けたもの。謝本系の胡『縣志』は篆額を示さず。陸續本も「平蠻碑」に作って「額題“平蠻碑”三字、篆書、徑尺」、楊本も「平蠻碑」に作って「篆額、徑八寸許」という。汪本も「平蠻碑」に作り、金本はさらに「蠻」・「碑」を敷衍して「平西原蠻碑記」とする。「蠻」が「西原蠻」を指すことは文中に見える。陸補本は「平蠻頌」に作り、「高一丈、廣五尺五寸、二十行、行三十字、惟弟（第）十四行多一字、字徑二寸五分、分書、額題“平蠻頌”三字、字長、徑八寸、篆書」、黄本は謝本系に属するが「平蠻頌」に作り、「篆額、徑八寸許」という。「碑」と「頌」は字体がやや似ているが、現存の碑文の字体（篆書）は明らかに「頌」。なぜこのような明白な誤りをおかしているのか疑問である。陸補本以外は拓本に拠っているのではなく、安易に先人の録文に拠っているのではなかろうか。

02　平□□并序

「□□」：諸本は「蠻頌」。ただし陸補本は「頌」を旁注。現石は塵土を被っているために不鮮明。

「并序」：張本・全唐本はただ「平蠻頌」に作るが、現石・北京拓本には「平蠻頌」の下に明らかに「并序」があり、黄本・桂林本は「并序」二字を小字に作る。同人の「舜廟碑」でも「并序」の二字は上字よりもやや小さい。

03　□□郎守尚書禮部郎中上□國韓雲卿撰

張本・黄本は「朝議郎守尚書禮部郎中上柱國韓雲卿撰」。

「□□郎」：謝本・陸續本・楊本は「□□郎」に作って二字を缺くが、陸補本は「奉義郎」に作って「韓雲卿署銜、『續編』缺“奉義”二字。“奉義”即“奉議”也」という。「義」に作るのは「議」の左・言偏部分が不鮮明であったためであろう。北京拓本では明らかに「朝□郎」と読める。桂林本も「朝議郎」に作る。朝議郎は文散官名、正六品上。奉議郎は従六品上。「平蠻頌」と同年の大暦十二年の五月建である韓雲卿撰「鮮于氏里門碑」（陸補本六四巻12a）でも「朝議郎守尚書禮部郎中上柱國」に作る。

「上□國」：諸本は「上柱國」、「舜廟碑」にも「……郎中上柱國韓雲卿□」とある。

「韓雲卿」：葉奕苞『金石録補』一七（2b）「唐平蠻頌」は「右碑、韓重卿譔」に作るが、「重」は「雲」の誤字。

04　□□郎守梁州都督府長史□□縣開國男翰林待詔韓秀□□

張本・黄本は「朝議郎守梁州都督府長史武陽縣開國男翰林待詔韓秀實書」。

「□□郎」：謝本・陸續本・楊本は「□議郎」に作って一字缺くが、陸補本は「朝議郎」に作って「“朝議”缺“朝”字」といい、桂林本も「朝議郎」に作る。北京拓本でも不鮮明であるが、輪郭は「朝」に近い。

2-01 〔存〕大曆十二年（777）韓雲卿撰「平蠻頌」（部分）

「梁州」：梁州は後の興元府。開元十三年（725）に“涼州”と同音になるために“褒州”に改名、二十年に“梁州”に復し、さらに興元元年（784）に徳宗が朱泚の乱を避けて行幸したことによって“興元府”に改名。「梁州都督府長史」は従五品上。

「□□縣」：北京拓本等及び「舜廟碑」は「武陽縣」。「平蠻頌」と同年の韓雲卿撰「鮮于氏里門碑」（陸補本64巻12a）でも「武陽縣開國男翰林待詔韓秀□□」に作る。

「韓秀□□」：北京拓本等及び「舜廟碑」は「韓秀實書」。

05　□□□□□□□□陽冰篆□

張本は「廣州府戸曹參軍李陽氷篆額」、ただし四庫全書本は「廣」を脱している。謝本・陸續本・楊本は「□□□□□李陽冰篆額」として缺字を五字とし、陸補本は「李陽冰署銜七字磨泐、不可辨、僅空五格。……李陽冰、趙郡人、『宰相世系表』載其爲“將作少監”。此刻列銜已缺、審之、“李”上似“率”、不審何官」というから、「□□□□□□率李陽冰篆額」と判読している。黄本は「京兆府戸曹參軍李陽冰篆額」、桂林本は「京兆□□□□□李陽冰篆額」に作る。「京兆」は同人による「舜廟碑并序」に拠って推測したものではなかろうか。李文俊『桂故校注』も「按《平蠻頌》今存碑文刻石、篆額署名作“京兆□□□□□李陽冰篆額”、前兩字異、其後五字缺、録之備考」（p236）というが、その作る所は桂林本と同じであり、現存の碑文に拠ったのではなく、現存の碑文に拠ったという桂林本を信頼して「今存碑文刻石」と称しているのではなかろうか。今日の「舜廟碑」では「京兆□□□□□□冰篆額」であり、明らかに「京兆」があり、いっぽう「平蠻頌」は北京拓本では「□□府戸曹參軍□陽冰篆額」のように読める。「李」の上は北京拓本では「其」のような字形であるから「率」ではなく、上に「戸曹參」とあることによって「軍」であると判読される。この碑と「舜廟碑」の篆額は同人・李陽冰の書であることは確かである。呉鋼主編『全唐文補遺（一)』（三秦出版社一九九四年）に収める「唐故開府儀同三司兼内侍監贈揚州大都督陪葬泰陵高公（力士）神道碑并序」（p35）の末には「大曆十二年歳次丁巳五月辛亥朔十一日辛酉奉勅立石。太中大夫・守將作少監・翰林待詔張少悌奉勅書、京兆府戸曹參軍李陽冰篆額□□、徐濟刻字」とあり、「平蠻頌」と同年の立石であるから、「平蠻頌」も「京兆府戸曹參軍李陽冰篆額」と考えて間違いなかろう。張本が「廣州府」あるいは「□州府」とするのは「京兆府」の誤字である。黄本が最も善い。

06　惟□□十一□□□□郡之外有西原賊率潘長安僞稱安南王誘脅□□連

張本・黄本は「惟大歴［曆］十二年桂林象郡之外有西原賊率潘長安僞稱安南王誘脅夷蠻連」に作る。ただし張本（四庫全書本）は「脅」を「脇」に誤る。

「惟」：張本・汪本・金本・全唐本・桂林本は「惟」、謝本・陸續本・陸補本・楊本・黄本は

「維」に作るが、北京拓本・現石では「惟」に近い。

「□□十一□」: 諸本は多くが「大暦十二年」に作るが、桂林本は「大暦十一年」に作り、北京拓本でも「二」ではなく「一」に読める。早くは南宋・陳思『寶刻叢編』に引く『集古後録』に「此碑所序：大暦十一年賊帥潘長安僞稱南安王誘脅夷蠻」といい、また葉本も「碑云：大歴十一年、賊帥潘長安自稱南安王誘脅諸蠻」といって「十一年」に作る。金本・謝本・黄本等が「暦」を「歴」に作り、陸補本が闕筆しているのは、いずれも清の国諱（高宗弘暦）を避けたもの。「年」は北京拓本では異体字「秊」のように読める。

「□□□郡」: 諸本は「桂林象郡」に作る。北京拓本でも「桂林□郡」に読める。

「率」: 金本は同音・類義の「帥」に誤る。

「紫」: 金本は脱字。葉本は「自」に誤る。音が近いために誤ったのであろう。

「安南王」: 諸本は多くが「安南王」に作るが、『寶刻叢編』・『金石補録』および桂林本は「南安」に作る。李文俊『桂故校注』は「南安王：底本誤作“安南王”、據碑文刻石改正」（p 237）というが、ここでも「碑文刻石」というものは現物やその拓本ではなく、桂林本であろう。北京拓本でも明らかに「安南王」。

「脅」: 張本（四庫全書本）・金本は「脅」を「脇」に誤る。

「□□連」: 諸本は「夷蠻連」に作り、陸補本は「夷」の下に「蠻」と注記する。北京拓本では「蠻」が不鮮明。

07　□□□□□□□□□平人南□□□交趾西控昆明夜郎北洎黔巫衡湘彌

張本・黄本・金本は「跨州邑鼠伏蟻聚賊害平人南距雕題交趾西控昆明夜郎北洎黔巫衡湘彌」に作る。桂林本は「跨州邑□□□□□□□□□□平人……」に作って一行の字数が合わず、缺字が四字多い。

「□□□」: 張本・汪本・金本・陸續本・全唐本・桂林本は「跨州邑」、謝本・楊本・黄本は「跨州郡」、陸補本は「跨州□」。謝本の「郡」は「邑」の誤字、あるいは「郡」の右文。黄本は「郡」以下を缺字にして「邑鼠伏蟻聚賊害」を補うが、「邑」は衍字であり、謝本に拠って補ったものであろう。北京拓本は「跨州」、判読可能。

「□□□□」: 張本・黄本・汪本・金本・陸續本・全唐本は「鼠伏蟻聚」に作り、黄本は缺字にして「鼠伏蟻聚」を補う。謝本・楊本は「□□□□」、陸補本は「鼠□□聚」、桂林本は「□□□□」。北京拓本でも判読不可能。

「□□平人」: 張本・黄本・汪本・金本・陸續本・全唐本は「賊害平人」、謝本・楊本は「□□平人」、陸補本は「賊害平人」、桂林本は「□□平人」。北京拓本でも「□□平人」。

「南□□□」: 諸本は「南距雕題」に作る。北京拓本でも判読可能。

「趾」：金本は「阯」に誤る。

最も早い引用（部分）は南宋・王象之『輿地紀勝』一〇三「靜江府」風俗景勝であろう。それに「唐韓雲卿『平蠻頌』」と題して「南距雕題交趾西控夜郎昆明北洎黔巫衡湘彌亘萬里」を引く。ただし誤って「昆明」と「夜郎」を転倒している。また南宋・祝穆『（宋本）方輿勝覧』三八「靜江府」形勝でも引用して「西距雕題交趾：韓雲卿『平蠻頌』：“云云南控夜郎昆明北洎黔巫衡湘彌亘萬里」に作り、「西」と「南」を転倒している。

08　亘萬□人□□□　　　天子命□□西縣男昌巎□桂州都督兼御史中丞

現石は前行と同じく上部不鮮明。北京拓本では「亘萬□□□□□□□□天子命我隴西縣男昌巎領桂州都督兼御史中丞」と判読可能。黄本・張本（四庫全書本）・金本は「亘萬里人不解甲天子命我隴西縣男昌巎領桂州都督兼御史中丞」に作るが、張本（李文俊校本）は「甲」の下に「爾」を入れる。謝本・楊本は「亘萬□□□□□□□□天子……」、桂林本は「亘萬□□□□爾（空三格）天子……」に作るから、早くから剥落していたことが知られる。しかし陸續本は「亘萬里流毒如彼其廣天子」（「天子」の前で改行しており、陸補本は「“天子” 字誤作提行」という）に作り、汪本・全唐本は「亘萬里人不解甲天子」に作っており、かなり異なるが、張本に近い。また早くは南宋の陳思『寶刻叢編』に引く『集古後録』に「此碑所序：大曆十一年……連跨州邑、……黔巫衡湘、毒如彼其廣、天子命隴西縣男……」といい、葉本も碑文を引用して「碑云：大歷十一年、賊帥潘長安自稱南安王誘脅諸蠻、連跨州邑、流毒彌甚。隴西縣男……」という。「流毒彌甚」というのは「流毒如彼其廣」に近い。しかし陸補本が陸續本について「“流毒如彼其廣” 句全蝕。唐碑於皇帝等字上、毎空三格。此下 “天子”、上只空一字。疑句有誤」というように、「天子」の上に三字分の空格があったならば、一行の字数が合わなくなる。また、「彌亘萬里、流毒彌甚」といって「彌」を繰り返す点から見ても適当ではない。字数および用字の上からみればやはり張本・汪本・全唐本が正しいであろう。ただし張本や李文俊校本のように「人不解甲爾」であるならば「天子」の上の空格は二字分になる。北京拓本では空格は三字のように読める。「爾」は衍字であろう。汪本・全唐本に従っておく。

09　持節□□□□□□□□□□□元□并□下□率八十四人生□　　厥下其

北京拓本では「□節□□□□□□□□□□□元□并其下□率八十四人生□□□闕下其」と判読可能。張本・金本は「持節招討斬首二百餘級擒獲元惡并其下將率八十四人生獻闕下其」に作る。ただし金本は「率」を脱字。陸補本は「持節□□□首二百餘級……」に作るが、他の諸本はいずれも「持節招討斬首二百餘級……」に作る。

「莭」：諸本は多くが「節」、陸補本は「莭」、異体字。

「□」: 桂林本が「百」を「萬」に作るのは誤字。北京拓本も「百」に近い。李文俊『桂故校注』が「萬：底本誤作“百”、據碑文刻石改正」（p 237）というのは、碑文ではなく、桂林本に拠った誤りであり、「底本」のままでよい。

「并其下□率」: 謝本・陸續本・楊本は「並其下將」、汪本・金本は「并其下將」、陸補本・全唐本・桂林本は「并其下將率」に作る。陸補本が陸續本について「“并”誤作“並”、“將”下脱“率”字」と注意するのが正しい。陳思『寶刻叢編』に引く『集古後録』にも「此碑所序：大暦十一年……并其將率八十四人生獻」、葉本も碑文を引用して「碑云：大歴十一年……并將率八十四人生獻」という。黄本も「并」を「並」に作り、「率」字を脱している。北京拓本では明らかに「并其下」。

「闕下」の上：多くが「……生獻闕下」に作るが、陸補本・桂林本が作るように、また北京拓本でも「生獻」と「闕下」の間は二字空格。「皇帝」等が三字空格であるのに準じた書式である。

10　餘逼□□□□□□□□耕牛□□□□□层賭□外□拾捌州牧守羈縻反□

黄本・張本・金本は「餘逼逐俘虜二十餘萬並給耕牛種糧令還舊居統外一十八州牧守羈縻反覆」に作り、計三一字、一字多い。ただし金本は「並」を「并」に作り、「種糧」「州」を脱字する。陸補本は「餘逼□□□廿餘萬並給耕牛種□令……」、北京拓本もこれに近い。謝本・陸續本・全唐本・楊本・桂林本は「餘逼逐俘虜二十餘萬並給耕牛種糧令……」。ただし張本（桂林図書館本・校点本）は「虜」を「擄」に作る。汪本は「種糧」二字を脱しているが、恐らく転書時の誤り。陳思『寶刻叢編』に引く『集古後録』も「此碑所序：大暦十一年……其俘虜二十餘萬、並給耕牛種糧」に作る。

「□」: 張本をはじめ、多くが「二十」に作るが、行の字数が一字多くなって合わない。陸補本が「“廿”誤作“二十”」というのが正しい。北京拓本でも明らかに「廿」。

「层」: 陸補本は「“层”作“居”」といい、陸補本以外はいずれも「居」に作る。「层」であることは北京拓本でも確認可能。異体字。羅振玉『碑別字』一（17b）「居」に見える。

「□□□」: 陸補本・桂林本以外はいずれも「一十八」に作るが誤り。北京拓本では明らかに「壹拾捌」。

「牧守」: 陸補本は誤って「守牧」に転倒する。北京拓本・現石でも明らかに「牧守」。

11　歴代□□□□□□□□□□□□□其自新□守厥□□農漁樵各復其□□

張本は「歴代不賓皆受首請罪願爲臣妾嘉其自新俾守厥舊商農漁樵各復其業悼」に作り、北京拓本では「□□□□皆□□□□□爲臣妾□其自新俾守厥□□農漁□各復其業□」と判読可能。「皆……」部分は、謝本・楊本は「皆□首請罪」に作り、陸續本は缺字を「授」に、黄本・張本・汪本・全唐本・陸補本は「受」、金本は「覡」、桂林本は「頓」に作る。北京拓本では「受」に近い。「願爲……」部分は、謝本は「願爲□□□□自新」に作るが、諸本は「願爲臣妾嘉其自新」に作り、北京拓本でも判読可能。

「各復」: 金本は「倶各復」に作る。「倶」は衍字。

12　□鰥□□□□□□□□□□□□□隘爲□途五□之人若出玄泉而□□

上2／3には異同が多い。試みに諸本を対照させれば次の通りである。謝本等はいずれも空格が無いが、他本の同一文字に対照させて空格を入れる。

張本・陸續本・全唐本　: 耄鰥寡各安其宅變氛沴爲陽煦化險阻爲夷途……

ただし張本四庫全書本は「耄」を「耋」に、「險」を「嶮」に作る。

汪本・金本　: 耄鰥寡各安其宅變氛沴爲陽照化險阻爲夷途……

謝本・楊本　: 耄鰥寡各安其宅□□　爲陽和□□□爲夷途……

陸補本　: □鰥寡各安其宅□氛沴爲陽咊去狹隘爲夷途……

黄本（謝本の缺字を補足）　: 耄鰥寡各安其宅變氛沴爲陽和化險阻爲夷途……

桂林本　: 耄鰥寡各安此□　爲陽和一□　爲夷途……

北京拓本　: □鰥寡各安其□□□□爲陽咊□狹隘爲夷途……

ただし金本は「夷」を類義の「坦」に誤る。謝本・桂林本の缺字□の数は一行の字数三〇字に合わなくなる。この中で陸補本が最も詳しく観察しており、「“咊” 誤作 “煦”、“去狹隘” 誤作 “化險阻”。“去” 字左偏有石泐、文却非 “人” 旁、其下 “一” 長橫、甚明顯、決非 “化”」と判読する。「煦」と「照」は字形が酷似しているが、北京拓本でも陸増祥が作るように「和」の異体字「咊」である。また北京拓本でも「險阻」でなく「狹隘」と判読可能であるが、「去」であるかどうか判読は困難。陸補本がいうように「化」に似ていないが、「去」にも似ていない。「化」字は第19行に出て来ており、やはり「其下 “一” 長橫」であるから、張本が作るように「化」であろう。少なくとも桂林本が作るように明らかに「一」ではない。「爲夷途」以下、碑文下部約1／3は缺字が見られないが、北京拓本・現石でも明らかに「玄泉」であるのを謝本・陸續本・陸補本・全唐本・楊本・黄本等いずれも「元泉」に作るのは清の国諱を避けたもの。汪本・金本は「玄泉」に作って「玄」の末筆を欠画している。

13　□如□□□□□□□□□□□□□□□焉公卿百辟將校耆艾□願歌□□

上段に異同が多い。以下、それを対照させる。ただし、一行の字数の合わないものが多い。今、脱字していると思われる部分を〇で示す。□は諸本が示している缺字。

張本（校）・黄本　: 日如蹈烈火而蒙清流飛書上聞復詔嘉焉……

張本（四）　　　：日如蹈烈火而蒙清□飛書上聞復詔嘉焉……
汪　　本・金本：日如蹈烈火而蒙清泉○書上聞優詔嘉焉……
謝本・楊本　　：日如蹈烈火□□□□○書上聞優詔嘉焉……
桂　林　本　　：日如蹈烈火□□□○○書上聞優詔嘉焉……
陸　續　本　　：日如蹈烈火而蒙寒冰○書上聞　　優詔嘉焉……
全　唐　文　　：日如蹈烈火而蒙寒冰○書上聞優詔嘉焉……
陸　補　本　　：日如蹈烈火而蒙□寒冰書上聞優詔嘉焉……
北京　拓本　　：□如蹈烈火而□□□水書上聞優詔嘉焉……

黄本の缺字部分は謝本と同じであり、補足は張本に拠るものであろう。このように文字が異なり、また字数も異なる。陸補本は陸續本について「“蒙蒙冰” 之間、實有兩字。以上句例之、却多一字、未審其故。“優詔” 上多空二格」という。「優詔」や「詔」の上には通例では空格（普通は二字）を入れるが、この碑文で入っていないことは北京拓本によって明らかである。しかし陸補本が「“蒙蒙冰” 之間實有兩字」というのはどういうことであろうか。陸續本は「蒙寒冰」に作っているから、「蒙蒙冰」というのは「蒙寒冰」の誤りであろうか。確かに「蒙□□冰」であれば行の字数は合う。そこで陸補本を参考にすれば「蒙蒙寒冰」であることも考えられる。汪本・金本が「蒙清泉」に作っている「泉」は「水」とその上の字を誤って一字に合成（「白水」＞「泉」）してしまったものとは考えられないであろうか。そうならば「蒙清白水」のような句が考えられる。しかしこの部分は対句になっており、前にいう「若出玄泉而觀白日」と文構造が合わなければならない点、及び「書上聞」との意味のつながり、さらに句の字数の関係から見て、張本の「如蹈烈火而蒙清流、飛書上聞」が最もよい。「書」の上を多くが「冰」に作るのは「氷」字に読めることに因るのであり、北京拓本でも「冰」ではなく「水」字に極めて近い。しかし「水」あるいは「氷」のように見えるのは「飛」字が浸食されて不鮮明になっていたためである。また「冰書上聞」では意味をなさない。つまり「飛」字が「水／氷」に見えたため、前の句の「烈火」との対の関係および「寒」と熟語を成すはずであるということが考慮されて「冰」に判読されたのであろう。「書」の前は「飛」字にして「飛書上聞」四字で断句すべきである。「聞」の下は、張本は「復」に作っているが、諸本が作るように「優」がよい。「優詔」は熟した語彙であるだけでなく、本碑の10行に「覆」字が出ており、明らかに「復」とは字体が異なる。「勳」は、陸補本は「“勛” 作 “勲”」といい、北京拓本も明らかに「勛」であるが、「勲」「勳」の異体字。

14　□以銘□□□□□

張本・全唐本は「烈以銘於石其辭曰」に作り、他の諸本は「烈以銘於石辭曰」に作っていずれも「其」を缺く。陸續本は「烈」字を脱す。北京拓本では「□□銘□石其辭□」と判読可能。

15　皇□嗣位十□□□□□□□□□□□□□□□□□□□□□□□□□□□□□

このあたりには縦に長く亀裂が入っており、また北京拓本でも「皇□嗣位十有五……茲……怙險爲人□」以外は不明。謝本・楊本は「皇帝即位十有五載□□□□□□□□□□□□□□□□□□□□□□□□」に作り、多くを缺字にしているが、黄本・張本・汪本・金本・全唐本および陸續本は「皇帝嗣位十有五載淳風横流聲教無外蠢茲蠻陬肆其蜂蠆恃遠怙險爲人蝨」三一字に作る。ただし陸續本・汪本・金本は「嗣位」を謝本と同じく「即位」に作り、さらに金本は「陬」を「夷」、「蠆」を「螫」、「遠」を「衆」に作る。北京拓本・現石では「即」よりも「嗣」のように読める。汪本・陸續本はすべての文字を判読しているが、用いた拓本は謝本よりも早いものなのであろうか。陸補本は「皇帝嗣位十有□載湻風横流聲教無外蠢□□□□□□□□□□怙險爲人蝨」三一字に作り、桂林本は「皇帝嗣位十有五載□亂□□□□□□□□□□□□□□□□□怙□爲人無」三〇字に作る。「湻」は清の国諱（同治帝載淳）を避けたもの。張本・陸續本・汪本・全唐本・黄本のようであれば、一行三一字になり、陸補本も「行三十字、惟弟十四行（題を入れて数えれば第十五行）多一字」と注意している。この部分は「皇帝嗣位、十有五載。淳風横流、聲教無外。蠢茲蠻陬、肆其蜂蠆。恃遠怙險、爲人蝨賊［害］。爰命隴西、持節討綏。訓我師徒、如武如貔」となり、四字句の構成と押韻の点から見て字数に誤りはないが、「賊」の前で改行されているから、たしかに第14行のみ三一字となり、他の行よりも一字多くなってしまう。今、北京拓本の第15句を前後の句（13・16）と対応させれば次のようになる。

13「日如蹈烈火而蒙清流飛書上聞優詔嘉焉公卿百辟將校耆艾咸願歌頌勳」

15「皇□嗣位十有五□□□□□□□□□□□茲□□□□□□□□□怙險爲人□」

16「賊爰命隴西持節討綏訓我師徒如武如貔卷旃釋甲先喻徳澤稔惡弗懲含」

北京拓本では「險爲人」三字の字間が詰まって第13行の「歌頌」と第16句の「弗懲」の二字に対応している。これは刻工の誤りではなかろうか。刻工が後で誤字・脱字に気が付いてその部分を磨いて彫りなおしたり、右横に追刻している墓碑銘などが時々みかけられる。石刻史料は転書・翻刻を繰り返して今日に伝わっている版本などとは違って確かに高い信頼性を有するとはいえ、絶対の信頼を置くことは禁物である。誤字・脱字もあれば、重刻・模刻もあり、また偽刻もある。石刻史料を利用するに際しても、版本と同じく、あるいはそれ以上に、緻密で周到な校勘や考証が必要である。

16　□□□□西□□□□□□□□□□□□□□□□□□□□喻徳□□□弗□含

中段に浸食・剥落が多い。諸本を対照させれば次の通りである。

張　　本：害爰命隴西挟節討綏訓我師徒如虎如貔卷旗釋甲先喻徳澤稔惡弗懲含

汪本・金本：賊爰命隴西持節討綏訓我師徒如虎如貔卷旗釋甲先喻徳澤稔惡弗懲含

謝本・楊本：□□□□□□□□□□□□□□□□□□□□□□□□□□□□□□
陸　續　本：賊爰命隴西授節討綏訓我師徒如熊如羆卷旆釋甲先喩徳澤稔悪弗懲含
全　唐　本：賊爰命隴西授節討綏訓我師徒如熊如羆捲旗釋甲先喩徳澤稔悪弗懲含
陸　補　本：賊爰命隴西持節討綏訓我師徒如武如貔卷旆釋甲先喩徳澤稔悪弗懲含
黄　　　本：賊爰命隴西授節□□訓我師徒如熊如羆卷旆釋甲先喩徳澤稔悪弗懲含
桂　林　本：賊□可□而□□□□□飛□□□□□□□□□□光逾徳深□恩弗□舎

謝本が全てを缺字にしていることによって嘉慶初の時点ですでにかなり浸食や剥落が進んでいたはずであるが、光緒末の黄本は□を二字にして「討綏」を補足している。この中で「授節」は「持節」の誤りであろう。09に「持節招討」という。「如熊如羆」については、陸補本は「“如武如貔”誤作“如熊如羆”。“武”即虎、避改字」という。「虎」字は唐の国諱（太祖李虎）。これは『尚書』牧誓の「如虎如貔、如熊如羆」に拠って軍旅の勇猛をいう常套的表現。汪本は康熙四十四年（1705）の成書であるから、それ以前の碑石状態に拠った、あるいは張本に拠ったものであり、謝本は嘉慶六年（1801）の成書であるから、汪本からほぼ百年経っており、この間に亀裂が入ったために両者のような録文の相異が生じたのであろうか。ただし末の数文字は今日でも判読可能。陸續本が見た碑文の拓本が何時のものであったかは不明であるが、謝本以前のものであるように想像される。陸補本は「辛未三月、從蘇虔階中丞鳳文索此墨本。工人分紙椎拓、粘綴舛錯、舉『續編』對勘之、乃克成誦。而『續編』闕譌脱漏之處、亦得以補正矣。凡碑文所剥蝕、則據『續編』以補注於旁」というから、陸續本には錯誤・欠落があったとはいえ、陸増祥が同治辛未（1871）に入手した拓本よりも剥蝕が進んでいなかった。桂林本が後段を「光逾徳深□恩弗□舎」に作るのは「先喩徳澤稔悪弗懲含」を誤ったもの。この行およびその左右には亀裂が入ってかなり剥落が見られるが、陸續本等に拠って校勘せず、残碑のみに拠って判読した結果であろう。「恩」は「悪」の異体字「悪」を誤ったもの。北京拓本でも「賊□命□□□□□□□□□□□□□□□□□甲先喩徳澤□悪弗懲含」のように読める。最も大きな疑問は最初の一字である。張本が「害」に作る以外、諸本はいずれも「賊」に作っており、また北京拓本でもそのように読める。しかし、この字は前の「載」・「外」・「薹」と押韻（去声 -ai）しているはずであるが、「賊」（ゾク）は入声（-ok）であって押韻が成立しない。ちなみに「薹」は『廣韻』去声「丑犗切」（タイ）である。押韻の上から見れば明らかに「害」（去声ガイ）が正しい。しかし張本以外の諸本は「賊」に作り、拓本でも「賊」と判読されるから、「害」の異体字で「賊」に近いものがあったのであろうか、あるいは誤刻であろうか。これは前行が一字多く、末尾の字間がつまっていることと関係があるかも知れない。仮に誤字であるならば押韻している撰者が間違えるはずはないから、書者か刻工である。

17　□□□□□□□□□□□□□□□□□□□揚九天出其不意億萬踣顛來者面

同様に上部は現石では判読困難。したがって謝本・桂林本には缺字が多い。

黄本・張本・汪本等：蕢弗息燆燆隴西礪爾矛鋋鼓奮重泉兵揚九天出其不意億萬踣顛來者面

謝　本・楊　本　　：□□□□□□□□□□□□□□□□□□□□九天出其不意億萬踣顛來者面

桂　林　本　　　　：□□□□□□□□□□□□鋮校以垂永久辯九天出其不意億萬踣顛來者面

黄本・金本・全唐本・陸續本は「礪」、張本・汪本は「勵」。「勵」は転書上の誤りであろう。桂林本の「鋮校以垂永久辯」は剥蝕のために判読を誤ったもの。北京拓本でも「蕢□息□□□□□□□□□□重泉□□九天出其不意億萬踣顛來者面」と判読可能。

18　□□□□□□□□穴覆其巣宅若鼓洪爐燎彼毛毳若振飄風摧乎朽脆海

黄本・張本・陸補本・桂林本は「縛亡者染鍔捜洞索穴覆其巣宅若鼓洪爐燎彼毛毳若振飄風摧乎朽脆海」に作る。

「穴」：陸補本は陸續本を「“索” 下缺 “穴” 字、“巣宅” 誤作 “巣穴”」と校勘する。他の諸本もほぼ同じであるが、謝本・陸續本・楊本は「穴」を「□」、金本は「厓」に作る。

「巣宅」：汪本・金本は「巣穴」に作る。全唐本・桂林本は「巣宅」に作る。前句「鍔」との押韻関係から見ても「穴」ではなく「宅」。また北京拓本も明らかに「索穴」「巣宅」。

「爐」：金本は「鑪」に誤る。

19　□□□□開天光俾祲作咊化□爲農三軍臥鼓四鄙□柝原野蕭條萬里澄

黄本・張本・全唐本・桂林本は「嶠濛濛再開天光俾祲作和化戎爲農三軍臥鼓四鄙罷柝原野蕭條萬里澄」に作る。汪本・金本・謝本・陸續本・楊本は「嶠」を「宇」に作る以外、全て同じ。ただし金本は「濛濛」を「朦朦」に誤る。「宇」に作るのは、不鮮明であるために、前字の「海」との関係から推測したものであろう。北京拓本でも明らかに「嶠」。「和」は現石・北京拓本では異体字「咊」。

20　□　　　□□□□□人是□□之□□用垂無疆

北京拓本ではほぼ判読可能で、「廓　　　□□□□罷人是康銘之嶺門用垂無疆」。諸本はいずれも「廓明主是嘉罷人是康銘之嶺門用垂無疆」に作る。ただし、陸續本は「明主」の前に空格二字、陸補本は空格三字。張本・謝本・楊本・黄本・桂林本は空格無し。北京拓本では「廓」の下は明らかに空格、その下は数文字剥落しているが、「罷人是康……」部分は明らかであり、それと前行との並びから計算すれば、空格三字になる。「明主」も「皇帝」等の例と同じく三字分の空格が入った。黄本は「明主」の下の「是」を「爲」に誤る。

21　大唐大曆十□□□□□□□□

張本にはこの一行は無し。張本が拠った拓本にとられていなかったとは考えにくい。また張本「舜廟碑」では楊詩刻入部分も復元されているから、拓本に拠っているのではないように思われる。黄本は「大唐大歴［暦］十二年□月二十五日建」に作る。北京拓本では「大唐大暦十□季□月廿五日建」。謝本・陸續本・陸補本・楊本は「大唐大歴［暦］十二年□月二十五日□」に作り、桂林本は「大唐大暦十二年八月廿五日立」に作る。全文を録してはいないが、早くは南宋・陳思『寶刻叢編』に引く『諸道石刻録』に「大暦十二年立」といい、清・呉式芬『金石彙目分編』一八（1a）「唐・平蠻頌」にも「大歴［暦］十二年□月二十五日」という。

【復元】

01　平　蠻　頌
02　平蠻頌并序
03　　　　　朝議郎守尚書禮部郎中上柱國韓雲卿撰
04　　　　　朝議郎守梁州都督府長史武陽縣開國男翰林待詔韓秀實書
05　　　　　京兆府戸曹參軍李陽冰篆額
06　惟大曆十一季桂林象郡之外有西原賊率潘長安僞稱安南王誘脅夷蠻連
07　跨州邑鼠伏蟻聚賊害平人南距雕題交趾西控昆明夜郎北洎黔巫衡湘彌
08　亘萬里人不解甲　　　天子命我隴西縣男昌巙領桂州都督兼御史中丞
09　持節招討斬首二百餘級擒獲元惡并其下將率八十四人生獻　　闕下其
10　餘逼逐俘虜廿餘萬並給耕牛種糧令還舊屋統外壹拾捌州牧守羈縻反覆
11　歷代不賓皆受首請罪願爲臣妾嘉其自新俾守厥舊商農漁樵各復其業悼
12　耄鰥寡各安其宅變氛沴爲陽味化狹隘爲夷途五嶺之人若出玄泉而觀白
13　日如蹈烈火而蒙清流飛書上聞優詔嘉焉公卿百辟將校耆艾咸願歌頌勛
14　烈以銘於石其辭曰
15　皇帝嗣位十有五載淳風横流聲教無外蠢茲蠻陬肆其蜂蠆恃遠怙險爲人蟊
16　賊爰命隴西持節討綏訓我師徒如武如貔卷旂釋甲先喩徳澤稔惡弗懲含
17　蠆弗息矯矯隴西礪爾矛鋋鼓奮重泉兵揚九天出其不意億萬踣顛來者面
18　縛亡者染鍔捜洞索穴覆其巣宅若鼓洪爐燎彼毛毳若振飄風摧乎朽脆海
19　嶠濛濛再開天光俾裬作味化戎爲農三軍臥鼓四鄙罷柝原野蕭條萬里澄
20　廓　　　明主是嘉罷人是康銘之嶺門用垂無疆
21　　　　　　　　　　　大唐大曆十二季八月廿五日建

【解読】

平蠻頌（篆額、以下八分書）

平蠻頌并序：朝議郎・守尚書禮部郎中・上柱國韓雲卿撰；朝議郎・守梁州都督府長史・武陽縣開國男・翰林待詔韓秀實書；京北府戸曹參軍・李陽冰篆額。

惟大暦十一年（776）、桂林・象郡之外、有西原（今の広西の西部）賊率潘長安、偽稱“安南王”、誘脅夷蠻、連跨州邑。鼠伏・蟻聚、賊害平人（民）、南距雕題・交趾（今のベトナム）、西控昆明・夜郎（雲南省・貴州省西部）、北洎黔巫・衡湘（貴州省・湖南省）、彌亘萬里、人不解甲。天子命我隴西縣男（李）昌巙、領桂州都督・兼御史中丞、持節招討、斬首二百餘級、擒獲元惡并其下將率八十四人、生獻闕下。其餘逼逐俘虜廿餘萬、並給耕牛・種糧、令還舊居。統外壹拾捌（二十八）州牧守、羈縻反覆、歷代不賓、皆受首請罪、願爲臣・妾。嘉其自新、俾守厥舊。商・農・漁・樵、各復其業；悼・耄・鰥・寡、各安其宅。變氛沴爲陽和；化狹隘爲夷途。五嶺之人、若出玄泉而覿白日、如蹈烈火而蒙清流。飛書上聞、優詔嘉焉。公卿・百辟、將校・耆艾、咸願歌頌勳烈、以銘於石。其辭曰：

皇帝嗣位、十有五載。（代宗・大暦十一年776）
淳風横流、聲教無外。
蠢茲蠻陬、肆其蜂蠆。
恃遠怙險、爲人蟊賊［害？］。
爰命隴西、持節討綏。（李昌巙）
訓我師徒、如武如貔。（「武」は「虎」、唐の国諱）
卷旂釋甲、先喻徳澤。
稔惡弗懲、含蠆弗息。
矯矯隴西、礪爾矛鋋。
鼓奮重泉、兵揚九天。
出其不意、億萬踣顛。
來者面縛、亡者染鍔。
捜洞索穴、覆其巣宅。
若鼓洪爐、燎彼毛毳：
若振飄風、摧乎朽脆。
海嶠濛濛、再開天光。
俾祲作和、化戎爲農。
三軍臥鼓、四鄙罷柝。
原野蕭條、萬里澄廓。

明主是嘉、罷人是康。

銘之嶺門、用垂無疆。(「嶺門」は今の鉄封山西、鸚䳇山との間)

大唐大暦十二年(777)八月廿五日建。

【考察】

「平蠻頌」碑の史料的価値

鉄封山に刻されて現存している「平蠻頌」は、同人の撰・書による「舜廟碑」と同等あるいはそれ以上の史料的価値を有する。「舜廟碑」は虞山公園内にあって今日広く知られているが、「平蠻頌」の方は逆に「平蠻頌」よりも早くから知られていたにもかかわらず、今日に至ってはほとんど知る人はいない。

扁額は篆書の第一人者であり李白の詩文集の序「草堂集序」(宝応元年762)を書いた李白の叔父・李陽冰の篆書であり、正文は古文の大家として知られる儒家韓愈の叔父・韓雲卿の撰、書は唐代八分書の名人であった李擇木の子・李秀実の八分書である。鉄封山の東北にある虞山に刻されている同三名人による「舜廟碑」が“三絶碑”と称されるように、「平蠻頌」も同様の三絶碑である。その大きさも縦3.3m・横2mにもおよぶ巨大なものであり、「舜廟碑」縦4.3m・横2.2mに迫る。しかし今日の「舜廟碑」は中央に明・楊銓の詩が刻されて磨削されており、また破損・亀裂も多い。いっぽう「平蠻頌」は雨水等による浸食が進んでいるものの、「舜廟碑」のような破損はない。したがって「平蠻頌」はより完全な形で現存している。三絶碑であるために貴重であるだけでなく、「舜廟碑」を解読する上でも有益である。

また、「平蠻頌」の碑首は圭形、その両端、つまり篆額の左右と上にはレリーフの装飾がある。桂林拓本では上部のレリーフを缺くが、左右は拓されており、それに拠れば鼻を垂れている左右一対の象のようにも見える。しかし現石では明らかに象の形状ではない。北京拓本はこの部分を缺き、かつ篆額のみを拓して碑首を方形に成しており、原碑の形がわからなくなっている。「平蠻頌」は「舜廟碑」と撰者・書者そして恐らく刻者も同じにして刻碑の製作は類似しているが、明らかに碑首の形式を異にしている。「平蠻頌」の方が石碑の伝統な製作法に則った荘厳なものである。この意味でも「平蠻頌」碑は貴重である。

この唐「平蠻頌」碑の存在は早く宋代から知られていた。『集古後録』に「歐・趙集古金石之文、又偶不得此碑」というように、北宋の欧陽修『集古録跋尾』一〇巻や趙明誠『金石録』三〇巻などには録されていないが、南宋の陳思『寶刻叢編』一九(36a)「唐平蠻頌」に『諸道石刻録』・『集古後録』の跋文を引き、また鄭樵『金石略』下「韓秀實八分書」の項にも見える。「舜廟碑」の方は、南宋・王象之『輿地碑目』に記録されてはいるが、『集古録跋尾』・『金石録』のみならず、陳思『寶刻叢編』・鄭樵『金石略』、さらに清の『金石萃編』・『金石録補』に至っても録されていない。したがって早く南宋では「平蠻頌」の方が有名であったといえる。清代に入ると多くの録文があるが、銭大昕『潜研堂金石文跋尾』七や洪頤煊『平津讀碑再續』一などは「舜廟碑」を収めて「平蠻頌」を収めていないから、逆に「平蠻頌」は「舜廟碑」ほどには知られなくなっていた。また、南宋の『輿地紀勝』一〇三「靜江府」風俗景勝や『方輿勝覧』三八「靜江府」形勝では「唐韓雲卿『平蠻頌』」として数句を引用しているように、南宋においては文そのものが有名であった。ただし宋代の記録には誤って伝えられている部分がある。たとえば『輿地碑目』（また『輿地紀勝』一〇三「靜江府」碑目）「韓雲卿『平蠻頌』」に「『九域志』云：唐李靖爲嶺南安撫大使、有『平蠻頌碑』、韓雲卿〔撰〕文、李陽冰篆額」というが、唐初・李靖の平蠻のための記念碑ではなく、李昌巙の平蠻記念碑である。清・金鉷『廣西通志』四四「古蹟」桂林府臨桂縣に「平蠻頌：『九域志』云：唐李靖爲嶺南安撫大使、有『平蠻頌碑』、韓雲卿撰〔文〕、李陽氷［冰］篆額、大歴［曆］十有二年立。……『九域志』所云“平蠻爲（李）靖而碑立於大歴［曆］”、誤」と指摘するのが正しい。このような説は北宋に始まっていたかも知れない。ここにいう『九域志』は『元豐九域志』（九「下都督府桂州」）ではなく、『新定九域志』と呼ばれるものであろう。それは「古蹟」の項目を備えていた。ちなみに『四庫全書總目』七二「史部」二八「地理類存目」一に「新定九域志」を録して「此書與宋王存等所撰『元豐九域志』文并相同、惟府州軍監縣下多出“古蹟”一門、詳略失宜、視原書頗爲蕪雜、蓋即晁公式『讀書志』所云“新本”、朱彝尊跋以爲是民間流行之書者也。……足知其出於南宋閩中刊本、而“古蹟”一門當即其時坊賈所増入矣」という。『輿地碑目』等のいう『九域志』は『新定九域志』の「古蹟」に見えるものであったと思われる。この『新定九域志』は南宋刻刊の坊書本であるとされているが、王象之『輿地碑目』・『輿地紀勝』に引かれているから、それ以前のものであり、『輿地紀勝』には嘉定十四年（1221）の序があるから、南宋前期のものであろう。また、『大明一統志』十三「桂林府」には両碑を記録しているが、「舜廟碑」については「舜山（今の虞山）」条に「有舜祠并唐人磨崖刻記」、「虞帝祠」条に「在舜山、有唐韓雲卿記刻于崖石」というのみであるのに対して、「平蠻頌」については「鎮南峰」の条に「在府北旁、有石崖、唐大曆中刻『平蠻頌』」と見えて詳しい。ただ脱字があり、明・黄佐『廣西通志』十二「山川志」一（12b）に「鎮南峰：在府北“朝京門”旁、有石崖天齊、唐大曆中刻『平蠻頌』」というのが善い。桂林を訪れた明・徐霞客が「東峯疑鎮南峯、『志』言有唐人勒石」という「志」はこれを指す。ただし徐霞客は「尚未覓得」というから、北門のあった鎮南峰（今の鉄封山）東まで行ってはいるが、石刻を見ていない。たしかに今日でも見つけにくい所に在る。

現存の石刻「平蠻頌」が石刻「舜廟碑」の判読や『全唐文』所収の韓雲卿「平蠻頌」の校勘に大いに資するものであることは、すでに「校勘」で示した。この他にも現存の石刻によって史書を補足・修正することができる。以下この点について述べる。

李昌巎の事跡と桂管観察使

石刻「平蠻頌」は、当時の桂林一帯の少数民族の叛乱について史書を補う所があり、また桂州刺史についても史書を正す所がある。

「平蠻頌」と「舜廟碑」はいずれも韓雲卿の撰であり、李昌巎の功績を頌えるものである。早く清・謝啓昆『粤西金石略』に「潘長安稱“安南王”事、『唐書』及『通鑑』皆不載。惟『南蠻傳』載：大曆中、以潘歸國部落置龍武州。歸國、蓋（潘）長安之族也」といって注意する。また、李昌巎についても史書にはほとんど記録がなく、わずかに『舊唐書』の「代宗紀」と「徳宗紀」に見える。その中で「代宗紀」に次のようにいう。

大曆八年……九月戊戌……以辰錦觀察使李昌巎爲桂州刺史・桂管防禦觀察使。

これによれば、李昌巎は大暦八年九月に辰錦観察使から桂管観察使に移った。しかし石刻「平蠻頌」には「惟大曆十一年、桂林象郡之外、有西原賊率潘長安、僞稱安南王、誘脅夷蠻……。天子命我隴西縣男昌巎領桂州都督兼御史中丞持節招討……」とある。これによれば大暦十一年に「西原賊率」の「潘長安」が安南王を偽称し、周辺の異民族を煽動して蜂起していた。潘長安の事件は両『唐書』・『通鑑』に見えないが、『通鑑』によれば、大暦六年に嶺南蠻酋の梁崇牽が平南十道大都統を自称して容州に拠点をおいて「西腹蠻の張侯・夏永」等と周辺の州県を攻撃しており、「桂州叛將の朱済時、皆な険に拠りて乱を為し、十余州を陥す。官軍は之を討つも、連年克たず。李勉は其の将の李観と（王）翃を遣して力を併せて攻討せしめ、悉く之を斬り、三月に五嶺は皆な平らぐ」というように、大暦六年三月に平定されたとする。また、『舊唐書』十一「代宗紀」によれば、大暦十一年の安南都護は張伯儀。大暦十二年四・五月に商州刺史烏崇福に代わり、張伯儀は広州刺史・嶺南節度使に遷っている。なお、張伯儀は大暦二年に安南都護になるが、前任者は晁衡（また朝衡）こと阿部仲麻呂（701−770）であった。現存石刻「平蠻頌」によれば、大暦十一年に西原蛮が桂林周辺で反乱しており、李昌巎はそれを討伐するために派遣されたから、李昌巎が桂管防禦観察使となったのは「大暦八年」ではなく、大暦十一年あるいはその後のことである。また、石刻「平蠻碑」には「皇帝嗣位十有五載」とある。「皇帝」は宝應元年（762）四月に即位した代宗であり、その十五年目は大暦十一年に当たる。これは同じく韓雲卿の撰である「舜廟碑」に「大曆十一年、皇族隴西縣男兼御史中丞（李）昌巎領桂林象郡之地」というのに符号する。李昌巎が桂管防禦観察使となったのが大暦十一年であったことは疑いない。

『舊唐書』の「大曆八年」の李昌巎の記事は「大曆十一年」の誤りである。恐らく李昌峘の記事と混同したことによって誤ったものであろう。この点に関しては『唐刺史考全編（四）』「辰州」（p2546）が常衮「授李昌峘辰錦等州團練使制」（『全唐文』四一三）・『新唐書』「宗室世系表上」によって考証しており、奪文があるとして「以〔李昌峘爲〕辰錦觀察使、李昌巎爲桂州刺史・桂管防禦觀察使」と正すのがよい。ただし、正確には同年でも大暦八年でもなく、「大暦八年、以李昌岠爲辰錦觀察使；大曆十一年、以李昌巙爲桂州刺史・桂管防禦觀察使」である。つまり『舊唐書』の記事は兄弟二人の二条の記事を誤って一条にしてしまったものと考えられる。なお、『唐刺史考全編（五）』「桂州」（p3246）では『舊唐書』に従って大曆八年とするだけでなく、「以辰錦觀察使李昌巙爲桂州刺史・桂管防禦觀察使」として李昌巙が辰錦觀察使から桂管防禦觀察使に移ったとしており、整合しない。

李陽冰の上京と「戸曹参軍」

李陽冰は中国書道史上著名な書家であり、また文学史上李白の詩文集の序者としても知られるが、その事跡については不明な点が多い。現存の石刻「平蠻頌」は李陽冰の事跡を補う史料としても貴重である。

詩僧として知られる皎然（720?－?）に「同顏使君眞卿峴山送李法曹陽冰西上獻書、時會有詔徵赴京」と題する詩がある。これによればかつて李陽冰は「法曹」であった。「法曹」とは開元年間から使われた府の官、法曹参軍のこと。皎然の詩句に「草見呉洲發、花思御苑開」という。これによれば李陽冰は顏真卿・皎然と「峴山」のある「呉洲」で別れ、その年の春、法曹参軍事として皇帝に召されて「御苑」のある長安に向かったように思われる。峴山は湖州烏程県にあった。顏真卿に「登峴山觀李左相右辣聯句」がある。湖州（今の浙江省呉興市）は古くは呉の地。したがって詩にいう「呉洲」は湖州を指す。殷亮「顏眞卿行狀」（『全唐文』五一四）によれば、顏真卿は大曆七年（772）九月に湖州刺史を拝しており、清・黄本驥「顏魯公年譜」によれば八年正月に着任し、十二年（777）八月に刑部尚書として中央に復帰する。したがって皎然・顏真卿が李陽冰を見送ったのは大曆八年正月から十二年八月以前のことである。いっぽう上に考察したように大曆十二年八月建の「平蠻頌」には「□□府戸曹參軍李陽冰篆額」とあり、また同十二年五月建の「高力士碑」にも「京兆府戸曹參軍李陽冰篆額」とある。すると、皎然詩にいう「法曹」は「戸曹」の誤りではなかろうか。そうならば、李陽冰は大曆十二年五月以前に京兆府戸曹参軍として上京したことになる。

李陽冰が徴されたのは「獻書」のためである。また、李嘉祐に「送從叔陽冰祇召赴都」詩があり、それにも「見主承休命、爲郎貴晚年。伯喈文與篆、虛作漢家賢」というから、晩年になって篆書の才能を買われて上京している。「伯喈」は後漢末の学者・蔡邕の字、五経を碑に刻した熹平石経で知られる。したがって李嘉祐の送別詩は皎然の送別詩と同時期の作である可能性が高い。この頃、李陽冰の書は全国的に有名となったのである。この上京は李陽冰の生涯において画期をなす事であったといえよう。

傅璇琮『唐五代文学編年史・中唐卷』（遼海出版社一九九八年）は李嘉祐と皎然の送別詩を同時期と考えて大曆九年正月とする。また、朱関田『唐代書法家年譜』（江蘇教育出版社二〇〇一年）は李嘉祐の送別詩を大暦八年とするが、いっぽう皎然の送別詩を大暦十二年にする。朱氏が李嘉祐詩を大暦八年にするのは『唐五代文学編年史・中唐巻』の説に拠ったものであり、皎然詩を大暦十二年とするのは、『金石録目』(『金石録』八(8b))に「『唐大暦十年具官名氏』:李陽冰篆」とあり、朱晨『古今碑帖考』に「在洛陽」と記していることによって大暦十年に洛陽にいたと考え、また詩題中の「法曹」を大暦十二年の「高力士碑」の「戸曹」の誤りであろうと考えたことによる。しかし、このいずれの説にも問題がある。

まず、朱氏が『唐五代文学編年史・中唐巻』に拠りながら大暦八年と大暦十二年に分けたのは、李陽冰が大暦十二年に洛陽に在って京兆にいなかったからであるが、『金石略』(学古齋校本)下(28b)には「大暦十五具官名氏:西京」に作っている。つまり「十年」と「十五」に作るものがある。しかし大暦十四年五月に徳宗が即位し、翌年一月に建中に改元しているから、「五」は「年」の誤りであり、「十年」が正しい。なお、王樹民点校『通志二十略』(中華書局一九九五年)も「西京」に作るのは同じであるが、「年」と「五」の異同については校勘記に見えない。したがって李陽冰が大暦十年に京兆府戸曹参軍であったことと矛盾しない。

では、『唐五代文学編年史・中唐巻』が大暦八年冬に集賢学士として徴用され、正月に上京したとする説が正しいかといえば、これにも問題がある。この説は『寶刻叢編』一三が「唐刺史裴儆紀徳碣」を大暦八年・集賢院学士李陽冰篆とするのに拠ったものである。

『集古録跋尾』七(11a)には「唐明州刺史裴公紀徳碣銘」と題する作を二篇収めており、「集本」については「大暦八年」「唐越州刺史王密撰、國子監丞・集賢院學士李陽冰篆」とし、「又別本」(「眞蹟」)については「王密撰」とする。また、『金石録』八(7b)は「唐明州刺史裴公紀徳碣」二篇を「唐鏡智禪師碑」(大暦八年十二月)の後に置き、一篇(『集古録跋尾』のいう「集本」)を「王密撰、李陽冰篆」、別の一篇(『集古録跋尾』のいう「眞蹟」)を「八分書姓名殘缺」とする。じつは『寶刻叢編』十三(18b)も「唐刺史裴儆紀徳碣」二本を載せており、一本(『集古録跋尾』のいう「眞蹟」)については『集古録目』を引いて「唐越州刺史浙江東節度副使王密撰、集賢院學士李陽冰篆。裴公、名儆、代宗時爲明州刺史。歳滿、罷去州、人爲之立碑。不著刻石年月」(清・繆荃孫の輯本には見えない)とし、また『復齋碑録』を引いて「唐王密撰、李陽冰篆并古文額。大暦八年立。建炎中、焚毀、今有重刊本」といい、いっぽう別本(『集古録跋尾』のいう「眞蹟」)について『復齋碑録』を引いては「唐王密撰、八分書姓名殘缺」とする。集本には『集古録目』に「不著刻石年月」というように、刻石・立碑の年代が著されておらず、「大暦八年」とするのは『集古録跋尾』の考証によるものである。『集古録跋尾』は碑文中に「皇唐御神器一百四十二年、天下大康海、而海隅小寇、結亂甌越」というのを考証して王回の説「唐自武徳至大暦八年、實一百五十六年、中間除則天稱周十四年、則正得一百四十二年。……是歳廣州哥舒晃作亂」に従っている。年のみを示して月を示していないのも「不著刻石年月」であった証拠である。しかし碑文によれば「皇唐御神器一百四十二年」の大暦八年は広州で哥舒晃の乱があった年をいうものであり、碑文は裴傲が出兵してそれを鎮圧したことを頌えるものであるから、碑文の撰は大暦八年ではなく、それ以後でなければならない。また、「越州刺史浙江東節度副使王密撰」というが、王密が越州刺史であったのは大暦十四年から貞元初である。宋・孔延之『會稽掇英總集』の「唐太守題名」に「王密：大暦十四年十一月自湖州刺史授」、『元和郡縣圖志』二六「越州」上虞縣に「貞元元年、刺史王密奏置」という。これは大暦八年以後の条件に合う。したがって李陽冰が篆額を書いたのも大暦十四年以後ということになる。では、李陽冰はいつ上京したのか。

李嘉祐の事跡について、『唐才子傳校箋』三「李嘉祐」(p473) は劉長卿や皎然との応答詩から見て「大暦末李嘉祐已卸袁州任」「嘉祐罷袁州任後又至呉興・晉陵等地」といい、『唐五代文学編年史・中唐巻』は李嘉祐が大暦八年十月に袁州刺史であったことは確かであるとする。ただし「唐明州刺史裴公紀徳碣銘」に拠って李陽冰が大暦九年に上京した時には袁州刺史を辞めて蘇州にいたとすることはできない。いっぽう『唐刺史考全編』一六三「袁州」は李嘉祐の在任を大暦六・七年とし、また『舊唐書』に拠って大暦十二年から十四年までは柳渾が在任していたとする。また、先に見たように大暦十二年五月にはすでに京兆府戸曹参軍であったから、蘇州で李陽冰と李嘉祐が会えたのは大暦九年から十一年の間であり、さらに「大暦十年具官名氏」によって李陽冰が上京した時期を大暦九年から十年の間にしぼることができる。

李陽冰の活動拠点を見てみれば、大暦八年には江南での作が多い。李陽冰の篆額「唐法慎律師碑」(李華撰、張従申行書) は『金石録』八 (7a) によれば「大暦八年十二月」立であり、揚州龍興寺にあった。篆額「鏡智禪師碑銘」(獨孤及撰、張従申行書) も『金石録』八 (7a) に「大暦八年十二月」といい、独孤及に「舒州山谷寺覺寂塔隋故鏡智禪師碑銘并序」(『全唐文』三九〇) がある。したがって大暦八年中は揚州・舒州の間に在った。いっぽう李陽冰に篆書「唐滑臺新驛記」(李勉撰、裴某八分書) があり、『金石録』八 (8a)・二八 (7a) に「大暦九年八月」という。滑台は滑州、洛陽の西に位置し、揚州から長安への途次に当たる。すると李陽冰は大暦九年の八月以前、皎然の送別詩に「草見呉洲發、花思御苑開」とあるから、その年の春に、代宗に京兆府戸曹参軍として徴用されて湖州から上京したものと思われる。桂林に刻されている「平蠻頌」・「舜廟碑」の篆額はいずれもその後に桂林からの依頼によって長安で書かれた作である。

三、畳彩山石刻

位置：畳彩山（Die2cai3shan1）、桂林市疊彩区中山北路の東、疊彩路の北。明月峰（東北）・于越山（東南）・四望山（西南）・仙駕峰（西北）から成る。東西約480m、南北約260m。最高峰は仙駕峰（250m、相対高度約100m）。西は四望山が宝積山（208m、相対高度58m）に対峙し、東は明月峰（239m、相対高度約90m）が漓江に臨み、北に鉄封山（248.6m、相対高度100m）を望む。疊彩山と宝華山は東西に並んで聳えて天然の城壁を成しており（両山の間約180m）、鉄封山・鸚鵡山の成す天然の城壁の南にあって城を二重に包囲する堅牢不抜の構造を成す。疊彩山と鉄封山の間は約300m（西）～400m（東）。疊彩山の南、城の中心に当たる独秀山まで約600m。

沿革：疊彩山の岩洞内には今日でも多くの摩崖佛があり、また唐の元晦「記」（後述）や莫休符『桂林風土記』になどによって寺院・庵等があったことが知られる。早くから桂林佛教の中心地の一つであり、元晦「疊綵山記」に引く『圖經』（恐らく『桂州圖經』か『臨桂縣圖經』）によれば、すでに唐代から“疊綵山”とよばれていた。また、于越山・四望山の由来も元晦「記」に見える。かつて七星巖口にあった元和元年（806）の孟簡等の題名に「偕遊桂州北郊幽巖奇洞」という巖洞は疊綵山のそれかも知れない。そうならば元晦よりも早い記録である。疊綵山はまた五代から“馬王山”、明代から“桂山”ともよばれた。解放後は、「綵」と「彩」が同音であるために「彩」字に統一され、「疊彩山」と書かれる。今日、疊彩山が四山峰の総称となっているが、元晦の「疊綵山記」「四望山記」「于越山記」によれば唐代では主峰である明月峰を指していたと思われる。一九七九年に浜江風景処が管理、一九九〇年に畳彩公園を造営、桂林市旅游発展総公司が経営・管理。

石刻：現存の摩崖石刻の数は、最近の公的機関の刊行したものの間に違いがあり、『桂林市志（下）』（一九九七年）に「現存摩崖石刻は二〇七件、唐代五件、宋代一一件、元代六件、明代六〇件、清代九五件、民国五件、年代の考う可き無きもの二五件」（p2995）、『桂林旅游資源』（一九九九年十月）に「現存石刻は二〇〇余件、其の中で唐四件、宋一二件、元六件、明五一件、清九五件、民国五件、無款約一〇件」（p662）、『桂林旅游志』（一九九九年十一月）に「共に二〇一件、其の中で唐代五件、宋代一一件、明代六〇件、清代九五件、民国五件、年代の考う可き無きもの及び佚名のもの二五件」（p59）として一致しない。ただし『桂林旅游志』には『桂林市志（下）』と『桂林旅游資源』で共通している「元六件」が無く、これを加えれば、総計二〇七件になり、『桂林市志（下）』と一致する。しかし明代の五一件と六〇件、宋代の一一件と一二件、唐代の四件と五件という違いは依然として残る。摩崖造像は、『桂林市志（下）』（p3003）によれば二四龕九八尊、『桂林旅游資源』（p662）によれば二六龕一〇一尊。石刻・造佛はいずれも山腹（于越山の北、明月峰の西）にある“風洞”に集中している。風洞は疊彩巖ともよばれ、南北二つの洞がつながっている。唐・元晦「疊綵山記」によれば南側は「福眞洞」（長さ約13m）、唐・莫休符『桂林風土記』によれば北側は「北牖洞」（約８m）とよばれていた。摩崖石刻・造像等は一九八一年に広西壮族自治区重点文物保護単位に指定。

3-01 〔佚〕元和九年（814）馬日温題名

先に挙げたように、『桂林市志（下）』・『桂林旅游志』は疊彩山現存摩崖石刻の内、唐代のものを五件、『桂林旅游資源』は四件として一致しない。四件が上に掲げた元晦の作「疊綵山記」・「四望山記」・篆書“疊綵山”・“四望山”を指すことは明らかであるが、五件ならば他の一件が何を指すのか不明。唐代のものを四件とする『桂林旅游資源』は宋代のものを十二件とし、いっぽう唐代のものを五件とする『桂林市志（下）』等は宋代のものを十一件とするから、一件の年代鑑定の違いに因るものとも考えられる。あるいは造像の題記を別に数えた可能性もある。ちなみに『疊彩公園』（一九九七年、ｐ54）によれば、現存する宋代十一件の石刻の内、造佛題記は四件あるという。また、あるいは『桂林石刻（上）』には上の四件の他に「唐・馬日温疊綵山題名」（ｐ12）を収めており、これを指しているようにも思われる。ただしこれは「右磨崖在疊彩風洞。……原石已毀、據謝通志録文」と注記しているように、現存していない。石刻に「遊此洞」というから、疊綵山の風洞の周辺に刻されていたと思われる。

【録文】

謝啓昆『廣西通志』二一五「金石略」（12a）・『粵西金石略』一（10a）および胡虔『臨桂縣志』三「山川」二（2b）に「馬日温題名」と題して次の文字を録している。

安南桂管宣慰使馬日温送馬祭酒上後因遇呉王三人同遊此洞元和九年春四日題

石刻のサイズは未詳。謝本に「眞書、徑一寸許。右刻在臨桂疊綵山」という。四・五行に改行してあったと思われる。

この題名は清・汪森『粵西叢載』二「題名」に「見『桂勝』」（1a）として「疊綵山題名」（41b）に収め、明・張鳴鳳『桂勝』三「疊綵山」の「題名」（5a）に録しており、『金石彙目分類』一八（1b）に「馬日温題名：正書、元和九年春四日」というが、『八瓊室金石補正』七四（3b）には「『（廣西通）志』又載“元和九年馬日温題名”。今未見」という。したがって『桂林石刻（上）』にいう「原石已毀」は明代後期以後のことではなかろうか。

【解読】

安南・桂管宣慰使馬日温送馬（総）祭酒上、後因遇呉・王、三人同遊此洞（畳綵山風洞）。元和九年（814）春四日題。

【考察】

馬総の元和九年の事跡

題名にいう「馬祭酒」とは李宗閔「馬公家廟碑」（『全唐文』七一四）に「以御史中丞都護日南、以國子祭酒觀察於桂」という馬総（?－823）のことである。『舊唐書』憲宗紀によれば、馬総は元和八年七月丁丑に安南都護から桂管観察使に移り、同年十二月「丙戌」（七日）に広州刺史・嶺南節度使に移っている。『唐刺史考全編（五）』は『舊唐書』徳宗紀に拠って馬総の桂州在任を元和八年、広州在任を元和八年から十一年にする。「疊綵山題名」に「送馬（総）祭酒上後……元和九年春四日題」とあるから、馬総が桂州から広州に向かうのを見送ったことをいうものであり、馬総は元和八年十二月七日に広州刺史を拝しているから、「元和九年春（一月）四日」頃まで桂州にいた。少なくとも馬総が広州刺史に着任したのは元和九年に入っていたのではなかろうか。馬総の広州刺史在任については柳宗元「曹溪第六祖賜諡大鑑禪師碑」に「扶風公（馬総）廉問嶺南三年……元和十年十月十三日……」という。この「三年」は、正確には在任してから三年間の意ではなく、拝命してから足掛け三年、三年目の期間をいう。

3-02 〔存〕会昌四年（844）元晦（？）書“疊綵山”

風洞の南口、向かって右の角、高さ約２ｍ、石刻／「風洞」の真下。N25°17′577″、E110°17′856″。南の洞口の真上にも楷書「疊綵山」（一八六四年、沈尹熙題、縦２ｍ×横１ｍ余）があるがこれではなく、その右下にあるもの。

【現状】

01 | 疊綵山 |

石面磨平、無塗、ただし字を刻した凹部分に緑色のペンキが塗装されている。篆書、縦書き、縦0.9ｍ×横0.23ｍ、字径23cm。『桂林石刻（上）』（ｐ18）「唐・元晦題疊綵山三字」に「高三尺一寸、寛七寸、隷書径一尺三寸（「勘誤記」では「九寸」）」、『桂林旅游資源』（ｐ662）「疊彩山摩崖石

刻」にも「高1.02米、幅23厘米」とする。

早くから元晦の書とされるが、その説は明・張鳴鳳に始まるであろう。張鳴鳳『桂勝』三「疊綵山」に「“疊綵山”三大篆字、又有“福眞洞”三字、亦篆書。“干［于］越山”三字横列、自左而右、下有“栖眞洞”及“洞北門”、共九大字、皆用篆。“四望山”亦三篆字。不著書者姓名、然皆元晦時所題鐫」といい、また清・汪森『粤西叢載』一「石刻補」に「以下見張鳴鳳『桂勝』」として同文を引く。ただし「于」を「干」に誤り、汪本はさらに「千」に作る。元晦は中唐期の宰相で白居易の友人としても知られる元稹（779－831）の「姪」（甥）、会昌二年（842）から五年七月まで桂管観察使・桂州刺史となる。題刻の時期はこの間であるが、元晦撰「疊綵山記」に「會昌三年六月蔵功、南自曲沼、上極山椂。四季七月功既」とあるのによって会昌四年（844）七月頃と考えられる。「疊綵山記」等の「記」は隷書（八分書）であるが、題字「四望山」は篆書であり、題字「疊綵山」の書風に似ている。

3-03 〔存〕会昌四年（844）元晦撰「疊綵山記」

疊綵山（疊綵巖）の風洞の南口の向かって左（西）上の角、高さ２ｍの位置。洞口右の「疊綵山」と対を成す位置にある。

【現状】

01	按圖經山以石文横布彩
02	翠相間若疊綵然故以爲
03	名東亙二里許枕壓桂水
04	其西巖有石門中有石像
05	故曰福庭又門陰構齊雲
06	亭迴在西北曠視天表想
07	望歸途北人此遊多軫鄉
08	思會昌三年六月藏功南
09	自曲沼上極山椂四季七

10 | 月功既

石面磨平、塗墨。縦38cm×横45cm、隷書（八分書）、向かって左から右行き、計九三字、字径4cm。『桂林石刻（上）』（一九八一年）に「高一尺三寸、寛一尺三寸、隷書径一寸」（p19）とするが、一尺三寸の正方形ではなく、『桂林石刻』（一九七九年）に「高〇・三七米、寛〇・四三米。隷書、径〇・三米」（p7）とするのが近い。左上から右下にかけての対角線上に亀裂が入っているが、大きな破損には至っておらず、すべて判読可能。ただ左一行にセメントのようなもの（鍾乳？）が付着して白くなっており、その部分（01）のみがやや不鮮明。

【資料】

録文：

明・張鳴鳳『桂勝』三（四庫全書本4a、古学彙刊本2b）「疊綵山」（張本と略称）

清・汪森『粤西文載』一九（12b）「記」山川「疊綵山記」（汪本と略称）

清・謝啓昆『粤西金石略』一（15a）「元晦疊綵山記」

〃　『廣西通志』二一五「金石略」一（18a）「元晦疊綵山記」（謝本と略称）

清・洪頤煊『平津讀碑記』八（11a）「疊綵山記」（洪本と略称）

清・欽定『全唐文』七二一「元晦」（16b）「疊綵山記」（全文本と略称）

清・陸増祥『八瓊室金石補正』七四（2a）「疊綵山題記」（陸補本と略称）

清・楊翰『粵西得碑記』（13a）「疊綵山記」（楊本と略称）

清・厳可均『平津館金石萃編』十一（26b）「元晦疊綵山記」

今・『桂林石刻（上）』（一九八一年）（ｐ19）「唐・元晦疊綵山記」（桂林本と略称）

拓本影印：

『北京圖書館蔵中國歴代石刻拓本匯編・唐』第三一冊「疊綵山題記」（ｐ126）

『桂林石刻』（一九七九年）「唐・元晦：疊綵山記」（ｐ7）

『桂林文物』（一九八〇年）「唐代元晦『疊彩山記』」（ｐ28）

『桂林』（一九九三年）「唐代元晦『疊彩山記』」（ｐ57）

拓本状態はいずれも良好。また桂林市博物館にも拓本が陳列されている。

作者の署名および作品の題は無い。清・銭大昕『潜研堂金石文字目録』三（4b）「疊綵山記」（『潜研堂金石文跋尾』には見えず）に「無書撰人姓名。會昌四年六月。在廣西省城疊綵山」というが、清・洪頤煊『平津讀碑記』八（11a）「疊綵山記」に「右『疊綵山記』在臨桂縣。又有『四望山記』、即疊綵山之支峰。『粵西金石略』以爲倶元晦撰。未知何據」といい、北京図書館金石組編『北京圖書館蔵中國歴代石刻拓本匯編・唐』（中州古籍出版社一九八九年）第三一冊「疊綵山題記」（ｐ126）にも「此記未署撰人、『粵西金石略』考爲“元晦”」という。また、陸増祥『八瓊室金石補正』七四に「疊綵山題記」と「四望山記題記」を収めて謝啓昆『廣西通志』金石略と『平津讀碑記』の説を引いた後で「『四望山』與前刻、出一人手筆。無書撰姓名、『廣西通志』謂元晦所爲、當非無據」という。確かに謝啓昆『粵西金石略』一（15a）・『廣西通志』二一五「金石略」一（18a）には「元晦疊綵山記」として録しているが、これを元晦の撰・書とするのは明・張鳴鳳に始まる。その撰『桂勝』三「疊綵山」に「桂城直北、重門夾山、山分東行、曰“鎮南”、歴“仙鶴”至“疊綵”。其洞亦以山名一曰“風洞”、洞左小山曰“干［于］越”、其右小支戟立曰“四望”。唐・元常侍晦各有小記、鏤於其山、多所發明」として「唐元晦疊綵山記」を録文する。また、『粵西金石略』は謝啓昆修・胡虔纂『廣西通志』二一五「金石略」を独立させたもので、基本的に同じ。胡虔『臨桂縣志』三「山川」二「疊綵山」にも「元晦疊綵山記」を収める。それよりも前には清初・汪森『粵西文載』一九「記」山川に「疊綵山記」を元晦の作として収めている。その後には、『全唐文』七二一「元晦」（16b）に「疊綵山記」と題して収め、清末・陸増祥『八瓊室金石補正』七四（2a）に「疊綵山題記」と題し、『桂林石刻（上）』（一九七九年）に「唐・元晦疊綵山記」（ｐ19）と題して録文している。この他に清人の所蔵目録に多く見え、『寰宇訪碑録』四（24a）に「疊綵山記：八分書、會昌四年六月、廣西臨桂」、『藝風堂金石文字目』六（21a）に「疊綵山記：元晦撰」、『金石彙目分類』一八（1b）に「元晦撰、八分書、會昌四年七月」という。本来は題はなく、明・張鳴鳳以来「疊綵山記」に作るものが多いが、「……題記」に作るのは清・

陸増祥に始まる。

【校勘】

01　按圖經山以石文横布彩

「按」：楊本は「案」に作る、異体字。唐代の『圖經』によれば疊綵山という山名であったことになるが、南宋・王象之『輿地紀勝』一〇三「静江府」景物下（10a）は「疊綵巖」に作って「在八桂堂後。山層開壁、立石層層、横斷如積疊錦綵」という。明・黄佐『廣西通志』一二「山川志」1には「疊綵巖：在城北三里。大山壁立屏開、山巖層層」というから、『輿地紀勝』の「山層開壁立石層層」には誤字脱字があるかも知れない。なお、五代・王溥『唐會要』七一「州縣改置」に引く桂管觀察使殷侑の奏請文や光化二年（899）序の莫休符『桂林風土記』の「桂林」条に「按『圖經』」というのは『桂州圖經』であろうし、北宋初『太平御覧』六五「灕水」に引く『臨桂圖經』とは唐代の『臨桂縣圖經』であろう。

02　翠相間若疊綵然故以爲

「綵」：謝本の間に異同が見られる。謝本のうち、謝『粤西金石略』・胡『臨桂縣志』は「綵」に作るが、謝『廣西通志』は誤って「彩」に作る。

03　名東亙二里許枕壓桂水

「亙」：謝本・楊本・桂林本では「亘」に作るが異体字（本来は異なる）、張本・汪本・全唐本では誤って「至」に作る。

「壓」：謝本の間に異同が見られる。謝『粤西金石略』・胡『臨桂縣志』は「壓」に作るが、謝『廣西通志』・楊本は誤って「厭」に作る。

04　其西巖有石門中有石像

「巖」：汪本は「嵓」に作る、異体字。

05　故曰福庭又門陰構齊雲

「構」：張本（四庫全書本）・汪本・全唐本は「搆」に作る、異体字。

06　亭迴在西北曠視天表想

「迴」：張本・汪本・謝本『粤西金石略』は「回」部分を「囘」に作る、異体字。ただし謝本でも『廣西通志』・『臨桂縣志』は「迴」に作る。

07　望歸途北人此遊多軫郷

「此遊」: 張本（四庫全書本）・汪本・全唐本は誤って「遊此」に作る。楊本は「遊」を「游」に作る。

08　思會昌三年六月藏功南

「藏」: 洪本に「碑“蒧”作“藏”、亦異文」という。現石では明らかに「藏」の「臣」部分が「貝」であるが、張本・汪本・全唐本・楊本・桂林本は「蒧」に作る。『説文』新附に「蒧 :『左傳』“以蒧陳事”。杜預注云“蒧、敕也”。从艸、未詳」という。張本・汪本等が「蒧」に改めているのはそのためである。「蒧」字は早くは『左傳』文公十七年に見えるが、また『方言』一三にも「蒧、備也」「蒧、解也」と見え、その郭璞注に「蒧訓敕、復訓解、錯用其義」といい、『廣韻』“獮”韻に「蒧（丑善切）、去貨」という。ここでの用法は「～功……功既」と使われているから、着工する意であり、「敕」「備」とする訓の方に近い。

09　自曲沼上極山桺四季七

「自」: 張本（四庫全書本）は「至」に誤る。

「沼」: 張本・汪本は「江」に誤る。

「桺」: 張本・汪本は「林」に誤り、謝本・楊本・全唐本・桂林本は「椒」に作る。異体字。早くは『玉篇』に見える。山頂の意。

「季」: 張本・汪本・謝本・楊本・全唐本・桂林本は「年」に作る、異体字。唐人は頻用する。ただし前行08では「年」字が用いられている。

全体的に陸補本が最も碑文に忠実であり、張本・汪本と全唐文には同じ誤りが多い。汪本は張本に拠ったもので、全唐文は張本・汪本に拠ったものであろう。

【復元】

省略。「現状」と同じ。

【解読】

按『（桂州）圖經』、“山以石文横布、彩翠相間、若疊綵然、故以爲名（疊綵山）。” 東亙二里（1120m）許、枕壓桂水（今の漓江）。其西巖有石門（今の風洞）、中有石像、故曰“福庭”。又門陰（石門の北）構“齊雲亭”（今の迎風楼あたりか）、迥在西北（長安の方向）、曠視天表、想望歸途。北人此遊、多軫郷思。會昌三年（843）六月蒧功、南自曲沼（今の八角塘）、上極山椒（今の明月峰の頂上）。四年（844）七月功既。

3－04 〔存〕会昌四年（844）元晦（？）書“四望山”

四望山東麓の岩壁上。詳しくは疊彩亭から登山道を北に上り、畳彩門に向かう途中の左手、“江山會景處”碑（明・羽卿こと王鳴鶴の題書）・“玉疊蓬壺”榜書（清・李少蓮の書）から北に約20ｍ登った左手にある一際聳える岩壁の上、約５ｍ。N25°17′560″、E110°17′853″。

【現状】

01 四望山

石面磨平、字書丹。篆書、縦書き、縦80cm×横30cm、字径23cm。陸増祥『八瓊室金石補正』七四（3b）「四望山題榜」に「高二尺五寸、廣一尺二寸、直榜三字、字徑八寸許、篆書」「四望山在疊綵岩之右、有“四望山”三篆字：『廣西通志』」という。引く所の『廣西通志』は謝啓昆のそれではなく、その約五〇年前の雍正十一年（1733）に金鉷らが編修したもの。胡虔『臨桂縣志』三（8a）に「四望山：『金通志』“四望山在疊綵巖之右、石上刻‘四望山’三篆字。其下亂石縱横排突、“山腹皆逕梁危磴、由西而北有石門、約三十歩（48m）”、唐元晦曾建‘銷憂亭’。今廢”」と引く。先にも述べたように、これを元晦の書とするのは明・張鳴鳳『桂勝』に始まる。張鳴鳳『桂勝』三「疊綵山」に「“疊綵山”三大篆字、又有“福眞洞”三字、亦篆書。“干［于］越山”三字横列、自左而右、下有“栖眞洞”及“洞北門”、共九大字、皆用篆。“四望山”亦三篆字。不著書者姓名、然皆元晦時所題鐫」という。

3－05 〔存〕会昌四年（844）元晦撰「四望山記」

題字「四望山」の約１ｍ下、懸崖の東北の角。N25°17′560″、E110°17′853″。明・張鳴鳳『桂勝』三「疊綵山」に「桂城直北、重門夾山、山分東行、曰“鎮南”、歴“仙鶴”至“疊綵”。其

洞亦以山名一曰“風洞”、洞左小山曰“干［于］越”、其右小支戟立曰“四望”。唐・元常侍晦各有小記、鏤於其山、多所發明」という。

【現状】

01	山名四望故亭爲
02	銷憂亭之前後綿
03	絡山腹皆溪梁危
04	磴由西而北復東
05	上疊綵右崖至福
06	庭石門約三十餘
07	歩

石面磨平、面塗墨、字書丹。隷書（八分書）、縦37cm×横40cm、向かって左から右行き、字径4cm。左下には上斜め左に向かって亀裂が入っているが、文字は判読可能。隷書は「疊綵山記」

と同じ筆致、また字径も同じく、全体を正方形にまとめる書風も同じ。

【資料】

録文：

明・張鳴鳳『桂勝』三「四望山小記」（四庫全書本4a、古学彙刊本2b。以下、張本と略称する）

清・汪森『粤西文載』一九「記」山川「四望山小記」（汪本と略称）

清・謝啓昆『廣西通志』二一五「金石略」1「晋唐」（18a）

謝啓昆『粤西金石略』一（15b）

胡虔『臨桂縣志』三「山川」二「四望山記」（三者を併せて謝本と略称）

清・楊翰『粤西得碑記』（13a）「四望山記」

清・『全唐文』七二一「元晦」（17a）「四望山記」（全文本と略称）

清・陸増祥『八瓊室金石補正』七四（2b）「四望山題記」（陸補本と略称）

清・厳可均『平津館金石萃編』十一（27a）「四望山記」

今・『桂林石刻（上）』（一九七七年、p19）「唐・元晦四望山記」（桂林本と略称）

拓本：

『北京圖書館蔵中國歴代石刻拓本匯編・唐』（一九八九年）第三一冊（p154）「四望山題記」

『桂林石刻』（一九七九年、p7）「唐・元晦：四望山記」

『桂林文物』（一九八〇年、p27）「唐代元晦『四望山記』」

この他に『藝風堂金石文字目』六（21a）「四望山記：元晦撰」、『金石彙目分類』一八（1b）に「四望山記：元晦撰、八分書」と見える。題擬には先の「疊綵山記」・「疊綵山題記」と同じく「四望山記」・「四望山題記」とするものの他に「四望山小記」がある。『桂勝』が「四望山小記」とするのは「疊綵山」節の冒頭の解説に「元常侍晦各有小記、鏤於其山」というのに符合する。たしかに現存する石刻では三記はいずれも短い。しかし最も短いのは四望山の記であり、四三字。いっぽう「疊綵山記」は九三字であり、「于越山記」は七一字以上、おそらく一〇〇字前後あったと思われる。四望山の記は他の二記の約半分の量である。そこでこの記のみ「小」を加えているのであろう。

拓本の影印状態はいずれも良好。桂林市博物館にも拓本が陳列されている。この中では『桂林文物』本が最も剥蝕が少ない。

【校勘】

01　山名四望故亭爲

「爲」：張本（四庫全書本）・汪本は「為」に作る、異体字。

02　銷憂亭之前後綿
「綿」: 桂林本は「緜」に作る、異体字。

03　絡山腹皆溪梁危
「溪」: 張本は誤って「逕」に作り、汪本も「徑」に作る

04　磴由西而北復東
「磴」: 張本（古学彙刊本）は誤って「登」に作る。

05　上疊綵右崖至福
「右」: 全唐本は誤って「石」に作る。
張本と汪本には共通の誤りが多く、これは両者に関係があることを告げている。

【復元】
省略。「現状」に同じ。

【解読】
山名“四望”、故亭爲“銷憂”。亭之前後、綿絡山腹、皆溪梁・危磴。由西而北、復東、上“疊綵”（山）右（西）崖。至“福庭”石門（風洞）、約三十餘歩（約25m）。

【考察】
四望山の所在
四望山が“四望山”と「四望山記」の刻されている場所であることは明らかである。今日では、その地点から西の中山北路まで約500m延びている山全体を指してよばれている。しかしこれは正しくない。少なくとも古くはそうでなかったであろう。張鳴鳳『桂勝』に「桂城直北、重門夾山、山分東行、曰“鎮南”。歴仙鶴（今の仙鶴峰）至疊綵、其洞亦以山名、一曰“風洞”。洞左（東）小山曰“于越”、其右（西）小支戟立曰“四望”」という。「小支戟立」というのは数100mに亙ってなだらかに延びている今日の四望山を指すものではない。また、四望山の亭を「銷憂亭」と名づけたのは、建安七子の一人・王粲（177－217）の「登樓賦」（『文選』所収）に「登茲樓以四望兮、聊暇日以銷憂」と詠むのに由来するが、今日の四望山とされる山の頂上（中山路に臨む）からは、北・西・南は眼下に望むことはできるが、「四望」することはできない。いっぽう“四望山”の刻されている所「小支戟立」は、今日も大船の舳先の如く、一際聳えている巨大な

岩であり、この頂上からは「四望」が可能である。ただし北と西の視界はせまい。また、「記」にいう「由西而北、復東、上“疉綵”（山）右（西）崖」も、“四望山”と「記」を刻した岩を起点とした今日の道と一致している。つまり風洞に通じる「西而北」の道は今日の四望山の山頂まで行くルートではない。おそらく元晦のいう「四望山」とは『桂勝』がいう「小支戟立」を指していたであろう。

3-06 〔？〕会昌四年（844）元晦（？）書“福眞洞”

明・張鳴鳳『桂勝』三「疉綵山」に「“疉綵山”三大篆字、又有“福眞洞”三字、亦篆書。“干［于］越山”三字横列、自左而右、山下有“棲［栖］眞洞”及“洞北門”、共九大字、皆用篆。“四望山”亦三篆字。不著書者姓名、然皆元晦時所題鐫」というから、畳綵山に刻されており、現存する「疉綵山」と同じく篆書である。「福眞洞」というのは、元晦撰「疉綵山記」に「按『圖經』、山以石文横布、彩翠相間、若疉綵然、故以爲名（疉綵山）。東亙二里許、枕壓桂水。其西巖有石門、中有石像、故曰“福庭”」といい、また元晦撰「四望山記」に「由西而北、復東、上“疉綵”右崖。至“福庭”石門、約三十餘歩」という福庭の石門、つまり今日の風洞のことではなかろうか。清・胡虔『（嘉慶）臨桂縣志』三「山川」二「疉綵山」（2a）に「『舊志』：枕壓灕江水、（疉綵）巖扉南向。好事者就搆樓、由石磴而上、凭欄周覧、萬象歴歴可數。中有寺、寺後有穴、直透山北、故名“北牖洞”。石壁皆鐫佛像、故又名“福眞洞”」という。そうならば、疉彩山公園風洞の洞口にある「疉綵山」の近く、あるいは洞内に刻されたであろうが、今回それを発見することはできなかった。原石はすでに毀たれているのではなかろうか。

3-07 〔？〕貞元年間（785—805）陶立言等題名

『桂勝』三「疉綵山」の「題名」に次のようにいう。

> 干［于］越山有唐貞元年間吉州康司士・義興房丞・江陵韋隨軍、皆以所鐫字滅失其名。惟前進士陶立言、則可覩者、亦當時來遊之題名也。

これによれば、于越山には康某・韋某・陶立言の題名があった。貞元年間にこの地に遊覧した者であるから、元晦が「于越山記」等を撰した時期より半世紀以上も早い。

今回の調査では発見することができなかった。明代にすでに浸食が進んでいたようであるから、磨滅してしまっている可能性もある。この石刻については謝啓昆『粤西金石略』をはじめ、楊翰

『粤西得碑記』・陸増祥『八瓊室金石補正』等にも見えない。明・清の間に失われたのではなかろうか。

3-08 〔佚〕会昌四年（844）元晦（？）書“于越山”

明・張鳴鳳『桂勝』三「疊綵山」に「“疊綵山”三大篆字、又有“福眞洞”三字、亦篆書。“干［于］越山”三字横列、自左而右、山下有“棲［栖］眞洞”及“洞北門”、共九大字、皆用篆。“四望山”亦三篆字。不著書者姓名、然皆元晦時所題鐫」という。「干」は「于」の誤字。『桂勝』によれば「于越山」三字は篆書で、左から右の横書き。おそらく現存する篆書「疊綵山」・「四望山」と同じ人の作であろう。元晦撰「疊綵山記」に対して篆書「疊綵山」があり、元晦撰「四望山記」に対して篆書「四望山」があり、また元晦撰「于越山記」があるから、篆書「于越山」も、『桂勝』がいうように元晦の書である可能性が高い。

【考察】

“于越山”と「于越山記」の所在

明・黄佐『廣西通志』（一五二五年）十二「山川志」に「于越山：在疊綵巖前（南）。上有唐人臺榭遺基、刻“于越山”三大字于崖旁」といい、また張鳴鳳『桂勝』（一五八九年）に「桂城直北、重門夾山、山分東行、曰“鎮南”。歴仙鶴（今の仙鶴峰）至疊綵、其洞亦以山名、一曰“風洞”。洞左（東）小山曰“于越”、其右（西）小支戟立曰“四望”」という。于越山は今の畳彩公園内の畳彩瓊楼（また蝴蝶館ともいう）の南、今の畳彩亭の東南40mにある低い岩山であり、「于越山」はその山の「崖旁」に刻されていた。『桂勝』にも記録されているから、明・万暦間には存在していたが、しかし清・謝啓昆『粤西金石略』（嘉慶五年1800）一五「待訪目録」には『桂勝』に拠って「于越山題字」（12b）というから、嘉慶初にはすでにどこに刻されているか未詳であった。明・清の間に失われたと思われる。清・胡虔『臨桂縣志』（嘉慶六年1801）三「山川」二「于越山」に「今此『(于越山) 記』并“栖眞洞”題字、俱失。以此山爲匠石取材、恐災斧斤矣」（10a）といい、黄泌『臨桂縣志』（光緒三十一年1905）二〇「金石志」の「四望山記」にも「右刻在四望山、四望乃疊綵之支峯耳。其（四望山）左（東）一峯爲于越山、(元）晦亦有記、見『桂勝』、今不可得。山爲匠石取材、疑災斧斤矣。乾隆間（四十四年1779）巡撫李世傑補書三字於瞻鶴洞」という。瞻鶴洞とは仙鶴洞ともよばれ、四望山の西北に連なる仙鶴峰の北麓にある。『縣志』によれば、石材として取られたために破壊されてしまった。「匠石取材」がいつのことか明確ではないが、その時期は明代の万暦年から清代の乾隆年の間にある。

篆書“于越山”三字は「于越山記」の近くに刻されていたであろう。それは現存する“四望山”と「四望山記」および“疊綵山”と「疊綵山記」がそうであることによって、容易に想像される。したがって「匠石取材」で「于越山記」を失ったのであれば、“于越山”もこの時に失われたであろう。今回、山の西から北の岩面はくまなく調査したが、それらしきものは見当たらなかった。南から東にかけては塀があって入れないために未調査である。あるいは西か西南の崖に刻されていたのであろうか。西崖は今の畳彩公園の大門から北の畳彩亭に延びる道に面している。また、「于越山記」の近くには、『桂勝』に「“干［于］越山”三字横列、自左而右、山下有“棲［栖］眞洞”及“洞北門”、共九大字、皆用篆」といい、また『(嘉慶) 縣志』に「今此『(于越山) 記』并“栖眞洞”題字、倶失」というように、栖真洞・洞北門があった。

3-09 〔佚〕会昌四年（844）元晦撰「于越山記」

清・胡虔『臨桂縣志』三「山川」二「于越山」に「于越山記」を収めて「今此『記』并“栖眞洞”題字、倶失。以此山爲匠石取材、恐災斧斤矣」(10a) という。原石は明末・清初の間に破壊されて今日に残っていない。

【資料】

録文：

明・張鳴鳳『桂勝』三「疊綵山」(張本と略称)

清・汪森『粤西文載』一九「記」山川「于越山記」(12b) (汪本と略称)

清・謝啓昆『廣西通志』九四「山川略」一「于越山」(6b) (謝本と略称)

清・陸心源『唐文續拾遺』五「于越山記」

今・『全唐文新編』七二一「于越山記」(以上、全唐本と略称)

全唐本は末尾に『廣西通志』というから、謝本に拠って拾遺している。汪本は題下注に「『桂勝』云」というように『桂勝』に拠ったものである。つまり、最初に『桂勝』が石刻碑文に拠って録文し、後に『粤西文載』に転載され、さらに『廣西通志』の転載を経て『唐文續拾』に収められた。したがって『唐文續拾』所収のものは遡れば張鳴鳳が見た明・万暦十七年（1589）の状態のものである。

【録文】

張本に「又『干［于］越山記』、文多剥落、不可讀、大都記其剏構亭榭與山名“干［于］越”

之故、略可見者裁數十字、曰」として次の数十字を録している。

直渚之北有虛楹釣榭由此三徑各趨所抵左指山隈右向之僧舍爲寫眞堂北鑿山徑由東崖茅齋經栖眞洞而北史記云秦并諸侯以百越之地爲桂林郡呉遣歩隲征南克有于越

【校勘】

「三徑」：張本は「三逕」に作る。

「趨」：張本（四庫全書本）は「趋」、俗字。

「山徑」：張本は「山逕」に作る。

「齋」：張本（古学彙刊本）は「齊」に誤る。

「栖眞洞」：張本（四庫全書本）・全唐本は「棲真洞」、謝本は「栖真洞」に作る。

「史記」：汪本・胡本は「史紀」に作る。

「百越」：謝本は「百粤」に作る。『史記』六「秦始皇紀」に「太子公曰：……秦并兼諸侯……南取百越之地、以爲桂林・象郡」といい、「呉遣歩隲征南」については『三國志』五二「呉書」七「歩隲傳」に「零・桂諸郡猶相驚擾、處處阻兵、（歩）隲周旋征討、皆平之」という。

「克」：全唐本は誤って「刻」に作る。

「于」：張本・汪本は誤って「干」に作る。

【復元・解読】

直渚（今の八角塘の東か？）之北、有虛楹・釣榭。由此三徑、各趨所抵：左指山隈；右向之僧舍、爲寫眞堂；北鑿山徑、由東崖茅齋、經栖眞洞而北。『史記』云：“秦并諸侯、以百越之地爲桂林郡”。呉遣歩隲征南、克有“于越”。（後有「呉都賦」）

【考察】

「于越山記」と于越亭

張本は以上の録文の後に「此後惟有『呉都賦』、字不可讀矣」といい、汪本も張本に拠って注記する。「呉都賦」は晋・左思の作であるが、今「呉都賦」を検べれば、桂林に関するものとしては、「數軍實乎桂林之苑、饗戎旅乎落星之樓」という句しか見当たらない。張本の記録が確かならば、秦・呉に継いで晋代の記事として「桂林之苑」の部分が引用されていたのではなかろうか。金鉷『廣西通志』（雍正十一年1733）十三「山川」の「于越山」の条に「元晦記：呉遣歩隲征南、克有“于越”。山名以此」というのは、張本にいう「大都記其剙構亭榭與山名“干［于］越”之故」に合うが、張本によればすでに明代に「此後……字不可讀矣」という状態であったから、「山名以此」の四字は「于越山記」の原文には無かったのではなかろうか。今日、「于越山記」の全文を知ることはできないが、伝わっている部分でもすでに七一字あり、その後には「呉都賦」の引用があったというから、少なくとも「四望山記」四三字よりも長く、「疊綵山記」九三字に近い、あるいはそれ以上に長い作品であったかも知れない。

今日、于越山の頂上に于越亭とよばれるものが建てられている。『桂林旅游資源』に「于越亭：……位于桂林市疊彩山于越山頂。唐会昌三至四年間、桂管觀察使元晦熱心開發疊彩山、并創建此亭。1954年重建時、曽名于越閣」（p599）という。于越亭は元晦が于越山に創建した亭を重建したものであるというが、元晦が創建したのは越亭である。早くは晩唐・莫休符『桂林風土記』の「越亭」の条に次のようにいう。

越亭：在府城北、與“聖壽寺”接連、有巖洞・亭臺、高對碧峰（一作高峰碧嶂）。山穴透出北面、因名“北牖洞”、遠眺長江（漓江）、極目煙水、北人至此、多軫郷思。會昌初、前使元常侍、名晦、捜達金貂、翺翔翰林、揚歴臺省、性好巖沼、時恣盤遊、建“大八角亭”、寫其眞於院、即爲“寫眞院”、歌臺・釣榭・石室・蓮池・流杯亭・花藥院、特爲絶景。……“越亭”初成、金貂（元晦）有六十韻長詩、曰……。

「北牖洞」とは元晦「疊綵山記」に「其西巖有石門、中有石像、故曰“福庭”。又門陰構“齊雲亭”、迥在西北、曠視天表、想望歸途。北人此遊、多軫郷思」という疊綵山西巖“福庭”の北にある石門、今日の風洞のことである。中でも「遠眺長江、極目煙水、北人至此、多軫郷思」という表現は、「疊綵山記」にいう石門の北に構えた「齊雲亭」からの眺望「迥在西北、曠視天表……北人此遊、多軫郷思」と同じである。これは莫休符が「疊綵山記」を意識して作ったもの、あるいは記憶にもとづいて作ったものである。したがってこの「疊綵山記」は莫休符以前の作であり、「北人至此、多軫郷思。會昌初、前使元常侍、名晦」として続けているように、元晦の作と考えて間違いない。「聖壽寺」は、『桂林風土記』の「歐陽都護塚」の条に「府北郭松逕盡處、有國初安南都護名普讃塚墓。普讃、靈川（桂州臨桂県の北）人。其宅、今爲“聖壽寺”、有廟在寺之北下」という。つまり、聖寿寺は城北郭の「松逕盡處」、疊綵山・于越山の南麓に近い所にあった。今日でも疊彩路より北にのびる龍珠路には松並木がある。また、『桂林風土記』にいう「性好巖沼、時恣盤遊、建“大八角亭”、寫其眞於院、即爲“寫眞院”、歌臺・釣榭」は「于越山記」にいう「直渚之北、有虚檻・釣榭。……右向之僧舎、爲寫眞堂」に符合する。

また、『桂林風土記』の「巖光亭」の条に「在北羅門外（今の宝積山華景洞前）。臺亭巖洞、亞於“越亭”、亦是元（晦）常侍郎新置」という。

これらによれば元晦が創建したのは越亭である。したがって『桂林旅游志』に「于越山：……山頂有于越亭、亦名越亭、元晦始建、早廢、現亭為重建」（p115）といい、『桂林市志（中）』（p1291）「歴代風景亭閣一覧表」でも越亭の所在地を于越山とする。つまり今日、于越山の山頂に築かれている于越亭の前身は元晦が創建した越亭であるということであるが、そうならば「越亭」

が後に「于越亭」と誤写されたとは考え難いから、「越亭」で伝わっているのは後人が「于越亭」の「于」を誤って脱したのであろうか。また、「于越山記」には「由此三徑、各趨所抵：左指山隈；右向之僧舍、爲寫眞堂；北鑿山徑、由東崖茅齋、經栖眞洞而北」という。栖眞洞は、「栖眞洞」の項で考察するように、于越山の北、今の畳彩瓊楼のあたりにあったと思われる。すると「經栖眞洞而北」というのは于越山への「徑」を示していない。「而北」は逆に于越山から離れていく方向にある。

元晦作「越亭二十韻」詩

たしかに元晦の詩題は「越亭」であって「于越亭」ではない。同様に、元晦が創建したものも越亭であって于越亭ではない。その根拠はいくつかある。

（１）今日に伝わる『桂林風土記』・『桂勝』の諸本の他に『全唐詩』（排印本五四七巻、刊本八函十冊）に収めるものは、いずれも「越亭」に作っている。いっぽう唐・宋・明の文献に「于越亭」に作っているものはなさそうである。

（２）明・弘治五年（1492）の作である顧源の詩（『桂林石刻（中）』は「疊綵巖詩、追和元晦韻」題擬）に次のようにいう。

> 「越亭二十韻」乃唐會昌中桂林刺史兼御史中丞元晦之作也。迄今數百年、亭（越亭）改爲閣、而勒諸巖石者、炯然不磨。大明弘治五年（1492）春、（顧）源與給舍葉君紳奉命按事廣西。維時繡衣鄭君惟桓、實按臨斯地、雖曾聞茲巖閣之勝、各以事牽弗果登眺。夏五月既望、鎮守太監王君廉公暇觴予三人、於閣中得睹是作、冲淡簡古、誠一代之絶唱、遂不揣鄙陋、走筆追和。……（追和二十韻詩）……姑蘇顧源書。

これに拠れば、疊綵巖の石壁には元晦の「越亭二十韻」詩が刻されていた。それは「迄今數百年、亭改爲閣、而勒諸巖石者、炯然不磨」というから、当時存在しており、顧源はそれに追和した詩を作っているから、「炯然不磨」、かなり鮮明に残っていた。

（３）その約百年後の明・万暦十七年（1589）の序をもつ張鳴鳳『桂勝』は当時見られた石刻を録しているが、その三「疊綵山」にも元晦の「越亭」詩を録しており、その詩句を数えてみれば確かに四十句二十韻である。テキストには異同があり、四庫全書本は「唐桂州刺史兼御史中丞元晦越亭排律」と題しているが、古学彙刊本は「唐桂州刺史兼御史中丞元晦越亭二十韻」と題している。顧源と張鳴鳳の見た「越亭」詩には元晦の結銜を加えており、しかもそれが同一であることから考えて、両者が見たものは同じ石刻である。あるいは「越亭」詩には元晦の結銜が署されていたかも知れない。

『全唐詩』には元晦「越亭二十韻」とするが、晩唐・莫休符『桂林風土記』の「越亭」の条に「會昌初、前使元常侍、名晦、捜達金貂、翱翔翰林…… “越亭” 初成、金貂（元晦）有六十韻長詩、曰：……」として四韻八句のみを録し、「其餘不省記」という。つまり『桂林風土記』は「六十韻長詩」に作る。すると、『全唐詩』所収の「二十韻」の詩は「六十韻」の一部に過ぎないと考えられる。しかしこの「六」は「二」の誤りであり、本来は「二十韻長詩」であった。それは顧源の追和詩が四十句二十韻であり、その詩序にも「『越亭二十韻』乃唐會昌中桂林剌史兼御史中丞元晦之作也」ということによって明らかである。元晦詩が『桂林風土記』にいうように「六十韻」であったならば、その中の二十韻のみ刻したということは一般には考えにくい。原詩は六十韻ではなく、二十韻であったはずである。また、『桂林風土記』がいう「六十韻長詩」は「二十韻」詩の三倍もの長さがあるが、録しているのは四韻八句であり、その八句は『桂勝』・『全唐詩』に所収詩の第一句から六句および第十一句・第十二句であって、この四韻は顧源の追和詩の脚韻とも同じである。つまり『桂林風土記』の引く「六十韻」詩の八句はすべて「二十韻」詩の中にある。以上によって、「六十」は「二十」の誤りであり、元晦「越亭二十韻」が正しい。

しかし『全唐詩』にいう元晦「越亭二十韻」は正しいが、顧源の追和詩の用韻と異なるものがある。第十二句末は、『全唐詩』（刊本・排印本）は「履」に作るが、現存する顧源の追和詩では「屨」に作っており、張本も同字に作っている。「履」は上声「紙」韻であり、「屨」は去声「遇」韻である。元晦詩の用韻は顧源の追和詩によれば「顧・誤・趣・歩・霧……」であるから、「屨」が正しい。

（４）越亭は于越山にはなかった。亭が于越山にあったならば、「于越亭」であった可能性も考えられるが、于越山とは別の地に「越亭」というものがあった。明・黄佐『廣西通志』（一五二五年）十二「山川志」に「于越山：在疊綵巖前（南）。上有唐人臺榭遺基、刻“于越山”三大字于崖旁」というから、于越山上には唐代の創建と思われる台・榭の基礎があった。そうならば、それは元晦のいう越亭であったことが考えられる。また、『桂勝』（一五八九年）「疊綵山」には「桂城直北、重門夾山、山分東行、曰“鎮南”。歴仙鶴（今の仙鶴峰）至疊綵、其洞亦以山名、一曰“風洞”。洞左（東）小山曰“于越”、其右（西）小支戟立曰“四望”。唐・元常侍晦各有小記、鏤於其山、多所發明。『越亭』一詩、爲茲山麗製」という。ここには疊綵山・于越山・四望山のことが述べられており、「『越亭』一詩、爲茲山麗製」という「茲山」は、記述の内容と順序から見て、つまり節が「疊綵山」であること、またこの節には三山の位置関係が示されているが、「越亭」の直前に記述されているのは四望山であって于越山ではないことから見て、于越山を指していると考えることは難しい。では、越亭はどこにあったのか。

越亭の所在

先に挙げたように明・顧源の追和元晦「越亭二十韻」詩（弘治五年1492）は当時存在しており、詩序に「迄今數百年、亭（越亭）改爲閣、而勒諸巖石者、炯然不磨。……於閣中得睹是作、冲淡簡古、誠一代之絶唱、遂不揣鄙陋、走筆追和」というから、「越亭」は「越閣」に改築されていたが、元晦「越亭」詩はその閣中にあった。顧源の追和詩は当然この元晦詩の近くに刻されたはずである。では、顧源詩はどこにあるかといえば、疊綵山風洞の奥に刻されている。風洞は内部は南北二つの洞から成る瓢箪のような構造になっており、顧源追和詩は北の洞内、今の北牖洞内の西側の壁面、今の地上から高さ約３ｍの位置に刻されている。拓本の影印が『中國西南地区歴代石刻匯編（十一）廣西桂林巻』（p31）に収められており、それによれば縦0.65ｍ×横1.4ｍ、真書、字径3.5cm。

これは元晦から六百年以上後のことであるが、顧源の作から約三百年前の南宋・朱晞顔の詩序（「疊綵巖詩并記」題擬）に越亭の記録が見える。

新安朱晞顔携家訪“疊綵巖”、登“越亭”、下臨江流、清風時至、忘其夏日之畏云、因書以記。歳月實紹熙甲寅（五年1194）重午後二十日也。

これによれば、「疊綵巖」は風洞のある巖であり、そこに越亭があったと思われる。この詩も風洞の北の洞、今の北牖洞内の西の壁面に刻されている。今日、洞内の地面はセメントで舗装されているが、洞内の洞口に近い西北壁の下の部分は西壁に沿って南北に２ｍ余に亙って一段と低くなっており、朱晞顔詩はそこに刻されている。洞内にセメントを流して地面を高くならそうとして朱晞顔詩の石刻を避けたもののように思われる。その拓本影印が『中国西南地区歴代石刻匯編（一〇）廣西桂林巻』（p36）に収められており、それによれば縦0.62ｍ×横1.54ｍ、真書、字径6.5cm。つまり、明・顧源の追和元晦「越亭二十韻」詩と南宋・朱晞顔「疊綵巖詩并記」はともに同じ洞内の西壁に刻されており、越亭はこの近くにあったと考えるべきである。

また、伏波山還珠洞内に刻されている詹儀之の題名に次のように見える。

淳熙十有一年春二月……遊疊綵巖、啜茗于越亭、還觀癸水、三酌水亭之上、興未已、改席還珠洞。

「啜茗」した場所については「于越亭」とも「越亭」とも読めるが、亭が疊綵巖に遊んだ時に訪れたものである、つまり疊綵巖の近くにある点、また淳熙十一年（1184）よりもやや後の紹熙五年（1194）に越亭があった点から見て、「越亭」と読むべきである。この南宋の越亭は元晦詩にいう越亭であると考えてよい。

この他に「粵亭」というものがあったが、越亭と同一物と考えられる。清・金鉷『〔雍正〕廣西通志』四四「古蹟」（7b）に次のようにいう。

望江亭：在疊綵樓之右（東）。明・正德間（1506－1521）太監傅倫建。

粵亭：在城北、疊綵巖後、唐・元晦建。元・廣訪經歴郭思誠重建、更名“拱極”、刻宋朱晞顔（「疊綵巖」）詩於石、後燬。明・正德間、太監傅倫復建、名“拱辰”。宗璽爲『記』。

この「粵亭」も疊綵巖の後（北）に在ったという。「越」と「粵」は早くから通用の文字である。

元晦の創建の「越亭」を指すと考えてよい。『大明一統志』（天順五年1461）八三「桂林府」に「拱極亭：在疊綵巖北。元・郭思誠重建、并刻朱晞顔之詩于石」という。また、早くは明・黄佐『廣西通志』（嘉靖四年1525）三五「宮室」に次のようにいう。

拱極亭：舊名“粤亭”、在疊綵巖石洞之北、久廢。（元）至元丁丑、憲司經歷郭思誠仍故復構。（明）正德間、太監傅倫復建。

望江亭：在風眈山“疊綵樓”之右、太監傅倫建。

拱極亭は元・至元三年（1337）に郭思誠によって復旧された。『桂林市志（中）』（p1295）「歴代風景亭閣一覧表」は拱極亭の建年を至元十二年（1275）とするが、誤り。元に至元の元号は世祖と恵宗の時に用いられ、したがって「至元丁丑」も二回あるが、郭思誠「新開西湖之記」（『桂林石刻』（1979年）に拓本の影印を収める）に「後至元乙亥、余叨長憲幕。次年、因編集『桂林郡志』、歴覧近城山川巖洞、詢及此湖爲田□舊誌也。亟命帥掾攝縣事廬陵劉宗信踏勘覈實、……丁丑季秋、淇川郭思誠謹誌」というように、「後至元」の方である。郭思誠は桂林の遺跡の保存と復旧に努めており、拱極亭も越亭を復元せんとしたものであったと思われるが、なぜ改名したのか疑問がのこる。黄佐『通志』の記録によれば、越亭＝粤亭は元・至元三年（1337）に郭思誠によって重建されて“拱極亭”と改名され、明・正徳の間（1506−1521）に傅倫によって再建されて“拱辰亭”と改名された。つまり、粤亭（＝越亭）が拱極亭、さらに拱辰亭と改名されていったのであり、三亭は本来同じものであるということになる。しかしこれとは異なる説もある。

清・胡虔『〔嘉慶〕臨桂縣志』三「山川」二「疊綵山」（2a）に次のようにいう。

『舊志』：枕壓灕江水、（疊綵）巖扉南向。好事者就搆樓、由石磴而上、凭欄周覧、萬象歴歴可數。中有寺、寺後有穴、直透山北、故名“北牖洞”。石壁皆鐫佛像、故又名“福眞洞”。旁有“仙鶴巖”、下有“混沌巖”。又有“栖眞洞”。諸嵓互經、皆其輔也。巖後有“越亭”及“拱辰”・“望江”二亭。元晦於此多建臺榭、最稱勝境。今俱廢。

越亭は疊綵山「巖後」に在ったというが、越亭と拱辰亭は別の建物と考えられている。胡虔『縣志』の引く「舊志」がいつのものかは不明であるが、早く明・黄佐『廣西通志』（嘉靖四年1525）十二「山川志」1に次のようにいう。

疊綵巖：在城北三里、大山壁立屏開、山巖層層、轉至巖後、有亭翼然、名“越亭”、今廢。重建“拱辰”・“望江”二亭、北望灕江・諸山、縈環如畫。

これは胡虔『縣志』の引く「舊志」の内容に近い。これに拠れば、越亭は疊綵巖の後にあり、さらにその近くに拱辰亭と望江亭が建てられた。越亭と拱辰亭は別の亭であるように思われる。黄佐『廣西通志』三五「宮室」には「拱極亭：舊名“粤亭”、在疊綵巖石洞之北、久廢。至元丁丑、憲司經歷郭思誠仍故復構。正德間、太監傅倫復建」というが、そこに引く明・宋宗壐の「記」には拱辰亭の創建について次のようにいう。

……即爲疊綵巖、巖附桂山。……有寺焉、占巖之額、檐阿突兀、宛然名畫家布置、至其處、凭欄一顧、萬象在目、歷歷可數、不可盡也。寺之後、巨石劃裂、有峒洑洑、中鑿門以通、今俗名“風峒”。……循峒後出、爲巖脊。好事者據半腰架樓、名以“疊綵”（疊綵樓）。……然樓惟北牖壁、其東西無所睹。戊寅（正德十三年1518）夏、鎮守太監傅倫、一日避暑登樓（疊綵樓）、指西北隅曰“是當有異、盍往焉”。……遂捐己資若干緡、傭匠氏而擧役焉。斷石劃路、飾其破缺、刈蓁芟蕪、發其亢爽。有亭翼然、扁曰“拱辰”、謂其當斗樞之柄、故云。亭落成……使鑱諸崖石、以示永久。

今、宋宗璽の「記」に拠れば、風洞の北の洞口あたり、山の中腹に疊綵楼があり、その西北の断崖の上に“拱辰亭”が築かれた。明・正徳戊寅十三年（1518）のことである。しかし宋宗璽「記」には拱辰亭と拱極亭・越亭との関係について全く言及していない。重建ではなく、新たに亭を建てたもののようである。

いっぽう拱極亭の位置については、徐霞客『遊記』につぶさである。徐霞客は崇禎十年（1637）五月に疊綵山に登っており、「前架華軒、後疊層臺、上塑大士像。……土人稱爲“風洞”。……東出前軒、由洞左躋蹬、循垣而上、則“拱極亭”舊址也。由址南越洞頂」というから、拱極亭の址は風洞の北洞口の上にあった。そうならば、疊綵楼・拱極亭・拱辰亭の位置は異なる。つまり、風洞の北の洞口の上に拱極亭、洞口の西北に拱辰亭があった。

ただ不明なのは畳綵楼の位置と建年である。宋宗璽の「拱辰亭記」に「循峒（風洞）後出、爲巖脊。好事者據半腰架樓、名以“疊綵”」「樓惟北牖壁、其東西無所睹」というのは、風洞の北の洞口にあったもののようである。また、黄佐『通志』三六「臺榭」に「疊彩樓：在風洞山」、金鉷『通志』四四「古蹟」に「疊綵樓：在疊綵山風洞之右（東）」といい、明・欧陽旦の「遊風洞記」に「寺之後有石洞、……自西穿小徑約百步而出于東竇、乃登疊綵樓……正德六年（1511）三月二十日……會飮於樓」という。なお、謝啓昆『通志』二三二「勝蹟略」三では「歐陽旦『疊綵樓記』」に作るが、その「記」は風洞南口左（西）の石壁（元晦「疊綵山記」の左下）に「遊風洞記」と題して刻されている（縦0.5m×横0.9m、真書、字径2cm）。今日、北洞口の前には迎風楼がある。迎風楼は一九七二年に重建、二層から成り、二階を観景楼という。しかし元晦「疊綵山記」に「其西巖有石門、中有石像、故曰福庭。又門陰構齊雲亭」という斉雲亭は石門の北、つまり風洞の北の洞口にあったようであり、そうならば畳綵楼の位置と極めて近い。すると、元晦は洞口の前に斉雲亭を築き、洞口の上岩に越亭を築いたのであろうか。斉雲亭は後の畳綵亭であり、越亭は後の拱極亭ということになる。しかし顧源の追和元晦「越亭二十韻」詩によれば、弘治五年（1492）の時点ですでに「亭（越亭）改爲閣」であったというから、この建築様式の変化によって越亭という名が忘れられ、後に“疊綵樓”とよばれるようになったのであろうか。北洞内に元晦「越亭」詩が刻されていたということは越亭が洞口前にあったと考えるべきであろう。そうならば斉雲亭は固有名詞ではなく、「斉雲の亭」という普通名詞であろうか。あるいは斉雲亭は「疊綵山記」に「又門陰構齊雲亭、迴在西北、曠視天表、想望歸途。北人此遊、多軫鄉思」というのは、元晦が桂林に来る以前から斉雲亭があったようでもある。越亭は重建し、斉雲亭を改名したのであろうか。疑問が残る。今後の課題として、以上をまとめておけば次のようになる。

斉雲亭：唐・？　　　　　　畳綵山風洞北口前
越　亭：唐・会昌四年（844）　元晦創建、畳綵山風洞北口前。
拱極亭：元・至元三年（1337）　郭思誠重建、風洞北口上。
　　　　　　　　　　　　　郭思誠刻朱晞顔詩（紹熙五年1194）於風洞北洞内。
　　　　明・弘治五年（1492）　顧源追和元晦「越亭」詩。
畳綵楼：明・？　　　　　　風洞北口前。
拱辰亭：明・正徳十三年（1518）傅倫創建、風洞北口西北。
望江亭：明・正徳十三年（1518）傅倫創建、風洞北口東。

拱辰亭と望江亭は対を成すもので、「樓惟北牖壁、其東西無所睹」というから、畳綵楼からは左右（東西）の眺望がよくないために、畳綵楼の左（西北）に拱辰亭を、畳綵楼の右（東南）に望江亭を築いたもの。今日の望江亭は本来の位置に重建（一九五四年、九〇年）したものであろう。

越亭と斉雲亭・拱極亭・畳綵楼の関係は必ずしも明らかになっていないが、少なくとも越亭が于越山ではなく、畳綵山の風洞北口周辺にあったことは疑いない。元晦「越亭二十韻」詩に

激水濬坳塘、緣崖敧磴步。
西巖煥朝旭、深壑囊宿霧。
……　　　　……
臨高神慮寂、遠眺川原布。
孤帆逗汀煙、翻鴉集江樹。

という「西巖」は、元晦「疊綵山記」に「其西巖有石門（風洞）、中有石像、故曰“福庭”。又門陰構齊雲亭、迴在西北、曠視天表、想望歸途。北人此遊、多軫鄉思」という「西巖」と同じもので、疊綵巖を指すであろう。また、詩と記に描く眺望にも通じるものがある。南宋・朱晞顔の詩序にも「登“越亭”、下臨江流、清風時至、忘其夏日之畏」という。

3-10 〔佚〕会昌四年（844）元晦（？）書“栖眞洞”

明・張鳴鳳『桂勝』三「疊綵山」に「“疊綵山”三大篆字、又有“福眞洞”三字、亦篆書。“干［于］越山”三字横列、自左而右、山下有“栖眞洞”及“洞北門”、共九大字、皆用篆。“四

望山”亦三篆字。不著書者姓名、然皆元晦時所題鐫」といい、元晦の書であると考えている。四庫全書本は「棲眞洞」に作り、古学彙刊本は「栖眞洞」に作る。方志等では「栖」に作るものが多い。四庫全書本は「栖」を俗字と考えて「棲」に改めたのではなかろうか。

【考察】

“栖眞洞”と“洞北門”の所在

元晦「于越山記」に「直渚之北、有虚楹・釣榭。由此三徑、各趨所抵：左指山隈；右向之僧舍、爲寫眞堂；北鑿山徑、由東崖茅齋、經栖眞洞而北」として栖真洞の名が見える。

『桂勝』は疊綵山・于越山・四望山の石刻に分けて録しており、「“干［于］越山”……山下有“栖眞洞”及“洞北門”、共九大字、皆用篆」というから、篆書“栖眞洞”・“洞北門”は于越山の山脚にあった。“洞北門”は“栖眞洞”の北の洞口にあったのではなかろうか。

『桂勝』（一五八九年）よりも半世紀以上早い明・黄佐『廣西通志』（一五二五年）十二「山川志」に次のように記録している。

于越山：在疊綵巖前。上有唐人臺榭遺基、刻“于越山”三大字于崖旁。下有巖（洞）、深窈難窮。巖門刻曰“栖眞洞”。世傳獮猴巖、即是也。

栖眞洞は「疊綵巖」今の風洞の「前」南にある于越山の「下」山脚にあり、「巖門」洞口に“栖眞洞”と刻されていた。栖眞洞は奥深く、俗に“獮猴巖”とよばれていた。獮猴巖については南宋・周去非『嶺外代答』10「志異門」の「桂林猴妖」の条に詳しく見え、それに「疊綵巖下、昔日有猴」という。「桂林猴妖」の条は当地に伝わる伝承に拠って書かれたものと思われる。南宋・祝穆『方輿勝覧』（一二三九年）三八「靜江府」に「疊綵巖：……前山脚有小洞、幽闇不可窮、昔有猴怪居之、自有傳記」という。洞の位置は、「疊綵巖下」ともいうから、畳綵巖と于越山の間にあったであろう。

その後の記録を追えば、清・金鉷『廣西通志』（雍正十年1733）十三「山川」に「于越山、一作於越、在疊綵巖左。石上横列“于越山”三大字、自左而右。山下有“棲眞閣”及洞」という。栖真洞の前に栖真閣が建てられており、当時まだ石刻“栖眞洞”は存在していたと思われる。しかし清・胡虔『臨桂縣志』（嘉慶七年1802）三「山川」二「于越山」に「今此『（于越山）記』并“栖眞洞”題字、倶失。以此山爲匠石取材、恐災斧斤矣」というから、「于越山記」とともに清初に失われたらしい。今日では、疊綵巖（畳彩岩）と于越山の間は谷間になっており、そこには一九九〇年に畳彩瓊楼が建造（九五年に蝴蝶館）されているために、すでに往年の情況を知ることはできない。ただ幸いにも徐霞客は崇禎十年（1637）五月に于越山に登って周辺の情況をつぶさに記録しており、次のようにいう。

由寺中右坳、復登西峯、一名“于越山”。上登峯半、其洞穹然東向、透峯腰而西、徑十餘丈、高四丈餘。由其中望之、東西洞然、洞西墜竅而下、其險而峻。其環磚爲門、上若門限、下若關隘、瞰之似非通人行者。乃仍東下至寺右、有大路北透兩峯（今の明月峰と于越山）之間。下至其麓、出位一關門；其東可趨東鎮（今の東鎮門）、其北徑達北門。乃循山西行一里、仰見一洞（素洞？）、倚山向北、遂拾級而登。其下先有一洞、高可丈五、而高廣盤曲、亦多垂柱、界竅分岐、而土人以爲馬房、數馬散臥于其中、令人氣阻。由其左躋級更上、透洞門而入、其洞北向、以峯頂平貫爲奇。而是山之洞、西又以山腰疊透爲勝、外裂重門、内駕層洞、各標一異、直無窮之幻矣。既下、又西行、始見峯頂洞門西墜處、第覺危峽空懸、仰眺不得端倪、其下有遥牆環之、則藩府之別圃也。又西出大街（今の中山北路）。

「寺中右坳」とは、今の仰止堂の下の谷間、今の畳彩瓊楼のあるあたりを指すであろう。その南に于越山があり、その山腰に東西に延びる「徑十餘丈、高四丈餘」長さ30m以上・高さ12m以上もの洞があるという。これが栖真洞ではなかろうか。そして「洞西墜竅而下、其險而峻。其環磚爲門」「峯頂洞門西墜處」が“洞北門”とよばれた所ではなかろうか。

3-11 〔佚〕会昌四年（844）元晦（？）書“洞北門”

明・張鳴鳳『桂勝』三「疊綵山」に「“疊綵山”三大篆字、又有“福眞洞”三字、亦篆書。“干［于］越山”三字横列、自左而右、山下有“栖眞洞”及“洞北門”、共九大字、皆用篆。“四望山”亦三篆字。不著書者姓名、然皆元晦時所題鐫」という。「洞北門」の「洞」は栖真洞を指すであろう。

四、宝積山石刻

位置：宝積山（Bao3ji1shan1）は市区の西北、中山北路と翊武路の間、広西師範大学附属中学の後（北）にある。海抜208m（相対高度58m）、東西350m、南北120m、西北に延び、東は四望山に対し、西は西清湖に臨み、北は華景塘（東西120m、南北60m、鉄佛塘ともいう）に臨む。宝積山には六つの洞穴と九つの洞口があるが、石刻は宝積山の西北の麓にある華景洞の内外に集中している。華景洞は翊武路から北麓に沿って東へ約50m。N25°17′495″、E110°17′533″。洞口は高さ5m、幅17m、深さ50m。宋・范成大『桂海虞衡志』に「華景洞：高廣如十間屋、洞門亦然」という。

沿革：唐・莫休符『桂林風土記』の「巖光亭」の条に「在北羅門外。臺亭巖洞、亞於“越亭”（今の畳彩山風洞の北）、亦是元（晦）常侍郎新置」という。「北羅門」は四望山と宝積山の間にあった外城の北門。会昌五年（845）頃に桂管観察使の元晦が華景洞の前に巖光亭等を建てて開発した。唐以前については、明・張鳴鳳『桂勝』の「寶積山」の条に「唐以前、謂西阜高起、名其地爲“盤龍岡”」という。これは恐らく『桂林風土記』によるものであろう。その「隱仙［山］亭」の条に「本名“盤龍岡”」という。今日の「隱仙［山］亭」の条の内容は明らかに隠山のことをいうものであり、おそらく「寶積山」の条があってその一部が混入したものと思われる。今日の輯本『桂林風土記』には錯簡乱丁が多い。

石刻：『桂林旅游資源』の「宝積山」（p341）によれば、現存する摩崖石刻は宋・明・清のもの、計三二件というが、同書「宝積山摩崖石刻」（p667）では現存一九件（摩刻一七件、碑刻二件）、宋一〇件、明五件、清四件とし、「原有石刻二五件（其中摩崖一九件・碑刻六件）。原有最早石刻是唐会昌五年（845）李珏等三人的『華景洞題名』和晩唐詩人元晦的『岩光亭詩』、早毀」とする。『桂林旅游志』の「宝積山石刻」（p63）には現有石刻三二件（宋一四件、明一〇件、清八件）といい、三二件説をとる。三二件と一九件では大きな差である。いずれも年代別の件数を示して合計数に誤りがないが、何に基づく差であるか不明。ただ両説とも唐代の石刻は早毀と考えている。石刻は洞口周辺、特に向かって右（西）の懸崖に集中している。一九六六年に桂林市文物保護単位に指定。

4-01 〔？〕会昌五年（845）元晦作「巖光亭」詩

『桂勝』・『粤西金石略』および今日の『桂林石刻（上）』（一九八一年）には録されていないが、かつて華景洞口には元晦の「巖光亭」詩が刻されていた。

【考察】

元晦「題巖光亭十韻」詩とその残句

『全唐詩』（排印本五四七巻、刊本八函十冊）「元晦」には「句」として次の二韻四句を収める。

石靜如開鏡、山高若聳蓮。

筍竿抽玉管、花蔓綴金鈿。

末に注して「巖光亭、樓海虞衡志」という。この「樓」は明らかに「桂」の誤字で、范成大の『桂海虞衡志』のことである。ただし今日の輯本『桂海虞衡志』には「華景洞」の条があるが、そこには見えない。あるいは佚文であろうか。いっぽう『桂林風土記』の「巖光亭」の条に「在北羅門外。臺亭巖洞、亞於“越亭”、亦是元（晦）常侍郎新置。……金貂（元晦）有五［？］十韻詩云：“石靜如開鏡、山高若聳蓮。筍竿抽玉管、花蔓綴金鈿。” 餘不省記」として二韻四句を引く。この二韻四句は『全唐詩』に所収の「句」と全く同じである。おそらく『全唐詩』（底本は明・胡振亨『唐音統籤』）は『桂林風土記』の「巖光亭」条から拾遺したもので、『桂海虞衡志』は『桂林風土記』の誤りであろう。ちなみに『全唐詩』の「句」の前に載せる「除浙東留題桂郡林亭［桂林郡亭の誤]」詩も『桂林風土記』の「越亭」の条に見える。たとえ『桂海虞衡志』にあったとしても、『桂林風土記』の方が古く、范成大もこれから引いているはずである。

今日この「巖光亭」詩を刻した原石は早くに毀たれたと考えられているが、少なくとも南宋までは存在していた。華景洞口の向かって右（西）約５ｍに刻されている「遊華景洞題名」（縦1.5ｍ×横１ｍ、行書、篆額あり）に次のように見える。

大宋嘉祐三年秋七月、安撫經略刑部郎中直昭文館知桂州蕭固幹臣・轉運使金部員外郎王罕師言、因宴北郊、語：臨桂令梁庚闢萊沛地、得一古洞、有刻曰“華景”。其石壁、唐桂州刺史御史中丞元晦「巖光亭詩」在焉、乃會昌五年四月十日題、蓋武宗之乙丑年也。其蕪没、則不能審于何時、逮今踰百祀、而復新之於（蕭）幹臣・（王）師言。……後再踰月十有六日、（蕭）幹臣・（王）師言與……宋咸貫之・……周約中立、復遊於是。（宋）貫之因本所以然、而書其崖云。

これによれば、嘉祐三年（1058）に蕭固・王罕らによって元晦の「巖光亭」詩が華景洞で発見され、それは会昌五年（845）四月十日に題されたものであった。元晦「巖光亭」詩はこの「遊華景洞題名」からさほど離れていない所の岩壁に刻されていたであろう。この発見は元晦詩の作から約二〇〇年後のことであり、さらにその約一五〇年後に刻された張自明の題詩（縦0.5m×横1.3m）に次のようにいう。

拂破蒼苔覓舊題、五言覓得晩唐詩。

巖光人憶遺名好、華景天開一段奇。

……　　　　　　……

嘉定七年（1214）夏五、江西張自明與定武趙蔚來游。

この晩唐の五言詩なるものは元晦「巖光亭」詩と考えてまずまちがいなかろう。しかし元晦詩は明代には失われたらしい。明・張鳴鳳『桂故』二「官名」の「元晦」条に「寶積山亦建一亭、曰“巖光”。晦㲋有詩、今失所在」という。また同人『桂勝』九の「疊綵山」の末尾にも「惜“華景”失其“巖光亭”之詠、可爲“寶積（山）”發太息也已」というが、この一文の後には「寶積山」の節があり、おそらくその中にあったものであろう。

『桂勝』一〇「寶積山」の「詩」に次のようにいう。

唐元晦：“石靜如開鏡、山高若聳蓮。筍竿抽玉管、花蔓綴金鈿。”

此詩蓋長律。其刻至宋尚在、今莫能得。惟『風土記』存此四句爾。

張鳴鳳が「蓋長律」と推測するのは、残句が二聯とも対句であること、また『桂林風土記』に「金貂（元晦）有五十韻詩云：……餘不省記」として引用していることに拠るであろう。なお、清・汪森『粵西詩載』21（1b）「五言絶句」や清・金鉷『廣西通志』一二四（12a）「五言絶句」が元晦「題寶積山」と題しているのは『桂勝』が「寶積山」に収めるのによるであろう。

今日の『桂林風土記』の輯本では元晦「巖光亭」詩についていずれも「五十韻」に作っているが、おそらく「十韻」が正しく、「五」は衍字であろう。その根拠は呂愿忠の追和詩である。華景洞口の向かって右（西）、先の「遊華景洞題名」の右に刻されており（縦1.8m×横1.6m）、詩の後に「甲戌季春七日游“中隱巖”、後二日再訪新洞、次過“華景”、用唐・元晦剌史“巖光亭”韻、以紀勝。……呂愿忠題」という。これは紹興「甲戌」二十四年（1154）のことであるから、「遊華景洞題名」（嘉祐三年1058）と張自明題詩（嘉定七年1214）の間にあたる。当時、元晦詩は存在しており、それを見て追和したのである。では、「用唐・元晦剌史“巖光亭”韻」した呂愿忠の詩は「五十韻」かといえば、次のような十韻二十句である。

斯洞名華景、纍纍乳石懸。
虛崖疑月窟、絶頂瞰江壖。
嵒底金僊寺、峯頭玉井蓮。
地形居衆外、氣象偉無前。
徙杖觀初日、歸輿觸瞑煙。
蔽林排翠幄、封蘚簇花鈿。
爽致資淸賞、鐫題記昔年。
猿啼聲應谷、雲破月侵筵。
策蹇追華馴、鳴鶬指墮鳶。
誰人能畫比、爲倩老龍眠。

元晦詩の残句「石靜如開鏡、山高若聳蓮。筍竿抽玉管、花蔓綴金鈿」の韻「蓮」「鈿」が確かに用いられている。これによって、元晦詩が「五十韻」ではなく、十韻であったこと、また今日の残句二聯が連続したものではなく、詩中の第五・六句と第十一・十二句であったことがわかる。『桂林風土記』の二韻四句は「巖光亭」詩の中で、亭の周辺の景観の“巖光”をみごとに写して巧みである部分を選んで示したものである。

このように元晦「巖光亭」詩が十韻であったことは明らかである。その刻石がどれくらいの大きさであったかは不明であるが、もし詩の石刻を探す者が『桂林風土記』によって「五十韻」と理解していたならば、それはかなり大きいものであるという先入観がはたらいたであろう。畳彩山・四望山に刻されている元晦の「記」は隷書であるが字径３cm余の百字前後のもので、一辺40cm前後の石刻であった。「巖光亭」詩も五言二十句＝一〇〇字である。ただし「巖光亭」詩には「桂州刺史御史中丞元晦」「會昌五年四月十日題」という落款があった。したがって落款を含んでもさほど大きな石刻ではなかったであろう。そうならば、五十韻の長律であるという先入観によって張鳴鳳も見落としていた可能性がある。元晦「巖光亭」詩は華景洞の洞口周辺に刻されていたはずであり、宋咸「遊華景洞題名」・呂愿忠追和詩はその近くに刻されているであろう。その周辺を再度調査してみる必要がある。

4-02 〔？〕会昌五年（845）元晦（？）書“華景洞”

華景洞口の向かって右（西）約５ｍに刻されている宋咸「遊華景洞題名」（嘉祐三年1058）に「臨桂令梁庚闢萊沛地、得一古洞、有刻曰“華景”。其石壁、唐桂州刺史御史中丞元晦『巖光亭詩』在焉」という。華景洞は嘉祐三年（1058）つまり北宋の初期に発見されたものであるから、そこに刻されていたという“華景洞”は唐人の作と考えてまず間違いない。華景洞は元晦が開発した景勝地であり、そこには元晦の「巖光亭」詩が刻されていた。すると“華景洞”も元晦の書である可能性が高い。ちなみに、畳彩山には元晦の「記」と元晦の書と思われる篆書“疊綵山”が、四望山には元晦の「記」と元晦の書と思われる篆書“四望山”が刻されており、于越山にも「記」と篆書“于越山”が刻されていたという。そうならば梁庚が「古洞」で発見した唐刻も篆書による“華景洞”の三字であったろう。元晦の「巖光亭」詩もその近くに刻されていたのではなかろうか。

石刻“華景洞”は宋代には確かに存在していたが、張鳴鳳『桂勝』には記録されていない。あるいは宋・明の間に毀たれたのであろうか。しかし清末までは存在していた李珏等の題名も『桂勝』は録していないから、かなりの見落としがあるのではなかろうか。李珏は晩唐の“牛李の党争”の中心人物の一人であった唐史上有名な宰相である。再度調査する必要がある。

4-03 〔?〕会昌五年(845)李珏等題名

元晦「巖光亭」詩が南宋まで存在していたことは確かであるが、李珏等の題名は清末までは存在していた。

『桂林石刻(上)』は「唐・李珏元允□等三人華景洞題名」と題して収めている。しかし按語に「石刻已毀、茲據謝通志録文」(p 20)というように、謝啓昆『廣西通志』の「金石略」に拠ったものである。早くから破壊されて失われており、しかも桂林に拓本も伝わっていないと考えられているが、謝啓昆『廣西通志』(一八〇〇年)以後にも存在しており、また拓本も今日に伝わっている。

楊翰『粵西得碑記』(光緒二年1876)(17a)に次のようにいう。

唐・李珏題名、刻在華景洞、絶無人知、即洞亦不識在何處。……石上多宋以後刻字。小憩石上、細尋不得唐刻、已將歸矣、忽回顧洞口石上、有鑿平一方、隱然露字迹。其地暗黒、燭以火、濯以水、諦觀之、則會昌五年李珏題名也。眞書、徑一寸許、筆法中和圓勁、近虞永興(世南)「昭仁寺碑」。

これによれば、当時知る者はなかったが、少なくとも清末までは存在していた。また、北京図書館はその拓本を所蔵している。拓本によれば石面はすでにかなり浸食が進んでいたようであり、楊翰が探し出すのに長時間を要したのもそのためであろう。そうならば、今日でも見つけにくい状態にあるが、存在している可能性がある。楊翰によれば、華景洞の洞口の石上にあるという。また、「燭以火、濯以水」して見ているから、さほど高い位置にあるのではなかろう。

【資料】

録文:

清・銭大昕『潛研堂金石文跋尾』九(16b)「李珏題名」

〃 『潛研堂金石文字目録』三(10b)「李珏題名」(以上、銭本と略称)

清・謝啓昆『廣西通志』二一五「金石略」1「李玨題名」

〃 『粵西金石略』一(16a)「李玨題名」(以上、謝本と略称)

清・陸増祥『八瓊室金石補正』七四(5a)「華景洞李珏等題名」(陸本と略称)

清・楊翰『粵西得碑記』(17b)「李珏題名」(楊本と略称)

清・黄泌『臨桂縣志』二〇(中冊p350)「李玨題名」(黄本と略称)

今・『桂林石刻(上)』(p 20)「唐・李珏元允□等三人華景洞題名」(桂林本と略称)

今・『全唐文新編(十二)』七二〇(第十二冊p8251)「華景洞題名」(全唐新本と略称)

銭大昕『潛研堂金石文字目録』三（10b）「李珏題名」に「在廣西省城風洞」というのは誤り。桂林で「風洞」と称されて最も有名なものは畳彩山（疊綵山）にある。『潛研堂金石文字目録』は「李珏題名」の直前に「疊綵山記」を載せて「在廣西省城疊綵山」とあり、この「記」は畳彩山風洞の南口上に刻されているから、おそらく「疊綵山記」下に「疊綵山風洞」とすべきものを二地に誤ったのであろう。全唐新本は末に「廣西通志」とあり、謝本に拠ったもの。

拓本影印：

『北京圖書館蔵中國歴代石刻拓本匯編・唐』三一（p140～141）（北京本と略称）

北京本は不鮮明ではあるが、極めて貴重である。これによって校勘できると同時に他の録文を参考にして復元することも可能である。

【現状】

今回、原石を発見することはできなかったが、北京本によって拓本当時の状態の復元を試みることができる。北京本は文字がかなり不鮮明であるが、問題はそれにとどまらない。「原刻爲左行、此本剪貼後錯亂無章」（p140）というように、一八枚の断片に剪られており、且つそれらの順序が乱れている。おそらく法帖として作られたものであろう。北京本は三片を貼って一枚にし、計六枚に分けている。陸本は録文には改行を示しており、それに拠って北京本が一行を二片に剪っていることがわかる。今、その一八片三枚を解体した上で、銭本・謝本・陸本に拠って順序を正し、かつ各片の左右の陰影（原石の凹凸）を合わせて復元を試みれば、北京本は次のような組み合わせになっていることがわかる。

第一枚：01行上段	第二枚：04行上段	第三枚：03行下段
01行下段	04行下段	02行上段
05行下段	03行上段	02行下段
第四枚：08行下段	第五枚：06行上段	第六枚：09行上段
07行上段	06行下段	09行下段
07行下段	05行上段	05行下段

これによれば01行・04行・02行・07行・06行・09行など、いずれも上段（右）・下段（左）の順に貼ってあるから、製作者は原刻が左から書かれているものを知らずに右にから左に排列していることがわかる。拓本を剪って左行を右行に直そうとしたのであるが、切り離した段階で本来の順序がわからなくなったために適当に組み合わせて貼ったのではなかろうか。北京本を組みなおせば次のようになる。

01　郴州刾史　李珏
02　桂□□防□□官試秘書
03　□□書郎元□
04　　會昌五年五月廿六日同
05　　□□珏□
06　　□移郡□任桂陽校書
07　　□京國□舊邀引尋勝
08　　男□京兆府叅軍階進
09　　士潜□揩□行

銭本に「凡九行、自左而右」、謝本に「眞書、徑一寸許」、陸本に「高一尺一寸五分、廣一尺、九行、行字不一、字徑八分、正書、左行、在臨桂」。これらに拠れば、縦約35cm×横約31cm、楷書、字径約3cm、左から右書き、計九行。一行の字数は不同であるが、一行は最長一一字分(04行)の長さ。

【校勘】

01　郴州刾史　李珏

「刾」: 陸本以外は「刺」、異体字。

「史」の下 : 北京本では「史」と「李」の間に空格一字。

「李」の下 : 銭本・陸本・楊本・桂林本・全唐新本は「珏」、謝本・黄本は「玨」、異体字。いずれであるか判読は困難。史書伝ではいずれも「珏」に作る。陸本は「珏」の下を空格一字にして改行。

02　桂□□防□□官試秘書

北京本ではかなり不鮮明であるが、諸本は「桂管都防禦巡官試秘書」に作る。

03　□□書郎元□

「書」の上 : 諸本は「省校」に作る。

「元」の下 : 銭本・陸本は「充」、謝本・桂林本・楊本・黄本は「允」。いずれとも決しがたい。さらに謝本・桂林本・楊本・黄本・全唐新本は「允」の下を「□」に作るが、北京本に拠れば何らかの文字があったようには見えない。謝本は下に考察するように「郎允元」との混乱があり、

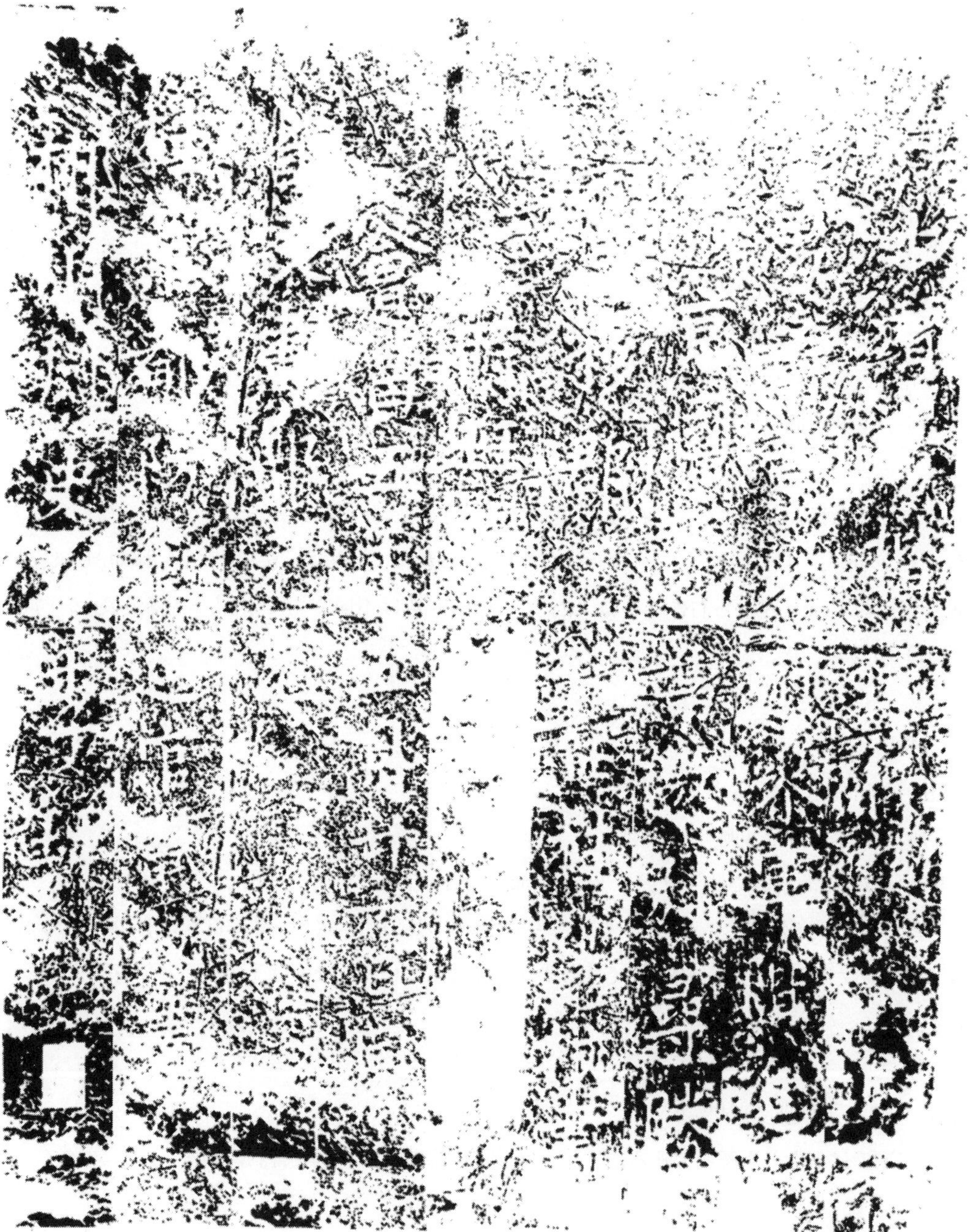

楊本・黄本および桂林本の判読には謝本の影響があると思われる。今、銭本・陸本に従っておく。

04　會昌五年五月廿六日同

「會」の上：陸本・北京本では空格一字。原石ではこの行から一字分下げて刻している。

「廿」: 謝本・桂林本・楊本・黄本・全唐新本は「二十」、北京本では明らかに「廿」。『金石彙目分類』一八「唐華景洞李珏等題名」(2a) には録文はないが、「正書、會昌五年五月二十六日」という。

05　□□珏□

「□□」: 諸本は「遊時」に作る。

「珏」: 01行と同じく銭本・陸本・楊本・桂林本・全唐新本は「珏」、謝本・黄本は「玨」、異体字。北京本は「玨」のようにも見えるが、断定はできない。史書に従っておく。

「珏」の下：諸本は「蒙」、陸本は「蒙」の下に空格七字。北京本では「蒙」に当たる字は不鮮明であるが、その下には明らかに文字はない。後の「恩」字によって前を空格にしたものと思われる。

06　□移郡□任桂陽校書

「□移」: 銭本は「移」の上を「□」、陸本および謝本・桂林本・楊本・黄本・全唐新本は「恩」に作る。

「□任」: 諸本は「之任」に作る。

07　□京國□舊邀引尋勝

「□京」; 諸本は「以京」。ただし銭本・謝本・桂林本・楊本・黄本は「京」、陸本は「京」に作る。異体字。北京本では明らかに「京」。

「□舊」: 諸本は「之舊」。

08　男□京北府叅軍階進

「男□」: 諸本は「男前」。

「北」: 銭本および謝本・桂林本・楊本・黄本・全唐新本は「兆」、異体字。

「叅」: 銭本・謝本・桂林本・楊本・黄本・全唐新本は「參」、異体字。

「階」: 陸本は「階」の「白」部分を「日」に作る。『干禄字書』も「階」・「揩」等ではいずれも「日」に作る。以外の諸本は「階」。異体字。

09　士潜□揩□行

「潜」: 銭本は「灊」、謝本・楊本・黄本・全唐新本は「潜」、異体字。

「潜」の下 : 銭本は「□」、謝本・桂林本・楊本・黄本および陸本は「譜」。

「揩」: 銭本は「揩」、異体字、謝本・楊本・黄本・全唐新本は「楷」。桂林本はこの字を脱するが、「勘誤表」で「揩」を補う。北京本では明らかに手偏であり、かつ右文「皆」の「白」部分を「日」に作っており、陸本が正確である。

「□行」: 諸本は「従行」に作るが、黄本は「侍行」に作る。また銭本のみ「行」を缺くが、桂林本では明らかに「行」がある。

【復元】

01	郴州剌史　李珏
02	桂管都防禦巡官試秘書
03	省校書郎元充
04	會昌五年五月廿六日同
05	遊時珏蒙
06	恩移郡之任桂陽校書
07	以京國之舊邀引尋勝
08	男前京北府叅軍階進
09	士潜譜揩從行

【解読】

郴州刺史李珏・桂管都防禦巡官試秘書省校書郎元充［允？］、會昌五年（845）五月廿六日同遊（宝積山華景洞）。時（李）珏蒙恩移郡、之任桂陽（郴州）。校書（元充）以京國之舊邀引尋勝。男・前京兆府參軍（李）階、進士（李）潜、（李）譜、（李）揩（いずれも李珏の子）從行。

【考察】

李珏と許渾

李珏の貶謫の時期・地をめぐっては史書に異同があり、この石刻はそれを正し、“牛李党争”の記事を補うものとして史料的価値が高い。また、李珏の子についても史書に見えない。詳しくは拙稿「許渾与李珏（上・下）」（『社会科学家』2001・6、2002・1所収）。

元允と元充

石刻に見える「桂管都防禦巡官試秘書省校書郎元□」なる人物が誰であるか、断定しがたい。

謝本『廣西通志』二四二「宦績録」には「郎允元、會昌中、桂州防禦巡官、政尚文雅、人謂可興西漢文章：『文載』」という。「會昌中、桂州防禦巡官」というのは時代・官職の上で李珏らの題名に見える「桂管都防禦巡官……郎元□」に近く、恐らく「允元」は「元允」の誤りであろう。これによれば「郎」が姓、「元允」が名ということになる。謝本の引く『文載』は清・汪森『粵西文載』であろうが、そのような郎允元あるいは元允の記事は見えない。ただ同書62「呉武陵傳」に「呉武陵：元和中、桂州防禦判官、政尚文雅、人謂可興西漢文章」として同文が見える。謝本にいう「郎允元」はこの記事が混入したものであり、「郎允元」は「呉武陵」の誤りである。「人謂可興西漢文章」という「人」は柳宗元。「可興西漢文章」はその作「與楊京兆憑書」に見える。

また、「郎」は姓ではなく、「校書郎」に拠る誤りであろう。「桂管都防禦巡官試秘書省校書郎元□」という「桂管都防禦巡官」は桂管観察使の属官であり、「試秘書省校書郎」は京官による職位を示す。したがって「元」が姓であるが、名は「允」であるか、「充」であるか、断定できない。岑仲勉校記『元和姓纂』4は「處士元襄志」に拠って、元潮の長子に襄がおり、襄の長弟に充がおり、襄は貞元十七年（801）に卒、三十一歳とする（p421）。李珏らの題名は会昌五年（845）の刻であるから、この元充は当時七十歳を過ぎているであろう。同一人物であるとは考えにくい。「元充」であれば、『因話録』三・『唐語林』四などに見える。それによれば元充は元察の次子、進士及第、兄の元濬とともに道教を尚ぶ。しかし時代は不明。

この題名は「會昌五年五月廿六日」の作である。華景洞は先の石刻「巖光亭」詩で見たように「會昌五年四月十日」に元晦によって開発されている。当時、元晦は桂管観察使であり、同年八月に越州刺史に遷っている。つまり李珏ら元晦の巌光亭などを築いて開発したばかりの景勝地の華景洞を観にいっているのである。「桂管都防禦巡官」の「元□［充？］」は元晦の属官であり、恐らく元晦と同族である。この他、元晦のもとには元繇なる者が同行して桂林に来ていた。今の興安県（唐の桂州臨源県）の南にある乳洞巌に元晦と元繇の題名が刻されている。元繇は『新唐書』の「宰相世系表」によれば元晦の従弟である。

五、独秀峰石刻

位置：独秀峰（Du2xiu4feng1）、唐宋からそれを中心として城が築かれ、子城はその南に置かれた。今日でも桂林市のほぼ中心に位置する。中山北路の東、東華路と凰北路との間、広西師範大学（本部）の校内にある。海抜216m（相対高度66m）、麓は東西約120m×南北50m。西北西約550mに宝積山、北約700mに疊彩山・四望山、東約500mに伏波山を望む。N25°17′158″、E110°17′701″。

沿革：南朝宋の顔延之が桂林で作った詩に“獨秀”という語が見え、山名の由来と考えられている。顔延之（384－456）は景平元年（423）に始安郡（唐の桂州）太守として赴任。東南麓の巖洞口上には北宋の元祐五年（1090）に郡守であった孫覧によって篆書“宋顔公讀書巖”が刻されており、早くから顔延之が読書をした地であると伝承されている。最も早い記録としては唐・莫休符『桂林風土記』の「獨秀山」の条に見える。今日では“独秀峰”と呼ばれるが、唐・宋の間には“独秀山”と呼ばれていた。唐代にはその南麓に宣尼廟（孔子廟）・学宮が築かれ、宋代には報恩寺が置かれた。後に鉄牛寺に改名、さらに元代に大圓寺に改名。明・洪武三年（1370）には朱守謙が靖江王に封じられて王府が築かれ（王城は南北557m×東西356m、周囲1823m、城壁の高さ8m、厚さ5.5m）、順治十四年（1657）には王府趾に貢院が置かれた。その後、民国十四年（1925）に中山公園として整備され、解放後には広西軍政大学が置かれ、一九五三年から広西師範大学（本部）となって今日に至っている。

石刻：独秀山に現存する摩崖石刻の数は、『桂林市志（中）』（p2996）は一三六件とし、『桂林旅游資源』（p345、p669）は一三七件（碑刻二件）とするが、『桂林旅游志』（p84）は一〇八件としており、三〇件近くもの差がある。一三七件とするものは、唐二件、宋七件、元三件、明三四件、清七〇件、民国六件、現代一件、無款一四件を挙げ、一三六件とするものは現代一件を除いている。『桂林文物』（一九八〇年）は一〇八件（p53）としているから、『桂林旅游志』が一〇八件とするのは古い調査資料に拠るものではなかろうか。石刻は読書岩の周辺と太平岩の内外に集中している。そのうち、唐代のもの二件のうち、一件が現存、一件は最近まであったことが確認される。古くは更にもう一件あったはずである。独秀峰の摩崖石刻は一九六六年に桂林市文物保護単位に指定、九四年に広西壮族自治区文物保護単位に指定。靖江王城は一九六三年に広西文物保護単位に指定、九六年に国家文物保護単位に昇格。

5-01 〔存〕建中元年（780）鄭叔斉撰書「獨秀山新開石室記」

独秀峰の東南にある読書巖（高さ2～3m、幅約15m、深さ3～5m）の洞口の左手（南西）の懸崖、地上約3m。N25°17′158″、E110°17′701″。保存状態は良好。ほぼ全文が判読可能。

【資料】

録文：

明・張鳴鳳『桂勝』（古学彙刊本）一（2a）

〃　（四庫全書本）一（3b）（以上、張本と略称）

清・汪森『粤西文載』一九「記」山川（1a）（汪本と略称）

清・謝啓昆『粤西金石略』一（8b）（謝本と略称）

清・洪頤煊『平津讀碑再續』一（20a、部分）（洪本と略称）

清・陸耀遹『金石續編』九（4a）（陸續本と略称）

清・陸増祥『八瓊室金石補正』六五（5a）（陸補本と略称）

清・『全唐文』五三一（2a）

今・『全唐文新編』五三一（p6166）（以上、全文と略称）

清・楊翰『粤西得碑記』（7b）（楊本と略称）

清・黄泌『臨桂縣志』二〇（中冊、p340）（黄本と略称）

今・『桂林石刻（上）』（p9）（桂林本と略称）

拓本影印：

藤原楚水訳注『石語』上（一九七五年、p478）

『桂林石刻』（一九七九年、p3）

『桂林文物』（一九八〇年、p54）

『北京圖書館蔵中國歴代石刻拓本匯編・唐』（一九八九年）第二八冊（p8）（北京本と略称）

『桂林』（一九九三年、p153）

『中國西南地區歴代石刻匯編（第九冊）廣西桂林巻』（p10）

拓本状態および印刷状態は『桂林石刻』が最も良い。この拓本は桂林碑林（桂林石刻博物館）に陳列されており、観覧することが可能。訳注『石語』に収めるものは京都大学人文科学研究所所蔵の拓本であろう。拓本状態はやや劣る。その他、全文を録してはいないが、清・繆荃孫『藝風堂金石文字目』六（8a）、清・呉式芬『金石彙目分編』一八（1b）にも著録する。

【現状】

原石には亀裂・剥落等も少なく、今日でもほぼ完全な形で残っている。書体は楷書を基調としながら行書・草書を混淆しているが、今、楷書体に統一して釈文を示す。

01	獨秀山新開石室記
02	監察御史裏行鄭叔齊
03	城之西北維有山曰獨秀宋顔延
04	□甞守茲郡賦詩云未若獨秀者
05	峩峩郛邑間嘉名之得盖肇於此
06	不籍不倚不騫不崩臨百雉而特
07	立扶重霄而直上仙挹石髓結而
08	為膏神鑿嵌竇呀而為室囂滓可
09	遠幽偏自新勝槩岑寂人無知者
10	大暦中御史中丞　　隴西公保
11	鄣南服三年政成廼考宣尼廟於
12	山下設東西庠以居冑子備俎豆
13	儀以親釋菜雖峻阯可尋而蓁薄
14	未剪　　公乃自常従以上刄指
15	荒榛而授事為力無幾得茲穴焉
16	閟而外廉隘以傍達立則艮其背
17	行則躓其腓於是申謀左右朋進
18	畚鍤壤之可跳者布以增逕石之
19	可轉者積而就階景未移表則致
20	虚生白矣豈非天賦其質智詳其
21	用乎何暑往寒襲前人之略也□
22	由士君子韜迹獨□懿文遊藝不
23	遇知己發明則蓬蒿向晦畢命淪
24	悟鹽車□所伸□駿和氏不得成
25	其寳矣篆刻非□庶貽後賢建中
26	元年八月廿八日記

石面磨平、塗墨。縦書き、向かって右から左行き。陸續本に「石高二尺、廣三尺、二十六行、

五、独秀峰石刻

儀山鄭大遠為立不歲城□□獨秀山新開石室記鄭
以下唇扶籍當之西□□秀山新開石室記鄭
親服中偏膏重不郭兹北監叔齊
擇東三御神□邑維察新
菜西年史霄倚下兹郡御開
雜庫改新□而□嘉有史石
峻以成丞□直□名山裴室
阨居迄□□上之云曰行記
可嘗□□□仙□詩未獨鄭
尋子□□□□□□嘗秀州
而備尼□□□□□□□□
□俎廟□□□□□□□□

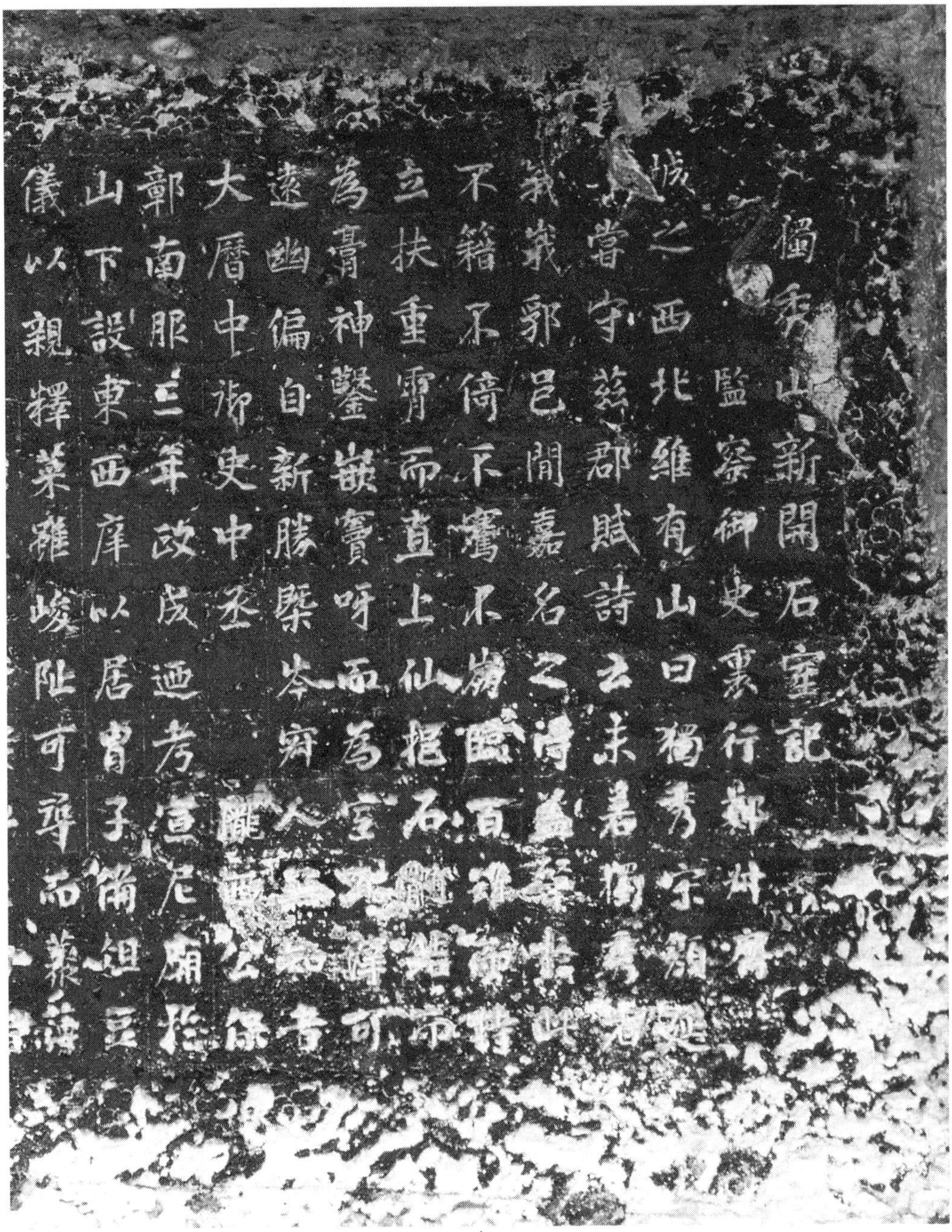

行十三字、正書」、陸補本に「高一尺五寸七分、廣二尺五寸、廿六行、行十三字、字徑七分、正書間雜行筆、有界格」、謝本・楊本に「眞書、徑八分許」、桂林本に「高一尺五寸、寛二尺五寸、真書徑六分」。現存する石刻（以下、現石と略称）は縦57cm×横91cm、26行、行13字、字径 3 cm、界格も鮮明。書体は基本的には楷書であるが行書を混淆。陸續本・陸補本は字体に注意して忠実に写している。

【校勘】

01　獨秀山新開石室記

この一行は文字が以下の行と較べてやや大きい。

「室」: 張本・汪本・全文は「巖」に誤る。

02　監察御史裏行鄭叔齊

この一行は文字がやや小さい。

「叔」: 現石では草書体。

04　□甞守茲郡賦詩云未若獨秀者

「甞」の上 : 張本・汪本・全文・黄本は「之」、謝本・楊本は缺字「□」、陸續本・桂林本は「年」に作り、陸補本も「年」を旁注する。南朝宋・顏延之（384−456）、字は延年。前に「顏延」があることによって「之」か「年」であることは明らか。謝本・楊本は損缺の状態を忠実に写そうとしたもの。現石でも右上に亀裂があり、判読困難であるが、左下の状態から判断すれば、「之」ではなく「年」のように思われる。

「甞」: 謝本・陸補本・全文・黄本は「嘗」、異体字。楊本は「常」に誤る。

05　峩峩郛邑間嘉名之得盖肇於此

「峩峩」: 張本（古学彙刊）・汪本・全文・楊本は「峨峨」、異体字。

「盖」: 張本・謝本・汪本・全文・楊本・黄本は「蓋」、異体字。

06　不籍不倚不騫不崩臨百雉而特

「籍」: 張本・汪本・全文・黄本は「藉」に誤る。

「特」: 張本・汪本は「峙」に誤る。

08　為膏神鑿嵌竇呀而為室囂滓可

「為」: 諸本は多くが「爲」、陸本は「為」。現石では行書体で「為」に近い。

「滓」: 汪本は「浮」に誤る。

09　遠幽偏自新勝槩岑寂人無知者

「槩」: 張本（古学彙刊）・汪本・全文は「概」、異体字。

10　大暦中御史中丞　　隴西公保

「大」: 謝本は「太」に誤る。唐の年号は「大暦」。

「隴西公」の上 : 現石では空格二字。

11　鄣南服三年政成迺考宣尼廟於

「鄣」: 汪本・全文・楊本は「障」、異体字。

「迺」: 張本・汪本・全文は「乃」、謝本は「廼」、異体字。ただし現石は後では「乃」に作っており、区別されていない。

「考」: 張本（古学彙刊）は「建」に誤る。

12　山下設東西庠以居冑子備俎豆

「俎」: 張本（四庫全書）・汪本は「爼」、異体字。

13　儀以親釋菜雖峻阯可尋而藂薄

「阯」: 全文は「止」に誤る。

「藂」: 張本・汪本・全文・楊本は「叢」、異体字。唐・顔元孫『干禄字書』に「藂・叢 : 上通、下正」。

14　未剪　　公乃自常従以上刄指

「剪」: 全文・楊本・黄本は「翦」に誤る。

「公」の上 : 現石では空格二字。

「自」: 陸續本・陸補本・桂林本は「自」に作り、現石でもそのように見えるが、09行の「自」と字形がやや異なる。張本・汪本・謝本・全文・黄本・楊本は「目」に作る。

「従」: 諸本の多くが「從」。陸本は「従」。現石では行書体で「従」に近い。

「刄」: 陸續本は缺字「□」、陸補本は「刅」、桂林本は「刃」。異体字。他の諸本はいずれも「毎」に作るが、現石では「刄」に近い。

15　荒榛而授事為力無幾得茲穴焉

「授」：黄本は「受」に誤る。

16　閎而外廉隘以傍達立則艮其背

「傍」：張本（古学彙刊）・楊本は「旁」に作る。

「達」：陸補本は「遠」に誤る。

18　畚鍤壤之可跳者布以增逕石之

「逕」：汪本・全文は「徑」に誤る。ただし「逕」は行書体に近い。

20　虗生白矣豈非天賦其質智詳其

「虗」：多くが「虛」に作る。陸本および現石では「虗」、異体字。

21　用乎何暑往寒襲前人之略也□

「略」：張本（四庫全書）・全文（清）は「畧」、異体字。

「也」の下：張本・汪本・謝本・全文・楊本・桂林本・黄本は「譬」、陸續本・陸補本は「亦」に作る。現石でも判読は困難な状態であるが、「譬」の如く複雑な字ではない。北京本等の拓本を参考にすれば「譬」よりも「亦」の方に近い。

22　由士君子韜迹獨□懿文遊藝不

「由」：張本・汪本・全文は「猶」に誤る。現石では鮮明。同音のために転写上誤ったものであろう。

「子」：謝本・楊本・黄本は缺字「□」に作る。現石でも「子」の下半分がやや不鮮明であるが判読可能。

「獨」の下：陸續本・陸補本は「善」、張本・汪本・謝本・全文・楊本・桂林本・黄本は「居」に作る。現石でも上半分が判読は困難であるが、下部分は「善」に近い。

「遊」：汪本・全文・楊本は「游」。

24　悟鹽車□所伸其駿和氏不得成

「悟」：謝本・楊本・黄本は缺字「□」に作るが、現石では亀裂剥落はなく明晰。全文は「恨」に誤る。

「車」の下：謝本・楊本・黄本は缺字「□」、他の諸本は「無」に作る。現石でも下半分は判読困難であるが、「無」に近い。

「伸」: 汪本は「申」に誤る。

25　其寶矣篆刻非□庶貽後賢建中

「寳」: 張本・全文・楊本・黄本は「寶」に作る。異体字。

「非」の下 : 陸補本は「寵」と旁注し、「庶」の上を缺字「□」に作るが、そうすればこの行は十四字になり、字数（行十三字）が合わない。恐らく缺字「□」であったものを後に「寵」と旁注したために重複したもの。現石でも下半分は不明、諸本は「寵」に作る。

26　元年八月廿八日記

「廿」: 張本・謝本・楊本・黄本は「二十」に作る。

【復元】

01	獨秀山新開石室記
02	監察御史裏行鄭叔齊
03	城之西北維有山曰獨秀宋顔延
04	年甞守茲郡賦詩云未若獨秀者
05	峩峩郛邑間嘉名之得盖肇於此
06	不籍不倚不騫不崩臨百雉而特
07	立扶重霄而直上仙挹石髓結而
08	為膏神鑿嵌竇呀而為室囂滓可
09	遠幽偏自新勝槩岑寂人無知者
10	大暦中御史中丞　　隴西公保
11	鄣南服三年政成迺考宣尼廟於
12	山下設東西庠以居冑子備俎豆
13	儀以親釋菜雖峻阯可尋而蓁薄
14	未剪　　公乃自常従以上刄指
15	荒榛而授事為力無幾得茲穴焉
16	閦而外廉隘以傍達立則艮其背
17	行則躓其腓於是申謀左右朋進
18	畚鍤壌之可跳者布以增逕石之
19	可轉者積而就階景未移表則致

20 虛生白矣豈非天賦其質智詳其
21 用乎何暑往寒襲前人之略也亦
22 由士君子韜迹獨善懿文遊藝不
23 遇知己發明則蓬蒿向晦畢命淪
24 悟鹽車無所伸其駿和氏不得成
25 其寳矣篆刻非寵庶貽後賢建中
26 元年八月廿八日記

【解読】

獨秀山新開石室記　　　　監察御史裏行鄭叔齊（撰）

城（子城）之西北、維有山、曰“獨秀”。宋・顔延年嘗守兹郡（始安郡）、賦詩云：“未若獨秀者、峩峩郛邑間。”嘉名之得、蓋肇於此。不籍不倚、不騫不崩、臨百雉（城壁）而特立、扶重霄而直上。仙挹石髓、結而爲膏；神鑿嵌竇、呀而爲室。囂滓可遠、幽偏自新。勝概岑寂、人無知者。

大暦中（十二年777）、御史中丞隴西公（李昌巙）保障南服、三年政成、迺考宣尼（孔子）廟於（独秀）山下、設東西庠、以居冑子；備俎豆儀、以親釋菜。雖峻阯可尋、而叢薄未剪。（李）公乃自常從以上、刄指荒榛、而授事爲力、無幾得茲穴（読書巌）焉。閟而外廉、隘以傍達。立則艮（限）其背、行則躓其腓（足）。於是、申謀左右、朋進畚鍤。壌之可跳者、布以增逕；石之可轉者、積而就階。景未移表、則致虛生白矣。豈非天賦其質、智詳其用乎。何暑往寒襲、前人之略也、亦由士君子韜迹獨善、懿文遊藝、不遇知己發明、則蓬蒿向晦、畢命淪悟。鹽車無所伸其駿；和氏不得成其寳矣。篆刻非寵、庶貽後賢。建中元年（780）八月廿八日記。

「御史中丞隴西公」については本書の「舜廟碑」・「平蠻頌」に詳しい。

【考察】

顔延之詩の殘句

南朝の文豪として謝霊運（385－433）と並び称される顔延之（384－456）は劉宋・景平元年（423）に始安郡（唐の桂州）の太守となった。当時、彼はこの地で多くの詩文を作ったはずである。その中の一つである詩の二句が北宋『太平御覧』四九「地部十四・西楚南越諸山」の「獨秀山」の条に引かれており、次のようにいう。

『桂林風土記』曰：在城西北一百歩。……宋・光禄卿顔延之牧此郡（始安郡）、常於此石室中讀書、遺跡猶存。嘗賦詩云：“未若獨秀者、嵯峨郭邑開”、是也。

逯欽立『先秦漢魏晋南北朝詩』（中華書局一九八三年）中冊（p1238）は『太平御覧』によって顔詩

を拾遺して「嵯峨郭邑開」に作る。しかしこれは正しくない。

この「獨秀山」とほぼ同じ記事は『太平寰宇記』一六二「桂州」の「獨秀山」に見える。出自は同じく『桂林風土記』であると思われる。しかし今日の輯本『桂林風土記』(学海類編本、四庫全書本)の「獨秀山」の条では、顔延之に関しては「舊有宋名儒顔延之宅讀書亭」というのみであり、内容がかなり異なる。したがって佚文の可能性が高い。しかし『桂林風土記』の「獨秀山」と同じ記事は『太平寰宇記』の「顔延之宅」の条に見え、また「於此石室中讀書」と「宅讀書亭」は内容が重複するから、『桂林風土記』には「獨秀山」の条とは別に「顔延之宅」の条があったかも知れない。いっぽう『太平御覧』の「獨秀山」と同じ内容は南宋・王象之『輿地紀勝』一〇三「靜江府」の「景物」下の「獨秀山」の条に見え、「『寰宇記』:在城西北一百歩、……宋・光祿卿顔延年守此郡、常於此石室中讀書、遺跡猶存。賦詩云:“未若獨秀者、崔峩郭邑開”。『圖經』」という。たしかに『(太平)寰宇記』の「獨秀山」に見えるが、末に出自を『圖經』であるとする。『輿地紀勝』一〇三「靜江府」の「府沿革」には「『寰宇記』云:“東晉改始安爲始建郡”、然『晉志』……、(王)象之謹按『舊經』云“宋・光祿卿顔延年爲始安太守、嘗於獨秀巖下石室中讀書”、則尚若爲始安郡」というから、『太平寰宇記』の「獨秀山」条は『圖經』に載っていたものと思われる。その『圖經』は『太平寰宇記』が引くものであるから、唐代の『桂州圖經』あるいは『臨桂圖經』であろう。あるいは『圖經』というのは『桂林風土記』を誤ったものとも思われるが、『桂林風土記』の「桂林」条に「按『圖經』」というから、『桂林風土記』そのものが『圖經』を資料としていた。

今、顔延之の詩句について見れば、宋本『太平御覧』に「未若獨秀者、嵯峨郭邑開」とあり、信憑性が高い。いっぽう清重刻『太平寰宇記』もほぼ同じであり、ただ「開」を「間」に作っている。清重刻『輿地紀勝』では二句目を「崔峩郭邑開」に作っている。このように文献資料の上ではかなり異同が見られる。

鄭叔斉「獨秀山新開石室記」(建中元年780)は『桂林風土記』(光化二年899)より約百二十年も早く、しかも今日に現存して刻字も鮮明である。それに顔延之の詩句を引いて「未若獨秀者、峩峩郛邑間」と作っている。読書巖の洞口、鄭「記」よりも高い位置に梁章巨が道光十八年(1838)に

峩 峩 郛 邑 間

福州梁章巨書

と書刻(縦2.2m×横1m、隷書、字径35cm;落款、楷書、字径12cm)しているのも鄭叔斉「獨秀山新開石室記」に拠ったものである。おそらく鄭叔斉の記載も当時の『圖經』に拠ったものであり、それは『桂林風土記』が拠った『圖經』よりも古い。あるいは『桂林風土記』の顔延之詩の残句の引用が鄭「記」に拠っているという可能性さえある。したがって顔延之詩の殘句は現存の唐刻

に従うべきであり、『先秦漢魏晋南北朝詩』に収める下の句の「嵯峨」を「峩峩」、「郭」を「郛」、「開」を「間」に改めるべきである。

5-02 〔佚〕元和元年（806）孟簡題名

『桂林石刻（上）』（p11）に「唐・孟簡讀書岩題名」と題して収録し、編者の按語に「右摩崖在獨秀峰讀書巖。……原石已毀、茲據舊拓本校録」という。「舊拓本」がいつのものか未詳であるが、京都大学人文科学研究所にはその拓本（縦31cm×横33cm）を所蔵しているから、民国期までは広く出回っていたであろう。

【資料】

録文：

明・張鳴鳳『桂勝』（四庫全書本）一（6a）「獨秀山」題名

〃　　（古学彙刊本）一（3a）「獨秀山」題名（以上、張本と略称）

清・汪森『粤西叢載』二「題名」（1a）（汪本と略称）

清・謝啓昆『廣西通志』二一五「金石略」（11b）「孟簡題名」

清・謝啓昆『粤西金石略』一（9b）「孟簡題名」

清・胡虔『臨桂縣志』二（21a）「山川」（以上三種、謝本と略称）

清・陸増祥『八瓊室金石補正』六四（6a）「孟簡題名」（陸本と略称）

清・楊翰『粤西得碑記』（6b）（楊本と略称）

清・黃泌『臨桂縣志』（20）（中冊p340）（黄本と略称）

今・『桂林石刻（上）』（p11）「唐・孟簡讀書巖題名」（桂林本と略称）

拓本影印：

『中国歴史文化名城叢書・桂林』（p161）「孟簡題名石刻」（名城桂林本と略称）

『中國西南地區歴代石刻匯編（9）廣西桂林巻』（p11）「孟簡讀書巖題名」（西南桂林本と略称）

『中國西南地區歴代石刻匯編（12）廣西桂林巻』（p80）「劉玉麐・張倓跋孟簡題名」

（西南広西本と略称）

西南広西本は劉・張の題跋の前に「孟簡題名」を附す。

拓本：

京都大学人文科学研究所蔵（京大本と略称）

その他、清代の『寰宇訪碑録』四（13a）・『潜研堂金石文字目録』三（6a）・『藝風堂金石文字目』

六（12a）・『關中金石文字存逸考』八（44b）・『金石彙目分編』一八（1b）・『寰宇訪碑録校勘記』七（4b）などにも見える。名城桂林本に載せる影印はかなり小さい（縦 4 cm×横 2 cm）。西南桂林本は大きいが、重ねてコピーしたものを使ったためか、不鮮明。最も鮮明なのは西南広西本。

【現状】

拓本によって当時の現状を示す。

01	刑部員外郎孟簡
02	元和元年三月三日

謝本・楊本に「眞書、徑一寸許」、陸本に「高九寸五分、廣五寸、二行、行字不齊、字徑一寸三分餘、次行較小、正書、左行」、桂林本に「高一尺、寛五寸、年月真書、径一寸、名一行、（字径）二寸」、西南桂林本に「高30厘米、寛 2 厘米（20厘米の誤りであろう）。正書、字徑1.5厘米」、西南広西本に「高30厘米、寛36厘米（劉跋？）。正書、字徑 2 厘米、款（孟簡題名？）徑 4 厘米」。西南広西本は孟簡題名に清・劉玉麐跋（張倓書）を附したものであり、長さ・字径には混乱があるように思われる。京大本によれば、縦約30cm×横約15cm、二行、楷書、署名部分は字径 4 cm～ 6 cm、年月部分は字径約 4 cm。向かって左から右行き。

【校勘】

01　刑部員外郎孟簡

桂林本は「元和元年……孟簡」に作り、二行を一行にしているが、誤っており、順序は逆。「元和……」の日付部分は字が小さく、かつ「刑部……」よりも二字分下げて書かれている。汪本は「見桂勝」として「唐刑部……」に作り、『桂勝』張本にも「唐」が冠せられているが、『桂勝』では次の行に「宋朝」とあるように時代を分けて記述したため、「唐」を冠したに過ぎないであろう。

02　元和元年三月三日

「三月三日」: 陸補本は「二月三日」、張本・汪本・謝本・楊本・桂林本・黄本は「三月三日」に作る。「三月三日」ならば、いわゆる上巳の禊の日に当たり、行楽の日であることから、孟簡が読書巖に遊んだものと思われる。しかし『寰宇訪碑録』・『潛研堂金石文字目録』・『關中金石文字存逸考』は「元和元年二月」、『藝風堂金石文字目』は「元和元年二月三日」とするように「二月」に作るものが多い。これに対して、劉声木『寰宇訪碑録校勘記』七（4a）は「碑文字體左行、

“孟簡” 上碑文原有 “刑部員外郎” 五字、“二月” 碑文原作 “三月”、下仍有 “三日” 二字。謝啓昆『粤西金石略』云 “石在臨桂讀書巖”」という。拓本を観察すれば、孟簡の書風には特徴がある。縦書きの文字は間隔が少なく、かなり詰まっている、あるいは横長の文字であり、時に右下がりになる。このような書風から考えれば、「三月」に読める。

「三日」: 諸本は「三日」に作り、拓本でも西南広西本・京大本では明らかに「三日」に読めるが、西南桂林本では「三」の下に「日」が見えない。西南桂林本は拓本の出来が悪いのではなかろうか。また、張本（四庫全書本）・汪本は末尾を「……三日遊」に作るが、張本（古学彙刊本）は「……三日記」に作る。この中で汪本は『桂勝』つまり張本からの引用であるから、張本（古学彙刊本）が作る「記」は「遊」の誤字である可能性が高い。また、明・曹学佺『廣西名勝志』一「桂林府」(7a) も「題名 : 唐刑部員外郎孟簡元和元年三月三日遊」として録しているが、これも『桂勝』より後の成書である。今日見られる拓本ではいずれも「日」までしか搨しておらず、その中でわずかな差ではあるが「日」の下を最も広く搨している西南広西本を見る限り、「日」の下に「遊」あるいは他の文字があったようには見えない。

【復元】

省略。「現状」に同じ。

【考察】

孟簡題名の所在

『寰宇訪碑録』は「孟簡題名 : 正書。元和元年二月。陝西華陰」といい、『關中金石文字存逸考』にも「孟簡題名 : 正書。元和元年二月。題字未見。『寰宇訪碑録』云 : 在華陰。今未詳所在」というが、陝西省の華陰県に在るとするのは誤り。孟簡の題名は民国期にも拓本が出回っていることからその頃までは存在していたと思われる。清初・劉玉麐（1738−1797）は次のようにいう。

> 乾隆壬子（1792）七月七日、余與姑孰濮鎔遊 “讀書巖”、始見「唐孟簡題名」、惜其已有剷毀之者。攷幾道（孟簡の字）官刑部、史傳失載、而『韓昌黎（愈）詩集』有之。此石刻足以証古。後人所宜寳惜者也。射陽劉玉麐跋、宣州張倓書。

この題跋も『桂林石刻（下)』（p 181）等に録され、また『中國西南地區歴代石刻匯編（第十二冊）廣西桂林巻』（p 80）に拓本影印を収め、京大人文研に拓本を蔵する。劉跋によれば、原石は乾隆壬子五十七年（1792）、清代の初期にはすでにかなり破損していた。しかし後の清末・楊翰『粤西得碑記』(6b) に次のようにいう。

> 於巖（讀書巖）側石上得孟簡題名。……石旁有楊書思題名、文云 : “朝奉郎通判桂州軍州事楊書思、政和二年（1112）九月晦來。” 眞書徑一寸許。余所得宋人刻甚多、未能悉記、此題名

因在孟簡題名側、拓孟簡題名必拓此、乃附記之。

これに拠れば、当時まだ「孟簡題名」は存在していた。楊翰が桂林に遊んで石刻を集めたのは、自序によれば「同治壬申」十一年（1872）、劉跋から百年近くも後のことである。これらによって孟簡の題名があったことは確かであるが、どのあたりにあったのかは不明である。今回、読書岩およびその周辺をくまなく調査したが、それらしき痕跡は見当たらなかった。ただ読書岩の洞口内の左手（西壁）に約２ｍ半入った、高さ約１ｍ半のところに、清・胡与齢の次のような石刻（縦20cm×横30cm、楷書、字径２cm）がある。

孟簡乃孟浩然
之族仕宦顯而
名不著浩然位
不高而名傳由
于詩才清妙也
　道光乙未年
　春三月湘潭
　胡與齡記

孟簡乃孟浩然之族、仕宦顯而名不著；浩然位不高而名傳、由于詩才清妙也。道光乙未年（1835）春三月、湘潭胡與齡記。

孟簡の題名は恐らくこのあたりに刻されていたであろう。今、胡「記」の向かって右下に約１ｍ

四方にわたって最近（数十年の間？）破壊された痕跡があり、その下にはセメントの階段が下に向かって延びている。孟簡の題名はこのあたりにあったのではなかろうか。

孟簡の任官“刑部員外郎”と嶺南への貶謫

この石刻の史料的価値については、早く清の劉玉麐や謝啓昆が指摘している。孟簡（？－823）は両『唐書』に伝があるが、刑部員外郎であったこと、また桂州あるいは桂州以南の地に貶謫されたことについては記載が全くない。謝啓昆『粤西金石略』は劉玉麐の説を紹介しており、それに次のようにいう。

劉玉麐曰：幾道官刑部、史傳失載、而『韓昌黎詩集』有之。此石刻足以証古。按『韓文集』注云“孟簡、字幾道、徳州昌平人。”以『新舊』傳考之、未嘗爲刑部、史豈逸之耶。『新傳』言其“爲倉部、以不附王叔文、徙它曹”。“它曹”則“刑部”也。考（王）叔文用事在順宗、時僅一年矣。次年即元和元年、與題名正合。其來往桂林不可考。韓詩（「雨中寄孟刑部幾道聯句」）有云“今君軺方馳”、或因使事至此耶。（劉）玉麐（字又徐）、寶慶人、（乾隆間）以拔貢生、試用廣西（鬱林）州判卒。

ただし孟簡が刑部員外郎から桂林に流謫されたことを最も早く指摘したのは明・張鳴鳳であろう。その『桂故』二「孟簡」に「獨秀山曾有題名、但稱“刑部員外郎”、疑是時或倅桂州云」という。以下、この説を補足する。

まず、劉玉麐も指摘しているように、韓愈と門人孟郊による「雨中寄孟刑部幾道聯句」によって孟簡が「刑部」の官であったことがわかる。孟簡は孟郊の外叔父。孟郊に「寄從叔先輩簡」詩があり、韓愈「貞曜先生（孟郊）墓誌銘」（『韓昌黎文集』二九）に「元和九年……。初先生（孟郊）所與俱學同姓（孟）簡、於世次爲叔父。由給事中觀察浙東。曰“生、吾不能舉；死、吾知恤其家”」という。「雨中寄孟刑部幾道聯句」に「今君軺方馳、伊我羽已鎩」というのは韓愈が羽を殺がれたこと、つまり貶謫されたことをいう。韓愈は連州陽山県令と潮州刺史に貶謫されたことがあるが、陽山へは貞元十九年（803）冬に出発し、元和元年（806）六月に長安に召還されている。潮州へは元和十四年から十五年まで。桂林の石刻にいう「刑部員外郎孟簡」と韓愈のいう「孟刑部幾道」の官職名は一致しており、また石刻にいう「元和元年」と韓愈の陽山貶謫期も一致する。したがって「今君軺方馳」は元和元年頃の孟簡の嶺南地域への貶謫を意味すると考えられる。

次に、孟簡が桂林あるいは嶺南に貶謫されていたことには別に証拠がある。七星巖には曽て次のような題名が刻されていた。

幾道・直之・明覺・道行・普願、元和元年（806）三月初四日晨曦、偕遊桂州北郊幽巖奇洞（疊綵山の巖洞？）、午飯栖霞、盤桓終日。

『桂林石刻（上）』（p11）によれば「在七星巖口。高一尺六寸、寛二尺二寸、行楷径二寸。原石已毀、現據舊拓本校録」。この題名にはいずれも姓が記されていないが、最初の「幾道」とは孟簡の字である。日付の「元和元年三月初四日」は独秀峰読書岩にある石刻題名の翌日に当たる。したがってこの「幾道」とは孟簡のことに相違ない。孟簡は元和元年三月初旬までは桂林にいた。孟簡の貶謫地については、桂林以南の地であって桂林はその経路に当たったことも考えられるが、元和元年の三月三日と三月四日に「盤桓終日」、桂林の各名所にゆっくりと遊んでいるから、追われるように赴く貶謫の途次ではなかろう。孟簡は桂林に貶謫されたものと考えられる。張鳴鳳が「疑是時或倅桂州」という所以である。なお、当時の桂州刺史は顔証。貞元二十年から元和三年まで在任。あるいは員外司馬のような官であったのであろうか。

また、永州寧遠県（唐の道県）にも孟簡の題名があったという。南宋『寶刻類編』五「孟簡」（14b）に「九疑山“無爲洞”題名。道（州）」とあり、清・隆慶『永州府志』（道光八年1828）一八「金石略」（53a）に「唐・孟簡九疑山“無爲洞”題名」を挙げて按語に「『寶刻類編』云：元和間人。其爲即『唐書』之（孟）簡無疑。簡與韓愈交、見『(韓）愈集』。又陝西華陰及廣西臨桂倶有元和元年題名者。九疑題名、疑即赴廣西時、道經永州刻也」。永州道県は桂州の北に位置するが、桂州方面に南下するのであれば普通は水路をとる。つまり湘江に沿って桂州臨源県（今の興安県）に入り、そこから桂江を下って行く。道県と桂州の間の陸路は不便であり、まして九疑山は道県の東部（今の寧遠県）に位置し、さらに迂回することになる。したがって「赴廣西時、道經永州刻」とは考えにくい。しかし確かに孟簡の題名が九疑山にあったならば、九疑山の南麓に位置する、賀州への貶謫が考えられる。賀州は桂管観察使の管内に在った。“無爲洞”は道州刺史であった唐・元結の命名、九疑山（三分石）の西北の麓、玉巌の北東約300mの岩場に在る。筆者は一九九二年にその地を訪れたが、元結の篆書といわれる“無爲洞”はあったが、孟簡の題名らしきものは無かった。

孟簡“元和元年三月”と貶謫の原因

孟簡が桂林に貶謫された原因について、劉玉麐・謝啓昆は王叔文等の永貞革新党によるものであるように推測しているが、この説にはなお検討の余地がある。

『舊唐書』本伝には「累官至（戸部）倉部員外郎。戸部侍郎王叔文竊政、（孟）簡爲子司、多不附之。叔文惡之雖甚、亦不至擯斥。尋遷（吏部）司封郎中。元和四年、超拜諫議大夫」という。これに拠れば、孟簡は王叔文に斥けられることがなく、員外郎（従六品上）から郎中（従五品上）まで昇進したことになる。しかし『新唐書』本伝には「累遷倉部員外郎。王叔文任戸部、簡以不附離見疾、不敢顯黜、宰相韋執誼爲徙它曹。元和中拜諫議大夫」という。これに拠れば、孟簡は韋執誼によって「它曹」に遷されたのである。そこで劉玉麐は桂林の石刻に「刑部員外郎」とあることによって「『新傳』言其“爲倉部、以不附王叔文、徙它曹”。“它曹”則“刑部”也」という。この説は早く韓愈「雨中寄孟刑部幾道聯句」についての宋・魏懐忠の注に「或者“他曹”即刑部也」と見える。いっぽう清・陳景雲は「蓋自戸曹遷吏曹、故曰“它曹”也」という。つまり戸部の倉部員外郎から吏部の司封郎中に遷されたことをいう。これは先に指摘したように、六品から五品への大昇進である。倉部員外郎から司封郎中に遷る間に刑部員外郎の時期があったはずである。今、これらの官職の関係を考えれば、倉部員外郎と刑部員外郎はともに従六品上であって職事官の上では同じであるだけでなく、倉部員外郎は戸部四司中の子司であり、刑部員外郎は刑部四司の頭司である。『舊唐書』の「累官至倉部員外郎。戸部侍郎王叔文竊政、(孟)簡爲子司」と『新唐書』の「爲徙它曹」とはこのことをいう。つまり、孟簡は戸部の子司である倉部曹の員外郎として戸部侍郎・王叔文の配下にあって不満を感じ、従わなかったが、後に韋執誼によって刑部の頭司である刑部曹の員外郎に遷されたのである。『舊唐書』に「尋遷(吏部)司封郎中」という昇進は官位の関係から見ても刑部員外郎に遷された後のこと、つまり桂林からの帰還後のことであろう。では、いつ、誰によって南方に貶謫されたのか。

孟簡が刑部員外郎に遷ったのは、王叔文が戸部侍郎、韋執誼が宰相の時、つまり貞元二十一年(永貞元年)五月から七月までの間である。八月には王叔文・韋執誼とその党類は流謫され、あるいは死を賜る。孟簡が元和元年三月初に桂林にいたということは、王・韋らと処分と時期が符合するから、王・韋らによって貶謫されたのではなく、むしろ王・韋らと同時の処分であった考えるのが自然である。彼は王党によって刑部員外郎に抜擢されたのである。いっぽう王党によって貶謫されていた者は召還・量移されるようになる。韓愈が貞元二十一年(805)秋に陽山令から江陵府法曹参軍事に遷されたのはその例である。このような状況にあって孟簡は元和元年(806)春の時点で桂林にいた。また、先に見たように、韓愈の詩句に「今君軺方馳、伊我羽已鎩」というのは、韓愈がすでに貶謫されている時に孟簡が正に貶謫されていたことを謂う。「方」と「已」の対応が両者の時間と行き先のくいちがいを示している。韓愈と孟簡が出逢う可能性のあるのは、韓愈が江陵に行く途中、岳州に居た時である。岳州は長安から桂林に向かうのに経由する地である。韓愈が岳州にいたのは、永貞元年十月・十一月の間である。

孟簡が元和元年三月初に桂林にいたということは、数個月前に長安を出発しているはずである。ちなみに柳宗元は永貞元年(805)九月に流謫の途について翌年春に永州に到着しており、また元和十年三月乙酉(十四日)に柳州に貶謫され、六月二十六日に到着している。これによって計算すれば、長安から桂林までの旅程では約三ヶ月を要した。したがって孟簡の貶謫は元和元年三月初から逆算すれば、おそくとも貞元二十一年十二月中である。孟簡の題名のある独秀峰は桂州子城の後にあり、極めて近い距離にある。ここを初めて訪れたのは桂林到着後数ヶ月のこととは考え難い。恐らく到着後さほど日が経っていないであろう。かりに孟簡が二月中に桂林に到着したと考えるならば、前年の十一月中に岳州で韓愈に出逢うことも可能である。そうならば孟簡は王・韋らとほぼ同時に貶謫されたのであって、王・韋らの政権によって貶謫されたのではない。

彼は王党によって刑部員外郎に抜擢され、また王党の柳宗元「賀進士王參元失火書」に「及爲御史・尚書郎、自以幸爲天子近臣、得奮其舌、思以發明天下之鬱塞。然時稱道於行列、猶有顧視而竊笑者、僕良恨修己之不亮、素譽之不立、而爲世嫌之所立、常與孟幾道言而痛之。……僕與幾道十年之相知」という。これによって柳宗元が王・韋政権によって「尚書郎」礼部員外郎に抜擢された時、孟簡と政治的立場を共有していたことがわかる。しかし孟簡が王党の一部とは一定の距離を保っていたことも確かである。王叔文に「附離」しなかっただけでなく、『新唐書』本伝には「韓泰・韓曄之復刺史、吐突承璀爲招討使、(孟) 簡皆固爭」という。韓泰・韓曄は柳宗元・劉禹錫らとともに“八司馬”と呼ばれる王党の主要人物である。ちなみに王・韋政権時期に韓泰は戸部郎中、韓曄は司封郎中であった。恐らく孟簡の政治的立場がこのように完全には王党寄りではなかったために、永貞の八司馬とは違って早く召還されるに至り、司封郎中・諫議大夫に累遷していったのであろう。

5-03 〔？〕大中十年（856）張固作「獨秀山」詩

明・張鳴鳳『桂勝』一「獨秀山」に「唐・張固」の詩（七言四句）を録する。清・汪森『粵西詩載』二二（3b）や清・金鉷『廣西通志』一二四（27a）の「七言絶句」や『全唐詩』五六三（九函三冊）「張固」に収める「獨秀山」詩は『桂勝』に拠ったものであろう。

【録文】

01　孤峯不與衆山儔

02　直入青雲勢未休

03　會得乾坤融結意

04　擎天一柱在南州

この詩は『桂勝』に録してあることから、「孤峯」独秀峰に刻されて明代までは存在していた可能性が高い。独秀峰のどこに刻されていたかは未詳であるが、独秀峰の東の懸崖に縦数mに及ぶ「南天一柱」四大字が刻されている。これは清・黄国材の題字（康熙五十年1711～五四年頃）であるが、張固詩の末句「擎天一柱在南州」を踏まえたものである。あるいはこの近くに刻されていて清初頃まで存在していたのであろうか。この他に、明・黄佐『廣西通志』12に「雪洞：在獨秀山西。石壁垂乳、潔白如雪。唐人有詩刻、今滅、惟“雪洞”二字尚存」という。独秀峰の西北にある雪洞にはかつて唐人の詩が刻されていたらしい。張固の詩はその中の一つであろうか。

今、雪洞（高さ3m、幅5～6m、深さ32m）は閉鎖されており、入ることができない。明代に「今滅」というが、丹念に調査する必要がある。

張固は 唐代志人小説集『幽閑鼓吹』の著者として知られる。晩唐・莫休符『桂林風土記』の「東觀」（今の七星公園七星岩）の条に「舊有亭臺、近已摧壊。前政張侍郎、名固、大中年重陽節宴於此。從事盧順之贈固詩曰：……。張侍郎和詩曰：……」と見える。また、同書「獨秀山」の条に「讀書亭（今の読書岩の前）後、爲從事所居、往往見靈精。居者少寧、前政張侍郎廢毀焉」という張侍郎も張固を指すかも知れない。なお、謝啓昆『廣西通志』二七六「列傳・流寓」に「有盧順之、桂守張固客、作『水東觀』及『獨秀峯記』」という。「水東觀」は『桂林風土記』の「東觀」条に見える詩で、「水」は衍字であろう。

張固は『桂林風土記』によれば大中年間の秋九月に在任していた。呉氏『唐方鎮年表』は大中九年（855）から十一年（857）の間に桂管観察使となったとし、郁氏『唐刺史考全編（五）』（p3256）はこれに従っている。

六、伏波山石刻

位置：伏波山（Fu2bo1shan1）は疊彩区の西、濱江北路と鳳北路の交差点の東北面、漓江西岸上にある伏波公園内に在る。海抜213m（相対高度63m）、東西120m×南北60m。北は疊彩山を望み、西は漓江に臨む。石刻・造像は山の北面にある還珠洞（南洞口高さ２m、洞内高さ４～６m、幅６～８m、総長127m）に集中している。N25°17′190″、E110°17′954″。

沿革：伏波山の還珠洞内北に鍾乳石の柱“試剣石”があり、漢代の伏波将軍馬援がここで剣を試したと伝承されている。唐代には伏波廟が建てられていた。『桂林風土記』の「伏波廟」の条、『太平寰宇記』一六二「伏波廟」に「唐乾符二年（875）敕封靈昭王」、更に早くは大和五年（831）に桂州刺史であった李翱に「準制祭伏波神文」がある。唐代には“伏波山”とよばれていたが、また俗に“東巖”ともよばれていた。『桂林風土記』の「夾城」の条によれば、伏波山は唐代では子城の東北、夾城の東端に当たった。還珠洞内には多くの摩崖造像（四五龕二一九尊）があり、西山と同じく早くから桂林における佛教信仰の中心地の一つであったことが知られる。ただし造像は宋代のものが多く、また庶民によるものは西山の方が多い。仏教信仰を集めたのは西山よりもおそいであろう。民国期における唐代造像の存在情況については羅香林著「唐代桂林磨崖佛像考」（羅香林著『唐代文化史研究』商務印書館一九四六年）に詳しい。一九七九年に伏波山公園となる。

石刻：石刻・造像は還珠洞に集中している。『桂林市志（下）』（ｐ2996）・『桂林旅游資源』（p666）「伏波山摩崖石刻」・『桂林旅游志』（p59）「伏波山摩崖石刻及造像」は、現存の摩崖石刻は計一一二件（碑刻一件）、うち唐二件とする。しかし今回の調査で、年代を記さないが唐代あるいはそれ以前の刻である可能性が極めて高いものが別に一件あることが判明した。伏波山にはおそくとも唐代には伏波廟があり、早くから開発されていたと思われるが、唐代の題記・題名等の石刻は多くない。摩崖石刻および造像は一九六三年に広西壮族自治区文物保護単位に指定。

6-01 〔存〕大中六年（852）宋伯康造像記

還珠洞内の千佛巖に刻されている。還珠洞内にある試剣石の東南から洞穴に入り、石段を登って東に約10m入ったところに千佛巖があるが石刻は見つけにくい。巖内にある聴涛閣（セメント製の欄干あり）の外、西北壁で伏波潭に臨む懸崖（水面から約12m、欄干から約３m）に菩薩造像（高さ約２m）があり、その右肩、光背（頭光）の横に刻されている。今、向かって左下に赤いペンキで「伏25」の記号が付けられている。

【現状】

01	桂管監軍使賜緋魚袋宋伯□
02	大中六年九月廿六日鐫

石面磨平、塗墨の痕跡あり。縦36cm×横15cm、楷書、向かって右から左行き、字径2～3cm。

【資料】

録文：

羅香林「唐代桂林磨崖佛像考」（p100）（羅本と略称）

『桂林石刻（上）』（p20）（桂林本と略称）

蒋廷瑜「桂林唐代摩崖造像」（『桂林歴史文化研究文集』p170）（蒋本と略称）

拓本影印：

『中國西南地區歴代石刻匯編（第九冊）廣西桂林巻』（p15）（広西本と略称）

広西本の拓本状態は良く、かなり鮮明。

【校勘】

01　桂管監軍使賜緋魚袋宋伯□

「魚」：現石では「灬」部分を「大」に作る。異体字。

「伯□」：小文字。「宋」下は「伯」、推測可能。その下は不鮮明であるが、広西本では明らかに「康」。

02　大中六年九月廿六日鐫

「廿」：羅本は「二十」に作る。

「鐫」：羅本・桂林本・蒋本ともに「鐫」に作るが、現石・広西本で「鎸」あるいは「鎸」に読める。「雋」とは別字、「鐫」の異体字。「鎸」は『干禄字書』に見え、「鎸」は『金石文字辨異』四（9a）「鐫」に録す。

【復元】

01	桂管監軍使賜緋魚袋宋伯康
02	大中六年九月廿六日鐫

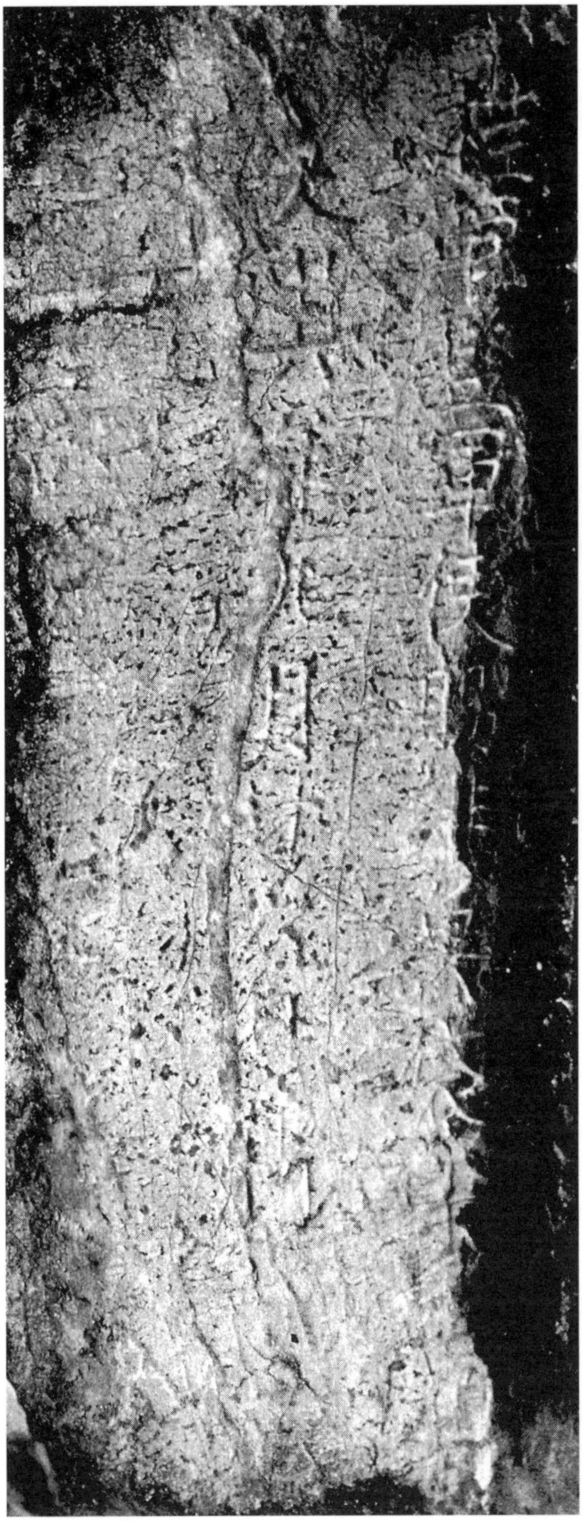

6-02 〔存〕佚名造像題記

還珠洞内の千佛巖西北壁、宋伯康造像題記の横、向かって右（北西）約２ｍの位置。伏波潭に臨む懸崖（水面から約12ｍ）にある菩薩造像（約２ｍ）の右肩、光背（頭光）の横に刻されている。向かって左下に赤いペンキで「伏26」の記号が付けられている。

【現状】

01	□人□□□□□□□□
02	□前黄□□光□□永福
03	□故□常歸依雕□巖石

石面磨平、塗墨の痕跡あり。縦38cm×横20cm、楷書、字径約３cm。縦書き、おそらく向かって左から右行きであろう。全体的に浸食が進んでおり、また、懸崖の高所に在って危険で近づけず、満足のいく写真が撮れなかったため、判読は困難。再度調査する必要がある。

【資料】

羅香林「唐代桂林磨崖佛像考」（ｐ100）は宋伯康の造像・題記について記録するが、これには全く言及がない。また、『桂林石刻（上）』（ｐ20）等にも録されていない。

【校勘】

02　□前黄□□光□□□福

「黄」の下：「重高」に似る。

「光」の下：「哭」「閃」に似る。

「□」：「化」に似る。

03　□故□常歸依雕□巖石

「故」の上：「義」に似る。

「京」の上：「戍」「武」に似る。

「雕」の下：左旁は「田」に似る。

【解読】

人□□□□□□□□□前黄□□光□□永福□故□常歸依、雕□巖石。

【考察】

桂林の石佛と千佛巖の立像二尊

宋伯康の造像およびその横に並んでいる造像についてはあまり知られていない。今、宋伯康の造像記（6－01）をもつ摩崖佛（「伏25」）を右像、その左（向かって右）横約1mにあって別の題記（6－02）をもつもの（「伏26」）を左像と呼んで区別しておく。

今から六〇年以上前、一九三九年の実地調査ではあるがその洞察と考証において学術的価値をいまだに失っていない羅香林「唐代桂林磨崖佛像考」（p100）やその後に桂林市文物管理委員会が広く桂林の石刻を調査・記録した『桂林石刻（上）』（p20）は、右像についてその特徴を考察し、また造像記を録しているが、その左像については全く言及していない。さらにこれら先行の調査と研究成果をふまえている蔣廷瑜「桂林唐代摩崖造像」（『桂林歴史文化研究文集』一九九五年）、『桂林旅游資源』（一九九九年）の「摩崖造像」（p655）・「摩崖石刻」（p666）でも全く触れられていない。左像には「伏26」という記号が塗られているから、調査されているわけであるが、それは『桂林旅游資源』よりも後のことであろうか。右像についての考察・記述に至っても、「唐代桂林磨崖佛像考」（p100）・『桂林旅游資源』（p655）が詳しいが、なお補うべき所が多い。

石像の造者、正確には寄進者・供養者である宋伯康については未詳。桂州管内の軍事を監督するために朝廷より派遣された使者であり、宦官であろう。中唐以後、監軍使には宦官が任ぜられた。なお、造像記にいう「大中六年」の桂管都防禦観察使は、呉氏『方鎮年表』・郁氏『唐刺史考全編』によれば、張文規である。

今、造像記によって唐代晩期の作であることが知られる。少なくとも右像は「大中六年」（852）である。これらの石像は桂林にある他の唐代の造佛と、規模・形状・容姿等の点においてかなり異なる。また、左右両像には共通点もあるが、異なる特徴も見られ、必ずしも同じ時期の作ではない。左像は右像よりもさらに古いもののように思われる。

桂林における唐代の石佛は主に桂州城の西・北・東に位置した三つの山、つまり城西にあった西山の龍頭石林から観音峰にかけての崖壁および千山の中腹、城北にあった疊綵山の風洞の内、城の東北の角にあった伏波山の還珠洞・千佛洞の内に集中している。今、『桂林旅游資源』（p653－656）「摩崖造像」によれば、西山に現存するものは九八龕二四二尊、疊綵山には二六龕一〇二尊、伏波山には四五龕二一九尊であるという。伏波山還珠岩には宋代の石佛も見られるが、他の多くが唐代に造られたものである。まず、それらの唐造石佛を規模において比較すれば、小さいものは数cm、大きいものは等身大1.5m前後もあるが、多くが１m以下、数10cmのものである。１m

以上のものは極めて少なく、観音峰の中腹から頂上にかけて数尊あるが、しかしそれらにしても最も大きいものは1.65mに過ぎない。いっぽう宋伯康造の右像とその左像の二尊の身長はほぼ同じく、1.9m余りある。なお、蒋廷瑜「桂林唐代摩崖造像」(p170)が宋伯康造像について「造像高140厘米」(140cm)とするのは誤り。羅香林「唐代桂林磨崖佛像考」(p100)が宋伯康造像について「高約七尺數寸」とするのが正しい。ただしこれは像の身長ではなく、龕の高さである。龕の大きさはいずれも縦約2.5m×横約1.1m。

これらの石像の大きさは形態とも関係がある。桂林の唐代摩崖佛像の多くは、恐らく九割以上が坐像(ただし脇侍は立像が多い)であるが、宋伯康題記の右像とその左像はともに立像である。観音峰の頂上付近にある大型のものも立像である。しかし大きさは宋伯康造の右像と左像の三分の四余りに過ぎない。また、それら多くの坐像は全体が岩をえぐり、削り出して立体的な形状をとっており、塑像に近いもの、いわゆる“高肉彫り”であるのに対して、宋伯康の右・左の立像は岩を深く彫って形を浮き出させたレリーフ、いわゆる“薄肉彫り”である。厚さは10cm弱。また、桂林の唐造坐像は多くが佛あるいは菩薩とその脇にその二弟子を侍す“一龕三尊”の構成をとっているが、宋伯康の右・左の立像はともに“一龕一尊”である。

その位置も他の摩崖佛と異なる特徴として指摘できる。桂林の唐造石佛は巖洞内(伏波山・疊綵山)、あるいは山中の路傍の岩壁(龍頭石林・観音峰・千山)に彫られているが、この立像は江に臨む懸崖に彫られている。このような位置にある石像は今日発見されている数百に及ぶ桂林の石像の中でこの二像のみであろう。詳しくいえば、二像とも千佛巖の洞口(北向き)外の西壁上にあって北東を向き、懸崖に飄然と立っている。つまり、10m以上も下にある漓江に浮かぶ船から望める位置に造られているのである。この点は他の石佛が洞内・山中にあるのと異なっているのみならず、同じ伏波山千佛巖にあるものとも異なる。あるいは漓江を航行する船舶・旅客の平安無事を祈願したものではなかろうか。

それ以上に目を惹くのはその姿態である。この二立像はともに観音菩薩像である。頭上には宝珠を貫いた冠を戴き、宝冠の中央には小さな坐佛“化佛”が飾られており、額に白毫がある。片手には腕釧をつけ、浄瓶あるいは薬瓶を持って下に垂れ、首と腰には玉珮・瓔珞の類を帯び、身には羽衣を纏っており、優雅にして女性的である。その頭と首は小さくて細長く、後には光背(頭光)があり、両足はやや開いて二基の台座(径67cm)の上に立ち、天衣と帯が風になびいている。その様は正に絵画史のいう“呉帯當風”である。台座は太鼓のような円柱形をしており、側面には蓮華の模様が施されている。二躯ともほぼ完全な形で残っており、それらが危険な懸崖に在ったためか、晩唐・武宗による法難およびそれ以後の破壊を免れている。ただ右像の頭部背後・左側には修復した痕跡が見られる。しかし民国期に調査した羅香林「唐代桂林磨崖佛像考」には「面目和善」、『桂林旅游資源』にも「稜鼻小口、面形和善」といって右像の頭部の痕跡には

伏25

言及していない。あるいは縦に入っていた亀裂を民国後に修復したものであろうか。あるいは左の側面であるために気付かなかったのであろうか。容貌は二像とも細くて横長の眉目、細くて長い鼻をした顔立ちをしている。

このように左右二龕の観音菩薩像二尊はよく似た特徴を有しているが、別に異なる点もいくつかある。右佛は右手を垂れて腿の横で浄瓶を持ち、左手は腰の横から腕を挙げて衣帯を掲げている。いっぽう左像は腰の上から腕を挙げて印を結び、浄瓶をもつ左手は腿の前にある。しかしこのような姿態の相違は逆に二躯の深い関係を告げている。つまり、二躯は左右に対称を成しているのである。二像は同じ大きさで並び、右像は内の左手を挙げ、左像も内の右手を挙げ、右像は外の右手を下げて瓶をもち、左像も外の左手を下げて瓶をもっている。二像は規模・形態・容姿の上の共通のみならず、並んで一対に成っている点から見ても、同時に造られたものであるようにも思われる。そうならば、二躯とも宋伯康の造ということが考えられる。

しかし、つぶさに観察すれば他にも多くの異なっている所があるのに気がつく。頭部・頸部は、右像は細長いが、左像は太くふっくらとしており、肩および腰以下も幅が広くてがっしりとしている。体格を比較すれば、右像は女性的であるが、左像はむしろ男性的であるといえよう。また、左像は右像に較べて、身に着けている玉珮・羽衣の結びなど、装飾が多くて複雑である。左像の線形が全体的にごつごとして重厚な印象をあたえるのに対して右像は細くて曲線がなめらかにして優麗である。台座にいたっても、左像では蓮の花弁が深くて写実的に彫られているが、右像では細くて浅く、形状も菱形のように抽象化されている。また、光背（頭光）の位置と形状も異なる。二像ともに二重の光背をもつが、左像の光背は頸部から始まって真円を成し、右像のそれは肩のやや下から始まって頂の尖った蕾型を成している。また、彫像技法も異なっており、左像は光背の線を内輪・外輪ともに陽刻しているが、右像の光背は内輪を浅く削って外輪を深く削るという高度な技術で造形している。このような造形・彫像の技術から見て、二像を同時の作と見なすことは難しい。少なくとも同一人物による彫造ではない。しかし二像は如来の脇侍菩薩の如く左右対称に並んでいるから、二像の関係を意識して彫像しているはずである。あるいは二像とも同一人物・宋伯康の発願によって造像されたが、彫造者が異なったのであろうか。

これらの造像上の特徴の他に注意せねばならぬのがその右肩に刻されている題記の相違である。まず、両像にそれぞれ内容の異なる題記があるというのは、別々に造られた可能性が高い。次に、題記の書風も異なる。羅香林「唐代桂林磨崖佛像考」は宋伯康の造像記の書風について「書法略帯柳公權氣息」と評している。たしかに右像の題記は楷書にして筆致はなめらかで優美である。しかし左像の書風は硬直にして隷書の余風があり、明らかに右像記の筆致とは異なっている。したがってこの点からも同一人物の書とは認めがたい。二像は雕造の作者を異にし、時期を異にしているであろう。筆者は仏教美術史に昧く、二像の先後を鑑定するのは困難であるが、技術の上で見れば、右像は左像よりも洗練された感があるから、左像の方がより古いように思われる。

虞山摩崖佛“千年観音”との関係と桂林早期の仏教

この他にも注目すべき造像がある。じつは伏波山の北約1.5kmにある虞山の東麓、“千年観音院”内の懸崖にも伏波山の摩崖立像によく似たものがある。羅香林「唐代桂林磨崖佛像考」・『桂林旅游資源』には全く紹介されていない。それは最近発見されたからであろう。

虞山公園管理処の資料「桂林山水甲天下、虞山美景醉游人」に拠れば、民国以後、虞山は荒廃していたが、一九九六年に公園建設に向けて修復が開始され、工事中に作業員が足を滑らせて岩山中腹の茂みに落ちた時に偶然発見されたという。なお、“千年観音院”はこの摩崖佛が発見されてから建てられたものである。

虞山の石佛も、伏波山の左右二像の観音菩薩と同じく高所の岩上に彫られている摩崖佛である。虞山のものは地上約３ｍ～４ｍにある、一龕一尊の立像であり、岩壁に刻した薄肉彫りのレリーフである。今日、枝葉に隠れて容易には見つけられないが、そのためにほぼ完全な形で残ったのであろう。高さ1.7ｍ×幅は1.5ｍ。花冠・光背・玉珮・羽衣を帯び、浄瓶を持っている。これら容姿上の特徴も伏波山の二立像によく似ている。しかし先に見たように伏波山の二立像は異なる部分もあった。虞山の立像は、右手は腰から上に腕を挙げて印を結んでおり、左手は垂れて左腿の前で浄瓶を持っている。このような造形は伏波山の左像の方と全く同じである。また、衣裳・玉珮などの装飾が多く、この点も左像に近い。さらに、伏波山の二立像には光背の彫造に違いがあることを先に指摘したが、虞山立像の光背（頭光）は伏波山の左像と同じ真円にして陽刻によって線形を出すという技法がとられている。これらの特徴から見れば、虞山の立像は伏波山の右像ではなく、左像の方に極めてよく似ている。また、虞山摩崖佛も伏波山摩崖佛と同じく漓江に臨む位置に彫られており、江上を航行する船舶・旅客の平安無事を祈ったり、洪水・増水等による災厄・疫病からの加護・祓除を祈願するもののようでもある。このあたりは最近まで港“虞山港”になっており、桂林城の北の玄関に当たった。文献の上では明代の“東江駅”まで遡ることができる。なお、虞山と伏波山の中間に当たる疊綵山の東麓で同じく漓江に臨む岸上にも佛塔（現存、高さ4.5m）が築かれている。北宋の石刻「譚舜臣木龍洞遊観題名」（『桂林石刻（上）』p47）に「登石門、下臨江岩、參唐代佛塔……遂舟過虞山」というように、唐代の創建であるらしい。ここにも最近まで渡し場“木龍渡”があった。

虞山の立像の造年について、桂林市虞山公園管理処『虞山廟景区』（新世紀出版社二〇〇〇年）に「據考証距今約1400多年」といい、またパンフレット『虞山公園』では「北魏観音石刻」と称している。伏波山の右像は晩唐（大中六年852）の作であるが、左像はそれとは明らかに時期を異にしており、おそらく右像よりも古い。虞山の摩崖立像と伏波山の左像は右像および桂林の他の

摩崖佛と較べれば瓜二つである。ただ細部にわたって見れば全く同じではない。たとえば虞山の仏像は顔をやや右に向けており、またふくよかであって、頚も短いなどの点において伏波山の左像とは異なる。しかし、このような差異は伏波山右像との差異と較べれば大きなものではない。三像を分類すれば、やはり虞山の佛像と伏波山の左像は一類にして伏波山の右像とは類を分けなければならない。そこで左像は虞山の摩崖佛に似ているから、同じような時期に造られたものと考えてみることができる。

虞山の摩崖佛は千四百年以上も前の北魏の作と考えられている。しかし石刻造像は雲岡石窟で知られるように北朝に多く、南朝には少ない。今、北魏時代（386－534）の作とする具体的な根拠を審かにしないが、仮に様式上の類似が認められるとしても北魏の作ではなく、北魏の仏像彫刻法を踏襲したものと考えるべきであろう。ちなみに北魏時代は南朝・梁に当たる。千四百年以上前の北魏に求める説はなお調査・研究の余地があろう。隋唐以前の広西の早期の仏教については、羅香林以来、南伝説が定説になっている。つまり広西の仏教は早く後漢時代に北からではなく、南方ルートで伝来したという。しかし羅香林「唐代桂林磨崖佛像考」、蒋廷瑜「桂林唐代摩崖造像」、廖国一「広西的佛教与少数民族文化」(『宗教学研究』2000−4）などの南伝説では、桂林での仏教普及については隋代に遡るのみであり、しかも主に文献史料に拠った考察である。伏波山の立像と同じく北魏の作であるとは断定できないにしても、唐以前のものである可能性が極めて高い。それを決定する鍵となるのが題記であるが、今回の調査では断崖絶壁に刻されているために満足のいく結果が得られなかった。虞山・伏波山の摩崖佛が隋以前のものであるならば、桂林での仏教普及を示す最も早い物証になろう。しかもほぼ完全な形で残っている。この摩崖佛は桂林の石佛においてのみならず、桂林の歴史文物にあっても極めて貴重なものに属す。桂林位置当局にはいっそうの調査・研究と保存の対策を望みたい。

6-03 〔存〕咸通四年（863）趙格等題名

還珠洞内、試剣石より西に約10m、北・西に伏波潭を臨む上壁の角、約4mの高所、西向きの面に刻されている。E110°17′954″、N25°17′190″。

【現状】

01	前桂管觀察使
02	襄武縣開國男
03	賜紫金魚袋趙
04	格
05	前攝支使前
06	進士劉虛白
07	咸通四秊閏六
08	月七日別 鄭處
09	士留題東巖

石面磨平、塗墨。『桂林旅游資源』(p666）によれば、縦53cm×横93cm、楷書（一部行書)、字径7cm。縦書き、向かって左から右行き、全体的にやや右上がり。

【資料】

録文：

『桂林石刻（上）』（ｐ20）（桂林本と略称）

拓本影印：

『中國西南地區歴代石刻匯編（第九冊）廣西桂林巻』（ｐ15）（広西本と略称）

広西本の拓本状態は良く、極めて鮮明。『桂勝』をはじめ、『粤西金石略』・『粤西得碑記』等には収めておらず、桂林本に至って「唐・趙格劉虚白還珠洞題名」と題して録す。おそらく洞内の高所に刻されていたために知られることがなかったのであろう。

【校勘】

07 「季」: 桂林本は「年」に改める。

【復元】

省略。「現状」に同じ。

【解読】

前桂管觀察使・(洛陽) 襄武縣開國男・賜紫金魚袋趙格、前攝支使・前進士劉虚白、咸通四年（863）閏六月七日、別鄭處士、留題“東巖”（伏波山）。

伏波山還珠洞が唐代では“東巖”とよばれていたことが知られる。城の東（東北の角）に位置することによる通称であろう。

【考察】

前桂管の趙格と前進士の劉虚白

題記に見える趙格・劉虚白および処士鄭某について、詳しい事跡はわからない。ただ趙格・劉虚白については史書を若干補うところがある。

趙格が桂管観察使・桂州刺史であった時期については、呉廷燮『唐方鎮年表』七（p1107）は『桂林志』に拠って咸通三年末から四年に列しており、郁賢皓『唐刺史考全編（五）』二七五「桂州」（p3256）はそれに拠って「趙格：咸通三年？－四年？（862？－863？）」としながら、「按『英華』巻四四五『玉堂遺範』有咸通三年『冊魏王文』稱“副使左騎常侍趙格”。『冊涼王文』・『冊蜀王文』同。則趙格咸通三年刺桂尚屬疑問」という。しかし『通鑑』咸通三年に「八月……以桂管觀察使鄭愚爲嶺南西道節度使。冬十月、丙申朔、立皇子佾爲魏王、侹涼王、佶爲蜀王」というから、桂管観察使の鄭愚は八月に嶺南西道使に転任し、十月に皇子が魏王に冊立されている。つまり九月頃には桂管観察使・桂州刺史は欠員であり、これは魏王等を冊立した十月一日と時間が近い。「咸通三年『冊魏王文』稱“副使左騎常侍趙格”」であるが、趙格は咸通三年十月に副使左騎常侍から桂管観察使・桂州刺史となったと考えてよい。

その後は、『通鑑』咸通六年五月に「以桂管觀察使嚴譔爲鎮南節度使」というから、桂管観察使は趙格から厳譔に代わっているわけであり、その時期は現存の石刻に「前桂管觀察使襄武縣開國男賜紫金魚袋趙格……咸通四季閏六月七日別」とあるから、咸通四年閏六月七日以前である。以上をまとめれば、『唐刺史考全編（五）』の「桂林」の項は次のように訂正されるべきである。

鄭愚：咸通二年～咸通三年（八月）

趙格：咸通三年（十月）～咸通四年（六月）

嚴譔：咸通四年（閏六月）～咸通六年（五月）

趙格が桂管観察使・桂州刺史であったのは咸通三年（862）十月から四年六月までの一年に満たない短い期間であった。少なくとも咸通四年閏六月七日以前に桂管観察使であったことは確かである。

この頃、趙格とともに桂林に来ていた人物に「前攝支使・前進士劉虚白」がいた。この劉虚白とは、『寶刻叢編』三（21b）「襄州」に『復齋碑録』を引いて「唐・義亭記：唐・劉虚白撰、裴光遠正書・篆額、咸通九年六月立」という撰者と同一の人物であろう。また、『全唐詩』四九五（八函二冊）「劉虚白」に「獻主文」一首と「句」一聯が収められており、その小伝に「擢元和進士第」という。「元和」年間（806－820）は題記にいう咸通四年（863）の四十年から六十年近くも前であり、「前進士」というのには時間が離れ過ぎている。ちなみに「獻主文」詩に「二十年前此夜中、一般燈燭一般風。不知歳月能多少、猶若麻待至公」という。つまり二十年前に今は主文となっている某公と共に科挙を受験したことをいう。これによれば進士の受験は元和年間の擢第から更に二十年前のことになる。そうならば劉虚白は咸通四年には八十歳以上の年齢になってしまう。「獻主文」は早く五代・王定保『唐摭言』四「與恩地舊友」および宋・計有功『唐詩紀事』六〇「劉虚白」に収められており、『唐摭言』は主文を「太平裴公」とし、いっぽう『唐詩紀事』は「盧坦」とする。清・徐松『登科記考』二二は「裴公」を「裴坦」として劉虚白の進士及第を大中十四年（860）のこととする。そうならば題記にいう咸通四年（863）はその三年後のことである。現存の石刻にいう咸通四年の「前播支使・前進士劉虚白」と『唐摭言』にいう大中十四年に進士及第した劉虚白とは同一人物と認めてよかろう。

この石刻は最近まで知られることがなかったようであるが、洞内の高所に刻されており、また石の質（硬質）にもよるのであろうか、浸食・剥落はなく、文字は極めて鮮明である。桂林に残る唐代の摩崖石刻の中で最も刻迹が明晰にして当時の筆致を今日に伝えており、かつ能書達筆にして唐人の書風を鑑賞するのに好い。書道史上の作品として、また上に考察したように史書の缺を補う資料として、貴重な石刻である。

七、七星山石刻

位置：七星山（Qi1xing1shan1）は中国内でも有名な公園のひとつ“七星公園”内にある。桂林市内の東にある漓江に架かる解放橋を経て自由路を東に半km。北から東に延びる普陀山（海拔277m、相対高度126m、長さ約1.2km、幅約0.5km）とその西にある月牙山（海拔255m、相対高度104m、長さ0.6km、幅0.2～0.35km）とから成り、北は霊剣渓、東は普陀山路、南は龍隠路、西は小東江に囲まれている。両山には多くの巖洞があり、その内外に歴代の摩崖石刻があるが、特に七星巖（唐では栖霞洞と呼ばれた）洞北口・龍隠洞・龍隠巖・省春巌に集中している。七星巖は普陀山西から北に石段を登って普陀精舎を抜け、やや東に折れた地点、山下の石段から約300m、普陀山の北面の山腹にある。龍隠洞は普陀山西に対峙する月牙山の西北面、龍隠巖は龍隠洞の西約50mにある。

沿革：山中には多くの寺・観が建てられ、最も早い記録は今の七星巖洞口に刻されていた隋・開皇十年（590）僧曇遷による榜書“栖霞洞”（後に仙李洞・碧虚巖・七星巖と呼ばれる）である。早くから神仙が棲んでいたという伝承のある宗教的な地・霊場であり、また官吏等の遊覧の場でもあった。唐代のまとまった記録としては莫休符『桂林風土記』に「東觀」の条がある。それに山・洞内および周辺の景観については詳しく記されているが、山名は記されていない。“東観”は現在の普陀精舎（一九五九年建）の位置にあった唐代創建の慶林観の通称。伝承によれば、唐・李靖が観を建て、太宗に“慶林觀”の名を賜ったともいう。北宋に至って、元符二年（1099）刻の「釋迦寺碑」（釈迦寺は月牙山西）に「其山號“彈丸”、盤據南北數里。七峰山贊元、騫空摩天、狀如彈丸。布散連絡、總會其數、宛若天象、故土俗又號“七星山”」という。北宋初の『太平寰宇記』一六二「桂州」臨桂縣（5a）には七星山の名は見えず、「彈丸山：在縣東二里。按『水經注』云“山有湧泉、奔流迅激、東注於灕水”」というから、『水經注』の時代から弾丸山とよばれていたかどうかは未詳であるとしても、唐（北宋元符二年以前）で弾丸山と呼ばれていたことは確かである。ただし後に明・清では『大明一統志』八三「桂林府」では“七星山”と“彈丸山”の条を立てて「彈丸山：在府城東二里。……山之西北及溪中有石、如彈丸、因名」といい、また『讀史方輿紀要』一〇七「桂林府」“七星山”にも「彈丸山在七星山東。『水經注』“……”、今亦曰彈丸巖」といい、『大清一統志』四六一「桂林府」も“七星山”と“彈丸山”の条を立てて“彈丸山”に「『舊志』：在七星山東、一名彈子巖」という。弾丸巖は七星山東北面の巖洞、今の弾子岩。“弾子巖”の名は記録では南宋から見える（梁安世の題記等）。いっぽう七星山とは、普陀山・月牙山の七峰があたかも北斗七星のように列んでいることに由る。北宋時代にすでにあった当地での俗称であるから、この呼称はそれ以前、恐らくすでに唐代でも行われていたと思われる。後に普陀山と呼ばれるのは観音洞に寺（普陀寺）が建立されたことに由来し、月牙山は花橋から眺望して山上の岩が新月に見えることに由来する。

石刻：七星山は桂林市内で摩崖石刻が最も集中している地点であるが、唐代の石刻で現存するものは少ない。普陀山に現存の摩崖石刻は『桂林旅游資源』（p678-685）に拠って計算すれば約一五〇件、その中で唐代のものは一件であり、『桂林市志（下）』（p2997）には「現存石刻三〇〇件、計隋代一件、唐代六件、五代一件……」、『桂林旅游志』（p65）には「共二五一件、其中隋代一件、唐代六件、五代一件……」という。総数のみならず、唐代のものの数も大きく異なる。隋唐の石刻について、『桂林市志（下）』には「現存最早的是隋開皇十年（590）高僧曇遷書刻于七星岩的《栖霞洞》榜書。其他比較重要的石刻有：普陀山門唐代書法家顔真卿于大暦五年（770）書《逍遥樓》碑」（p2997）というが、『桂林旅游資源』（p678）には「現存最早的石刻、現是北宋大中祥符五年（1012）兪献可・熊同文等三人的《七星岩題名》。……原有隋唐石刻三件、其中曇遷・孟簡等題名和釋懐信題詩、是桂林石刻中最早的題名与題詩、均毀于日軍戦火」（p678）という。つまり、かつて隋・曇遷題“栖霞洞”、唐・孟簡等題名、唐・釋懐信題詩があり、いずれも日中戦争時代に日本軍によって破壊されてしまったというが、『桂林市志（下）』・『桂林旅游志』が唐代六件とするのはこれらをも現存の数に入れていると思われる。今、『桂林石刻（上）』（一九七七年）には「唐・孟簡普願等五人栖霞洞題名」（p11）・「唐・釋懐信栖霞洞題詩」（p13）を収めているが、いずれも「原石已毀、現據旧拓本校録」とする。しかし、これら「已毀」のものを含んでも唐六件にはならない。また月牙山（月牙巖・龍隠岩・龍隠洞等）に現存する摩崖石刻の数も合わない。『桂林市志（下）』では龍隠岩・龍隠洞にある数を二〇五件、うち唐一件とし、『桂林旅游志』（p61）・『桂海碑林』（p2）は二二〇余件とするが、『桂林旅游資源』は龍隠巖一〇八件、龍隠洞一〇一件（計二〇九）、うち唐二件（龍隠洞）とする。月牙巖にある数は『桂林市志（下）』・『桂林旅游資源』はともに二五件、『桂林旅游志』は二四件とする。今これらの違いが何によるものなのかは不明。

早く一九五九年に七星公園（100万㎡）を造営。龍隠岩・龍隠洞摩崖石刻は六三年に広西壮族自治区文物保護単位に指定、普陀山摩崖石刻は六六年に桂林市文物保護単位、九四年に広西壮族自治区文物保護単位に指定、月牙山摩崖石刻は八四年に桂林市文物保護単位に指定。今日では遊園地・動物園・庭園等を備えた総合的なレジャー施設の公園として開発されている。桂林市旅游発展公司が経営・管理。

なお、一九六四年に月牙山瑶光峰の西南、龍隠巖の前に桂海碑林陳列館が置かれた。文革後の八四年に桂海碑林博物館、九四年に桂林石刻博物館と改名。桂林市内外に散在している碑石等の収集や拓本製作・重刻・復原などを行っている。所蔵する石刻は六十余、拓本は千を越えるという。その一部“桂林石刻拓片精品”は桂海碑林碑閣に展示されている。龍隠洞は七星公園が管理、龍隠岩は桂海碑林博物館が管理。現在、桂海碑林では大規模な改修が進められている。一九九六年に計画、九九年に着工しており、桂海碑林陳列館を改修すると同時にその南東に宋代建築を模倣して石刻研究センターを増築するというものである。完成を待ち望むとともに、研究に供すべく、所蔵の拓本の全てを容易に観られるよう、公開されることを希望する。龍隠洞・龍隠岩・桂海碑林・石刻博物館については劉玲双『桂海碑林』（漓江出版社一九九七年）に詳しい。

7-01 〔？〕顕慶四年（659）佚名題字

七星岩の歴史を告げる貴重な史料であり、人目につく所に刻されていたと思われるが、明『桂勝』・清『粤西金石略』等には見えない。『桂林石刻（上）』（p3）に拠れば、「在七星岩口」という。洞口はN25°16′665″、E110°18′438″。同書には「原石已毀」等の語がないから、『桂林石刻』の編集された当時、一九八〇年代初期までは存在していたと思われる。今回三回足を運んで調査したが、発見することができなかった。七星巖の北洞“第一洞天”（明・張文熙題書）（長さ134m、幅20～30m、高さ15～27m）の洞口にはかなり破損が見られるから、顕慶年間の石刻もすでに存在していない可能性がある。

【資料】

録文：

『桂林石刻（上）』（p3）「唐・佚名栖霞洞題字」（桂林本と略称）

【現状】

今、桂林本に拠る。

01	玄　玄　栖　霞　之　洞
02	大唐顯慶四年□□　□□□□

桂林本に「篆書六字、径六寸、落真書径二寸」、題字は篆書、字径約19cm、落款は楷書、字径約6cm。字径・書体を録しているが、桂林本の解説の定式となっている「高……、寛……」という石刻のサイズを示す語句が無い。字径六寸とすれば高さは1mを越えるであろう。

【校勘】

01　玄玄栖霞之洞

「玄玄」：この石刻は謝啓昆『粤西金石略』には録されていないが、謝啓昆『廣西通志』九四

「山川略」1「棲霞洞」では「玄玄」を「元元」に作る。これは清の国諱（玄燁）を避けたもの。また、一説に「玄元」に作ってあったともいう。詳しくは後述。

「栖霞」: 桂林本は簡体字を用いているため、原字が「棲」であったか「栖」であったかは不明。唐・顔元孫『干禄字書』に「棲・栖 : 並正」。

02　大唐顯慶四年□□　□□□□

「年」以下 :「年」の下には月が示される。また、その下には通例では題字をした人の名が示される。

【復元】

01	玄 玄 栖 霞 之 洞
02	大唐顯慶四年□月　□□□書

【考察】

“玄玄栖霞洞” と “玄元棲霞洞”

七星山の洞名には早くから多くの異称があり、史料に混乱が見られる。早くは “栖霞洞” と呼ばれ、後に “玄玄” が冠せられて “玄玄栖霞洞” と呼ばれたらしいが、“玄玄” は “玄元” あるいは “元元” とも書かれ、また “栖霞洞” は “棲霞洞” とも書かれている。したがってその組み合わせによって表記は多くなる。また南宋では “仙李洞” ともよばれた。

明・清の『通志』・『縣志』等では「棲霞洞」に作るものが多いが、七星巖洞口に現存する宋・明の石刻はいずれも “栖霞洞” に作っている。唐刻も「栖」字であったと考えてよい。「元元」に作るのは清代の史料であり、それは国諱（玄燁）を避けたものである。「玄玄栖霞洞」というのは、栖霞洞内（“第一天洞” 左側の岩棚上）に早くから老子の像が祭られていたことと関係があるという。その早い記録である宋・尹穡「〔仙李洞〕銘并序」に次のようにいう。

> “仙李巖” 即 “玄元栖霞洞”。唐祖老氏尊以 “玄玄” 之號、而所在祠之。今洞額鑱刻篆字、奇古不磨。又有老君像在焉、意其自唐始耶。建炎己酉（三年1129）八月、故相李公（士美）書 “棲霞洞”、銘刻于洞門之外。後六年（紹興五年1135）、經略按撫使李彌大、與賓從遊、愛其雄邃隆傑、咸請易名、廼曰：“昔唐鄭冠卿遇日華・月華君於此（尹穡「仙蹟記」はそれを記したもの）。其有仙蹟、且聃（老子李耳）吾（李彌大）祖也、故相國（李士美）亦其苗裔、而予又愛賞如此、宜以 ‘仙李’ 名之”。魯郡尹穡聞而銘之。銘曰……。

『桂林石刻（上)』（p2）によれば、隋・開皇十年（590）に曇遷（541−607）が洞口に “栖霞洞”

(隷書、字径18cm）と題している。早くは単に“栖霞洞”とよばれていたのであるが、唐・顕慶間の題字にはこれに“玄玄”を冠した。尹穡はその理由を李唐の道教尊崇政策によるものであるとする。しかし、尹穡の文では前にいう「玄元栖霞洞」についての説明であるから、「玄玄」と一致しない。この尹穡「銘并序」は明・黄佐『廣西通志』十二「山川志」(16b）の「棲霞洞」に全文が引かれているが、清・謝啓昆『廣西通志』九四「山川略」一の「棲霞洞」の条にも尹穡「洞銘序」として引き、「舊名“玄玄栖霞洞”、唐祖老氏尊以“玄玄”之號、洞額鑱刻篆字、奇古不磨。又有老君像、意其爲唐始耶。建炎己酉八月、故相李公書“栖霞洞”、銘刻于洞口之外。後六年、經略安撫使李彌大、易名“仙李”」に作っている。『桂林石刻（上)』は「宋・尹穡栖霞洞銘」（p132）と題して収め、「據謝通志録文」とする。拠る所は謝啓昆『廣西通志』九四の「棲霞洞」に引く「宋・尹穡『仙李洞銘』」であると思われるが、なぜか多くの句を脱しており、銘の上を「上缺」としている。

明代の『通志』では「玄元」と「玄玄」に作って異なり、清代の『通志』では「玄玄」と「玄玄」に作って整合する。しかし他の明代の史料によれば、顕慶間の題字は「玄元」であったように思われる。明・張鳴鳳『桂勝』二「七星山」に「栖霞洞：唐祀玄元於此、故名“玄元栖霞洞”」という。ただしテキストによって微妙に異なり、四庫全書本は「栖霞□、唐祀玄元於此、故名“玄元栖霞洞”」に作り、古学彙刊本は「栖霞□、唐祀玄〔「元」あるいは「玄」を缺く〕於此、故名“玄元棲［前の「栖」と異なる］霞洞”」に作り、点校本はこの部分の異同を言わずに「栖霞□、唐祀玄元於此、故名“玄元棲霞洞”」に作る。この中では四庫全書本が原文に最も近いであろう。また、明・曹学佺『廣西名勝志』一に「七星山：……中有棲霞洞。唐祀玄元老子于此、有古像。相傳明皇所實」(19b）というのも同じ由来説を示すものである。これらはいずれも南宋・尹穡の説に拠ったものであろう。すると、尹穡の文は「玄元栖霞洞」に作っていたのであり、唐・顕慶間の題字も「玄元栖霞洞」であったと思われる。清・渾融『棲霞志』上「基地」に「洞口高敞、正西向、上鐫古篆文“玄元棲霞之洞”、旁有石、鐫范成大『碧虚亭記并銘』」という。しかし清・謝『通志』等および最近まで現存していた石刻に拠っているという『桂林石刻』は「玄玄」に作る。

周知の如く「玄玄」は『(老子）道徳經』に見える「玄之又玄」に由来するものであるが、老子の号ではない。いっぽう李唐は老子を追尊して「玄元」と呼んだ。『唐會要』五〇「尊崇道教」に「(高宗）乾封元年（666）三月二十日、追尊老君爲太上玄元皇帝。至（武后）永昌元年（689)、却稱老君。至（中宗）神龍元年（705）二月四日、依舊號太上玄元皇帝」という。したがって「唐祖老氏尊以“玄玄”之號」の「玄玄」は「玄元」の誤りであり、「栖霞洞、唐祀玄元於此、故名“玄元棲霞洞”」というのが正しい。しかし問題はその時期である。「玄元」の称は乾封元年（666）に始まるが、題字は「大唐顯慶四年」(659）の刻である。したがって題字は「玄玄」であった可能性が高い。少なくとも顕慶四年の題字について「栖霞洞、唐祀玄元（老子）於此、故名“玄元棲霞洞”」というのは史実に合わない。

この他、南宋の一時期、“仙李洞”とも呼ばれた。尹穡「銘序」にいう「後六年（紹興五年1135）、經略安撫使李彌大、易名“仙李”」がそれであり、また尹穡「仙蹟記」（七星巖内に現存）末尾に「紹興五年十一月冬至日、魯國尹穡述、呉郡李彌大書、醴陵張昱模刻」と見える。それ以前は栖霞洞と呼ばれていた。『桂林石刻（上）』の「宋・李士美書“栖霞洞”三字」（p 124）に「據興安縣乳洞内李士美“三洞記”、知李士美為建炎三年（公元一一二九年）来桂、此刻及龍隠岩・清秀岩題字、当在此期間」と考証するが、すでに尹穡「銘序」に「建炎己酉（三年1129）八月、故相李公書“栖霞洞”」と明記されている。士美は李邦彦（?－1130）の字。仙李とは別人。

7－02 〔存〕大暦五年（770）顔真卿書“逍遥樓”（重刻）

顔真卿の榜書石碑は七星公園の普陀山普陀精舎（一九五九年建）の山門の手前（東）の山下に建てられた亭（護碑亭）内にある。N25°16′595″、E110°18′380″。原碑はかつて清末の東城（行春門城）上の逍遥楼内にあり、民国年間の日中戦争期に城壁を解体して大橋（かつての解放橋、二〇〇一年に再建）を建設するために普陀山に移置したが、破壊されて一九五四年に重刻、また文革中に破壊されたために一九七二年に旧拓本に拠って再び重刻されたという。ただし記録に若干食い違いがある。『桂林旅游資源』には「清末樓毀碑在、抗戰間東城拆除、此碑移至現址。曾被撃碎、1954年重聘名匠再刻、“文革”中又遭遇破壊、1972年據拓本再行重刻」（p590）というが、『桂林石刻』（一九八一年本）には「抗戰間拆修築大橋、碑移普陀山前、後碑面被鏟、在一九七二年據舊拓本重刻」（p5）というから、一九七二年に重刻される前の状態は、碑石全体が破壊・粉砕されたのではなく、碑面のみが砕かれ、傷つけられたのである。文革時代には歴史的文物の石刻はしばしばこのような方法で破損され、読み取れないようにされた。人災である。なお、『桂林市志』中冊「市政建設志」（p1437）によれば、民国二十二年（1933）から二十九年まで城門・城牆等を撤去して街道を拡張・整備している。『桂林市志』上冊「大事記」（p67）・中冊「江河橋梁」（p1451）によれば、民国二十八年に桂江大橋（浮橋）に石橋を架け、三十年に完成、中正橋と命名。一九五一年に解放橋に改名された。また、「曾被撃碎、1954年重聘名匠再刻」というのは、一九五四年以前に、つまり抗日戦争中に破壊されたように読める。しかし今日の碑石の裏には北宋・崇寧元年（1102）の「湘南樓記」が刻されており、碑石が破壊された痕跡は認められない。「湘南樓記」の拓本は『中国西南地区歴代石刻匯編』第九冊「廣西桂林巻」（p75）に収められており、表面の傷等の状態から見て今日のものと同じである。碑石は当時のものなのではなかろうか。『桂林市志（下）』・『桂林旅游資源』ともに現存の石刻数に入れているが、いずれにしても現存するものは重刻である。なお、“逍遥樓”碑石は普陀山下の他にも桂海碑林の石刻博物館内に一基ある。忠実なレプリカであり、今日の拓本はこれからとられている。普陀山下のものは“逍遥樓”の面を表にして置かれており、裏には李彦弼「湘南樓記」が刻されているが、石刻博物館内のレプリカには「湘南樓記」は刻されていない。

【現状】

01	逍　　遥　　樓
02	大暦五年正月一日顔真卿書
03	一九七二年十一月重刻

石面磨平、字上塗朱。碑石は縦2.2m×横１m、厚さ21cm。榜書三字、縦書き、楷書、字径0.6m；落款十三字、楷書、字径８cm。『中国書法・顔真卿（二）』（文物出版社一九八一年）によれば、この三字は現存（拓本を含む）する顔真卿の書の中で最も大きいものであるという。碑陽は重刻であるが、碑石そのものは碑陰に刻されている李彦弼「湘南樓記」（崇寧元年1102）によって原石であると思われる。ただし今日向けられている面が陽であるとは限らない。この問題については後考。

【資料】

録文：

清・謝啓昆『粤西金石略』一（5a）「逍遥樓刻石」

清・謝啓昆『廣西通志』二一五「金石略」（6a）「逍遥樓刻石」（以上、謝本と略称）

清・王昶『金石萃編』九五「唐」五五（16b）「逍遥樓三大字」（王本と略称）

清・洪頤煊『平津讀碑記再續』一（17b）「逍遥樓三大字」（洪本と略称）

清・呉式芬『金石彙目分編』一八（1a）「唐逍遥樓三大字」（呉本と略称）

清・楊翰『粤西得碑記』（5b）「顔魯公逍遥樓三大字」（楊本と略称）

清・蘇宗経『廣西通志輯要』三（31a）（蘇本と略称）

清・黄泌『臨桂縣志』二四（中冊p62）「逍遥樓刻石」（黄本と略称）

清・朱士端『宜禄堂金石記』四〇「唐逍遥樓三大字」（朱本と略称）

今・『桂林石刻（上）』（一九八一年）（ｐ5）「顔真卿題逍遥樓三大字」（桂林本と略称）

蘇本と黄本は謝本に拠っていると思われる。

大暦五年正月一日顔真卿書

逍遥樓
大暦五年正月一日顔真卿書

拓本影印：

『北京圖書館蔵中國歴代石刻拓本匯編・唐』二七「逍遥樓榜書」（p 88）（北京本と略称）

藤原楚水訳註『語石』二（p398）「顏真卿書三大字逍遥楼」（以下の五種は桂林石刻本と略称）

『桂林石刻』（一九七九年）「唐・顏真卿：『逍遥楼』榜書」（p 1）

『桂林石刻選』（一九八〇年）「唐・顏真卿：『逍遥楼』榜書」（p 1）

『桂林』（一九九三年）「顏真卿『逍遥楼』題名石刻」（p 155）

『中國西南地區歴代石刻匯編（九）廣西桂林巻』（p 6）「顏真卿書“逍遥樓”三字」

『中国書法・顏真卿（二）』（一九八一年）「逍遥樓石刻」（p 4～6）（故宮本と略称）

『桂林石墨菁華』（一九九三年）「唐・顏真卿書『逍遥楼』」（p 4）（桂林石墨本と略称）

拓本：

京都大学人文科学研究所蔵（京大本と略称）

故宮本には「刻石在廣西臨桂」「拓本藏故宮博物館」（p 329）という。桂林石墨本は恐らく一九七二年に桂林石刻本に拠って重刻されたものの拓本であろう。石呆子『桂林石刻』（一九八七年）にも収めるが、拠ったものは桂林石墨本の重刻ではなく、桂林石刻本の旧拓であろう。また、藤原訳註本に収めるものは「四川臨桂」というが、これは「四川・臨桂」あるいは「広西臨桂」の誤り。内容は桂林石刻本と同じである。藤原訳註本は京大本の影印であろう。拓本の影印は多いが、以下に見るように多くの点で同一物であるとは認めがたい。著明な書家の作ということもあってか、偽刻された贋作があるように思われる。

【校勘】

01　逍遥楼

「遥」：拓本の間に異同が見られる。桂林石刻本・北京本・桂林石墨本等は「遥」、故宮本は「遥」に作る。ともに異体字。「缶」の上部分に相違がある。なお、今日の中国では「遥」を正字とする。台湾は「遙」、日本は「遥」。

「樓」：謝本等多くが「樓」に作るが、拓本は「婁」部分を「婁」に作っており、楊本のみが忠実に写している。

02　大暦五年正月一日顏真卿書

「暦」：謝本・楊本・黄本等は「歴」。清の国諱（弘暦）を避けたもの。他の諸本は「暦」に作るが、唐人は「暦」に作ることが多い。現存する唐刻「平蠻頌」・「舜廟碑」・「獨秀山新開石室記」・「遊隱山記」（題擬）等はいずれも「暦」。

「五年正月一日」：謝本・呉本・楊本・蘇本・黄本は「丁巳」。詳しくは謝本・楊本・黄本は

「大歴［暦］丁巳顔眞卿書、眞書徑二寸」、呉本に「顔眞卿正書、大歴［暦］丁巳」、蘇本に「大歴［暦］丁巳顔眞卿書。眞書徑二尺（"逍遥樓" 三字の字径は二尺、款署は二寸）。早くは明・魏濬『嶠南瑣記』（万暦四十年1612序）上に「"逍遥樓" 三字、後有 "大歴［暦］丁巳顔眞卿書"」という。今日の拓本ではいずれも明らかに「正月一日」であり、また王本・洪本・朱本も臨桂県に在るとして「大暦五年正月一日顔眞卿書」に作る。なぜ謝本等は「大暦」の下を「丁巳」に作り、さらに「正月一日」を缺いているのか。誤字・脱字なのであろうか。ちなみに大暦丁巳は大暦「十二年」(777)、大暦五年正月は「乙丑」朔であり、いずれにしても合わない。重刻された際に誤ったのであろうか。すでに清代に異本があったことが知られる。「大暦丁巳」に作る謝本は嘉慶六年（1801）刊、「大暦五年正月一日」に作る王本は嘉慶十年刊であってほぼ同じ時期である。この他、四川にも顔真卿書「逍遥楼」が伝わっており、その落款は「大暦五年正月一日」「大暦六年夏六月」に作っている。なぜ謝本・楊本のみが「大暦丁巳」に作っているのか、謎である。その他、清・葉志詵『平安館藏碑目』（抄本）「唐」に「逍遥樓：大暦三年正月顔真卿」というが、「三」は「五」の誤字であろう。

「年」:「五年」に作る拓本の中で故宮本は「秊」に作る。異体字。

「真」: 諸本は「眞」に作るが拓本は「真」。

03　一九七二年十一月重刻

楷書、字径 3 cm。

【復元】

以下に考察するように異本が多く、顔真卿の書であったかどうか、問題があるが、本来は次のようなものであった可能性が高い。

01	逍　　遥　　樓
02	大暦五秊正月一日顔真卿書

【考察】

唐桂州城の逍遥楼と顔真卿

この榜書は、『中国書法・顔真卿（二）』（文物出版社一九八一年）をはじめとする多くの書では中国を代表する唐代の書家・魯公顔真卿（709−784）の大暦五年正月一日の作であるとされている。その中にあって最近の研究、朱関田『唐代書法家年譜』（二〇〇一年）は、王昶『金石萃編』を引いた上で、「是三大字、書法板滞不類顔真卿平常風貌、且格局及題款不合唐時習俗」として「蓋出後人倣書而重模者」(p479) と疑う。今日に伝わっている拓本には多くの問題がある。それらの録文や拓本はいずれも桂林旧蔵というが、幾つかの異本があるということは、重ねて翻刻されてきたということである。そうならばいずれが最も古くて真筆に近いのか、また、そもそも書は顔真卿の真跡であるのかどうか。

顔真卿書“逍遥樓”の碑石は桂林旧城の逍遥楼にあったと考えられる。録文・拓本(影印)は原所在地を示しているが、「桂林」「臨桂」以外に具体的に示しているものでは、謝本(清)は「右碑在臨桂東城上」、呉本「臨桂縣」(清)は「在東城上」、桂林石墨本は「碑原置於桂林東城上」といい、桂林本・桂林石刻本は「右碑原在行春門城上逍遥楼中」という。清代の桂林城の東の城壁は、蘇宗經『廣西通志輯要』(光緒十五年1889)「省城圖」に拠れば、正東に“東江門”、その北に“行春門”があり、“逍遥樓”はこの両門の間に記されている。したがって「東城」と「行春城」とは同じ地点を指すと考えてよい。また、逍遥楼の存在とその位置については、晩唐『桂林風土記』の「碧潯亭」の条に「在子城東北隅十餘歩、接近“逍遥樓”、俯近大江」、「夾城」条に「從子城西北角二百歩、北[此]上抵伏波山、縁江南下、抵子城“逍遥樓”、周廻六七里」といい、また北宋『太平寰宇記』一六二「桂州」臨桂縣に「逍遥樓:在州城東角上」、清・金鉷『廣西通志』四四「古蹟」(4b)に「逍遥樓、在城上東北隅、唐顔真卿書“逍遥樓”三大字刻於石」という。したがって唐の桂林城に逍遥楼があったことは確かであり、それは東の城壁にあった。さらに南宋「靜江府城池圖」(石刻現存、鸚鵡山南壁)には“東江門”の北“行春門”との間に“逍遥樓”三字が記されている。したがって清城の東の城壁の位置は宋城とは基本的に変わっていない。

そこで桂林ではこの榜書があることによって城楼が“逍遥楼”とよばれるようになったと一般に考えられている。例えば『桂林旅游資源』(一九九九年)「顔真卿“逍遥楼”碑」には「此三字榜書于唐大暦五年(770)間、為河南蒲州逍遥楼所横匾、唐代将其拓来桂林、改刻成直碑、置于行春楼上、該楼則易名為“逍遥楼”」(p590)、『桂林旅游志』(一九九九年)「護碑亭」にも「“逍遥楼”碑、是唐代書法家顔真卿為蒲州(今山西永済縣)逍遥楼所題。唐代拓来桂林、刻碑存于行春門城楼中、遂亦名逍遥楼」(p90)という。しかし事実はその逆である。

唐代の著明な詩人・宋之問(656?-712)に「桂州陪王都督晦日宴逍遥樓」・「登逍遥樓」と題する詩がある。これによっても唐代の桂林城に逍遥楼があったことが知られるが、宋之問が桂林にいたのは景雲元年(710)から三年の間である。今日に伝わる顔真卿書“逍遥樓”の録文および拓本には「大暦五年正月一日」あるいは「大暦丁巳」(十二年777)とある。いずれにしても宋之問から六十年以上後のことである。したがってこの石碑に因って逍遥楼と名づけられたのではない。このことは早く清・康煕間の始めに桂林を訪れている閔叙の『粤述』に「逍遥樓、桂林府城東北樓也、下枕灕水、……唐顔眞卿題曰“逍遥樓”、石刻猶在。至宋紹聖間、安撫使程節改曰

“湘南”」を輯して注に「按唐・宋之問有“登逍遥樓”詩、則名似不始眞卿」という。仮にこれらの宋之問の詩題が後人による題擬であるとしても、「登逍遥樓」詩中に「逍遥樓上望郷關、緑水泓澄雲霧間」と見える。また「桂州陪王都督晦日宴逍遥樓」詩の「王都督」とは王晙のことであり、王晙は『舊唐書』本傳に「景龍末（710）、累轉爲桂州都督」という。唐代では宋之問の詩が示すようにしばしば祝宴の会場として使われていた。したがって榜書の落款にいう「大暦」年間の六十年前から“逍遥”という楼がすでにあったことは確かである。そうならば顔真卿の榜書“逍遥樓”があることに因って逍遥楼と名づけられたのではなく、事実はその逆であって、逍遥楼があったために大家顔真卿の書による榜書が置かれたのである。

では、いつ、誰が顔真卿書“逍遥樓”を桂林にもたらしたのか。早く清・洪頤煊『平津讀碑記再續』一（17b）に「案『顔魯公文集』載行状、大暦三年遷撫州刺史、七年九月拜湖州刺史、生平未嘗至桂州。此三字不知何時何人所模、其詳不可考矣」という。確かに顔真卿は桂林に来たことはなく、したがってその書あるいはその拓本に拠って模刻されたものと考えるべきである。「唐代将其拓来桂林、改刻成直碑」、「唐代拓来桂林」という所以である。この榜書は大暦年間の模刻であるとしても、桂林にもたらされたのはその後のことである。拓本をもたらした者としてまず考えられるのは顔証であろう。桂林芦笛巖の洞内に現存する顔証等題名によって、顔証が貞元十六年（800）に桂州刺史として赴任していることが知られる。顔証は顔杲卿の孫であり、顔真卿と顔杲卿は従兄弟の関係になる。つまり顔真卿の父・顔惟貞と顔杲卿の父・顔元孫は兄弟であるが、顔真卿は幼くして父を亡くし、伯父・元孫に養育された。顔元孫撰『干禄字書』（大暦九年）は顔真卿の書。大暦五年（770）以後という時間的条件および顔真卿との関係から見て、顔証との接点を先ず考えるべきであろう。しかし原刻が唐代であるのか、顔真卿の書であるのか、以下に考察するように大いに問題がある。

顔真卿書“逍遥樓”の異本五種とその関係

謝本・楊本の録文と北京本・桂林本・故宮本の拓本はいずれも桂林旧蔵のものであるというが、文字が異なっており、それは録文と拓本の間に見られるだけでなく、拓本の間でも異同がある。また、じつは顔真卿の書「逍遥樓」なるものは各地に存在していた。これを指摘する者は多い。たとえば楊震方『碑帖叙録』（一九八二年）「逍遥樓三大字」（p 134）に「款爲“大暦五年（七七〇）正月一日顔眞卿書”。原在廣西桂林行春門城上逍遥樓中。……又四川劒閣（今劒閣縣）亦刻有此三大字。在四川者筆勢劣下、恐係重刻」というように、桂林刻本の他に四川刻本があった。しかも張彦生『善本碑帖録』（一九八四年）「唐逍遥樓三題字」には「傳三刻本、又云三刻」として「原刻在廣西臨桂。又四川梓潼刻本、有宋紹興十七年郭題記。又四川劒州刻本、書体雄偉」（p 138）というように、四川のものは二種あり、桂林のものを原刻として三刻本あるとしている。このような指摘はすでに清人にも見られる。

（A）剣州刻本：

剣州刻本を忠実に録した最も早いものは清・劉喜海『金石苑』（道光二十六年1846）であろう。次のように録している。

紹興十七年六月十六日權武□縣尉郭□　立石

逍　　　遥　　　樓

大歴五季正月一日　顔真卿書

その按語に「右刻石在劒州。按『金石萃編』“逍遥樓三大字、大歴五年正月一日顔真卿書”、刻石廣西臨桂。是不獨劒州有此刻也」という。「歴」は清の国諱（弘曆）を避けたもので、本来は「暦」あるいは「曆」であったと思われる。また、清・李文藻『粤西金石刻記』（2a）「唐・逍遥樓扁」の李昔吾（？）の按語に次のようにいう。

按“逍遥樓”三字題勒、不止一處。（清・劉喜海）『金石苑』謂在劒州、『粤西金石略』（謝本）言在臨桂東城上、又言真卿曽題蒲州逍遥樓榜、好事鈎勒置此。考題榜時日、劒州与臨桂均大歴［曆］五年正月一日；字徑、在劒州者云尺九寸、在臨桂者云徑二尺、是大小亦相等。其爲輾轉鈎勒無疑。

剣州刻本を桂林刻本と本来同じものであるとしているが、そう簡単には断定できない。また清・葉昌熾『語石』二「四川三則」其二にも「臨桂“逍遥樓”三字、亦重摹於劒州」といい、剣州刻本を桂林本の重刻と見なしている。落款の日付と字径のみから推断しているが、じつは「遥」や「年」が異なっている。

剣州刻本は武連県覚苑寺に刻されていたものを指すと思われる。清・呉式芬『金石彙目分類』一六「保寧府・劒州」（53a）に「唐“逍遥樓”三大字：顔眞卿正書、大歴［曆］五年正月、宋・紹興十七年立石武連驛普濟寺中。普濟寺、今名覺苑寺」といい、さらに清・繆荃孫『藝風堂金石文字目』（光緒二十四年1898）「唐」六（3b）に次のように詳しく録している。

“逍遥樓”三大字：顔眞卿正書、大暦五季正月一日、在四川劒州武連縣。

宋・郭□題記：正書、紹興十七年六月十六日。

“逍遥樓”三大字：顔眞卿正書、大暦五年正月一日、在廣西臨桂。

碑陰、宋「湘南樓記」：李彦弼撰、周晃正書、程鄰篆額、崇寧元年壬午四月辛丑。

また同書「南宋」十二（3b）にも次のようにいう。

“逍遥樓”三大字：顔眞卿正書、紹興十二［七］年六月十六日。縣尉郭□刻。在四川劒州武連驛覺苑寺。

ここでも桂林本と剣州本とでは「年」字を異にして録しているから、両者の異同に気が付いていてよい。早くは康熙三十五年（1696）に剣州を通った王士禎『秦蜀驛程後記』下（36a）に「武連驛……北山覺苑寺有……顔魯公“逍遥樓”大字碑」と見えるが、桂林本のことを知らなかったようである。文字の異同に注意した最も早いものは清・黄本驥（1781－1856）の編訂『顔魯公文集』（道光二十六年1846）八に付録の「請御書逍遥樓詩碑額表」の条であろう。『金石萃編』の「顔魯公“逍遥樓”三大字、正書、在廣西臨桂縣」を引いた上で次のようにいう。

案此三字又刻于四川劒閣。大字（逍遥樓）、粤本（桂林本）作“逍遙”、蜀本（劍州本）作“遥”、款云：“大暦五年正月一日顔真卿書”。蜀本小字（落款部分）劣于粤本、蓋粤刻在先、蜀系重模者。逍遥樓在山西臨漳縣、後趙石虎所建、唐太宗・元［玄］宗幸此皆有詩。魯公嘗爲莆［蒲］州刺史、王璵書表、此三字則公刺撫州時追書也。

顔真卿の研究家にして金石にも通じる黄本驥は、桂林本を先刻として、剣州本をそれによる重刻と考えている。

今日、剣州刻本も見ることができる。『北京圖書館蔵中國歴代石刻拓本匯編・唐』第二七冊に収める拓本の影印を剣州刻本と考えてよかろう。その解説に「唐大暦五年（770）正月一日刻、紹興十七年六月重刻。石在四川劒閣。拓片高209厘米、寛100厘米。顔眞卿正書」（p 87）という。剣閣県は清の保寧府剣州。今、剣州刻本と桂林刻本と較べてみれば、剣州刻本の方が幅がやや大きいが、それは『金石苑』が録しているように「逍遥樓」の前に小字で「紹興十七年六月十六日武□（連）縣尉郭□立石」の一行があるためである。「武」の下は「連」。ただし拓本影印本は「大暦五季□□□正月一日顔□□書」とあって三字分長くなっている。「正月」の前の不鮮明な部分は干支のようにも読める。干支ならば大暦五年は「庚戌」であるが、そのような字形には見えない。あるいはこれは既に刻してある石面を削って新たに刻した痕跡なのであろうか。

（B）梓潼刻本：

張彦生『善本碑帖録』によれば、四川には剣州刻本の他に梓潼刻本があった。『善本碑帖録』に「原刻在廣西臨桂。又四川梓潼刻本、有宋紹興十七年郭題記。又四川劍州刻本、書体雄偉」というから、剣州刻本と梓潼刻本はともに紹興十七年郭題記をもっており、本来同じものであると考えられる。しかし高文・高成剛編『四川歴代碑刻』（四川大学出版社一九九〇年）に収録する拓本影印の「逍遥樓」の注は「刻在四川剣閣。石高６尺８寸、寛３尺４寸３、大字字径１尺９寸、正書」として『善本碑帖録』と『桂林石刻』を引いており、桂林本と同じものと考えているようであるが、落款は鮮明であり、「大暦六季夏六月顔真卿書」となっている。つまり『四川歴代碑刻』所収の「刻在四川剣閣」本は明らかに『金石苑』等の録する剣州本と異なる。『四川歴代碑刻』所収のものは剣州刻本ではなくて、梓潼刻本なのではなかろうか。

清代では梓潼県は綿州に属し、武連駅は保寧府剣州（今の剣閣県）に属して州を異にするが、梓潼県は剣州の西南に隣接して境界に武連駅がある。清の武連駅は宋の武連県であり、梓潼県と武連県はともに北宋では剣州、南宋では隆慶府に属していた。また、武連駅の覚苑寺は有名であり、『輿地碑記目』（嘉定十四年1221序）四「遂寧府碑記」に「唐覺苑寺鑄鐘記」を録して「在蓬溪縣覺苑寺、唐・元和十二年遂州刺史張九宗撰『鑄鐘記』兼書」という。さらに『集古録』に「蜀中資州模刻在其東北二巖、各刻二本、（劒州）鶴鳴山銅梁江上亦有刻本」というように、元結の作を顔真卿が書して元結が一時住していた浯渓（今の湖南省祁陽市）に刻された「大唐中興頌」（大暦六年771）が北宋には資州・剣州の三個所に重刻されていたから、「逍遥樓」も剣州刻本と梓潼刻本があったことは十分考えられる。なお、四川には顔真卿書の模刻が多く、『語石』二「四川三則」其二に「其俗最重顔魯公書。『中興頌』、資州東巖・北巖、各有一本、劒州鶴鳴山有一本、字皆左行：據劉（燕）氏『（三巴）孴古志』、銅梁縣臨江壁上亦有一本；湖州『干禄字書』、宇文時中模刻於三臺縣尊經閣；臨桂“逍遥樓”三大字、亦重刻於劒州。類記於此、亦以見彼都人士景行先賢之志、爲不可及也」というように、宋代には四川で顔真卿の書が愛好されていた。顔真卿が湖州刺史時代に書した『干禄字書』は、宇文時中が知潼川の時に潼川府（清の三台県）尊經閣に模刻して置いたもので、末に勾詠の題記（紹興十二年1142）がある。題記の拓本影印は『中国書法・顔真卿』第四冊（文物出版社一九八三年）に収める。ただし該書の「圖版説明」（p272）に撰者を「句泳」に作るのは誤り。また、楊震方『碑帖叙録』（上海古籍出版社一九八二年）に「宋紹興中（一一三一～一一六二）勾詠刻於蜀中」（p8）というが、勾詠の題記に「紹興壬戌」と見える。「逍遥樓」碑も題記によれば「紹興十七年」であるから、両者は時間的に極めて近い。「逍遥樓」碑の建立は武連県尉郭某であり、『干禄字書』碑との関係は「題記」からは知られないが、このような南宋の四川における顔書の愛好と無関係ではなかろう。

このように、剣州刻本と梓潼刻本があり、両者は本来同じものによる再刻であった可能性が高い。しかし今日伝わる拓本影印では落款部分が明らかに異なっている。また、北京図書館蔵の拓本の落款部分では「正月」の前後にはすでに刻されていた文字を磨削したような痕跡が見られるが、『四川歴代碑刻』所収の拓本に見える「夏六月」ではない。

そこで今日知られる伝顔真卿書“逍遥樓”を整理すれば、それには数種類があり、次のような異同が認められる。魏本は明・魏濬『嶠南瑣記』。

（１）落款部分

A　大暦五年正月一日顔真卿書　　　＝桂林本・北京本

B　大暦五秊正月一日顔真卿書　　　＝故宮本

C　大暦丁巳顔真卿書　　　　　　　＝魏本・謝本

D　大暦五秊□□□正月一日顔真卿書　＝四川剣州本

E　大暦六秊夏六月顔真卿書　　　　＝四川梓潼本

（２）正文「逍遥樓」の「遥」字。

A　遥　　＝桂林本・北京本

桂林本

北京本

故宮本

四川梓潼本

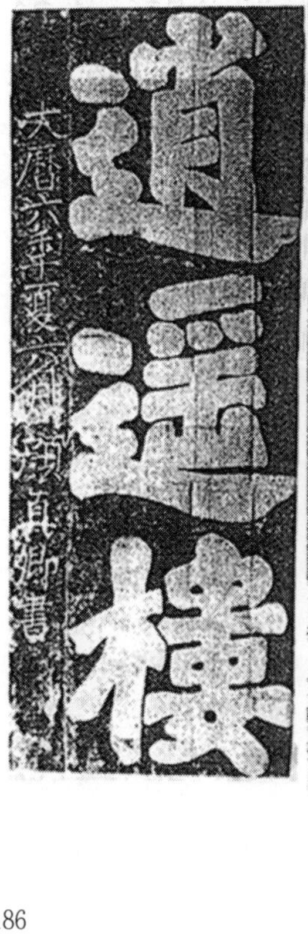

四川剣州本

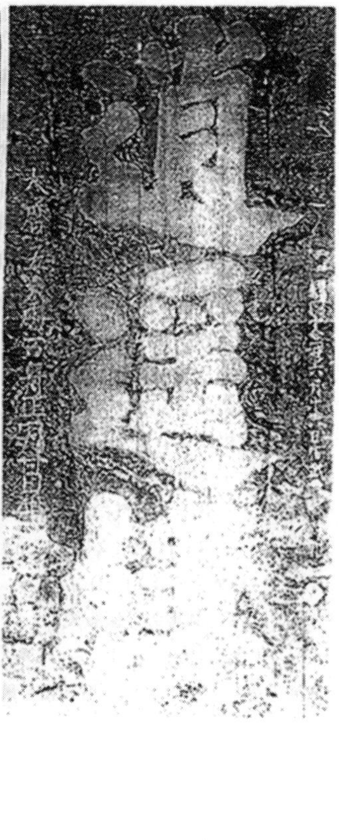

『金石苑』本

B　遥　　＝故宮本・四川剣州本・四川梓潼本

C　遙　　＝謝本および拓本以外の諸本

もと桂林にあったとされる桂林本・北京本・故宮本・謝本等の中で、桂林本・北京本は正文・落款ともに近く、故宮本は四川剣州本と正文は近いが、落款がやや異なる。また、落款部分の位置に注目すれば、桂林本と北京本は同じであるが、故宮本と異なり、故宮本は四川剣州本に近い。そこで少なくとも次のような五系統が想定される。

桂林：魏本・謝本　…………………1

　　　北京本・桂林本　……………2

　　　故宮本　………………………3

四川：剣州本（宋紹興十七年重刻）…4

　　　梓潼本　………………………5

次に、これらの拓本の成立年代から諸本の関係を考えてみることはできないであろうか。

北京本には「顧569」という略号が記されている。その第9冊「隋唐五代十國一」の「凡例」（p1）に「『顧』為顧千里」とあるから、顧千里旧蔵のものである。顧廣圻、字は千里、乾隆三十五年（1770）生、道光十九年（1839）卒。顧千里が拓本を入手した正確な年代はわからないが、嘉慶から道光の頃であろう。謝本は嘉慶六年（1801）の成書であり、この頃、顧千里は三二歳であるから、拓本を入手したのは謝本の成立よりも後のこと、嘉慶末・道光初の頃と考えてよかろう。桂林本は文革中に破壊されたために一九七二年に旧拓本に拠って重刻された。その正文・落款はともに北京本と同じであるから、桂林本の拠った旧拓本は顧千里旧蔵の北京本と同じく道光初まで遡ることができる。

故宮本は故宮博物院旧蔵のものであり、落款部分は他の拓本と較べて最も鮮明であって全体的に亀裂・剥蝕も少ない。また、故宮本は四川剣州本と最も近く、四川本は宋紹興十七年（1147）まで遡ることができる。したがって桂林本系の中では最も早い時期の拓本であるように思われる。しかし千年もの星霜を経ているとは思われないほど刻字は鮮明である。これは故宮本が刻されて間もない頃に作られた拓本であることを示している。つまり偽刻・重刻である可能性も考えられる。今、故宮本には所蔵印が二つ押されており、上の一つは解読困難であるが、その下に押されている一つは「李一氓印」のように読める。

謝本が「大暦丁巳」に作っているのは特異である。謝本と同じく「大暦丁巳」に作るものに楊本（光緒二年1876）・蘇本（光緒十五年1889）があるが、これらは謝本に拠ったものであろう。蘇本『廣西通志輯要』一七巻はその「序」にいうように謝啓昆『廣西通志』二八〇巻が浩瀚であるのをダイジェストしたものである。更に早くは明・魏濬『嶠南瑣記』（万暦四十年1612序）も「大暦丁巳」に作っているから、謝本の系統は明代に遡ることができる。つまり、桂林に伝わっていたものは明代から「大暦丁巳」に作ってあり、清代の中頃、おそくとも謝本のできた嘉慶六年（1801）までは「大暦丁巳」に作るものがあり、その後に「大暦五年正月一日」に変わった、と推定される。

いっぽう孫星衍『寰宇訪碑録』（嘉慶七年1802）四（4a）に「逍遥樓三大字：顔眞卿正書、大暦五年正月、廣西臨桂」、瞿中溶（1769-1842）『潛研堂金石文字目録』（嘉慶十年1805）三（2a）にも「逍遥樓三大字：顔眞卿書、正書、大暦五年正月、在廣西省城」という。これらはいずれも「大暦五年正月〔一日〕」本の系統である。ただし「遥」・「年」の字がいかに作られていたかは不明であり、したがって故宮本系か北京本系かも未詳。『潛研堂金石文字目録』は銭大昕（1728-1804）所蔵の拓本等を後に整理した目録であるが、それよりもやや早い『潛研堂金石文跋尾』（乾隆五十二年1787）七「唐」四（天宝～建中）には録されていない。同じく桂林の石刻である「舜廟碑」・「李渤留別南溪詩」・「李珏題名」は『跋尾』に見えるが、「孟簡題名」は『跋尾』に見えず、『目録』のみに見える。あるいは『跋尾』以後に入手した拓本があり、「逍遥樓三大字」もその一つなのであろうか。ただし『跋尾』七（24a）「舜廟碑」に「粵西石刻以此爲最佳、而收藏家多不著録。李素伯由潮陽令遷靜江郡丞、爲余搨致之」とあるから、李素伯から寄せられたものである。素伯は李文藻（1730－1778）の字、先に掲げた『粵西金石刻記』の撰者であり、乾隆四十二年（1777）に桂林府同知となっている。『廣西通志』五二「職官表」四〇「國朝」一七。また、『跋尾』九（16b）「李珏題名」には「甲辰歳袁簡齋游粵中搨以貽予」というから、乾隆甲辰四十九年（1784）に袁枚（1716－1797）が贈ったものである可能性もある。謝本の編纂は嘉慶五年（1800）の開始、六年の完成であるから、時期は『寰宇訪碑録』・『潛研堂金石文字目録』と殆ど変わらないが、それよりもやや早い。したがって嘉慶の頃に、「大暦丁巳」に作るものの他に「大暦五年正月一日」に作る異本があったことになる。しかし明代のものは「大暦丁巳」に作ってあったらしいから、何らかの事情によって嘉慶の頃に「大暦五年正月一日」に作るものが現れたことになる。そうならば故宮本・北京本・桂林本は清代の重刻である。この関係を図示すれば次のようになる。

〈作“大暦五年”〉	〈作“大暦丁巳”〉
	魏　濬＝万暦四十年（1612）
	謝啓昆＝嘉慶六年（1801）
孫星衍＝嘉慶七年（1802）	
瞿中溶＝嘉慶十年（1805）	
王　昶＝嘉慶十年（1805）	
洪頤煊＝嘉慶十六年（1811）	
	楊　翰＝光緒二年（1876）
繆荃孫＝光緒二十四年（1898）	

仮にそうならば、四川剣州本は「大暦五年正月一日」に作っていたから、これによって清代に再び重刻されたもののように思われる。しかし「大暦五年正月一日」系統のものにあっても、「遥」「年」の字を異にしており、故宮本が最も四川剣州本に近い。そこで故宮本は四川剣州本に拠った重刻であるとしても、北京本・桂林本はこれとは別のものであり、恐らく桂林に蔵されていた拓本に拠った重刻であろう。

玄宗作「登逍遥樓」詩と顔真卿書「請御書碑額表」

次に、顔真卿の事跡の面から“逍遥樓”榜書の真贋について考えてみる。

先に掲げた『桂林旅游資源』(九九年)・『桂林旅游志』(九九年)にいうように、桂林では蒲州城の逍遥楼にあった顔真卿書“逍遥樓”が唐人によって拓されて桂林城に翻刻されたと考えられている。この説は恐らく謝啓昆の「眞卿曾題蒲州逍遥樓榜、或好事者鈎勒置此耳」に始まるから、これに拠ったものであろう。謝啓昆はその根拠を示していないが、たしかに唐代蒲州城には逍遥楼があり、顔真卿は蒲州刺史として赴任し、“逍遥樓”の榜書に関わったことがある。しかしその年代をめぐっては問題がある。

陳思『寶刻叢編』(紹定二年1229序)一〇(2a)には欧陽修の所蔵目録である欧陽棐『集古録目』(熙寧二年1069)を引いて次のようにいう。

> 唐・玄宗「登逍遥樓」詩:唐・玄宗御製并八分書、太常卿姜皎書年月。蒲州刺史王璵以詩刻石、請御書碑額表一、蒲州刺史顏眞卿書。答詔、肅宗書。以乾元元年立。

これに拠れば、かつて玄宗皇帝は蒲州城逍遥楼に登って詩を詠み、自ら詩を八分書で書いて姜皎(663−722)が年月を書し、王璵が刻石した。その時、碑額の御書を粛宗に請うた表を顔真卿が書し、それは粛宗の答詔とともに乾元元年(758)に立てられた。この中で玄宗「登逍遥樓」詩については他にも記録がある。鄭樵(1104−1162)『(通志)金石略』(紹興三十一年1161)巻中(28a)に「登逍遥樓詩:河中府。……右太宗」、また同書(29b)に「登逍遥樓詩:河中府。……右明皇」というから、同題の御製が二首あった。今、『全唐詩』三に明皇帝(玄宗)「登蒲州逍遥樓」、『全唐詩』七三に蘇頲「奉和聖製登蒲州逍遥樓應制」詩を収める。また蘇頲に「祭汾陰樂章」があり、『楽府詩集』7「郊廟歌辭」の「唐祭汾陰樂章十一首」に収めており、それに「『(舊)唐書』(三〇)「〔音〕樂志」曰:玄宗開元十一年、祭皇地祇於汾陰〔樂章十二首〕」という。玄宗は開元十一年(723)正月から三月にかけて、北都(太原府)に巡狩し、晋州を経て蒲州汾陰県(後に宝鼎県に改名)脽上で后土祠祭を行っている。『舊唐書』八「玄宗紀」に詳しい。蘇頲「奉和聖製登蒲州逍遥樓應制」詩に「豈如汾水上、簫鼓事遊娯」というのは、漢・武帝が后土を祭った時に船遊びをして詠んだ「秋風辭」の「簫鼓鳴兮發棹歌、歡樂極兮哀情多」をふまえたものである。したがって玄宗の「登蒲州逍遥樓」詩は開元十一年春の作であろう。いっぽう太宗の同題詩は見えないが、

『寶刻類編』二「名臣」に「長孫無忌：太宗登逍遥樓詩。貞觀十二年二月、河中」、「楊師道：太宗登逍遥樓詩。貞觀十二年二月、河中」（4a）と見えるのがその唱和詩であろう。なお、『全唐詩』および『全唐詩補編』にはいずれの詩も収められていない。

今、『集古録目』の記載によれば、玄宗の詩と姜晈の落款が蒲州刺史王璵によって石に刻まれ、その後に碑額が請われて乾元元年（758）に歌碑が完成したように読める。謝啓昆の「（顏）眞卿曾題蒲州逍遥樓榜」という説はこれと関係があろう。陳思『寶刻叢編』と同じような時期、あるいはやや後に成った佚名『寶刻類編』（宝慶初1225以後）一「帝王」（4a）の「玄宗」の条に「登逍遥樓詩：製并書、河中。“逍遥”下原本脱“樓”字、今『金石略』（紹興三一年1161）増入」、「肅宗」の条に「刻逍遥樓詩答詔：玄宗詩、王璵乞御書碑額。乾元元年立。河中」という。これによれば「請御書碑額表」は王璵の作であることになるが、いっぽう『寶刻類編』二「名臣」の「顏眞卿」の条には「刻逍遥樓詩請御書碑額表：乾元元年立、河中」（16b）というから、「請御書碑額表」は顔真卿の書であることになる。黄本驥は「請御書逍遥樓詩碑額表」の条では『金石録』三（10b）に「唐・太宗『登逍遥樓』詩：長孫無忌、楊師道行書、貞觀十二年二月：明皇（玄宗）八分書詩、顏眞卿書正書、王璵表附」というのに拠って「璵既刻詩於石、復請肅宗題額、而屬魯公爲書其表」というが、「逍遥樓三大字」の条では「魯公嘗爲蒲州刺史、王璵書表」という。おそらく王璵が「請御書碑額表」を撰し、それを顔真卿が書したのであろう。

しかし時間上矛盾する点がいくつかある。まず、『集古目録』・『寶刻類編』の記録は、玄宗作「登逍遥樓」詩を刻した歌碑は乾元元年（758）に建てられたと明記しており、この歌碑は『集古目録』には「蒲州刺史王璵以詩刻石」といい、『寶刻類編』には「王璵乞御書碑額」というが、王璵が蒲州刺史となったのは、史書によれば乾元二年あるいは三年である。『舊唐書』肅宗紀には乾元二年七月とし、『舊唐書』一三〇「王璵傳」に「乾元三年七月、兼蒲州刺史、充蒲・同・絳等州節度使」、『新唐書』一〇九「王璵傳」にも「乾元三年、拜蒲・同・絳等州節度使」とする。乾元三年はその閏四月に上元に改元しているから、「乾元三年七月」の「三」は「二」の誤字であることが考えられる。しかしそうであるとしても『集古目録』・『寶刻類編』の記録「乾元元年立」に合わない。そこで考えられるのが別の誤字である。「元年」の「元」は「二」あるいは「三」に誤られることがしばしばある。また、改元を知らずに前の年号を用いることも時として見られる。そこで上元元年を乾元三年と記載したとも考えられるが、この場合は皇帝の批答を経た石碑の建立の日付であり、そのような単純な誤りを犯すことはまずあり得ない。『集古録目』の記録は碑文の拓本に拠っていると考えられるから、「乾元元年」の「乾元」部分は恐らく誤りがなく、誤りがあるならばそれは「元」の部分で、「二」の誤りであろう。「三」の誤りであることも考えられるが、その場合は乾元三年の閏四月の改元までに歌碑の建立となり、王璵が蒲州刺史となった時期もそれ以前でなければならない。したがって両『唐書』の「王璵傳」が蒲州刺史任命を「乾元三年七月」とするのは誤りであり、『舊唐書』肅宗紀にいう「乾元二年（759）七月」が正しいと思われる。しかしそうならば顔真卿の事跡と合わなくなる。

顔真卿が蒲州刺史であったのは、乾元の前の至徳三載（758）（正月に乾元元年に改元）三月から十月の間である。これはほぼ間違いがない。殷亮「顔魯公行状」（『全唐文』五一四）に「乾元元年三月、又改蒲州刺史・本郡防禦使」、顔真卿「華嶽廟題名」（『全唐文』三三九）に「皇唐乾元元年歳次戊戌冬十月戊申（九日）、眞卿自蒲州刺史蒙恩除饒州刺史」といい、顔真卿「蒲州刺史謝上表」（『全唐文』三三六）、粛宗「答顔眞卿謝蒲州刺史批」（『全唐文』四四）があり、これらによって明らかである。しかしこれは「蒲州刺史王璵以詩刻石、請御書碑額表一、蒲州刺史顔眞卿書。答詔、肅宗書。以乾元元［三？］年立」に矛盾する。これは蒲州刺史王璵が詩を刻石して御書碑額を請願し、その「請御書碑額表」を蒲州刺史顔真卿が書したという意味であるように読めるが、そうだとすれば、顔真卿は王璵の後に蒲州刺史になったことになる。黄本驥の編訂『顔魯公文集』に付録の「請御書逍遥樓詩碑額表」の条で「案魯公以乾元元年三月除蒲州刺史、所書『請御書逍遥樓詩碑額表』乃前蒲州刺史王璵所撰。逍遥樓在蒲州……璵既刻詩於石、復請肅宗題額、而魯公爲書其表」というのもそのように理解している。ただし「逍遥樓三大字」の条には「魯公嘗爲蒲州刺史、王璵書表、此三字則公刺撫州時追書也」という。顔真卿が撫州刺史であったのは大暦三年（768）五月から七年（772）九月までの間であり、これは「大暦五年」「大暦六年」とする落款に拠ったものである。そこで王璵が蒲州刺史になった時期について『舊唐書』粛宗紀にいう「乾元二年」の「二」と両『唐書』本伝にいう「乾元三年」の「三」はともに「元」の誤字であって「乾元元年」であったことが考えられる。しかし両史書ともに「七月」にするから、これも顔真卿が蒲州刺史であった乾元元年「三月」から「十月」に合わない。あるいは「七」も誤字であろうか。今、史書によって整理すれば次のようになる。

乾元元年（758）	三月、		顔真卿蒲州刺史
	五月、	王璵中書侍郎	
		歌碑建立？	
	十月、		顔真卿饒州刺史
乾元二年（759）	三月、	王璵刑部尚書	
	六月、		顔真卿昇州刺史
	七月、	王璵蒲州刺史	
		歌碑建立？	
乾元三年（760）	閏四月、	上元に改元	

今、史書の記載を信じれば、乾元元年三月に蒲州刺史となった顔真卿によって玄宗がその地で作った「登逍遥樓」詩を刻した歌碑の建立が計画されたかどうかわからないが、乾元二年七月に蒲州

刺史となった王璵によって粛宗に碑額の御書が請願され、請願文は顔真卿が書した。歌碑が完成したのは乾元二年七月から乾元三年三月までの間であろう。

蒲州刺史をめぐる王璵と顔真卿の前後関係を明確にすることはできないが、いずれにしても顔真卿が「請御書碑額表」を書した点では『寶刻叢編』の引く『集古録目』と『寶刻類編』ともに一致しており、また粛宗に「御書碑額」を請うて答えた粛宗の「答詔」があった以上、「碑額」は粛宗の書であって顔真卿の書ではない。そこで、桂林・四川に伝わる顔真卿書「逍遥樓」が玄宗詩の扁額の拓本に拠ったものである可能性が高い。そうならば、顔真卿の書ではなく、粛宗の書である。また、玄宗詩の扁額によるものではなく、蒲州城楼の榜書によるものであった可能性もないではない。謝啓昆が「眞卿曾題蒲州逍遥樓榜」といい、また『桂林旅游資源』・『桂林旅游志』等が蒲州逍遥楼のために書したとするのがそれである。しかしそれらは落款に「大暦丁巳（十二年777）顔真卿書」あるいは「大暦五年（770）正月一日顔真卿書」とあるのに拠ったものであり、大暦間に顔真卿は蒲州にいなかった。

落款「大暦五年」「大暦丁巳」との関係

大書“逍遥樓”が粛宗書の碑額に拠るものであるならば、それは乾元年間の書であると考えられるが、なぜ桂林に現存する石刻の落款は「大暦五年（770）正月一日顔真卿書」あるいは「大暦丁巳顔真卿書」に作っているのであろうか。大暦十二年（777）ならば十九年も後のことになる。じつは他にも同じ様な例がある。顔真卿は「放生池碑」を書き、その碑額の御書を請願したが、十六年後になって石碑を建立している。今、顔真卿に「天下放生池碑銘」（『全唐文』三三九）・「乞御書天下放生池碑額表」（『全唐文』三三六）があり、それに答えた粛宗「答顔眞卿乞書天下放生池碑額批」（『全唐文』四四）、経緯・事由を述べた顔真卿「乞御書題額、恩敕批答碑陰記」（『全唐文』三三八）がある。これらによれば、乾元二年三月に放生池が造られ、顔真卿は「天下放生池碑銘」を書いたのであるが、六月に昇州刺史に貶せられて冬に着任し、乾元三年（上元に改元）三月に刑部侍郎として召還されると「天下放生池碑銘」を篆書に書き直すと同時に碑額の御書を請願し、粛宗より許可を得た。しかしその直後、上元元年八月に蓬州長史に貶謫され、宝応元年（762）に利州刺史、広徳元年（763）に江陵尹、二年に刑部尚書・充朔方宣慰使、永泰二年（765）に峡州別駕・吉州別駕、大暦三年（768）に撫州刺史、大暦七年に湖州刺史に移された。このように度重なる貶謫に遭い、大暦九年正月に至って石碑を建立することになったらしい。『集古録目』八（6a）に「乞御書“放生池”碑額表：表、顔眞卿書；批答、肅宗御書。表以上元元年上、眞卿時爲刑部尚書。碑以大暦九年立」、「乞御書“放生池”碑額表陰記：顔眞卿撰并書。初肅宗既許書額、未及下、而眞卿貶、碑不果立。至大暦中爲湖州刺史、始追建於州之駱駝橋東、集批答御書字以爲額。又敘其事於批答碑陰。以大暦九年立」という。なお、『干禄字書』を書したのも同じ大暦九年正月である。

そうならば蒲州城の“逍遥樓”の書についても同様のことが考えられるのではなかろうか。乾元二年六月に昇州刺史に貶められる前は、顔真卿は乾元元年十月に蒲州刺史から饒州刺史に遷され、さらに二年六月に昇州刺史に遷されており、そのために乾元三年に粛宗の碑額の許可を得ていたにもかかわらず、“放生池”碑の建立を果たしたのは大暦九年になってしまった。「登逍遥樓」詩の碑も粛宗の「御書碑額」を得んとしたものであり、『集古録目』によれば、「蒲州刺史王璵以詩刻石、請御書碑額表一、蒲州刺史顔眞卿書。答詔、肅宗書。以乾元元年立」というが、「乾元元年」は「乾元三年」の誤りである可能性がある。そうならば、「請御書碑額表」と肅宗の「答詔」は乾元三年であったとしても、「放生池碑額」と同様に「集批答御書字以爲額」したのであれば、粛宗の字を集めて額にしたのは後のことである。今日に伝わる拓本には桂林本・北京本および剣州本・故宮本ともに「大暦五年正月一日顔真卿書」に作り、謝本および明の魏本は「大暦丁巳顔真卿書」に作っていた。いずれも後の大暦間であるのは放生池碑額の例に合う。ただし、大暦五年には顔真卿は撫州刺史であり、上元元年に請願した御書“放生池”額を立てたのが大暦九年であったように、その間には時間的余裕がなかったであろう。いっぽう「大暦丁巳」は大暦十二年である。これは政敵であった宰相の元載が誅殺されたことによって顔真卿が湖州刺史から中央に復帰した年に当たる。そうならば原本の落款は「大暦丁巳」に作ってあったのではなかろうか。

以上によって推測すれば、桂林の石刻“逍遥樓”三字はほんらい蒲州城逍遥楼にあった玄宗作「登逍遥樓」を記念して刻した歌碑のために粛宗が書いた碑額の中の文字であると思われる。碑額が完成したのは大暦十二年（777）「大暦丁巳」であろう。乾元三年の顔真卿書「請御書碑額表」と粛宗の「批詔」も刻されていたために「乾元三年立」と誤られたのではなかろうか。「蒲州刺史王璵以詩刻石。……乾元元［三］年立」というのは、乾元三年に蒲州刺史であった王璵がすでに詩を刻石していたが、碑額はまだ無かったのかも知れない。

顔真卿書“逍遥樓”の真偽

このように考えれば今日に伝わる大書「逍遥樓」は粛宗の字である可能性が高い。少なくとも顔真卿の真筆ではない。これは字体・作風の面からも証明できる。

今日、桂林市文物管理局等は桂林にあった“逍遥樓”三大字を顔真卿の書であると認めており、また『粤西金石略』を著した清代の金石家謝啓昆、『顔魯公文集』を編訂し、かつ『年譜』をはじめ、多くの論考を著している顔真卿の研究家黄本驥に至っても顔筆と見なしているが、じつは早くからそれを疑っている者がおり、また確かに疑わしい部分がある。

明・魏濬『嶠南瑣記』（万暦四十年1612序）上巻に次のようにいう。

“逍遥樓”三字、後有“大歴［暦］丁巳顔眞卿書”。字全無結搆、有俗氣、下筆正如糊餅、兩走之轉處法亂、乃椽手之下者、何以辱魯公。

今日に伝わる拓本の字体をつぶさに観察すれば、「逍遥樓」の三大字には共通点がある。それはいずれも全体的に太くて筆の止め方は押しつぶした様であり、稚拙な感じを受ける。魏濬が「下筆正如糊餅」「有俗氣」という所以もこの点にあろう。また、「逍遥」二字の“しんにゅう”の書法が乱れているというのは、筆の運び方が右上がりであるのを指すのではなかろうか。そのやや後の天啓二年（1622）から四年間広西右参議として桂林にいた曹学佺はその著『廣西名勝志』一（2b）に次のようにいう。

東樓之北有樓、曰“逍遥”。宋之問「登逍遥樓」詩：……李彦弼有「（湘南樓）記」、今碑見存、碑陰刻“逍遥樓”三字、以爲顔魯公筆。

魏濬によっても、当時、明らかに「顔真卿書」と刻してあったはずであるが、それにも関わらず、曹学佺は敢えて「以爲」としている。この表現は慎重であり、曹学佺も真筆であることを疑っているかのようである。また、それは「碑陰」としているところからも窺える。このことの意味も重要である。これについては後で考察を加える。

明人のこのような懐疑に対して清・謝啓昆『粤西金石略』一（5a）・『廣西通志』二一五「金石略」（6a）の「逍遥樓刻石」は否定して次のようにいう。

右碑在臨桂東城上。『嶠南瑣記』云：“字全無結構、有俗氣、下筆正如胡餅、兩走之轉處法亂、乃掾［椽］手之下者、何以辱魯公”。今觀三字體勢嚴勁、不得謂非顔筆。惟明以前無言及者。案眞卿曾題蒲州逍遥樓榜、或好事者鈎勒置此耳。又王士正［禎］『秦蜀後記』云：“武連驛北山覺苑寺有顔魯公‘逍遥樓’大字碑”。蓋勒石又不止此矣。

清・王士禎『秦蜀〔驛程〕後記』にいう武連驛北山覺苑寺碑本は先に挙げた四川剣州本である。謝啓昆は「體勢嚴勁」と評して魏濬の説を否定している。しかし後に清・楊翰『粤西得碑記』は魏濬と謝啓昆（『廣西通志』）の議論を引いた上で次のようにいう。

余案『嶠南瑣記』以爲全無結構、似過、然定爲魯公書亦未敢信憶。余由蜀應京兆試、數來往武連古驛、每過必訪覺苑寺觀三字。“樓”字下“女”字有刓補痕、字雖端整而無渾古之意、疑以爲非顔書、然猶較勝於此、則皆非魯公書明矣。

桂林刻本・四川剣州刻本を見た楊翰に至っては、四川本は桂林本よりもやや勝るとしながら、いずれも顔真卿の真跡ではないと結論している。「“樓”字下女字有刓補痕」というのは、あるいは記憶の誤りではなかろうか。今日に伝わる剣州本の「樓」以下の部分は不鮮明であり、剥蝕が進んでいるが、「女」字には「刓補痕」は無さそうである。ただ、落款部分には削って重刻した痕跡が明らかに認められる。楊翰が「有刓補痕」というのはこれを指すのではなかろうか。

これらの賛否両論に対して李文藻『粤西金石刻記』の案語（王献唐・李昔吾）は慎重な態度をとっ

ており、『金石苑』・『粤西金石略』・『嶠南瑣記』の説を引いた後で次のようにいう。

　此（謝説・魏説）殆見仁見智之不同。亦字徑逾恆、當時既難着筆、鈎勒之際、又各以意之所好而施其術于肥瘦伸縮。在書家、不能不留意研討、而考古則非所計及矣。

たしかに普通の字よりも大きく、したがって運筆も異なるはずであり、刻石の際に伸縮の変化は起こり得るかも知れない。しかし、仮にそうであるとしても、「遥」や「年」等の用字の相違はそれとは別問題である。そこで以下には、唐代の用字・正字、さらに現存する拓本の字体・筆致について顔真卿のそれと比較してみる。顔真卿の書は中国書法編輯組編『中国書法・顔真卿』（文物出版社一九八一年～八五年）計五冊に拠る。該書は墨跡本四種・碑版拓本二〇種・刻帖本三九種、計六三種を収め、碑刻本ではより早期の善拓本を厳選して採用しているが、翻刻・模刻もその対象に入れており、また真偽に疑問があるものについても、宋以来多くの人に顔書であると認められて来たものは研究に資すべくそれを収める、という編集方針をとっている。したがって疑わしいものをも排除しない網羅的な収録は十分な資料を提供しているといえる。

（一）「遥」字。右上部分に特徴がある。今日では「遙」あるいは「遥」「遥」等に作られるが、北京本・桂林本は「遥」に作っている。つまり「遥」に最も似ているが、「爪」部分の中央は「丶」ではなくて縦棒になっており、「缶」部分の「午」が「半」のようになっている。この字は清・邢澍『金石文字辨異』・羅振玉『増訂碑別字（五巻）附碑別字拾遺』や今日の『漢語大字典』等にも見えない異体字である。顔真卿と同時代の編纂である張参『五經文字』（大暦十一年776）上には「搖・揺」を挙げて「上『説文』、從肉從缶；下『經典』、相承隸省。凡瑶遥之類皆從䍃」という。なお、唐写本の長孫納言箋注（儀鳳二年677）『切韻』（S2071）・王仁昫（神龍二年706）『刊謬補缺切韻』（故宮博物院蔵）でも「遥」をはじめ、「媱」「繇」「傜」「颻」「揺」「謡」「瑶」等々、いずれも「䍃」に従っている。ただし、宋代に入れば、『廣韻』・『集韻』（宋本）下平「宵」では「遥」等の類はいずれも「遥」の如くなっているから、唐・宋の間に正字が変わったらしい。顔真卿の書である『干禄字書』（大暦九年774）には「婬・媱」に注して「上婬蕩字、音淫；下妖媱字、音遥」として「遥」に作る。また、今日に伝わる顔真卿の「漢太中大夫東方先生畫贊碑」（天宝十三年754）（宋元間の拓本、故宮博物院蔵）では「逍遥」に作っているが、「唐茅山元靖先生廣陵李君碑」（大暦十二年777）（南宋拓本、上海博物館蔵）では「遙」に作っている。したがって唐代では「遥」が正字であり、顔真卿もそのように書していたと思われる。ただし、「遥」以外の字では、「廣平文貞公宋公碑」（大暦七年772）（明拓本、故宮博物院）では「繇」、「工部尚書上蔡縣開國侯臧懷恪碑」（大暦三年～七年）（明晩期拓本、故宮博物院蔵）では「繇」に作っており、『干禄字書』に「繇・繇」を設けて「上皐繇字、下卜兆辞、音冑」と注する。

（二）「樓」字。今日では「樓」に作るが、伝顔真卿書「逍遥樓」では、桂林刻本の系統・四川刻本の系統のいずれも異なっており、「婁」部分の「一」が「串」の二つの「中」の間にある。

この字も清・邢澍『金石文字辨異』・羅振玉『増訂碑別字（五巻）附碑別字拾遺』・『漢語大字典』等に見えない異体字であるが、『五經文字』上は「樓・樓」を挙げて「上『説文』、下石經」と注する。また箋注本『切韻』（S2071）は「樓」に作り、王仁昫『刊謬補缺切韻』（故宮博物院蔵）は「樓」に作って「正作樓」と注して『説文』の字体を正字としているが、やや後の裴務斉正字『刊謬補缺切韻』（故宮博物院旧蔵）の注記では「正作樓」の三字を缺く。『五經文字』にいうように、盛唐頃から石経に従って「樓」を正字とするようになったのではなかろうか。後に宋代では『廣韻』下平「侯」でも「婁」および「樓」・「屢」・「髏」等、「數」・「籔」（上「嚢」）等の「婁」はすべて「樓」に作って「婁」の下に「『説文』作“婁”、今作“婁”、並同」という。『集韻』でも「婁」を含む字はいずれも「婁」に作る。『干禄字書』をはじめ、顔真卿の石刻拓本では「樓」「數」「屢」等、「婁」を含む字二七例、いずれも「樓」に作る。

また、筆致・書風についても見ておけば、「逍遥」についてすでに魏濬が「兩走之轉處法亂」と指摘している。しんにゅう部分は、桂林本・北京本および故宮本・四川本ともに伸びやかさがなく、下から上向きに筆が運ばれており、この点は顔真卿の筆致と異なる。この特徴は桂林本・北京本の方が顕著である。「逍」の「月」部分も、全体が右上がりである点、「亅」（はねぼう）に丸味がない点、「二」の右が「亅」に達している点も顔真卿の筆法と異なる。また、しんにゅうの頭は縦に二点「丶丶」を重ねる場合と略して「丶」にする場合があるが、顔真卿の書でしんにゅうをもつ字約三八〇例において多くが一点であり、いっぽう明らかに二点を用いているのが三四例である。これは全体の一割に満たない量（約９％）であり、しかもいずれも「大唐西京千福寺多寶佛塔感應碑」（天宝十一年752）に見られるという特殊な例である。なお、これが正しいならば、五十歳前半を境として筆法が変化しているといえるのではなかろうか。

「樓」の筆致でも、顔真卿の「木」偏の書法には特徴があり、「一」はほぼ水平で、「木」の「人」の位置は高い。四川本系統・桂林本系統のいずれも「一」が右上がりであり、「人」の一は低く、さらにそのためにほぼ水平である右の「婁」部分と均整を欠いており、稚拙である。また、顔真卿の「木」偏は「樓」以外に約一五〇例あるが、わずか六例（４％）を除いてはすべて「亅」のように跳ねるが、桂林本系統は跳ねていないようである。四川刻本系統も、故宮本を含み、この部分は鮮明ではないが、『金石苑』所収本の模写によれば跳ねていない。

正文全体は太く、かつ筆の入れ方に鋭さがない。魏濬が「下筆正如糊餅」と批判する所以である。ただし李文藻『粤西金石刻記』の案語に「亦字徑逾恆、當時既難着筆」といって慎重であるように、字径約0.6m～0.7mの大書であるから、筆の運びは中字・小字とは自ずと異なるはずであり、往々にして「下筆正如糊餅」となるであろう。大筆のために「如糊餅」になっているのは、筆の持ち方が異なり、いわゆる“把筆五種”（唐・韓方明『授筆要説』）の中の“握筆”であったかも知れない。しかし「遥」の字体、「しんにゅう」・「木」偏の運筆の特徴はそれだけでは説明できないであろう。また、太いのは縦画の部分であって横画は細く、全体的に均整がとれていない。この特徴は四川本系統により顕著に現れている。魏濬が「字全無結構、有俗氣」と総評する所以である。それらの特徴は故宮本に最も顕著であり、魏濬が見たもの、つまり本来桂林にあったものはこの系統であったかも知れない。さらにいえば、「逍遥樓」三字の字間はかなり詰まっており、この点も不自然である。ただし、本来は横書きしてあったものを切り離して縦書きに組み直したことが原因として考えられないこともない。

以上によって大字「逍遥樓」は厳緊な楷書の使い手であった顔真卿の真跡であるとは認めがたい。しかし宋・明の字体ではなく、唐人の手による書を模刻したもののようである。そうならば、先に見たように粛宗の書である可能性が高い。では、落款部分はどうであろうか。

（三）「暦」字。四川本・故宮本と北京本・桂林本のいずれも「暦」に作っているが、四川本は「曆」。唐代では「暦」に限らず、「木木」部分を「禾禾」に作ることが多い。『五經文字』上は「歴」を「歷」に作っており、『干禄字書』も「歷」を正字としている。今日に残っている顔真卿の書では「暦」「歴」計二二例、いずれも「木木」ではなく「禾禾」に作っている。

（四）「年」字。唐代でも「年」・「秊」ともに用いられるが、『干禄字書』は「年」を通、「秊」を正とする。『五經文字』には見えないが、それを補完する目的で編纂された晩唐・唐玄度『新加九經字様』（開成二年837）には「秊・年」を挙げて「上『説文』“從禾、千聲”；下『經典』相承隷變」という。なお、『切韻』（平「先」）には「年」を載せて「秊」は見えない。『廣韻』には「秊」の下に「年」を載せ、「上同」という。顔真卿の作では、「秊」に作っているものが七六例、「年」に作るものが八例（10%）と、圧倒的に「秊」が多い。興味深いことに「年」に作るものには時期的な集中が見られる。伝存の墨跡・拓本によれば、「年」に作るものは「大唐西京千福寺多寶佛塔感應碑」（天宝十一年752）五例、「漢太中大夫東方先生畫贊碑」（天宝十三年754）二例、「謁金天王祠題記」（乾元元年758）（五十歳）一例であり、「秊」に作るものは「太保興國貞公郭家廟碑」（宝應元年762）以後であるから、この間、つまり五十歳代の前半に「年」から「秊」への移行があると見なしてよい。大暦九年（774）の書である『干禄字書』で「秊」を正字としているのもこの変化を反映している。そうならば「逍遥樓」は「大暦」間の書であるから、「年」ではなく、「秊」が正しいであろう。なお、「秊」に作る四川・故宮本は「八」部分が行書体になっている。顔真卿の書で「榮」・「業」・「葉」等の字でそのように作っているものが若干あるが、「秊」字（七六例）においてそのように作るものは無い。

（五）「真」字。拓本はいずれも「真」に作るが、「眞」の俗字と考えられる。たとえば箋注『切韻』・『刊謬補缺切韻』は「眞」に作って注に「俗作真」といい、「稹」「塡」「鎮」等を「眞」に従う字に作る。『廣韻』でも注に「俗作真」といい、『集韻』でも「俗作真、非是」という。しかし顔真卿の用例では、「真」は五〇例、「眞」は七例（14%）というように、自署を含み、圧倒的に「真」に作ることが多い。また「眞」を含む字も「真」に作ることが多い。どうも「真」に限っては俗字を用いていたらしい。「眞」は「唐撫州南城縣麻姑山仙壇記」(大暦六年771)三例、「唐茅山元靖先生廣陵李君碑」(大暦十二年777)一例、「顔氏家廟碑」(建中元年780)三例であり、この例によっても「年」「季」に見られたような壮年から老年にかけて変化があったように思われる。大暦間に「真」が用いられており、その数は多い。また、同じ作品の中で「真」「眞」の二字が用いられている例がある。つまり、「唐撫州南城縣麻姑山仙壇記」は「真」が二回用いられており、「眞」三例はいずれも自署「顔眞卿」の部分である。ただしこの石碑は早くから失われており、今見られるものは明翻刻明拓本である。また、「顔氏家廟碑」は「真卿」六例、「眞卿」三例、「真」二例であって統一性がなく、疑わしい。この原碑は西安の碑林に置かれているが、碑末の李准の跋によれば、唐末の戦乱に遭って廟は壊れ、碑石が郊外の土中に倒れていたのを、李延襲が発見して李准が太平興国七年(982)に城内の孔子廟内に移して立てたという。「唐茅山元靖先生廣陵李君碑」では「上清眞人」と見えるが、この碑石も紹興七年(1137)に大風によって折れたため、後に沈作舟が重立したという。

以上をまとめれば、桂林に伝えられる顔真卿書は、正文「逍遥樓」の三字は顔真卿の書風とかなり懸隔があるが、落款部分は極めてよく似ている。しかし落款部分の文字はいずれも顔真卿の作によく見られるものであって容易に拓本等を入手して模刻することができる。つまり偽刻が容易である。そこで注意されるのが、剣州本では落款部分が二重になっている点である。拓本ではなく実物を見た楊翰も「有刓補痕」といっているように、「正月」部分の前後には改刻の痕跡が明らかに認められる。剣州本の正文の前には「紹興十七年六月十六日武連縣尉郭□立石」という一行があるから、南宋・紹興十七年(1147)に隆慶府武連県尉の郭某が顔真卿の真跡と伝えられていた書の拓本に拠って落款部分を偽刻した可能性が考えられるのではなかろうか。

では、仮に「逍遥樓」が蒲州に刻されていた玄宗歌碑にあった粛宗書の額の模刻であり、落款は顔真卿の書の模刻であるとしても、それはいつ桂林にもたらされて模刻されたのであろうか。

顔真卿書“逍遥樓”の刻石と湘南楼

碑石の表裏をめぐる諸説:

今日、桂林に伝わる“逍遥樓”碑石(七星公園内の亭に在る)は大字「逍遥樓」を表にして立てられており、その碑陰には崇寧元年(1102)作の李彦弼「湘南樓記」が刻されている。清・謝啓昆『廣西通志』二一九「金石略」(『粤西金石略』五)「李彦弼『湘南樓記』」には「右刻在臨桂東江門城上“逍遥樓”碑陰」といい、また清・呉式芬『金石彙目分編』(咸豊年間?)一八(1a)に「唐逍遥樓三大字:顔眞卿正書、大歴[暦]丁巳、在東城上。碑陰、宋『湘南樓記』:李彦弼撰、周晃正書、程鄰篆額、崇寧元年壬午四月辛丑日」、清・繆荃孫『藝風堂金石文字目』(光緒二十四年1898）六（3b）にも「逍遥樓三大字：顔眞卿正書、大暦五年正月一日、在廣西臨桂。碑陰、宋『湘南樓記』：李彦弼撰、周晃正書、程鄰篆額、崇寧元年壬午四月辛丑」という。呉本は謝本に拠った可能性がある。このように清代の記録では「丁巳」説・「五年」説ともに「湘南樓記」を碑陰と考えている。その中で清・葉昌熾『語石』三「碑陰五則」には興味深い記録が見える。

如臨桂“逍遥樓”石刻、其陰爲宋程節「湘南樓記」、今拓本但有“逍遥樓”三大字、而程「記」以在壁中不能拓。

清代には石碑は「逍遥樓」を刻した面を表にして置かれており、「湘南樓記」を刻した面は壁中に在った。今日の「湘南樓記」がほぼ完全な形で残っているのもここに一因があろう。

今日に伝わる「湘南樓記」部分は原刻であると思われる。その拓本影印は藤原楚水『訳注語石（上）』（p548）・『中國西南地區歴代石刻匯編（九）廣西桂林巻』（p75）に収められており、楊震方『碑帖叙録』（上海古籍出版社一九八二年）「湘南樓記」（p189）に「在廣西桂林東江門城上逍遥樓。……石猶完好、不損一字」という。ただし今日では表面に傷がつき、不鮮明な文字も若干ある。本来この「湘南樓記」と「逍遥樓」の両者は同一碑石の表・裏に刻されていたものであり、したがって碑石自体の存在は李彦弼「湘南樓記」が刻された崇寧元年（1102）まで遡ることができる。そこで清人がいうように「逍遥樓」部分が表であり、「湘南樓記」部分がその裏であるならば、碑石は「湘南樓記」以前のものであり、顔真卿の書が刻されているから、唐代のものである可能性が高いということになる。つまり、唐刻「逍遥樓」の碑石の裏に「湘南樓記」が刻されたと考えたために、「逍遥樓」を表にして立てられていた。

この表裏の根拠となっているのが唐建の逍遥楼が宋代に湘南楼に改名されたとする説である。謝啓昆『廣西通志』二三二「勝蹟略」の「逍遥樓」の条では「宋・崇寧元年（1102）、安撫使程節重建、改曰“湘南”、李彦弼『湘南樓記』。詳『金石略』。寶祐六年、置制使李曾伯重建。李曾伯『重建湘南樓記』：……」という。恐らくこれは旧志である清・金鉷『廣西通志』四四「古蹟」の説「逍遥樓、在城上東北隅。唐・顔真卿書“逍遥樓”三大字刻於石。宋・崇寧元年、安撫使程節重建、改曰“湘南”、李彦弼記」というのに拠るものであろう。しかし清・胡虔『臨桂縣志』一八「古蹟」の「湘南楼」の条では次のように疑っている。

案二樓（逍遥樓と湘南樓）倶在東城。李（彦弼）「（湘南樓）記」並未明言係“逍遥”改建“湘南”。既建於崇寧而范成大尚有「逍遥樓詩」。疑非一地。惟「湘南樓記」刻於“逍遥樓”碑之陽、然亦不辨顔碑刻於何時。今姑從『金通志』而少別之。

二楼は同一の地ではないと考えながら、金鉷『廣西通志』の説に従っている。ただ、「湘南樓記」が「逍遥樓」碑の陽に刻されたとするならば、「湘南樓記」は表、「逍遥樓」が裏に当たるが、そうならば「逍遥樓」碑ではなく「湘南樓記」碑というべきである。この他、清・閔叙『粤述』も改名説をとっており、清・繆荃孫『藝風堂金石文字目』も「湘南樓記」を碑陰としている。改名については更に早く明代に記録があり、張鳴鳳『桂勝』(万暦十七年1589) 四に次のようにいう。

灕經城東、樓冠其上、唐曰“東樓”。……東樓之北有樓、曰“逍遥”、亦下枕灕。宋之問「登逍遥樓」詩：……。宋改“逍遥”曰“湘南”。李彦弼「湘南樓記」：……。

これによれば宋代に逍遥楼は湘南楼に改名された。したがって碑石は「逍遥楼」の面が表、後に作られた「湘南樓記」の面が裏ということになる。このような「湘南樓記」を碑陰とする改名説は今日に至っても疑うものがなく、『桂林文物』(一九八〇年)・『桂林石刻』(一九八一年)・『桂林文物古跡』(一九九三年)・『中國西南地區歴代石刻匯編（第九冊）廣西桂林巻』(一九九八年)・『桂林旅游資源』(一九九九年)・『桂林旅游志』(一九九九年) 等に採られており、文物管理委員会・旅游局等によって承認されている。

しかし、これにはいくつかの問題がある。

(一) 清人にあっても謝啓昆は「湘南樓記」「刻在臨桂東江門城上“逍遥樓”碑陰」としているが、胡虔は「刻於“逍遥樓”碑之陽」としている。つまり、謝啓昆の理解によれば表が“逍遥樓”榜書であり、その裏に「湘南樓記」が刻されていたが、胡虔はその逆に見なしているわけでる。さらに早くは明・曹学佺『廣西名勝志』一「桂林府」(5b) にいう記載は重要である。

東樓之北有樓、曰“逍遥”。……李彦弼有『記』、今碑見存。碑陰刻“逍遥樓”三字、以爲顔魯公筆。

明らかに「逍遥樓」面を碑陰と見なしている。明代では清代のように「湘南樓記」面が「在壁中」ではなかったと思われる。

では、果たして逍遥楼は湘南楼に改名されたのであろうか。これも甚だ疑わしい。胡虔が「李『(湘南樓) 記』並未明言係“逍遥”改建“湘南”」というように、李彦弼「湘南樓記」にはそのような内容は見られないばかりか、末尾に次のようにいう。

崇寧元年壬午四月辛丑日、廬陵李彦弼記；華原周冕書；鄱陽程鄰篆額；渚宮張灌立石。

「立石」というのは石碑として建立したことをいう。したがって、すでに“逍遥樓”と刻した碑石があってその裏に「記」を刻したというようには考えにくい。新たに「湘南樓記」を刻した碑石が立てられたのであるから、伝顔真卿書“逍遥樓”は北宋・崇寧元年 (1102) に湘南楼が建てられた後、「湘南樓記」を刻した碑文の裏を使って刻されたと考えるべきである。

そもそも逍遥楼と湘南楼は別の建物であって改名されたわけではない。それは次のことによって判断される。

(二) 逍遥楼と湘南楼の併存。確かに湘南楼は崇寧元年 (1102) に建てられた。淳熙三年 (1176) から五年まで桂林にいた張栻に「七月旦日登湘南樓」詩・「又望後一日、與客自水郷登湘南、月色甚佳、翌日用郷字韻、簡遊誠之」詩・「仲冬朔日登湘南樓」詩があり、嘉定十四年 (1221) に広南西路経略安撫使の胡榘に招聘された劉克荘 (1187－1269) にも「中秋湘南樓餞張昭州」詩がある。また、大観四年（1110）刻の侯彭老の「程公巖記」に「自湘南樓渡重江而東」、宣和己亥（1119）刻の劉鎡等の題名に「自湘南樓泛舟、過伏波巖」、淳熙八年（1181）刻の徐夢莘題名に「會于湘南樓、過彈子巖」、嘉定六年（1213）刻の崔正子等の題名に「會飲于湘南樓、已而游屏風・彈子巖・棲霞洞」と見える。いっぽう逍遥楼については、すでに胡虔が指摘しているように、湘南楼が建てられた七十年も後の乾道九年（1173）から淳熙二年（1175）まで桂林に来ていた范成大に「逍遥樓席上贈張邦達教授」詩（『石湖居士詩集』一四では「淳熙甲午(元年)……」詩の後に編次）がある。さらに注目すべきは、淳祐九年（1249）から景定四年（1263）頃まで二回にわたって知静江府になっている李曽伯（1198−1266?）に「登逍遥樓、和方孚若韻」と「登湘南樓、和方孚若韻」と題する内容を全く異にする詩があるということである。「方孚若」とは、名は信孺（1177−1222）、嘉定八年（1213）に広西提点刑獄として桂林に六年間滞在。李曽伯の詩題によれば、方信孺にも「登逍遥樓」と「登湘南樓」の二首があったはずであるが、今日に伝わっていない。また、南宋末に近い咸淳八年（1272）頃に刻された「静江府城池圖」（鸚鵡山南壁に現存）には“逍遥樓”の絵が名称とともに彫られている。しかし“湘南樓”の名は刻されていない。その後は、元人に「逍遥樓」詩がある。今、逍遥楼と湘南楼の見える史料を整理すれば、次のようになる。◎は「逍遥樓」、●は「湘南樓」の記載を示す。

◎晩唐『桂林風土記』に「逍遥樓」

◎北宋初『太平寰宇記』に「逍遥樓」

●崇寧　元年（1102）、湘南楼建立

●大観　四年（1110）、侯彭老「程公巖記」に「自湘南樓渡重江而東」

●宣和　己亥（1119）、劉鎡等題名に「自湘南樓泛舟、過伏波巖」

◎淳熙　元年（1174）、范成大「逍遥樓席上贈張邦達教授」詩

●淳熙　四年（1177）、張栻「七月旦日登湘南樓」・「仲冬朔日登湘南樓」詩

●淳熙　八年（1181）、徐夢莘題名に「會于湘南樓、過彈子巖」

●嘉定　六年（1213）、崔正子等題名に「會飲于湘南樓、已而游屏風・彈子巖・棲霞洞」

◎嘉定　八年（1213）、方信孺「登逍遥樓」詩

●　〃　、〃「登湘南樓」詩

●嘉定十四年（1221）、劉克荘「中秋湘南樓餞張昭州」詩

●嘉熙　二年（1238）、顔頤仲等題名に「登湘南樓、過脩然亭、浮灕江」

◎淳祐　九年（1249）、李曽伯「登逍遥樓、和方孚若韻」

●　〃　、〃「登湘南樓、和方孚若韻」

●開慶　元年（1259）、湘南楼重建。李曽伯「湘南樓落成、和林書記韻」

◎咸淳　八年（1272）、「静江府城池圖」に「逍遥樓」

◎南宋　　末（ ？ ）、建都思「逍遥樓」詩

◎大徳　七年（1303）、『大元混一方輿勝覧』下「静江路」に「逍遥樓在城東」

◎元の伯篤魯丁・巴図爾丹に「逍遥樓」詩（五律）、呉伯寅に「逍遥樓次韻」

◎天順　五年（1461）、『大明一統志』に「逍遥樓：在府城東。唐建。顔真卿書額刻于石」

◎明・陳暹に「逍遥樓」詩（五律）、潘思に「逍遥樓」（七律）

◎明・田汝成「観賀將行遊廣西諸山記」に「舎舟登逍遥樓、望海陽山」

◎万暦三四年（1606）、楊芳「逍遥樓」題記

◎万暦四〇年（1612）、魏濬『嶠南瑣記』に「“逍遥樓”三字」

◎崇禎　五年（1632）、于奕正『天下金石志』13「唐“逍遥樓”扁：顔真卿書」

このように、南宋にあって逍遥楼・湘南楼がともに存在していたことは明らかである。しかし元・明においては逍遥楼の名はしばしば見えるが、湘南楼の存在を伝える記録はなさそうである。

（三）湘南楼の改築の経緯。一般的にいって、もし逍遥楼が湘南楼に改名されたのであれば、その由来を記している李彦弼「湘南樓記」は改名の経緯に言及し、旧名を示すであろうが、李「記」には改名の記載も逍遥楼の名も見えない。築楼の経緯と命名について次のようにいう。

自皇祐中儂賊噬邊、朝廷始大城桂、故其隍池樓櫓之列、有瑰鴻侈麗之勢。閲歳茲久、城東之門、柱欹綴頽、棟桷腐撓、卑陋褊迫、甚非所以爲邊庭壮觀也。公迺因舊基而鼎之、運修城之金、裒羨戍之卒、捜山度材、……成于崇寧初元之夏。……環以群山、疊衆皺而昂孤騫、若神騰而鬼趡、若波駭而龍驚。茲亦勝概之絶倫者矣。昔之賦客詩人、咸指桂林爲湘水之南、嘗試以“湘南”命焉。

つまり、皇祐五年（1053）に儂智高の乱を平定して至和元年（1054）に知桂州に着任した余靖が桂州城を再建して以来、半世紀余を経てた崇寧元年（1102）には城東の門柱が傾き棟椽が朽ちており、そのために修復したのである。ただし、完成の約一五〇年後の開慶元年（1259）に湘南楼は李曽伯によって重建されている。謝啓昆『廣西通志』二三二・胡虔『臨桂縣志』一八に李曽伯「重建湘南樓記」を引いており、それに次のようにいう。

寶祐戊午（六年1258）、某以再命作牧、……屬東城“湘南樓”、剏于崇寧之壬午（元年1102）、迨今百五十有八禩、中間支傾補壞、歴時久、厥棟橈廩廩、將覆壓、又以“静江軍樓”前經帥増高倍壮、而“湘南（樓）”對峙、頽闒弗稱、瞻望焉、不容置而弗爲、乃與兵帥幕佐從容議鳩樓櫓之餘材、輟斧斤之游刃、載崇厥址、更立層樓、翼以夾廡、經始于己未（開慶元年1259）之王春、閲三月落成。

李曽伯は余靖の後に桂州城を改築・増築した知府である。

しかし湘南楼は張栻・劉克荘の詩に見えるから、その約半世紀に刻された「静江府城池圖」に記されていてよい。咸淳八年（1272）頃に刻された「静江府城池圖」には“逍遥樓”は名称とと

もに刻されているが、“湘南樓”はその名が見えない。「靜江府城池圖」の上部に刻されいる題記には咸淳八年頃の胡穎までの築城を記しており、次のようにいう。

一李（曽伯）制使任内創築新城：自雪觀起至馬王山、轉過桂嶺至寶積山下北城堂脚止、共長七百二十丈、舊城六百六十二丈、修浚新舊壕河一千八百八十九丈、修起新舊樓櫓五十四座。内：新城：東自雪觀起至馬王山下。……舊城：東自雪觀下至南團樓越觀、轉至西南角團樓并瓮城、通長六百六十二丈、樓櫓二十八座、系増修。壕河：……。

一朱（禩孫）經略任内創築新城、……。

一趙（汝霖）經略任内創築沿江泊岸古城、自南門青帯橋東起至馬王山脚、共長七百五十八丈四尺、高一丈五尺、在上砌護險墻四尺五寸、……。

一今任胡（穎）經略任内創築四處新城、……。

また、伏波岩の景定庚申（元年1260）の石刻に「覃懷李曾伯長孺、以淳祐己酉（九年1249）來牧是邦、越十年再開制閫。……舊有“癸水”一亭、因城築、今更爲之」という。李曽伯が再建した癸水亭は范成大が建てたものである。范成大に「癸水亭落成、示坐客。長老之記曰“癸水繞東城、永不見刀兵”。余作亭於水上、其詳具記中」という。これらに拠れば、李曽伯は開慶元年(1259）に伏波山の南に在る“雪観”から南の城にある楼櫓を増修しており、湘南楼や癸水亭はその中にある。しかし、その約十年後に刻された「靜江府城池圖」に、癸水亭（伏波山北脚）はあるが、湘南楼の名はない。あるいは逍遥楼は湘南楼に改築・改名されたのであるが、范成大がその詩題で「逍遥樓」というのは旧名を用いたのであろうか。范成大「復水月洞銘并序」に、張孝祥が灕山（今の象鼻山）の水月洞を朝陽洞と改名したのを非難して「以一時燕私、更其號“朝陽”」「百世之後、尚無改也」というから、旧名を用いるところがあった。そして開慶元年（1259）に湘南楼が重建された後、咸淳八年（1272）「靜江府城池圖」の間に、湘南楼は旧名の逍遥楼に復した。つまり、唐・逍遥楼→宋（崇寧元年1102）・湘南楼→宋（咸淳八年1272以前）・逍遥楼というように改名されていったのであろうか。しかしこれでは李曽伯らに「登逍遥樓」・「登湘南樓」と題する二詩があることの説明がつかない。改名ではなく、併存と考えざるを得ない。

（四）東城にある楼の位置と構造。「湘南樓記」には湘南楼の状態・環境を述べて次のようにいう。

城東之門、柱欹綴頽、棟桷腐撓、……、成于崇寧初元之夏。下拔峻墉、上聳麗譙、霍若雲裦、而山峙驤簷、牙以掛斗、傍縈欄楯、以躍林杪、赬糊丹綺、與朝日爭輝、高牖疏櫺、與游雰襲氣。……茲樓揭孽輪囷、壓百雉之紆餘、爽豁空濛、睇千里之超忽。平開七星（山）之秀峯、傍搴八桂（堂）之遠韻、前横灕江之風漪、後湧帥府之雲屋。環以群山、疊衆皺而昂孤騫、若神騰而鬼趭、若波駭而龍驚。茲亦勝概之絶倫者矣。

これによれば、湘南楼は「城東之門」にあって最も眺望のよい高楼であった。これは「重建湘南樓記」にいう所とも合う。「重建湘南樓記」に次のようにいう。

屬東城“湘南樓”、……。又以“靜江軍樓”前經帥增高倍壯、而“湘南（樓）”對峙、頽闒弗稱、瞻望焉、不容置而弗爲、……。載崇厥址、更立層樓、翼以夾廡、經始于己未（開慶元年1259）之王春、閲三月落成。高摩嶺雲、下瞰灕水、雄據列雉、平揖諸峰、遂爲桂之偉觀矣。

「靜江府城池圖」に刻されている東城にあった高楼は、「逍遥樓」と「東江門」上の楼と東江門外にある門楼の三つがある。逍遥楼は「靜江府城池圖」では正東にある“東江門”の北に位置しており、これは晩唐・莫休符『桂林風土記』の記載や北宋初の楽史『太平寰宇記』の記載にも合う。「後湧帥府之雲屋」と「以“靜江軍樓”前經帥增高倍壯、而“湘南（樓）”對峙」という位置関係から見ても、逍遥楼と湘南楼は明らかに異なる。「靜江軍樓」は「靜江府城池圖」に見えており、子城の正西に在って東江門と「対峙」している。また、逍遥楼は城門の上にはない、つまり「城東之門」ではない。さらに湘南樓は「載崇厥址、更立層樓、翼以夾廡」というが、「靜江府城池圖」に絵と名が刻されている「逍遥楼」は城壁上にあって低いが、東江門楼は二階建てで高く、また東江門外の楼門も巨大である。さらに南宋の詩文には、湘南楼の下から出発して舟で伏波巖や東岸の弾子巖・栖霞洞等に行くことを記したものが多い。したがって湘南楼は逍遥楼とは異なり、東城門上の楼か東城門外の楼かということになる。「城東之門」である位置、また規模から見れば、東江門外の楼門の可能性もあるが、「下拔崚墉、上聳麗譙」つまり高い土城壁の上にある譙楼であり、「更立層樓、翼以夾廡」つまり広い屋根（廊下のある軒）を備えているという構造、“靜江軍樓”と対峙する位置関係からみれば、東江門上の楼と考えるべきであろう。清・謝啓昆『粤西金石略』の「湘南樓記」には「在臨桂東江門城上逍遥樓」というが、「靜江府城池圖」では逍遥楼は東江門の北、子城の東北の角にあり、明・黄佐『廣西通志』三六「臺榭」には「湘南樓、在東江門上」という。湘南楼は東江門上に在り、逍遥楼とは別の位置にある別の建物であったと考えられる。

以上によって逍遥楼が湘南楼に改名されたとは考えにくい。「靜江府城池圖」に「湘南樓」の名が見えないのは「東江門」上の楼であったからであろう。ちなみに子城の門には東・西・南の三方に楼があるが（ただし現存の石刻では南門部分は剥落していて不鮮明）、“東江門”・“靜江軍”というように、いずれも門名が記されているだけで、楼名は記されていない。このように、逍遥楼と湘南楼とは異なる、つまり改名されたのでない以上、碑石の表が「逍遥樓」、裏が「湘南樓記」であるとは考えられない。「湘南樓記」が刻してあった碑石がすでにあり、後にその裏に「逍遥樓」が刻されたのである。したがってその年代は唐代ではなく、「湘南樓記」を刻した崇寧元年（1102）以後である。

偽顔真卿書“逍遥樓”の出現

では、先ず「湘南楼記」碑石があり、後にその裏に「逍遥樓」が刻されたのであれば、それはいつであろうか。

（一）先に見たように剣州本「逍遥樓」は南宋・紹興十七年（1147）六月の重刻であったが、これは「湘南樓記」碑の崇寧元年（1102）と極めて近い。また先に見たように、四川本両種の正文の書体は桂林に在ったとして伝わっている拓本の中では故宮本に最も近い。そこで考えなければならないのが四川本との関係である。桂林では崇寧元年以後、「逍遥樓」が蒲州城に伝わる石刻の拓本によって顔真卿の書として刻された。四川のものは紹興十七年の重刻であるから、これが桂林の拓本によって重刻されたとは考えにくい。先に見たように南宋の桂林城には湘南楼と逍遥楼があったから、「湘南楼記」の碑陰に「逍遥樓」が刻されることはあり得ない。『輿地碑記目』・『寶刻叢編』・『（通志）金石略』・『寶刻類編』など南宋の記録に見えないのもそのためである。記録がないことは存在しなかったことの証明にはならないが、「顔真卿書」という落款があり、しかも桂林の城で最も有名な逍遥楼に在ったならば、宋代の著名な金石家・拓本蒐集家が一人として知らなかったということは考えにくい。したがって「逍遥樓」が刻されるのは南宋以後である。

（二）いっぽう明代には「逍遥樓」に関して多くの記録がある。先に掲げたように「逍遥樓」は魏濬『嶠南瑣記』（万暦四十年1612序）、天啓二年（1622）に桂林に来た曹学佺の『廣西名勝志』に見えるが、『大明一統志』（1461年）八三「桂林府」宮室（10a）に「逍遥樓：在府城東。唐建。顔真卿書額刻于石」というのが最も早い記録であろう。したがっておそくとも明代初期には伝わっていた。湘南楼と逍遥楼の名が一つの碑石に刻されているということは、逍遥楼が湘南楼に改名されたと理解する者が多かったように、二つの楼が同時に存在している時期にはあり得ない。逍遥楼はその後、清代にも存在しており、多くの文献に見えるが、湘南楼の名は明・清の地志や詩文にも見えなくなる。これは元代の始まるのではなかろうか。

元・至元十六年（1356）にこれまで土城であった桂林城を石城に改築するという大規模な工事が行われた。至正二十一年（1361）作の楊子春「修城碑陰記」に次のようにいう。

> 至正十有一年（1351）、監憲也兒吉尼公憲副是邦。明年淮右盜起、湖廣不守。……乃議建築城池、以爲設險守國之要、……以至正十六年（1356）冬十月甲子鳩工、……。凡城內外、自頂至踵、皆甃以大石、……東爲就日門、又東爲癸水門、爲行春門、又正東爲東江門；正南爲安遠門、爲通明門、左爲掖門、以達東江門、又南爲小南門；又西爲麗澤門、爲西成門；西北爲寶賢門；正北爲迎恩門、爲安定門、爲拱辰門、爲鎮嶺門。城門皆建樓閣、設闉闍、其最大者爲“逍遥樓”、下各爲磴道以便登陟。……四季于茲、……至正二十一年（1361）、……楊子春記。

南宋では城楼で最大のものは逍遥楼ではなく、湘南楼であった。祝宴等もそこでしばしば行われており、したがって詩文にもしばしば登場する。しかし元の大改修後は最大のものは逍遥楼であったという。元人に逍遥楼を詠んだ詩が多く、湘南楼を詠んだものが見当たらないのもこのためである。元代には湘南楼の機能は逍遥楼に移っている。すると元初の大改築によって湘南楼は撤去されたのではなかろうか。湘南楼がなくなったならば、「湘南樓記」の碑石に「逍遥樓」が刻され、同時に表裏が入れ替わったことの説明がつく。しかし碑石は湘南楼にあったから、逍遥楼に移されねばならない。これについて興味深い記録がある。

（三）明・黄佐『廣西通志』（1525年）三六「臺榭」（1a）に次のようにいう。

逍遥樓：在桂林城東。『寰宇記』云：“……”。顔魯公大書“逍遥樓”三字、石刻尚存、舊在城東路中、〔至？〕元乙亥、憲司經歴李思誠命録事段堯移其樓前楹。平章也兒吉尼「新城碑」亦在樓下。洪武三十年（1397）、爲風雨所壞、後復於故基。

これは碑石の移動のあったことを告げている。しかしこの記事には多くの問題がある。これと同じ記事が明代の方志を転載している『古今圖書集成』方輿彙編職方典一四〇三巻「桂林府部」（172冊28a）にも見え、文字に全く異同はない。まず、「舊在城東路中元乙亥」は読みにくい。「舊在城東路中、元乙亥……」か「舊在城東路、中元乙亥……」に断句すべきであろうが、「中元」という年号は無く、元代に「至元乙亥」がある。それは元の世宗・至元十二年（1275）と恵宗（順帝）・至元元年（1335）である。次に「在城東路」も読みにくい。黄佐『廣西通志』によれば、「逍遥樓」碑は至元乙亥に城東路から移動され、また洪武三十年（1397）に本来あった場所にもどされた。そうならば、元初にすでに「逍遥樓」と刻されていたことになるが、「舊在東城路中」の「路」は「樓」の誤字ではなかろうか。「路中」あるいは路上に在ったならば、廃棄されていたのであるが、「路」は「樓」の誤字で、「東城樓」とは東江門上の楼であった湘南楼のことであろう。「其樓前楹」の「樓」とは題にいう逍遥楼を指す。「也兒吉尼『新城碑』亦在樓下」の「樓」も逍遥楼である。

碑石を移動させたという「李思誠」なる人物は未詳。桂林に居た元人で似た氏名の者としては李思敬・呂思誠・郭思誠などが知られる。呂思誠（1293－1357、字は仲実）は『元史』本伝および謝啓昆『廣西通志』二三「職官表」によれば、至順間（1330－1333）に僉広西道廉訪司事、至元間（1335－1340）に湖広行省左丞となり、李思敬（字は君譲）は謝啓昆『廣西通志』二三「職官表」および七星岩にある題名によれば至正二年から五年（1345）に広西道廉訪副使であった。いずれも「憲司經歴」ではない。『通志』にいう「李思誠」は「憲司經歴」の官であるから「郭思誠」の誤りであろう。明・黄佐『廣西通志』三五「宮室」に次のようにいう。

拱極亭：舊名“粤亭”、在疊綵巖石洞之北、久廢。至元丁丑、憲司經歴郭思誠仍故復構。正德間、太監傅倫復建。

これに拠れば、拱極亭は元・至元三年（1337）に「憲司經歴郭思誠」によって復旧された。郭思誠の官「憲司經歴」は黄佐『廣西通志』にいう所と同じである。また、西山に現存する石刻「新開西湖之記」(『桂林石刻』一九七九年本に拓本の影印を収める)に次のようにいう。

後至元乙亥、余叨長憲幕。次年、因編集『桂林郡志』、歴覧近城山川巖洞、詢及此湖爲田□舊誌也。亟命帥掾攝縣事廬陵劉宗信踏勘覈實、……丁丑季秋、淇川郭思誠謹誌。

これによって「郭思誠」なる人物がいたことは明らかである。「後至元乙亥」は「至元丁丑」の二年前である。『廣西通志』にいう「〔至〕元乙亥、憲司經歴李思誠……」は「至」字を脱しており、「李」は「郭」の誤字と考えてまず間違いない。「郭思誠」を「李思誠」に誤ったのは、李思敬との混乱があったかも知れない。これらの史料によれば、郭思誠は『桂林郡志』の編纂にたずさわると同時に、桂林の歴史文物の復旧に貢献があった。なお、『桂林郡志』は陳相因等『廣西方志佚書考録』(広西人民出版社一九九〇年)に「〔至元〕桂林志」「趙天網纂修于元至元五年」(p112)として収めるものがそれに当たる。郭思誠の事には触れられていないが、主要な編者の一人であり、至元二年に編纂を開始して五年に刊行されたものと思われる。すると、『廣西通志』の原文は「顔魯公大書“逍遥樓”三字、石刻尚存、舊在城東路[樓]中、〔至〕元乙亥、憲司經歴李[郭]思誠命録事段堯移其樓前楹」であり、郭思誠が“逍遥樓”碑を移動したことは十分に考えられる。しかし郭思誠はただ碑石を移動しただけであろうか。「〔至〕元乙亥憲司經歴李思誠命録事段堯移其樓前楹」という記事は、具体的にして何かの事件の記録に拠ったもののようである。あるいはその直後にいう「也兒吉尼『新城碑』」にそのような記載があったかも知れない。『粤西金石略』一四は「至正修城碑陰記」の按語に「右刻在臨桂東城樓上。碑之陽、字漫滅不可識」といって「新城碑」を録しておらず、楊子春「修城碑陰記」は『桂林石刻(上)』(p380)には「右碑原在桂林東城上逍遥樓故址、高七尺……、已毀」という。したがって「新城碑」の内容を知ることはできない。ただし『粤西文載』二三は楊子春の「修城碑陰記」を「桂州新城記」として収める。

しかし先に考察したように、南宋末まで湘南楼にあった碑石は「湘南樓記」を刻したものであり、湘南楼と逍遥楼は別の建物であったから、その碑陰に「逍遥樓」は刻されていなかった。それが何らかの理由によって逍遥楼の前楹に移された。逍遥楼に移したのはその碑石が逍遥楼と関係があるからであり、方志を編纂するために当地の歴史文物を調査していた郭思誠は逍遥楼が湘南楼に改名されたものと理解して「湘南樓記」碑石を逍遥楼に移したと考えられる。しかし移動せんとした原碑には本来「逍遥樓」と刻されていなかったはずである。「逍遥樓」と刻されたのはこの時ではなかろうか。あるいは、「洪武三十年、爲風雨所壞、後復於故基」というから、この時に偽刻された可能性もある。「故基」とは逍遥楼のはずであるが、「其樓前楹」とはどういう位置関係にあるのか。『粤西金石略』によれば也兒吉尼「新城碑」は「在樓下」であったが、『桂林石刻(上)』によれば「東城上逍遥樓故址」というから、風雨にさらされていたために逍遥楼上、楼内に移されたことを「後復於故基」といっているのであろうか。

以上をまとめれば、「湘南樓記」碑石は南宋以後、少なくとも二回移されている。一回は元の至元元年（1335）に城東の旧湘南楼から逍遥楼前に移動され、二回目は明の洪武三十年（1397）に楼前から楼内に移された。明代の移動は風雨から護るためであるが、元代の移動の理由は未詳である。あるいは「元乙亥」にも誤記・誤伝があり、城池の大改築のためであったことも考えられる。大改修は至正十六年（1356）に始まり、至正二十一年に完成している。その間の至正十九年は「己亥」であるから、「乙亥」はこの誤りであることも考えられる。つまり「元乙亥」には誤脱があり、「元〔至正〕［己］亥」ではなかろうか。「元乙亥憲司經歴李思誠命録事段堯移其樓前楹」というのは、あまりに具体的にして唐突であり、何かの事件の記録に拠ったもののようである。単に石碑を移動させたことをいうものではなく、別に意味がありそうである。以上をまとめれば、あくまでも推測の域を出ないが、元代に「湘南樓記」碑石が移動され、この時に「顔真卿書」とする「逍遥樓」が刻された可能性が高い。明・魏濬『嶠南瑣記』が非顔筆説を提示したのに対して清・謝啓昆『粤西金石略』はそれを否定して「今觀三字體勢嚴勁、不得謂非顔筆。惟明以前無言及者」という。これは明代以前に非顔筆を唱えた者がいないことをいうものであるが、それは顔筆であることを疑った人がいなかったからではない。明以前、宋・唐には顔真卿書の存在に言及する者もいなかったのである。つまり、顔真卿書の落款をもつ碑刻そのものが無かったから「惟明以前無言及者」であったに過ぎないなのである。

しかし明代の記録によれば落款には「大暦丁巳」とあり、清代のものには「大暦五年正月一日」とあり、また正文中の「遥」の字体も異なる。したがって明・清の間にも重刻がなされたであろう。有名なものに贋作はつきものである。顔真卿の場合はすでに唐宋から贋作が出回っていた。たとえば北宋の拓本収集家欧陽修は「唐杜濟墓誌銘」（『集古跋尾』七）について「其筆畫、非魯公不能爲也。蓋世頗以爲顔氏書、更俟識者辨之」という。しかし「逍遥楼」が顔真卿書の落款をもって偽刻されたのは元代であると考えられるから、広く知られるようになったのは明以後であり、清代に入ってから拓本の愛好・蒐集が加熱し、それにともなって拓本の商品化が進んだ。桂林の石刻が盛んに拓本にとられるようになったのもこの頃である。「大暦六年正月一日顔真卿書」の落款をもつ「逍遥楼」が桂林に現れたのもこの頃であるから、恐らく嘉慶間の偽刻であろう。“逍遥樓”三大字も二種類あるが、いずれも顔真卿の書ではない。唐人の書ならば粛宗の書を模刻したものではなかろうか。

7-03 〔佚〕元和元年（806）孟簡等題名

『桂林石刻（上)』（p11）によれば七星巖の洞口には「孟簡普愿等五人栖霞洞題名」が刻されていたという。それに「原石已毀、現據舊拓本校録」といい、張益桂『桂林文物』（一九八〇年）には「在抗日戦争時期被毀了」（p91）という。『桂勝』・『粤西金石略』等には見えないから、当時すでに見つけにくい状態になっていたと思われる。

【録文】

今、『桂林石刻』に拠って録文を示す。『桂林文物』には録文はない。『桂林石刻』は簡体字を用いる表記法を採っていおり、今すべて繁体字に改める。

幾道直之明覺道行普愿　元和元年三月初四日晨曦偕遊桂州北郊幽巖奇洞午飯栖霞盤桓終日。

『桂林石刻』によれば「在七星巖口。高一尺六寸、寛二尺二寸、行楷径二寸。原石已毀、現據舊拓本校録」。

【校勘】

「普愿」:「愿」は簡体字であって原文は「願」であった可能性がある。

【復元】

『桂林石刻』は「普愿」と「元和」の間に空格一字を置く。恐らくここで改行されていたであろう。しかし、石刻は縦よりも横幅が広く、かつ字径が6cmであるのに対して横幅は約70cmであるから、一行は最大十字前後あり、かなり多く改行してあったはずであり、十行近くあったのではなかろうか。そこで本来は次のようなものであったと推測される。

01	幾道
02	直之
03	明覺
04	道行
05	普願
06	元和元年三月初四日晨曦
07	偕遊桂州北郊幽巖奇洞
08	午飯栖霞盤桓終日

06行以後は明確な根拠は無く、文脈上、便宜的に改行したに過ぎない。

【解読】

幾道（孟簡の字）・直之・明覺・道行・普願、元和元年（806）三月初四日晨曦、偕遊桂州北郊幽巖・奇洞、午飯栖霞（寺）、盤桓終日。

【考察】

桂林における孟簡と馬祖派僧侶との交遊

この題名にはいずれも姓が記されていないが、最初の「幾道」とは孟簡の字である。同じく「元和元年三月」の日付けをもつ独秀峰読書巖の石刻に「孟簡」の名が見える。今、この石刻によって桂林に多く僧侶が往来していたことが知られる。また、孟簡の交遊にはある特徴が見られる。

交遊者「直之・明覺・道行・普願」の内、「直之」は以下の「明覺・道行・普願」と違っており、孟簡が「幾道」と称しているのと同じく字であり、姓は未詳であるが、おそらく官吏であろう。その後に挙げられている三人は僧侶であろう。明覚（？－831）は『宋高僧傳』十一・『六學僧傳』六に見える僧侶が考えられる。馬祖道一（709－788）の弟子、後に衡山・天台などを行脚し、元和年間に天目山千頃院に隠居している。そうならば、道行（752－820）も馬祖に学んだ僧で、『宋高僧傳』二〇・『景徳傳燈録』六・『五燈會元』三、また『宋高僧傳』二〇・『六學僧傳』六に見えて同名者が二人いるようであるが、ともに貞元・元和の頃の僧侶である。普願（748－834）も馬祖道一に学んだ僧で、『宋高僧傳』十一・『景徳傳燈録』八・『五燈會元』三などに見える。孟簡は佛教尊崇者として有名であった。『新唐書』一六〇「本伝」に「佞佛過甚、爲時所誚」と酷評するが、これは『舊唐書』一六三「本伝」にいう「溺於浮圖之教、爲儒曹所誚」の表現を改易したものであり、「爲儒曹所誚」とは韓愈の言を意識したものであるに違いない。韓愈が佛教の渡来に対して儒教の道統を説いて有名な「與孟尚書書」（『韓昌黎文集』一八）は孟簡が手紙で「有人傳：（韓）愈近少信奉釋氏」と言って来たのに応えたものである。また、柳宗元「送巽上人赴叔父召序」（『柳河東集』二五）では当時の官界における佛教との交渉について「其由儒而通者、鄭中書洎孟常州。……常州之言曰“從佛法生、得佛法分”」として鄭絪・孟簡を挙げている。今、題名に見える孟簡が桂林で交遊している僧侶はいわゆる南宗禅から出た馬祖系の宗派に属するものである。それはこの宗派が孟簡の宗教思想に合ったからであろう。かれらが佛教理解者の高官・孟簡が桂林に滞在していることを聞いて近隣の州県から尋ねて来たのか、あるいはすでに桂林にいて孟簡に接近したのか、不明であるが、いずれにしても当時の桂林には南宗禅の僧侶も多くいたということがこの石刻によって知られる。

石刻には「偕遊桂州北郊幽巖・奇洞」というから、孟簡は僧侶たちと東郊の栖霞洞だけでなく、北郊の巖洞にも遊んだ。孟簡は独秀峰の読書巖に題名が刻されていたから、そこに遊んだことは確かであり、「北郊幽巖・奇洞」とは読書巖等を指すのではなかろう。読書巖の題名には「三月三日」とある。当時すでに文人・僧侶が訪れて有名であった「北郊幽巖・奇洞」としては、州城の西北にある芦笛巖や真北にあたる疊綵山の巖洞が考えられる。「晨曦、偕遊桂州北郊幽巖・奇洞、午飯栖霞」という時間的関係をみれば、おそらく芦笛巖ではなかろう。疊綵山ならば、「北郊」というから、それは州城外にあった。逆にいえば、唐城の北墻は疊綵山よりも南にあった。

7-04 〔佚〕元和十二年（817）懐信作「題栖霞洞」詩

『桂林石刻（上）』は「唐・釋懷信栖霞洞題詩」（p13）を収めて「右磨崖在七星岩口。高……。原石已毀、據旧拓本校録」いい、張益桂『桂林文物』（一九八〇年）に「在抗日戦争時期被毀了」（p91）という。この石刻は先の孟簡等の題名と同じく『桂勝』・『粤西金石略』等には見えないから、当時すでに見つけにくい状態にあったと思われる。

【録文・解読】

今、『桂林石刻』に拠って録文する。ただし簡体字は繁体字に改め、句ごとに改行する。

01	石古苔痕厚
02	巖深日影悠
03	參禪因久坐
04	老佛總無愁
05	釋懷信書

『桂林石刻』に「高一尺五寸、寛九寸、径一寸五分」。

【考察】

『全唐詩補編』所収「懷信」詩の補説

今日、懐信の詩はこの一首しか伝わっておらず、極めて貴重である。陳尚君輯校『全唐詩補編（中）全唐詩續拾』二三（中華書局一九九二年）「懷信」（p991）は『桂林石刻』に拠ってこの詩を収録し、「題桂林七星巖棲霞洞詩」（題擬）とする。題を付けるならば、「棲」ではなく「栖」が正しい。「七星巖」を加えるならば、これは後世の名であるから、「七星山」がよかろう。また、按語に「同書（『桂林石刻』）又載『南溪山元岩磨崖題名』云：“懷信・覺救・惟則・惟亮・無等・無業、元和十二年重九同遊。業記。” 今據以確定作者之時代。『宋高僧傳』卷十九有『唐揚州西靈塔寺懷信傳』、爲會昌間人。時代雖相接、然無從證明即此詩作者、故不取」（p991）という。懷信等の題名は南渓山の元岩［正しくは玄巖］に刻されているだけでなく、芦笛巖の洞内にも「僧懷信」等の題名が墨書されており、それらはいずれも「元和十二年九月」の日付をもつ。また、懷信の名は柳宗元の元和九年（814）永州での作「南嶽大明寺律和尚（惠開）碑」に恵開の弟子として見える。時間・地理的関係からみて同一人物と見て間違いない。詳しくは本書十二「南渓山石刻」を参照。

7-05 〔存〕乾寧元年（894）張濬・劉崇亀唱和「杜鵑花」詩并序

七星公園内、月牙山瑶光峰の西北面にある龍隠洞（長さ64m、高さ8～12m、幅8～20m）内、東の洞口を約10m入った右（西北）の岩壁に刻されている。N25°16′527″、E110°18′127″。洞内は“小東江” の支流が流れて込んで川（幅約5m）をなしている。今ではセメントで小道（約1m）が舗装されて狭くなり、また泥が溜まって浅くなっているが、嘗ては舟が通っていた。小道は左側（南）の壁に沿って造られており、石刻はその対岸をなす巖壁上に刻されている。洞内は薄暗くて張等唱和詩は文字が小さく、かつ川があって近づけないために見つけにくい。『桂勝』が録していないのは見つけられなかったからであろう。石刻「李（師中）題」（縦約1.4m×横約0.8m）は大字で見つけやすく、その左（南西）隣にある。

【資料】

録文：

明・黄佐『廣西通志』六〇（3a）「外志」劉宋［崇］龜「寄桂帥」（黄志と略称）

清・汪森『粵西詩載』二二（4b）「七言絶句」劉崇龜「寄桂帥」（汪本と略称）

清・謝啓昆『廣西通志』二一五「金石略」（20b）「張濬杜鵑花詩」

清・謝啓昆『粵西金石略』一（16b）「張濬杜鵑花詩」

清・胡虔『臨桂縣志』九「山川」（29a）「張濬杜鵑花詩」（以上三種、謝本と略称）

清・洪頤煊『平津讀碑三續』下（20b）「杜鵑花唱和詩」（洪本と略称）

清・陸耀遹『金石續編』十二（6b）「山居洞杜鵑詩刻」（陸續本と略称）

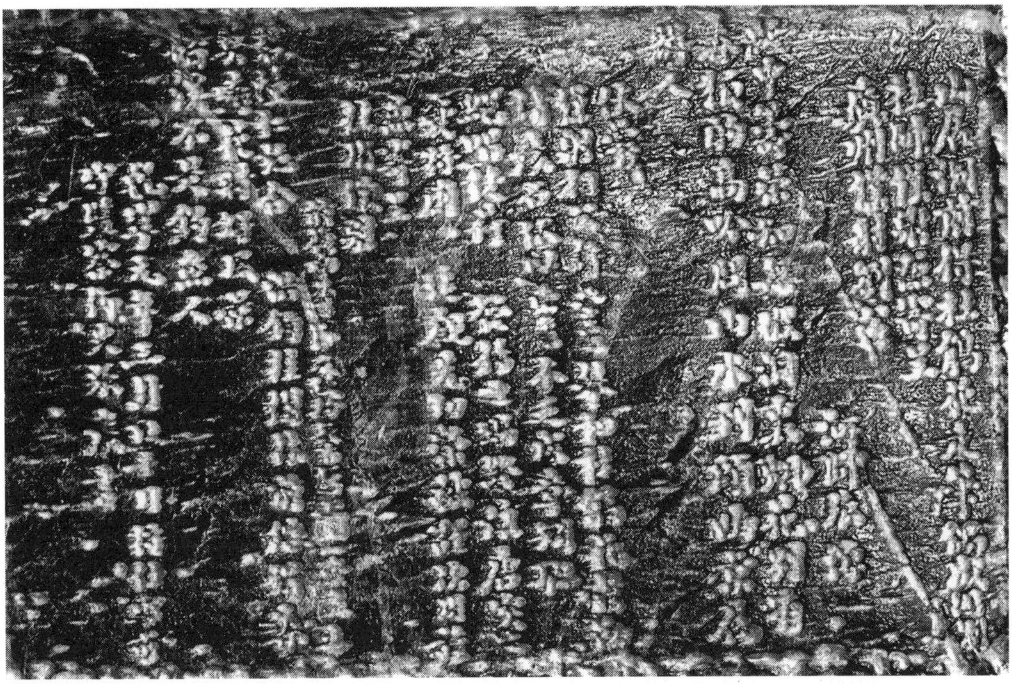

清・陸増祥『八瓊室金石補正』七七（28a）「山居洞杜鵑詩刻」（陸補本と略称）

清・『全唐詩』七一五「劉崇亀」「寄桂帥」

〃　　刊本第十一函第二冊（716）（以上、全唐本と略称）

清・楊翰『粤西得碑記』（22b）（楊本と略称）

清・黄泌『臨桂縣志』二一（中冊p392）「張濬杜鵑花詩」（黄本と略称）

今・孫望『全唐詩補逸』十二「張濬」（全唐補逸本と略称）

今・『桂林石刻（上）』（ｐ21）「張濬劉崇亀杜鵑花唱和詩」（桂林本と略称）

全唐補逸本（一九七八年）は陸續本に拠って収録し、陸補本による校勘を加えている。さらに陳尚君輯校『全唐詩補編』（中華書局一九九二年）に収める全唐補逸本（ｐ233）では『桂林石刻（上）』に拠って校勘を補足している。しかし、なお缺字があり、また押韻上明らかな誤字もある。

拓本影印：

『中國西南地區歴代石刻匯編（第九冊）廣西桂林巻』（ｐ16）（広西本と略称）

広西本は拓本の影印として貴重であるが、全体的に不鮮明である。これは拓本や印刷の技術が悪いためだけではなく、原石の表面が長年の浸食（増水した流れ）によって潰れているからであり、ずべての文字が横太になっている。

【現状】

01　　山居洞前得杜鵑花走筆偶成□□
02　　桂帥僕射□寄呈
03　　廣州僕射劉公
04　　　　　　河間張濬
05　□中籌策知無□洞裏□花別有
06　春獨酌高吟問山水到頭幽景□
07　□人
08　　伏蒙
09　　僕射□公□□□□和杜鵑花詩□
10　　□□石□□□□□乏□□□□
11　　絶唱□□　□□□□□□唐突□
12　　愛□□　□□□□□□□次用□
13　　□寄呈
14　　桂州□□
15　　　前□□□□□□□□□□□□□□□上
16　碧□紅□合　洪鈞桂樹林前□□春
17　莫□花時好風景
18　□溪不是釣魚人
19　　乾寧元年三月廿七日□仕□前
20　　守監察御史張□書

石面磨平、塗墨。縦46cm×横74cm、楷書、縦書き、向かって右から左行き、計二〇行、行字不一、字径３cm。洞内には川が流れており、石刻は水面から約２m上にあるが、洪水時にはその高さ以上に増水するという。今日でもその痕跡が多く残っている。石刻は文字が小さい上に増水による浸食が激しく、判読は極めて困難な状態にある。

【校勘】

01　山居洞前得杜鵑花走筆偶成□□

「□□」: 謝本は脱字、陸續本・全唐補逸本は「以□」、陸補本は「以簡」、楊本・桂林本は「用別」に作る。黄本は「桂□」に作るが、これは次行の冒頭の文字であるから、缺二字を脱している。現存石刻（以下、現石と略称）では「成」の下は「用」よりも「以」に近い。その下は「別」の字形に似ているが、文脈上「簡」と判読すべきであろう。

02　桂帥僕射□寄呈

「桂帥」: 謝本・黄本は「桂□」に作るが、他の諸本は「桂帥」に作っており、現石でもそのように読める。汪本・全唐本が劉崇亀の詩題を「寄桂帥」に作っているのもこれに拠るであろう。

「□寄」: 謝本は「□寄」に作るが、他の諸本は「兼寄」に作る。現石では刻影は「照・焦・無」の字形に近く、文脈から「兼」の異体字「燕」であると判読される。当時（乾寧元年～二年）の「桂帥」桂管経略使は周元静。

04　河間張濬

現石ではこの一行は小字。「張」はやや不鮮明。

05　□中籌策知無□洞裏□花別有

「□中」: 謝本・黄本は「桂州」、陸續本は「桂中」、陸補本・楊本・桂林本は「幄中」に作る。現石で第一字は不鮮明であるが、第二字は明らかに「中」。第一字を「桂」、第二字を「中」に判読する者が多く、したがって「桂中」であった可能性が高いが、「桂中」という言は熟していない。また、次句の「洞裏」に対しても「幄中」の方が佳い。

「籌策」: 謝本・黄本は「籌□」、諸本は「籌策」。ただし現石で第二字は“竹”冠ではなく“艸”冠に近い。“艸”冠の「策」は『金石文字辨異』十二（12a）「策」に見える。「答・荅」「籔・薮」の類の如し。「幄中策」は熟語。

「無□」: 諸本は「無暇」。「無」の下はそれのみでは判読困難であるが、「無」と熟す点から類推可能。

「□花」: 謝本・陸續本は「□花」、楊本は「閒花」、桂林本は「觀花」に作る。陸補本も「□花」に作るが、注に「“洞裏”下似“閒”字」という。しかし陸補本は第四句（07）でも「閒人」に作っているから、「閒」字を二度用いていることになり、適当ではない。現石では「觀」の方に近い。

06　春獨酌高吟問山水到頭幽景□

「春」: 謝本・陸續本は「珍」、陸補本・楊本・桂林本は「春」に作る。この字は詩の第二句末つまり押韻部分に当たる。「珍」「春」いずれも「眞」韻に属すが、唱和している次の劉崇亀の詩はこの詩の韻と同じ字を用いているから、明らかに「春」が正しい。現石でも字の下２／３は

「春」に近い。

「幽」: 謝本・陸續本・陸補本・黄本は「山」、楊本・桂林本は「幽」に作る。前句に「山水」とあり、「山」字が重なるから、「幽」字がよい。現石でも字体は前の「山」と明らかに異なり、また「山」字の中には「幺」の痕跡がある。恐らく「幽」字が不鮮明であるために「山」字と判読されたのであろう。

「到頭」: 当時の俗語、「到底」と同義、「結局、つまるところ」という意味の副詞。

「景」の下 : 諸本は「屬」に作るが、陸補本のみ異体字「属」に作る。現石では「属」の方に近い。

07　□人

「□人」: 謝本・陸續本・楊本は「何人」、陸補本は「閒人」、桂林本は「詩人」に作る。現石でも「何・閒・詩」に似ているが、前に「問」があることから「何」がよかろう。

08　伏蒙

諸本は「伏蒙」に作り、現石も同じであるが、この行は前行の頭よりも一字余下げてある。また、「蒙」の下で改行している。改行は次に「僕射……」と相手が来ることによる。これによって当時の書簡の書式が知られる。

09　僕射□公□□□□和杜鵑花詩□

諸本の作る所に異同が多く、対照させれば次のようになる。

謝本・黄本　「僕射□公詩□□□和杜鵑花□□」
陸　續　本　「僕射相公□□□攀和杜鵑花詩　」
陸　補　本　「僕射相公許□□攀和杜鵑花將勒」
楊本・桂林本「僕射相公許崇龜攀和杜鵑花詩勒」

現石では最も楊本に近い。ただし「許」の下二字「崇龜」は名で小文字、右寄せ。「崇龜」は作者本人である劉崇亀。

10　□□石□□□□□乏□□□□

諸本の作る所に異同が甚だしい。

謝　本「□□石□□□□水足李祠□□」
黄　本「□□石□□□□水足□李祠□□」
陸續本「請□石□以□□本乏□□剙□」

陸補本「諸巖石伏以□□本乏成章矧□　」

楊　本「諸崖石伏以崇龜本乏成章矧□　」

桂林本「諸巖石伏以崇龜本乏成章矧恐」

陸補本は「“伏以” 下似 “崇龜” 二字、亦僅存形模矣」という。「崇龜」は前行にもあり、同じく小文字で右寄せ。現石では桂林本のように読めるが、「恐」は判読困難、またその下に空格一字がある。

11　絶唱□□　□□□□□□唐突□

諸本の作る所に異同が多く、対照させれば次のようになる。

謝　本「總唱□□□□揚之□□□唐□」

黄　本「總唱□□□□揚之□□□□唐　」

陸續本「絶唱復荷　發揚之□□□唐突□」

陸補本「絶唱徒荷　發揚之端終流唐突之」

楊　本「絶唱徒荷　發揚之賜終流唐突之」

桂林本「絶唱徒荷發揚之賜終流唐突之」

現石ではこの中で楊本が作るように読める。「唱」の下は現石では「復」よりも「徒」に近い。「徒」の下は「符／荷」に近い。「荷」「發」の間は明らかに空格一字。

12　愛□□　□□□□□□□次用□

諸本の作る所に異同が甚だしい。対照させれば次のようになる。

謝本・黄本「愛特□□廷觀先初□□□□□」

陸　續　本「愛特□　廷□□□□□謹次□□」

陸　補　本「愛特廁　□觀光叨榮被謹次用□」

楊　　　本「愛將廁　廷覲先叨榮被謹次用□」

桂　林　本「愛特廁廷覲光叨榮被謹次前韻」

現石ではこの中で楊本に最も近い。「愛」の下は「將」の異体字「将」のように見える。「廁」の下は現石では明らかに空格がある。その下の「廷」字（朝廷）によるもの。「廷」の下は「覲」に近い。その下は現石は「光」「先」に近いが、前句が「将……」ならば、それに対応する「先」がよい。「先」の下は「初」よりも「叨」に似ている。「用」の下は現石では「詩」にも似ているが、09行にある「詩」とは字体が異なり、意味から考えても「韻」であろう。

13　□寄呈

謝本・黄本は「急寄呈」、他の諸本は「兼寄呈」に作る。現石でも02行の「兼」の異体字「蒹」と同じに見える。

14　桂州□□

謝本・黄本は「杜鵑花詩」、陸續本は「桂府僕射」、陸補本・楊本・桂林本は「桂州僕射」に作る。これらは第一字の刻影「杜」「桂」を手がかりとして下の三字を類推したものであろう。この部分は前の「寄呈」を受けて改行しているから、「杜鵑花詩」ではなく、「桂府僕射」「桂州僕射」がよい。第一字は現石では「杜」よりも「桂」に近い。02行には「桂帥僕射兼寄呈」とあるから、「桂府」「桂州」ではなく、「桂帥」がよいが、現石で第二字は「川」に近いから、上二字は「桂州」であろう。第三字も明らかに「花」の字形と異なる。

15　前□□□□□□□□□□□上

現石では明らかにすべて小文字。謝本・黄本は全て缺字「□」十二字に作り、陸續本は「前嶺南東道節度使」に作って「下不可辨」と注記し、陸補本は「前嶺南東道節度使檢校右僕射劉崇□上」、楊本・桂林本は「前嶺南東道節度使檢校右僕射劉崇龜上」に作る。現石では前半の「前嶺南東道節度使」と末尾の「上」は類推可能。陸補本「劉崇」下の缺字が「龜」であることは前文から明白であるが、それにも関わらず、陸補本が「劉崇□」に作っているのは、推測によらず、石刻の現状を忠実に記述せんとする態度をとっているからであろうか。そうならば、「前嶺南」以下を録している陸補本が見た拓本は謝本が見たものとは違ってかなり鮮明なものであったと考えられる。また、謝本はこの行に限らず、缺字が多い。謝本は桂林の石刻を集めて数量・考証ともに最も完備した書として知られるが、桂林での撰であるにもかかわらず、現存する石刻を見ておらず、拓本のみに、しかも出来の好くないそれに拠っているようである。

16　碧□紅□合　洪鈞桂樹林前□□春

諸本の作る所に異同が多く、対照させれば次のようになる。「合」と「洪」の間は空格。黄本・桂林本は空格を脱しているが、いま補う。

黄　志	「碧幢仁施合　洪鈞桂樹林前倍得春」
謝　本	「碧□□□合　洪鈞桂樹林前旅獨珍」
黄　本	「碧□仁□合　洪鈞桂樹林前旅獨珍」
陸續本	「碧□紅□合　洪鈞桂樹林前□獨珍」
陸補本	「碧幢紅□合　洪鈞桂樹林前恁獨春」

楊　本　　　「碧幢紅□合　洪鈞桂樹林前信有春」
汪本・全唐本「碧幢仁施合　洪鈞桂樹林前倍得春」
桂林本　　　「碧幢紅苑合　洪鈞桂樹林前信有春」

「碧□」：諸本は多くが「幢」に作る。

「紅」：現石では「仁」に似ているが、「人」偏ではなく、「糸」偏に近い。全唐本は「仁」に作るが、「仁」は「眞」韻であるから、詩の用韻と同じであり、他の諸本が作るように「紅」がよい。「紅～」は「碧～」と対にもなる。「紅」とは詩題にいう「杜鵑花」を指す。

「紅」の下：陸補本は左旁「方」に作っており、これは全唐本の「施」に近い。しかし「施」は平声であって平仄律に合わない。桂林本の「苑」は上声（仄）であって平仄律にも合う。現石でも「苑」に近い。

「□□」：現石では「信得」に近い。少なくとも「旅・恁」「有」ではない。

「春」：行末の字は現石では「春」。句末に当たり、前に示されている張濬詩との用韻関係から見ても明らかに「春」字。

17　莫□花時好風景

「□」：諸本は「戀」。類推可能。

「花」：黄志・汪本・全唐本は「此」、他の諸本はいずれも「花」に作る。現石では明らかに「花」。汪本の「此」は転写上の誤りで、全唐本はそれを踏襲したものであろう。

18　□溪不是釣魚人

「□」：諸本は「磻」。現石でも類推可能。謝本系に属す胡虔『臨桂縣志』は誤って「蟠」に作る。

「魚」：黄志・全唐本は「漁」。現石では諸本が作るように明らかに「魚」。汪本も「魚」に作っているから、「漁」は黄志・全唐本の転書上の誤りであろう。なお、この部分は詩句（絶句）であり、前二句は改行していないが、後二句はなぜか改行している。

19　乾寧元年三月廿七日□仕□前

「寧」：楊本・黄本は「寧」の末筆「亅」を缺画にするが、それは清・道光帝宣宗の諱（旻寧）を避けたもの。

「元」：諸本は「元」に作り、現石でも明らかに「元」であるが、陸補本は『集古録目』を引いた上で「詩刻於乾寧元年。『集古録目』作“二年”者誤」という。しかし清・繆荃孫校輯『集古録目』には「唐張濬及嶺南節度使劉崇龜唱和“杜鵑花”詩二首。前監察御史張巖書。乾寧元年刻」とある。これは『寶刻叢編』に引く『集古録目』に拠ったものである。『寶刻類編』も「乾寧元年刻」。

「廿」: 謝本・黄本は「二十」、陸續本・陸補本・楊本・桂林本は「廿」に作り、現石も「廿」。『金石彙目分類』一八「唐龍隱巖張濬杜鵑花唱和詩」(2a) には録文はないが、「張巖、正書、乾寧元年三月二十七日」に作る。

「将仕□前」: 謝本・黄本は「持□□□」、楊本は「將□□□」、陸續本・陸補本・桂林本は「將仕郎前」に作る。現石では「将・持」に近いが、下が明らかに「仕」であることによって「将仕郎」と類推可能。この部分は落款であり、次の行とともに全て小文字。

20　守監察御史張□書

謝本・黄本は「□□□□□張巖書」、楊本は「守監察御史張□書」に作るが、陸續本・陸補本・桂林本は「守監察御史張巖書」に作る。張巖の署銜は『集古録目』・『寶刻叢編』にも「前監察御史」といい、『寶刻類編』も「張巖：監察御史」とする。将仕郎は文散官従九品下、監察御史は職事官正八品上、したがって「守」。

【復元】

01　　山居洞前得杜鵑花走筆偶成以簡
02　　桂帥僕射兼寄呈
03　　廣州僕射劉公
04　　　　　　　　河間張濬
05　幄中籌策知無暇洞裏觀花別有
06　春獨酌高吟問山水到頭幽景屬
07　何人
08　　伏蒙
09　　僕射相公許崇龜攀和杜鵑花詩勒
10　　諸巖石伏以崇龜本乏成章矧恐
11　　絶唱徒荷　發揚之賜終流唐突之
12　　愛将廁　廷觀先叨榮被譴次用韻
13　　兼寄呈
14　　桂州僕射
15　　　　前嶺南東道節度使檢校右僕射劉崇龜上

16 碧幢紅苑合　洪鈞桂樹林前信得春
17 莫戀花時好風景
18 磻溪不是釣魚人
19 　　乾寧元年三月廿七日将仕郎前
20 　　守監察御史張巖書

【解読】

山居洞（龍隠洞）前得“杜鵑花”、走筆偶成、以簡桂帥僕射（周元静）、兼寄呈廣州僕射劉（崇亀）公。河間張濬（作）。

幄中籌策知無暇、洞裏觀花別有春。

獨酌高吟問山水、到頭幽景屬何人。

伏蒙僕射相公（周元静）許（劉）崇龜攀和「杜鵑花」詩、勒諸巖石。伏以（劉）崇龜本乏成章、矧恐絶唱。徒荷發揚之賜、終流唐突之愛。將廁廷觀、先叨榮被。謹次用韻、兼寄呈桂州僕射。前嶺南東道節度使檢校右僕射劉崇龜上。

碧幢紅苑合洪鈞、桂樹林前信得春。

莫戀花時好風景、磻溪不是釣魚人。

　　乾寧元年（894）三月廿七日、將仕郎前守監察御史張巖書。

【考察】

『全唐詩』所収「劉崇亀『寄桂帥』詩」の出自

今日、張濬・劉崇亀の詩はいずれもこの唱和詩各一首しか伝わっておらず、極めて貴重である。

北宋の欧陽棐『集古録目』一〇（12a）の「杜鵑花唱和詩」をはじめ、陳思『寶刻叢編』一九（37b）には「唐杜鵑花詩二首」と題して題跋が加えられ、また『寶刻類編』六（26b）「張巖」にも録されているから、早くから知られていた。張鳴鳳『桂勝』には採られていないから、明代には知られなくなったようにも思われるが、その右に刻されている「李（師中）題」は録されている。すでに浸食が激しくて判読が困難であったために発見されなかったのであろう。しかし清代に至って拓本の収集が流行すると、『集古録目』等に著録してあったためか、多くの人が注目し、拓本をとっている。その中でいち早くこの詩を録しているのは汪森『粤西詩載』である。

『全唐詩』所収の劉崇亀「寄桂帥」と『粤西詩載』所収の劉崇亀「寄桂帥」は詩の題・内容ともに極めてよく似ている。また、劉崇亀の作は張濬に追和した詩であり、龍隠洞には張濬の詩も刻されているが、『全唐詩』・『粤西詩載』はともに劉崇亀の追和詩のみ収めて張濬の詩を収めていない。このような共通点は両者に深い関係があることを示している。汪森（1653－1726）『粤西詩載』二五巻を含む『粤西通載』一三〇巻（他に『粤西文載』七五巻・『粤西叢載』三〇巻）は、「粤西叢載序」によれば、康熙三十三年に開始、康熙四十四年（1705）六月に完成している。いっぽう『全唐詩』の編纂は康熙四十四年三月に始まり、四十五年十月に完成している。したがって『粤西詩載』が『全唐詩』に拠ることはあり得ない。両者に共通の資料があったことも考えられるが、『粤西通載』は四庫全書に収められているから、『全唐詩』は『粤西詩載』に拠って収録した可能性が高い。

劉崇亀の嶺南東道節度使在任期間

劉崇亀（?－894）の広州刺史在任期間について、郁賢皓『唐刺史考全編（五）』二五七「廣州」は『寶刻叢編』にいう「唐張濬及嶺南節度使劉崇龜唱和《杜鵑花詩二首》、前監察御史張巖書、乾寧元年刻」を引いて「大順元年－乾寧二年（890－895）」（p 3180）とする。『新五代史』劉隠傳に「乾寧中、節度使（劉）崇龜卒、嗣薛王知柔代爲帥」といい、李知柔について『資治通鑑』には乾寧二年七月「以薛王知柔爲清海軍節度使・同平章事、仍權知京兆尹・判度支、充鹽鐵轉運使、俟反正日赴鎮」、また『舊唐書』昭宗紀に乾寧「三年正月癸丑朔、制以特進・戸部尚書・兼京兆尹・嗣薛王知柔檢校司徒・兼廣州刺史・御史大夫、充清海軍節度・嶺南東道觀察處置等使」という。これらに拠れば劉崇亀の死去にともなって乾寧三年正月に李知柔が嶺南東道観察使となっている。したがって劉崇亀の死去は乾寧二年中であり、劉崇亀が嶺南東道観察使であったのも乾寧二年中までということになる。郁氏が劉崇亀の広州刺史在任を「大順元年－乾寧二年」とするのはこのような理解によるものであろう。

桂林の石刻は、確かに「乾寧元年刻」ではあるが、書簡の署名部分は「前嶺南東道節度使檢校右僕射劉崇龜上」と判読できる。「嶺南東道節度使」に「前」を冠しているということは、劉崇亀が嶺南東道節度使・広州刺史であった時期が刻石された「乾寧元年（894）三月廿七日」以前であったということを意味する。では、いつまで在任していたのか。『舊唐書』昭宗紀に景福二年「三月庚子、制以捧日都頭陳珮爲廣州刺史・嶺南東道節度使」という。これによれば景福二年（893）三月に陳珮が嶺南東道節度使に任命されているから、劉崇亀の広州刺史在任はそれ以前ということになる。したがって「大順元年－乾寧二年（890－895）」は「大順元年－景福二年（890－893）」に改められるべきである。ただし、『通鑑』には景福二年「六月、以捧日都頭陳珮爲嶺南東道節度使、並同平章事」といい、胡注に「不聞至鎮。蓋各有分據者、四人（曹誠・李鋋・孫惟晟・陳珮）不得而赴也」というから、陳珮は広州に赴任しなかったらしい。『新五代史』劉隠傳に「乾寧中、節度使（劉）崇龜卒、嗣薛王知柔代爲帥」として、劉崇亀から李知柔に代わったと記載しているのはそのためではなかろうか。また、胡注にいうように陳珮が「不得而赴」であったならば、劉崇亀が留任していたことも考えられる。そこで乾寧三年に李知柔が赴任した。桂林石刻の諸本はいずれも「乾寧元年」の刻に作っているが、陸増祥『八瓊室金石補正』が見た『集古録目』には「乾寧二年刻」とあったいう。そうならば乾寧三年正月に李知柔に代わったことに符合し、劉崇亀は乾寧二年中に死去したことになる。しかし北宋・欧陽棐『集古録目』はすでに元代には佚しており、繆荃孫が『寶刻叢編』や『隷釋』・『輿地紀勝』（また『輿地碑記目』）等から輯佚したものには「乾寧元年刻」に作る。それは『寶刻叢編』に拠ったもので、今本『寶刻叢編』（光緒十四年1888陸心源校本）でも「乾寧元年刻」に作っている。しかし繆荃孫校輯『集古録目』は光緒十年（1884）、『八瓊室金石補正』は同治四年（1865）の成書であるから、陸増祥が見た『集古録目』は繆荃孫輯本ではなく、またその用いた『寶刻叢編』とも異なる可能性がある。確かに「二」と「元」は字形が似ており、そこでしばしば誤られるが、陸増祥は「二」に作っているものがあることを知った上でそれではないと解読しており、また他の多くの録文も「元」に作っている。今日の石刻の状態でも明らかに「元」字である。したがって劉崇亀の広州刺史・嶺南節度使在任期間は「大順元年－景福二年（890－893）」とすべきであろう。

7-06 〔存〕五代後晋・天福二年（937）李靖廟碑額（宋建？）

七星山東北の懸崖上。東から流れて来る霊剣江（弾子渓、弾丸渓とも呼ばれる）に架かる尋源橋の近く。橋の手前（西北）に張曙（1909－1938）墓があり、その南から霊剣江（幅約８m）を隔てた懸崖の上、高さ約７mのところ。大字「静江府大都督」（縦９m×横1.8m、字径0.9m）の向かって右（東）約40m。N25°16′697″、E110°18′560″。ただし廟は北宋の創建であり、廟額も当時の刻石であると思われる。

【現状】

01 唐桂州都惣管使
02 李衛國公廟天福
03 二年加封靈顯王

石面磨平。楷書、縦書き、向かっ

て右から左行き。『桂林石刻』によれば、縦0.9m×横1.2m、字径12cm。

【資料】

録文：

明・張鳴鳳『桂勝』二（26b）

今・『桂林石刻（上）』（p 26）

【校勘】

01 「惣」：史書は多く「總」に作る。異体字。

【解読】

唐桂州都惣管使李衛國公（靖）廟。（五代・後晋）天福二年（937）加封靈顯王。

【考察】

李靖と慶林観

李靖（570－649）は李唐の創業に貢献の大であった、中国史上著名な名将である。その桂林での功績については、晩唐・莫休符『桂林風土記』の「衛國公李靖」の条が詳しく、次のようにいう。

> 武徳二年（619）、（李靖）同趙郡王孝恭（591－640）至江陵、破蕭銑四十萬、擒銑赴京、承制（勅）度（南）嶺、至桂林。……詔充嶺南道安撫大使・檢校桂州大總管。武徳六年、徵輔公佑於江淮、……封衛國公。薨年七十九。桂州子城、自衛國公所製、號曰“始安郡城”。

また、桂林の慶林観と李靖との関係について当地には早くから伝承があった。南宋の『輿地紀勝』一〇三に「桂林石瑞：唐・太宗時、桂州獻石瑞文、上有字曰“聖主大吉、子孫五千歳”」と見える。さらに清・汪森『粤西叢載』一六の「慶林観」の条に明代『桂林府志』（成化六年1470本？）を引いて次のようにいう。

> 唐・太宗幸九成宮、觀桂州所貢瑞石文、有曰“聖主大吉、子孫五千歳”、顧謂李靖曰：“碧桂之林、蒼梧之野；大舜隱眞之地、達人遁迹之郷。觀此瑞文如符所兆、公可一巡乎。”乃授（李）靖檢校桂州總管。靖至、考所得石之地、置觀、具表以聞、賜名曰“慶林觀”。

太宗に「祭原州瑞石文」（『全唐文』一〇）があるように、当時の政権争いにからんで瑞石を献上して天意を証明するという工作がなされたであろう。また、楷書の手本として有名な魏徵撰・欧陽詢書「九成宮醴泉銘」は貞観六年（632）の刻である。しかし李靖が桂州大総管となったのは太宗の時ではなく、武徳年間の始め、高祖の時である。したがって李靖が慶林観を創建したこと、太宗が観名を下賜したことは疑わしい。おそらくこのような伝承が早く唐代からあり、そこで李靖廟が慶林観のある七星山の麓に建てられたのではなかろうか。

桂林李靖廟の沿革

唐代の名将李靖は、その功績を頌えて各地に廟・碑が建てられている。たとえば、『潜研堂金石文字目録』二（3a）に唐・許敬宗撰「衛景武公李靖碑」（王知敬正書、顕慶三年五月、在醴泉縣）、陸心源『呉興金石記』五（9a）「李靖廟碑」（咸通年間）等。桂林の李靖廟は何度も重建されたようである。

桂林の李靖廟は、現存する石刻に五代後晋・天福二年（937）とあることによって当時の創建であると思われる。『桂林石刻（上）』がこの石刻を「五代」に入れるのもそのような理解に立ったものである。しかし明（嘉靖）黄佐『廣西通志』三三「壇廟志」（11a）には次のようにいう。

　李衛公廟、在城東七星山下。宋・紹興間建、以祀唐李靖。乾道間經略張維重建。

これによれば、紹興間（1131－1162）に創建され、乾道間（1165－1173）に重建されたようである。後の清（光緒）蘇宗経『廣西通志輯要』三「祀廟」（40a）に「李衛公廟：在城東七星山下、祀唐李靖。宋・紹興二年（1132）建、明・洪武初修」というから、「紹興間」とは「紹興二年」のことであり、後に明・洪武初（1368）にも重建されたらしい。また、別の記録もあり、明（万暦）蘇濬『廣西通志』一〇「祀宇志」（3b）には次のようにいう。

　李衛公廟、在城東七星山下。宋・紹聖三年（1096）建、洪武初重修。

明代の『通志』であっても嘉靖本と創建の年が異なる。これらの記録をまとめれば次のようになる。

後晋・天福二年（937）	創建？
北宋・紹聖三年（1096）	重建？創建？
南宋・紹興二年（1132）	重建？創建？
南宋・乾道間（1165－1173）	張維重建
明　・洪武初（1368）	重建

まず、李靖廟の創建の年代について、現存の石刻に「天福二年」とあるにもかかわらず、方志はいずれも宋代としている。石刻には「唐桂州都惣管使李衛國公廟。天福二年加封靈顯王」とあり、この年に廟が建てられたことも十分考えられるが、それは「追封」の年代を告げるものであって必ずしも建廟の年代をいうものではないのであろうか。方志が建廟について五代まで遡っていないのはそのためであろう。明・張鳴鳳『桂勝』二（26b）に「頃循彈丸溪行、見溪旁石壁刻有“唐桂州都總管使李衛國公廟。天福二年加封靈顯王”字。心儀其廟當在是地」という。「彈丸溪」とは今の霊剣江。方志には「七星山下」というから、宋・明の重建も同じ地であったろう。今日

でも碑額の石刻は文字も鮮明に存在しており、かつ比較的大きな文字であり、よく見えたはずである。もし五代の創建であるならば、方志はそのことに言及していてもよい。宋代の創建とするのは碑額が追号をいうものであって建廟をいうものではなかったからであろう。廟が宋代の創建ならば、碑額も創建当時の刻石である可能性が高い。

次に、方志はいずれも宋代の創建とするが、それに至っても紹聖三年と紹興二年の二説がある。その間は三四年であり、いずれかが誤りであろう。一般的な老朽化による重建を考えれば、三〇年余というのは短すぎる。また、張維が静江知府・広西提点刑獄として桂林にいたのは乾道二年から五年（1169）までの三年であり、したがって「紹興二年」と「乾道間」の重建の間も三〇年あまりになるから、適当ではない。黄佐や蘇宗経のいう「紹興二年」は「紹聖三年」の誤字ではなかろうか。そうならば紹聖三年の創建と張維重建の間は七〇年余である。これをまとめれば、桂林の李靖廟の沿革は次のようになる。

後晋・天福二年（937）	追封“霊顕王”
北宋・紹聖三年（1096）	“李衛國公廟”創建
南宋・乾道間（1165－1173）	張維重建
明　・洪武初（1368）	重建

明・洪武初（1368）に重修された後、『桂勝』が撰せられた明・万暦十七年（1589）にはすでに荒廃しており、廟の遺構さえ無かったと思われる。しかし劉英『名人與桂林』（一九九〇年）には「後唐高祖天福年間、曽て霊剣渓の尋源橋畔に在いて李衛公廟を建て、四時祭祀して絶えず。該廟は抗日時期に已に毀てり」（p7）という。尋源橋は南宋・詹儀之による淳熙十四年（1187）の建。今も石刻「静江府大都督」六大字の右（西）下に詹儀之の「建石橋記」と「題尋源橋」がある。したがって劉氏がいう五代天福二年の石刻と同じ地である。そうならば万暦以後、清初にまた重建されたのであろうか。

八、西山石刻

位置：西山（Xi1shan1）は市の中心から西に約２km、秀峰区西山路の西山公園内にある。東西1600m、南北1000mにおよぶ連山で、龍頭石林（N25°17′230″、E110°16′310″）を中心にして西北に西峰、西南に千山（N25°17′134″、E110°16′334″）、東北から東南にかけて観音峰（N25°17′254″、E110°16′353″）・立魚峰・雷劈山・照面山がある。最高峰は西峰、海抜357m（相対高度207m）。西山の東南、照面山の南には“西湖”があり、その南岸に隠山（海抜190m、N25°17′027″、E110°16′650″）、西に桂林博物館（一九八八年完成）があり、博物館の南に熊本館（一九八九年建）がある。日本の熊本市は桂林市と友好姉妹都市を締結（一九七九年）。

沿革：桂林城の西（西南西）の郊外にあるために早くから“西山”と呼ばれた。唐・戎昱（744？－800？）に「桂州西山登高上陸大夫」詩がある。唐・莫休符『桂林風土記』（光化二年899）（学海類編本・四庫全書本）の「延齢寺聖像」条に「寺在府之西郭郊三里、附（学海本は「甫」）近隱山、舊號“西慶林寺”」という。明・張鳴鳳『桂勝』三「西山」には「『風土記』云：延齢寺聖像、在西山前、近隱山、舊號“西慶林寺”」に作る。西山の麓には初唐に西慶林寺が建立され、早くから桂林の宗教活動の一大中心地となっていた。西慶林寺は東にある七星山の慶林観に対する呼称であろう。慶林観は唐・太宗朝の創建という。西山の諸峰の中で桂林博物館の後（西）の山は“千山”と呼ばれている。これも早く唐・呉武陵（？－834？）「新開隱山記」に見える。西湖は唐代では“蒙渓”と呼ばれていた。呉武陵「新開隱山記」・韋宗卿「隱山六洞記」に見える。一九八〇年に西山公園の造営が計画、八八年に完成、桂林市園林局が管理。

石刻：山崖には造像（九八龕二四二尊）や石塔（二龕二座）が多く、戦前から注目をうけていた。早くは陳志良が一九三九年十一月に調査して「廣西古代文化遺跡之一探考」（一九四〇年）を発表。その直後に羅香林が学術的な調査しており、その成果は「唐代桂林磨崖佛像考」（羅香林著『唐代文化史研究』一九四六年）に詳しい。西山摩崖造佛は一九六三年に広西壮族自治区文物保護単位に指定。唐代の摩崖造佛は、西峰の東、観音峰の南、千山の北に囲まれた窪地にある高さ約20mの石峰（龍頭峰・龍頭石・龍頭石林・佛像巌などとよばれる）に集中している。西山の石刻については『桂林市志（下）』（p2994）「石刻」・『桂林旅游資源』（p657）「摩崖石刻」・『桂林旅游志』（p58）「摩崖石刻及造像」には見えない。調査・整理が進んでいないのであろうか。ただし隠山については記載がある。今日、隠山は西山公園の中にあるが、本書では「西山石刻」から切り離して次節「隠山石刻」で述べる。

なお、西山公園内西にある桂林博物館の二階北側には桂林の歴史を紹介した陳列室があり、芦笛岩の唐代壁書の写真や鸚鵡山に刻されている南宋の桂林府城池図の拓本等を常設展示している。桂林府城池図は七星公園内の桂海碑林にもあるが、こちらはレプリカであり、誤りも若干見られる。

8－01 〔存〕上元三年（676）佚名題灰身塔記

龍頭石林の南南東、樹林を隔てて約30mの地点、N25°17′223″、E110°16′313″。岩（縦2.7m×横3m）の東北東向きの面を削って、やや大きな塔龕（縦1.1m×横0.8m、深さ0.64m）が造られており、中央の龕の向かって左上に題記が刻されている。

【現状】

01	上元三年
02	五月十九
03	日□火□
04	□人米□
05	多□□□
06	□□□

石面削平、無塗。縦書き、左から右行き、縦30cm×横45cm、楷書、字径5cm。桂林本に「在西山西峰東麓龍頭石。高一尺、寛一尺三寸、真書径一寸五分」、広西本に「高38厘米、寛42厘米、正書、字徑5厘米」。亀裂・破損は少ないが、浸食がはげしく、判読は困難。

【資料】

録文：

陳志良「廣西古代文化遺跡之一探考」（p65）（陳本と略称）

羅香林「唐代桂林磨崖佛像考」（p96）（羅本と略称）

『桂林石刻（上）』（p4）「唐・佚名西山題記」（桂林本と略称）

陳本は岑仲勉『金石論叢』（一九五九年序、一九八一年出版）「桂林上元題名」（p267）にも一部引用。それによれば陳氏にはまた「桂林西山考古記」（『説文月刊』2（p344）所収）があるというが、未見。基本的に同じ内容、あるいは前論の一部であろう。

拓本影印：

『中國西南地區歴代石刻匯編（九）廣西桂林巻』（p5）「佚名西山題記」（広西本と略称）

上元三年（左）

【校勘】

03　日□火□

「日」の下：陳本は「社」、羅本・桂林本ともに「□」缺字。広西本・現石では「社」や「往」「杜」に似ている。

「火」の下：陳本・羅本・桂林本ともに「□」缺字。広西本・現石では「器」に似ている。

04　□人米□

「人」の上：羅本は「□」、陳本・桂林本は「同」に作る。現石でも「同」や「伺」に似ている。

「人」：羅本は「八」、桂林本は「人」に作る。現石・広西本ともに明らかに「人」。

「米」：羅本は「米」、陳本・桂林本は「來」に作る。現石・広西本では「米」「采」に近い。「來」字ならば異体字「来」であろう。

「米」の下：陳本・羅本は「□」、桂林本は「此」に作る。現石では「此」の異体字に似ている。

上元三年（右）

05　多□□□

「多」以下：陳本は「於命□」、羅本は「□命□」、桂林本は「□命造」に作る。現石で第二字は「所」の異体字に近い。

06　□□□

「□□□」：羅本は「□此」、陳本・桂林本は「□此山」に作る。広西本はこの行を缺く。現石で第一字は「題」に、第二字は「此」に近いが、前に「造」があるから、意味上「於」あるいは「塔」等も考えられる。

【復元】

不明な個所が多いが、一応次のように考えておく。

01	上元三年
02	五月十九
03	日□火□
04	同人米□
05	多□命造
06	□此山

【解読】

上元三年（676）五月十九日、□火□同人米（来？）□多□命造□此山。

【考察】

塔龕と題記「上元三年」について

石刻の三分の二が判読できないために内容を理解することはできないが、先行の研究について若干補正すべき点がある。

この塔龕は唐・西慶林寺の後山に当たる地点に建てられており、かなり大きくて精緻な細工を施したものである。そこで西慶林寺にいた高僧の遺灰を収めたものではなかったかと想像される。題記の内容は、年月日以下は解読しがたいが、一般的に考えて、刻されている塔龕と何らかの関係があるはずである。羅氏（p96）も「意與上述巨形塔龕、或有聯帯關係」と推測している。ただし塔龕の題記としては不自然な点がある。まず、この題記は龕の向かって左上の角から始まって中央あたりで終わっている。これは題記の一般的な形式とは異なる。また、この龕の造りは西山にある他の多くの龕と違って大きく且つ精巧であり、そのような荘厳さに比べて題記は書字が拙く、かつ整然と書かれていない。さらに、題記中に「火」「造」等の字があるから、「灰身塔銘」のようにも思われるが、文は短く、また銘らしきものもない。このような点から考えて、題記と塔龕は必ずしも同時の作ではないかも知れない。

刻年の「上元三年」について羅氏（p96）は次のように考証する。

> “上元”爲唐肅宗年號、肅宗於上元二年晏駕、其明年太子豫即位、改元“寶應”、是爲代宗。此云「三年」、當由地處南服、消息不通、未知肅宗駕崩、故襲用上元年號所致、南方碑刻、多此事例。

これは羅氏の説ではなく、陳氏の説の受け売りであろう。ちなみに陳氏は「“上元三年”其明年壬寅、太子豫即位、改元爲寶應、故上元實無三年、此作“三年”者、當爲桂林僻處南荒、交通不通、未知肅宗駕崩、太子即位、襲用上元之故」という。わずかに表現を異にするが、剽窃盗用に等しい。この石刻の「上元」については、すでに岑仲勉『金石論叢』（一九五九年）「桂林上元題名」（一九八一年本p267）が陳志良「桂林西山考古記」が「肅宗年號」とするのを取り上げて論じている。陳氏論文は未見であるが、岑氏の引用によれば陳志良「廣西古代文化遺跡之一探考」とほぼ同じである。

今、陳・羅両氏は粛宗朝の上元三年（762）の作とするが、これは正しくない。また、桂林本にも「上元、肅宗年号、至三年（公元七六一［二]）四月即改元宝應、南方辺遠、消息遅滞、時已五月、尚不知肅宗已死代宗即位、年号已改」（p5）という。これも陳氏あるいは羅氏の説を言い換えたに過ぎない。ただし「公元七六一」の「一」は「二」の誤り。さらに広西本も「唐上元三年（公元761年）刻」という。これも西暦を誤っているが、桂林本にそのまま拠ったためであろう。

唐代の年号に「上元」は二回ある。ここにいう上元は粛宗朝のそれではなく、その約百年前、高宗朝の年号と見て間違いない。粛宗の上元は三年四月に代宗の宝暦に改元。そこで羅氏等は題記にある「上元三年五月十九日」を、桂林が南方の僻地にあって改元の知らせが行き届かなかったためであると理解する。いっぽう高宗の上元は三年（676）十一月に儀鳳に改元。したがって改元の五ケ月前であるから題記の「上元三年五月十九日」とあるのに何等矛盾しない。『桂林風土記』の「延壽寺聖像」の条には延寿寺にあった碑碣に拠って、その前身である西慶林寺の木造盧舎那佛の由来とその霊験が記されている。それによれば聖像が霊験を現したのは武后朝のことである。高宗・上元年間はその少し前に当たる。この石刻は、年代が判明するものとしては、西山で最も早いものである。

8-02 〔存〕調露元年（679）李寔造像記

観音峰西南麓の中腹、西峰亭の西北、N25°17′246″、E110°16′356″、高度265m。造佛は一龕三尊、縦横各約2m半、右下を破損。佛像（坐像）は高さ1.1m×横0.8m、ほぼ南（西に10°偏る）を向く。台座の高さは0.5m、台座の下から左右に蓮華が上に向かって延びている。『桂林旅游資源』（p654）によれば、石佛の頭部は一九八六年に盗鑿された。現存の佛頭は復元されたもの。台座の左下（向かって右）に題記（石刻）がある。

【資料】

録文：

羅香林「唐代桂林磨崖佛像考」（p94）（羅本と略称）

『桂林石刻（上）』（p4）「唐・李実西山造象記」（桂林本と略称）

拓本影印：

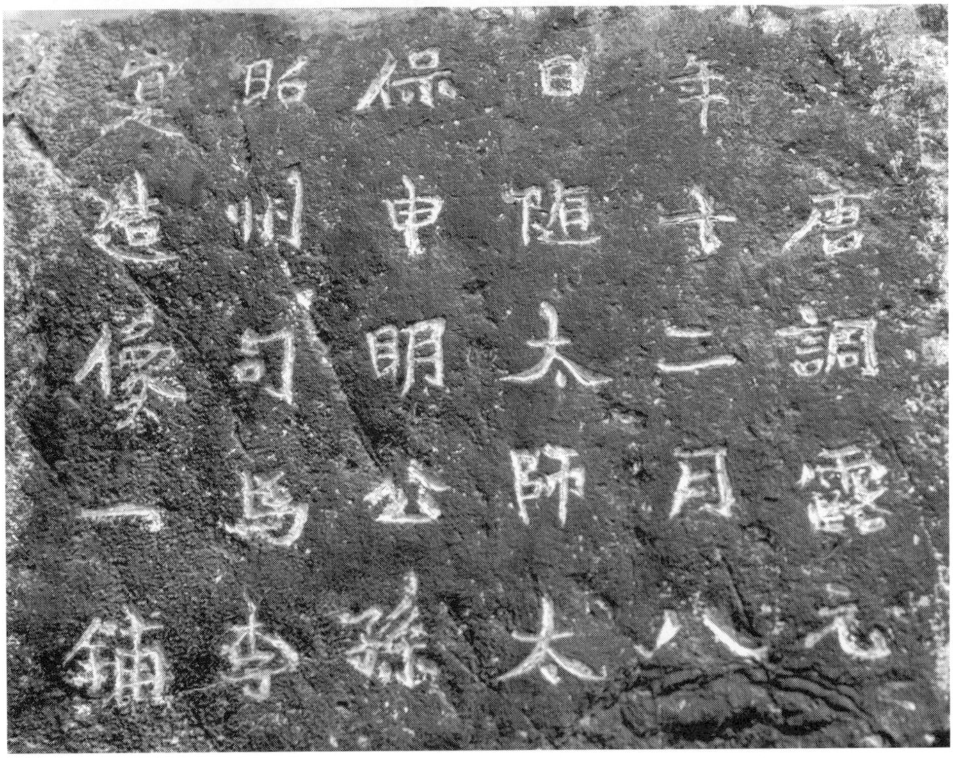
唐調露元
年十二月八
日隨太師大
保申明公孫
昭州司馬李
寔造像一鋪

『中國西南地區歷代石刻匯編（九）廣西桂林巻』（p3）「李寔西山造像記」（広西本と略称）
写真：
『桂林文物』（一九八〇年、p14）
広西本の拓本は極めて鮮明。『桂林文物』の写真は不鮮明。

【現状】

01	大唐調露元
02	年十二月八
03	日随太師太
04	保申明公孫
05	昭州司馬李
06	寔造像一鋪

石面削平、塗墨。縦書き、向かって右から左行き。縦20cm×横22cm、楷書、字径約2cm。桂林本に「高七寸、寛八寸。真書径五分」、広西本に「高23厘米、寛27厘米、正書、字徑2厘米」。

【校勘】
01　大唐調露元
「大」：現存の石刻は、題記全体に墨が塗ってあり、「唐」の上一字分が消えている。不鮮明ではあるが「大」字があり、これは羅本・広西本等によっても確認可能。

03　日随太師太
「随」：羅本は「隨」に作るが、現石では「随」、異体字。

06　寔造像一鋪
「寔」：羅本は「實」に作る。桂林本は「実」（「實」の簡体字）、その他、『桂林市志』・『桂林旅游資源』等、諸本の引用はいずれも「実」に作る。

【復元】
省略。「現状」に同じ。

【解読】

大唐調露元年（679）十二月八日、隋・太師太保申明公孫・昭州司馬李寔造像一鋪。

【考察】

李寔と李実

造像者は「李寔」である。羅香林をはじめ、多くの学術書では「寔」を「實」あるいは「実」に作るが、誤り。ただし中国現行の簡体字では「實」「寔」を簡体字「实」に統一している。「實」と「寔」は同音にして通じるが、唐代の有名な佞官に「李實」がおり、それと混同しやすい。李実は『舊唐書』一三五・『新唐書』一六七に伝がある。また唐代で李寔なる者も多く、『新唐書』七二「宰相世系表」に見える者だけでも三人いる。この李寔は隋代の李穆の孫。『北史』五九「李穆傳」によれば、李穆は申公に封ぜられ、謚は明。李穆一門は造反の嫌疑がかけられて煬帝によって嶺南に追放された。岑仲勉『金石論叢』所収「證史補遺」の「李實［寔］先世」（p268）に詳しい。岑氏が「實」に作るのは一九八一年本の誤りであろう。「昭州」は桂州の東南に隣接する州、今の平楽県。

「調露」は唐・高宗の年号。羅香林はこの造像の存在によって「知西山造像以唐高宗時爲最盛也」（p94）という。ただし、これと同じような形態の造像はこの造像の北にある観音峰の東西に走っている断崖に沿って中腹から山頂近くまでの間に十数尊あり、これらが同じような時期に麓から頂上に向かって造られていったように推測される。したがって同じような時期、調露年間、あるいは高宗朝に造られたものと推測することは可能であるが、李寔の造像はこれら観音峰に沿った一連の造像とは山の尾根を異にした場所に、しかも独立して存在している。また、観音峰麓の造像は麓近くでは小さな坐像が多く、頂上近くになるにつれて立像が多くなり、しかも大型化している。「西山造像以唐高宗時爲最盛」は根拠に乏しい。

8-03 〔存〕景龍三年（709）安野那石室記

照面山の南麓、N25°17′079″、E110°16′655″。西湖を夾んで隠山の北牖洞のほぼ真北、湖（幅80m）の北岸上の道に沿った巖上、高さ約２mの位置、南向き。

【資料】

録文：

陳志良「廣西古代文化遺跡之一探考」（p64）（陳本と略称）

羅香林「唐代桂林磨崖佛像考」（ｐ91）（羅本と略称）

『桂林石刻（上）』（ｐ4）「唐・安野蹠羅家山造象記」（桂林本と略称）

拓本影印：

『中國西南地區歴代石刻匯編（九）廣西桂林巻』（ｐ4）「安野蹠羅家山造像記」（広西本と略称）

【現状】

01	景 龍
02	景龍三年八月廿四日
03	□□客安野郝 之 石
04	室故記

石面削平、塗墨の痕跡あり。縦書き、向かって右から左行き。縦24cm×横18～19cm、楷書、字径2.5cm。桂林本に「高九寸、寛五寸、真書径八分」、広西本に「高27厘米、寛15厘米、正書、字徑２厘米」。縦・横の長さは磨平の枠によって明らかであり、桂林本・広西本（桂林本の「寸」

の三倍）の高・寛はいずれも誤り。

【校勘】

01　景龍

「景」：陳本・羅本・桂林本は「景」。『干禄字書』に「景・景：上通、下正」。以下、同じ。

「龍」：「龍」の異体字。『干禄字書』に「龍・龓・龍：上・中通、下正」。

02　景龓三年八月廿四日

「龓」：「龍」の異体字。前行の字体と異なる。

「廿四日」：羅本は「二十四日」に作る。

03　□□客安野郁之石

「□□」：陳本・羅本は「□□」缺二字、桂林本は「遷」一字に作る。羅氏が「疑本自中原至桂、非桂籍也」というのも桂林本は「遷」と判断したと思われるが、字形・大きさからみて「遷」一字ではなかろう。現石でこの部分は破損しており、破損部分の字数は左右の位置関係から見て二字。これは広西本でも確認可能。広西本では上字の上部は「西」に似ているが、現石では「一」の下と「四」の上とが接していない。この題記の字は稚拙であり、かつ「龍」字が俗字で書かれているように、あるいは「遷」の異体字であろうか。「遷」ならば下字は「化」が考えられる。

【復元】

01	景龍
02	景龓三年八月廿四日
03	遷□客安野郁 之 石
04	室故記

【解読】

景龍、景龍三年（709）八月廿四日、遷（？）□客安野那之石室、故記。

行首に年号「景龍」がくり返されているが、誤刻したために刻しなおしたのであろうか。

【考察】

石魚峰と立魚峰

この題記を探すのに西山を三日間歩き回った。それは書物によって地名が異なっていたからである。この題記のある山は今日では一般に“照面山”と呼ばれている。しかし、桂林本・広西本には題記は「在羅家山」といい、羅香林「唐代桂林磨崖佛像考」（p91）には「其（隠山）北牖洞對面西山石魚峰東麓」という。

羅家山の名は、今日の地図や『桂林市志』等には見えない。また西山の桂林博物館で聞いてみても知る人はいなかった。しかし早くは范成大『桂海虞衡志』に見える。

北潛洞、在隱山之北、……。南潛洞、在西湖中羅家山上。

「西湖」は今日でもその名は残っているが、その中に山はない。しかし今日の隠山は東・北・西を西湖に囲まれているから、北宋に湖面は南にもつづいていて隠山は湖中にあった可能性がある。“隠山”とは呉武陵「新開隱山記」（『全唐文』七一八）・韋宗卿「隱山六洞記」（『全唐文』六九五）によれば唐・李渤の命名したものである。“羅家”とはその山の所有者をいうであろう。すると唐・宋の間に名が変わったのであろうか。しかし『桂海虞衡志』には「隱山」の条があるから、明らかに“羅家山”とは別の山である。

一方、羅氏の調査にいう“石魚峰”は民国期の記録である。清・謝啓昆『広西通志』九五に李『志』を引いて次のように見える。

西山：在隱山西。三峯連屬、曰“石魚”、曰“觀音”、曰“西峯”。“石魚”一作“立魚”。

これによれば石魚峰は立魚峰ともいい、隠山の西にある。隠山の西の山とは今日の桂林博物館・熊本館の後にある山を指す。他の西山・観音峰の名は今日に残っている。また、清・韓作棟『廣西輿圖』一には次のようにいう。

隱山：在城西參里。……下爲“蒙溪”、西一峰峻拔、號“石魚峯”、下有金龜潭。

“蒙溪”は呉武陵「新開隱山記」・韋宗卿「隱山六洞記」に見えるもので、今日の西湖を指す。西湖は隠山の北から西に広がっている。これも石魚峰は隠山あるいは蒙渓の西に在るとするものである。また、“石魚峰”は“立魚峰”ともいうが、立魚峰の名は今日でも残っており、それは照面山の後（北）、観音峰の斜め前（東南）にある山を指す。立魚峰については、范成大『桂海虞衡志』に「立魚峰：在西山後、雄偉高峻、如植立一魚、餘峰甚多、皆蒼石刻峭」、周去非『嶺外代答』一「桂林巖洞」に「峯則曰“立魚”、曰“獨秀”」と見える。立魚峰は古くから有名であり、それは隠山の西ではなく、西山の後、北に在るという。これは今日いう所と同じである。例えば『桂林旅游資源』に「巴布什金的陵墓……東北立魚峰」といい、また『西山公園』（パンフレット）の「遊覧圖」に示す所とも合う。すると、石魚峰と立魚峰は同じではなく、あるいは「石」と「立」の字形による誤りでもなく、別の山である。つまり石魚峰は隠山・西湖の西、今の熊本館の後（西）で千山の南に在る峰を指し、いっぽう立魚峰は観音峰の東、雷劈山の北に位置する石峰を指していたのではなかろうか。今日でも観音峰と雷劈山の間に聳える峰は「如植立一魚」

であり、“立魚”とよぶのにふさわしい。羅香林はまた「蓋隠山與石魚峯東麓間、凡今日農田、皆昔年西湖一部分而爲遊客信士舟行所必經之地」(p92) といっており、この「石魚峯」は今の熊本館の後山を指しているように思われる。

では、問題の「安野那題記」の石刻のある山はどこにあったかといえば、隠山の東北の麓から東北に約400m離れた別の山の南麓にある。したがって「其 (隠山) 北牖洞對面西山石魚峰東麓」というのは正確ではない。その「石魚峰」は「立魚峰」の誤りであり、立魚峰からいえば、その東南にある照面山の南麓である。

安野那とその石室

題記にいう「安」は姓であろう。その下の「野那」とは、羅氏が「疑是女子名字」(p92) というように、女性の名であると思われる。「郍」は「那」の異体字。羅氏が挙げる玄宗の姫“曹安野”は有名であり、北宋・王讜『唐語林』四だけでなく、『新唐書』八三「諸帝公主玄宗二十九女傳」や唐・段成式『酉陽雜爼』前集一にも見える。「野那」は梵語 yana (ヤーナ、乗り物) の音訳語ではなかろうか。六朝から唐代にかけては仏教に由来する語彙を名に用いることが好まれた。たとえば『全唐文補遺』二・四によれば、男性に「金剛」・「薬師」があり、女性に「檀波羅」・「曼殊」があったことが知られる。また、気になるのは姓「安」との関係である。安禄山で知られるように「安」は西域少数民族出身の姓に多い。「野那」という音写語の名も姓と関係があるのではなかろうか。「安野那」一族は本は西域の出身であるのかも知れない。「安野那」という姓名には漢民族ではない、西域の雰囲気がする。さらに想像を逞しくすれば、「安野那」の前にある「遷 (?)」「客」というのもこれと関係があるかも知れない。

桂林本は「安野郍羅家山造象記」とし、広西本も「安野郍羅家山造像記」とする。しかし題記には「安野郍之石室」とあって造像のことは書かれていない。また、題記の真上約30cmのところに石を鑿った横50cm・縦30cm・深さ15cmほどの小さな龕があるが、龕内およびその周辺に造像の痕跡はない。このような小さな龕は羅氏は“灯龕”であるという。西山にはこのような灯龕が多い。したがって「造像記」とは断言せず、「石室記」としておくのがよかろう。

陳氏はこの「石室」を「當指隱山之巖而言」という。「隠山之巌」とは隠山の北牖洞のことであろう。「安野那」の石刻は北牖洞のほぼ真北に位置するが、約80mの距離があり、しかも湖を隔てている。湖は呉武陵「新開隠山記」(本書「隠山石刻」を参照) 等にも「蒙渓」として見えるから、唐代にもあった。たしかに「石室」とは、独秀峰読書巌に刻されている唐・鄭叔斉「獨秀山新開石室記」(本書「独秀峰石刻」を参照) のように洞窟・巌洞を指すが、ここでは石の墓室のことではなかろうか。題記の刻されている大きな岩の下にも横長の大きな岩があり、両岩の間には約0.5mの幅で2mばかり延びた深さ約1mの空間ができており、あたかも天然の石棺である。

つぶさに観察すれば、下の岩の内側は比較的平らになっており、削られているようにも思われる。題記にいう「石室」は題記の真下にある、この岩で囲まれた空間を指す、と見て間違いなかろう。たとえば楽天「能禪師石室銘」(『全唐文補遺』四)は民間の埋葬儀礼と俗信を示していて興味深い。

能禪師石室銘

自有此山、即有此窟。火不能焚、水不能没。能師矻矻勞心、苦骨誓□。山僧鑿成禪室。室成、稽首焚香白佛:愿此石室不崩不窒、與僧安禪、與劫終畢;猛獸勿入、毒蟲應出;不葬死僧、不栖鬼物。苟違是銘、得罪如律。

三月廿三日、前進士李柷書。

安野那の「石室」もこのような民間の石棺の題記であり、造像のための題記ではないであろう。

そこに題記が刻されているということはその地がすでに景龍三年(709)には知られていたということである。題記は岩の南面に刻されており、岩は湖(幅80m)を隔てた隠山北牖洞口の真北に在る。逆にいえば題記は北牖洞口を真南に臨む。この岩と北牖洞が特別な位置関係にあるならば、北牖洞周辺は宝暦元年(825)に刺史李渤によって行楽地として開発される以前から民間では知られており、さらに言えば信仰の対象であったかも知れない。今、洞内には唐・呉道玄画の観音菩薩を刻した石像が北面して立てられている。ただしこれは清代の重刻である。

そのほか、年代は刻されていないが、唐代のものと思われる題記に以下のものがある。

8-04 〔存〕梁今義造像記

龍頭石林(N25°17′230″、E110°16′310″)の東南面の岩上。佛龕(赤いペンキで「西48」の記号あり)の向かって右下に題記が刻されている。

【現状】

01	造阿弥陁佛兩𨱥
02	弟子□今□并身
03	□永代供養法□
04	衆□同斯□□

石面磨平、塗墨。縦書き、向かって右から左行き。縦24cm×横24cm、楷書、字径2.5cm。桂林本に「高七寸、寛七寸、真書径八分」、広西本に「高24厘米、寛17厘米、正書、字徑2.5厘米」。

全体的に小さな亀裂、剥落が多い。

【資料】

録文：

陳志良「廣西古代文化遺跡之一探考」（p65）（陳本と略称）

羅香林「唐代桂林磨崖佛像考」（ｐ95）（羅本と略称）

『桂林石刻（上）』（ｐ22）「唐・梁今義西山造象記」（桂林本と略称）

拓本影印：

『中國西南地區歴代石刻匯編（九）廣西桂林巻』（ｐ22）「梁今義造像記」（広西本と略称）

【校勘】

01　造阿弥陁佛兩躯

「弥」：羅本は「彌」に作る。異体字。現石では明らかに「弥」。

02　弟子□今□并身

「弟子」の下：陳本・羅本・桂林本ともに「梁」に作る。広西本・現石は剥落が激しく、判読困難。

「今」の下：陳本・羅本・桂林本ともに「義」に作る。広西本・現石は剥落が激しく、判読困難。

03　□永代供養法□

「永」の上：羅本・広西本は「影」に作る。広西本・現石は剥落が激しく、判読困難。

「法□」：陳本・羅本は「□□」に作り、桂林本は「法界」に作る。現石でも「法界」に読めるが、「界」の下半分は剥落して不鮮明。

04　衆□同斯□□

「□」：陳本・羅本・桂林本は「生」に作る。広西本・現石は剥落。

「斯」：羅本・桂林本は「斯」に作る。広西本・現碑では右「斤」の一部が剥落。

「□□」：陳本は「願□□」三字、羅本・桂林本ともに「願海」二字に作る。広西本・現石は剥落。ただ「頁」部分は鮮明。

【復元】

01	造阿弥陁佛兩躯
02	弟子梁今義并身
03	影永代供養法界

04 | 衆生同斯願海

【解読】

造阿彌陀佛兩軀。弟子梁今義（？）并身影、永代供養。法界衆生、同斯願海。

「弟子梁今義并身影」は文意が通じない。造像記の体例から見て、第一行と第二行には混乱があるように思われる。本来は「弟子梁今義」「造阿彌陀佛兩軀」「并身影」の順であるべきものを誤って顛倒して刻したのではなかろうか。

【考察】

西山の造像題記と俗字

題記には年代は示されていないが、「彌」を「弥」、「陀」を「阤」、「軀」を「躯」に作っており、陳氏はこれを隋代以前の字体とし、羅氏はこれらの字体によって初唐の作とする。ただし梁今義の題記で羅本は「弥」を「軀」に作り、また秦［尹］三歸の題記では「躯」を「軀」に作っており、説と録文は矛盾するが、現石では明らかに「弥」「躯」であり、羅氏の説はこれに拠る。羅氏の録文の誤りは転写・植字の際の誤りではなかろうか。また、羅氏は「秦［尹］三歸題記」については「阤」「躯」の外に「佛」を「仏」に作っていることを初唐の作とする根拠として挙げる。これらはいずれも当時の俗字である。ただし、「秦［尹］題記」では「仏」が用いられているが、「梁今義題記」では「佛」が用いられている。羅氏はこれらの俗字の使用について「初唐所遺」とするが、すでに六朝時代から用いられていたから、「初唐」の作とする根拠を欠く。また、西山麓にはおそくとも初唐には寺院が建立されており、このあたり一帯は唐以前から民間の仏教信仰を集めていたのではなかろうか。民間仏教信仰の中心は西山の連峰に囲まれた窪地で、龍の如き形の巨大な石林の立つ、いかにも神秘的な空間にある。ちなみに龍頭部分の巨龕は真東を向いており、石龍は山中の奥深い所で東にあった西慶林寺を静かに見守っているという位置関係になる。いわば奥の院に当る。佛龕・灯龕の造営もこの龍頭石林から観音峰の麓へ、さらに頂上に向かって拡大していったのではなかろうか。

8－05 〔存〕尹三帰造像記

龍頭石林（N25°17′230″、E110°16′310″）の東南面の岩上。佛龕（赤ペンキで「西50」）の向かって右上に題記が刻されている。「梁今義造像記」（「西48」）の上1.2m。

【現状】

01	仏弟子尹三歸造弥
02	□仏三躯并身影并
03	□殊一躯及身影□
04	□弟子□僧□造□仏
05	□躯及影供養　王二一躯

石面磨平、塗墨。縦書き、向かって右から左行き。桂林本に「高九寸、寛八寸。真書徑八分」、広西本に「高27厘米、寛24厘米、正書、字徑２厘米」。亀裂・破損は少ないが、浸食・剥落がはげしい。

【資料】

録文：

陳志良「廣西古代文化遺跡之一探考」（p65）（陳本と略称）

羅香林「唐代桂林磨崖佛像考」（ｐ95）（羅本と略称）

『桂林石刻（上）』（ｐ22）「唐・尹三歸西山造像記」（桂林本と略称）

拓本影印：

『中國西南地區歴代石刻匯編（九）廣西桂林巻』（ｐ20）「尹三歸西山造像記」（広西本と略称）

【校勘】

01　仏弟子尹三歸造弥

「仏」：桂林本は「亿」に誤る。以下同じ。「仏」は日本漢字でも使われるそれで「佛」の俗字。

「尹」：陳本・羅本は「秦」、桂林本は「尹」に作る。広西本・現石では「尹」に近い。明らかに「秦」ではない。

「弥」：羅本は「彌」に作る。異体字。

02　□仏三躯并身影并

「仏」の上：陳本・羅本・桂林本ともに「阤」。「陀」の異体字。広西本ではそれを確認できるが、現石では上半分を破損。

「躯」：羅本は「軀」に作る。異体字。以下、同じ。

「并」：陳本・羅本は「□」、桂林本は「并」。広西本・現石ともに「并」に読める。

03　□殊一舡及身影□

「殊」の上：陳本は「□」にするが、羅本・桂林本は「文」に作り、広西本でも確認可能。現石では破損。

「殊」：陳本は「深」に誤る。

「影」の下：陳本は「一」、桂林本は「一舡」に作る。

04　□弟子□僧□造□仏

「弟子」の上：陳本は「□」、羅本は「仏」に作り、桂林本は缺く。現石では浸食されて鮮明でないが、下に「弟子」があることから判断して「仏」。桂林本は脱字であろう。

「弟子」の下：陳本・羅本は「□」、桂林本は「玄」に作る。部分的に「玄」に似ているが上1／3を破損しており、「安」にも似ている。

「僧」の下：陳本・羅本は「養」、桂林本は「香」に作る。現石でも判読困難。「仏弟子」の下の「□僧□」は姓・名（僧□）であろう。

「造」の下：陳本は「弥陁仏」、羅本は「彌陁仏」、桂林本は「弥陁仏」に作る。現石では判読困難。広西本では「弥陁仏」に読める。

05　□躯及影供養　王二一躯

「□」：陳本は脱字、羅本は「□」、桂林本は「一」に作る。広西本・現石では判読困難であるが、数詞が入る。

「二」の上：陳本は「五」、羅本は「□」、桂林本は「玉」に作っているが「勘誤表」で「主」に訂正。現石では「王」に近い。「養」との間に一字空格がある。

【復元】

01	仏弟子尹三歸造弥
02	陁仏三躯并身影并
03	文殊一躯及身影一躯
04	仏弟子□僧香造弥陁仏
05	一躯及影供養　王二一躯

【解読】

佛弟子尹三歸造彌陀佛三軀并身影、并文殊一軀及身影；佛弟子□［安？］僧□造彌陀佛一軀及〔身〕影。供養　王二一（？）軀。

陳氏（p66）は「供養」の下を「五二一」に作り、「五百二十一」の意であるという。「王二」に見えるものはあるいは何かの俗字ではなかろうか。

8-06 〔存〕曹楚玉母造像記

龍頭石林から西北に約70m、観音峰の西南麓、山頂に登る道の左（北）の崖下。N25°17′254″、E110°16′334″、高度256m。佛龕「西30」の向かって右。

【現状】

01	䓍楚玉母
02	造

石面磨平、塗墨。縦書き、向かって右から左行き。縦11cm×横 6 cm。楷書、字径 1 cm。界格あり。

【資料】

録文：

羅香林「唐代桂林磨崖佛像考」（p 94）（羅本と略称）

『桂林石刻（上）』（p 22）「唐・曹楚玉母西山造像記」（桂林本と略称）

拓本影印：

『中國西南地區歴代石刻匯編（九）廣西桂林巻』（p 19）「曹楚玉母西山造像記」（広西本と略称）

桂林本は「唐・曹楚玉母……」と題し、広西本に「唐代刻、刻年不詳」という。これら唐刻とする説は羅本に拠ったものであろう。

【校勘】

01　䓍楚玉母

「䓍」：羅本・桂林本は「曹」に作る。異体字。

【解読】

曹楚玉母造。

曹楚玉は女性の名である。「曹楚玉母造」というのは、曹楚玉の母が亡き娘（楚玉）の供養のために造像したことを意味する。

8-07 〔存〕曹大娘造像記

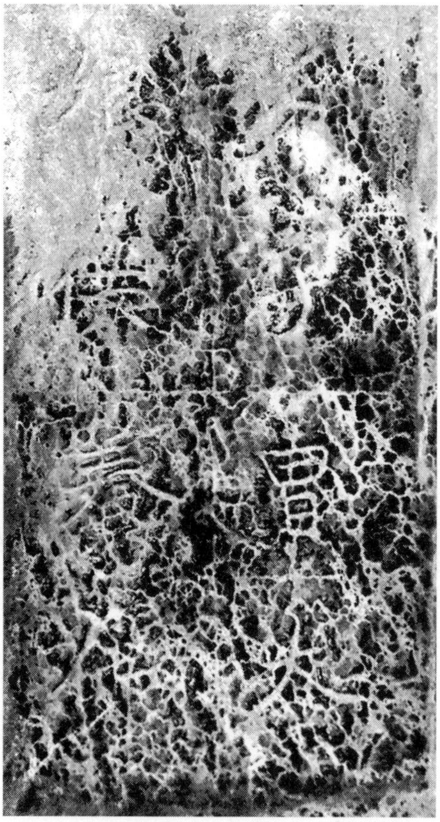

「曹楚玉母造」題記の西約３ｍの岩上にある佛龕「西26」の向かって右下。

【現状】

01	□子曺大
02	娘供養佛

石面磨平、塗墨。縦書き、向かって右から左行き。縦11cm×横６cm。「曹楚玉母造」とほぼ同じ大きさ。界格あり。

【資料】

録文・拓本影印ともに無し。

この題記は羅香林「唐代桂林磨崖佛像考」をはじめ、『桂林石刻（上)』にも収められていない。羅氏は唐代の作と見なさなかったために触れていないのではなく、恐らく見落としたのであろう。

【校勘】

01　□子曺大

「□」:不鮮明であるが、「弟」に似る。下に「子」とあるから「弟」であろう。

「曺」:「曹」の異体字。石刻「曹楚玉母造」でもこの字を用いていた。

02　娘供養佛

「佛」:浸食が進んでいるが、「佛」に似ている。

【解読】

弟子曹大娘供養佛。

これでは文意をなさない。文末の「佛」は文首の「弟子」と熟す。また、造像記の例「佛弟子……供養」に照らしても本来は文頭にあるべきものである。つまり「佛弟子曺大娘供養」が正しい。文字に昧い刻者が誤って顛倒したものと思われる。佛龕の位置、題記の大きさと字体等から見て、「曹楚玉母造」と同族の人による、同じような時期の作と考えられる。

8-08 〔？〕陳対内造像記

『桂林石刻（上)』に「在西山」といい、『中國西南地區歴代石刻匯編（九）廣西桂林巻』にも「在桂林西山」といって収める。今回の調査では発見できなかった。

【資料】

録文：

『桂林石刻（上)』（p 23)「唐・陳対内西山造像記」(桂林本と略称)

羅香林「唐代桂林磨崖佛像考」には収めず。あるいはその後に発見されたものであろうか。

拓本影印：

『中國西南地區歴代石刻匯編（九）廣西桂林巻』（p 21)「陳對内西山造像記」(広西本と略称)

広西本は鮮明。桂林本に「桂林西山地区佛教興起于初唐、毀佛于晩唐会昌初、在此前後、該地区未有磨崖造像。因此、諸造象記、定爲唐代所刻」(p23）という。広西本も「唐代刻、刻年不詳」というが、唐刻とするのは桂林本に拠ったものであろう。

【復元】

今、広西本に拠る。

01	弥陁佛
02	弟子陳對
03	内供養

縦書き、向かって右から左行き。桂林本に「高・寛各四寸、真書径八分」、広西本に「高13厘米、寛18厘米、正書、字徑３厘米」。ただし02・03の字径は01よりやや小さい。広西本はほぼ原寸大。

【解読】

彌陀佛弟子陳對内供養。

8－09 〔？〕李興等造像記

『桂林石刻（上）』に「在西山観音峰南麓」という。今回の調査では発見できなかった。

【資料】

録文：

『桂林石刻（上）』（p 23）「唐・李興廖氏西山造像記」（桂林本と略称）

羅香林「唐代桂林磨崖佛像考」には収めず。あるいはその後に発見されたものであろうか。

【録文】

今、桂林本に拠る。簡体字が用いられているが、繁体字に改める。

佛弟子李興□□□廖氏合家等發心于本山禪寺後龍山上造釋迦文殊普賢佛三丘上報四恩下資三界人天同沾利樂□□□□上□□□□□□□□□□□□□

縦書き、向かって右から左行き。桂林本に「高六寸、寛七寸、真書径五分」。

【校勘】

「丘」：「軀」の異体字「𨈟」の左半分が不鮮明であったのではなかろうか。

【復元】

桂林本によれば約20cm四方、計六五字。缺字の位置から考えれば、一行八字ではなかったろうか。

01	佛弟子李興□□□
02	廖氏合家等發心于
03	本山禪寺後龍山上
04	造釋迦文殊普賢佛
05	三𨈟上報四恩下資
06	三界人天同沾利樂

07 □□□□上□□□
08 □□□□□□□□□
09 □

【解読】

佛弟子李興□□□廖氏合家、等發心于本山禪寺（西慶林寺）、後龍山上造釋迦・文殊・普賢佛三軀。上報四恩、下資三界。人天同沾、利樂□□。□□上□□□□□□□□□□□□□。

「本山禪寺」とは、『桂林風土記』の「延齢寺聖像」条に「寺在府之西郭郊三里、附近隱山、舊號“西慶林寺”」という西慶林寺あるいはその前身である延齢寺。その後の「龍山」はこの造像記が刻されている所、桂林本によれば観音峰（南麓）ということになるが、今の龍頭石林の可能性もある。しかし龍頭石林をくまなく探したが見つからなかった。

九、隠山石刻

位置：隠山（Yin3shan1）は桂林市秀峰区の西山公園内の東南にある。市の中心から西南約1.5km。旧城内の三多路の西端から麗澤湖に架かる橋を渡り、さらに麗君路を西に約1kmの地点。隠山は海抜190m（相対高度40m）、東西150m（～200m）、南北80m（～120m）、椀を伏せたような形状をした、低くて小さな山であって、独秀峰・虞山・畳綵山・象鼻山・南渓山など、桂林市内の他の多くの山と規模・形状ともに異なる。山麓には北・西・南の三方にかけて西湖（唐代では濛渓、宋代から西湖）がめぐり、西北500mには西山（千山・西峰・観音峰）を望む。西湖は唐代では山を囲んで一面かなり広い地域に及んでいたと思われる。

沿革：山は小さて低く、西湖（濛渓）の中にあって知られていなかったが、唐・李渤（773−831）がこれを開発して“隠山”とよび、宋代には“招隠山”と名づけられた。山全体が石灰岩から成っており、十三もの洞穴があって多くが山の内部でつながっている。これらの洞穴の全長は合計約300m。主なものは朝陽洞（東麓）・北牖洞（北麓）・南華洞（南麓）・夕陽洞（西麓）・白雀洞（北の山腹）・嘉蓮洞（西北の山腹）および雲戸洞（東北の山腹）と龍泉洞（東麓）であり、この中で前の六洞は李渤の命名による。六洞の内外の様子・命名の由来等については唐・莫休符『桂林風土記』（光化二年899）の「隱仙［山］亭」の条、李渤の幕僚であった呉武陵の「新開隠山記」、韋宗卿の「隠山六洞記」に詳しい。『桂林旅游志』（p98）によれば、日中戦争中に洞穴は防空壕として使われたために古い建造物は破壊を被り、『桂林旅游資源』（p395）によれば、洞穴は文化大革命時期に部分的に破壊にされ、「近年開發利用不当」によって多くの洞穴が本来の姿を失ったという。近年の不当な開発利用とは『桂林旅游志』（p98）にいう“探奇洞”（俗に“鬼洞”）として整備改造した観光開発を指すであろう。一九九二年に西山公園と西安電影製片廠特技影藝公司が共同で七〇万元を投資して龍泉洞（入口）・白雀洞・雲戸洞・嘉蓮洞・夕陽洞（出口）を連絡して築いた、日本でいう“お化け屋敷”のようなものである。

石刻：現存石刻は『桂林旅游大典』（p305）・『桂林市志（下）』（p2996）・『桂林旅游志』（p64）によれば八五件、うち唐代八件であるが、『桂林旅游資源』（p395、p671、p672、p781）によれば、もと一〇六件あったが、文化大革命時期に洞穴を拡張したため、李渤「留別隠山」詩を含む一二件が破壊され、今は九四件、うち唐代一二件であるという。いずれにしても数が合わず、唐代のものに至っては四件もの差がある。『桂林石刻（上）』には唐代の隠山石刻を八題のせており、その一題「李渤題隠山六洞名」は六件（六洞各一件）あり、その内一件は明代の重刻であるから、計一二件となる。『桂林市志』等のいう八件や『桂林旅游資源』のいう一二件はこのような数え方の違いによるものであろうか。ただし『桂林石刻（上）』のいう八件には「已毀」のものも含まれているから、『桂林石刻（上）』に拠るならば八件・一二件ともに「現存」する数ではない。

石刻はおもに北牖洞と朝陽洞の内外に集中している。唐代のものを含んで石刻の最も多いのは北牖洞であり、洞口の内外の10m四方の狭い範囲に密集している。隠山石刻は一九六六年に桂林市文物単位に指定、一九九四年に広西壮族自治区文物保護単位に指定。一九八〇年に西山公園の造営が準備され、一九八八年に正式にオープン。桂林市園林局が管理。

9-01 〔存〕宝暦元年（825）呉武陵撰書「隠山遊記」

隠山の北麓にある北牖洞内の東北の石壁上。N25°17′036″、E110°16′651″。洞内（径約10m）中央の奥にある“観音童子像”（縦183cm×横83cm）の後、像に向かって左の岩壁、洞内地上から約４～５m。像の左に天井近くまで延びる石段があり、それを登って目を凝らして探さなければ見つからない。洞内は薄暗く、懐中電灯が必要。撰者と書者は唐代の古文作家である呉武陵（?～834）。

なお、観音童子像は唐の著名な道士呉道玄画の重刻。右上に「唐呉道士筆」、下款に「大清乾隆五十八年（1793）六月朔日海寧弟子施守法模勒」と記す。呉道士の画と伝承されているのものは各地にあり、たとえば『寰宇訪碑録』四（37b）に「呉道士畫“觀音象”：正書、無年月、雲南永平」、また七（24a）に「模呉道士“觀音”二象：呂圖申［由］〔聖〕贊、正書、元祐六年五月、陝西長安」等。

【現状】

01　　寶暦元年給事中
02　　隴西公以直出兼察于此
03　　□□年既豊乃以泉石為娯搜
04　　□訪異獨得茲山山有四洞斯為宬水
05　　石清拔幽然有真趣可以遊目可以永
06　　日愚以為天作以遺　　公也不然何
07　　前人之盡遺耶明日与　諸生遊因紀
08　　名氏武陵奉　　命操筆倚□叙題之
09　桂州刺史兼御史中丞李渤
10　嗣郢王佑
11　遺名居士韋方外

12 都防禦判官侍御史内供奉吴武陵
13 觀察判官試大理評事韋磻
14 鹽鐵巡官前廬州□□主簿路賡
15 舘驛巡官前潭州湘郷□□簿
16 都防禦衙推韓方明
17 前觀察衙推叚従周
18 處士蕭同規
19 郷貢進士吴汝為　盧温夫　吴稼
20 文僧西來　匡雅　大徳曇雅
21 　　　六月十七日書

石面不磨、無塗。縦書き、向かって右から左行き。縦1.2m×横2.8m、楷書、字径７cm。

『桂林石刻（上)』は「唐・李渤呉武陵等八人隱山游記」（p13）とは別に「唐・段從周蕭同規等九人隱山題名」（p25）を収めるが、前者は01行～16行、後者は17行～21行に当たる。これは同時の作であって二篇に分かつべきではない。『八瓊室金石補正』71（15a）「隱山李渤等題名」に「高三尺七寸、廣八尺四寸、廿一行、行字不一、字徑二寸許、正書。在臨桂」というのが正しい。

【資料】

録文：

清・陸増祥『八瓊室金石補正』七一（15a)「隱山李渤等題名」(陸補本と略称)

清・楊翰『粤西得碑記』(20a)（楊本と略称）

今・『桂林石刻（上)』（p13)「唐・李渤呉武陵等八人隱山游記」

　『桂林石刻（上)』（p25)「唐・段從周蕭同規等九人隱山題名」(以上、桂林本と略称)

桂林本は二篇（01～16行、17～21行）と見なしているが、同人による同時の作である。

拓本影印：

『中國西南地區歴代石刻匯編（四）廣西省博物館巻』（p2)「李渤・韓方明等題名」(広西本と略称)

広西本は広西壮族自治区博物館（広西博物館、広西省博物館ともよぶ）所蔵の拓本の影印であり、極めて貴重であるが、鮮明でない。それは原石の状態が主な原因であるが、影印の紙質が良くないことにも因る。また、広西本の題跋には「拓片長120厘米、寛150厘米。行書、李渤・韓方明等撰」（p2）というように、桂林本（p13）と同じく前半部分（01～16行）しか拓本がとられていない。さらに、「李渤・韓方明等撰」ではなく、呉武陵の撰・書であり、書体も「行書」ではなく、「為」・「真」・「与」・「従」等の異体字はあるが、基本的に楷書（真書）である。

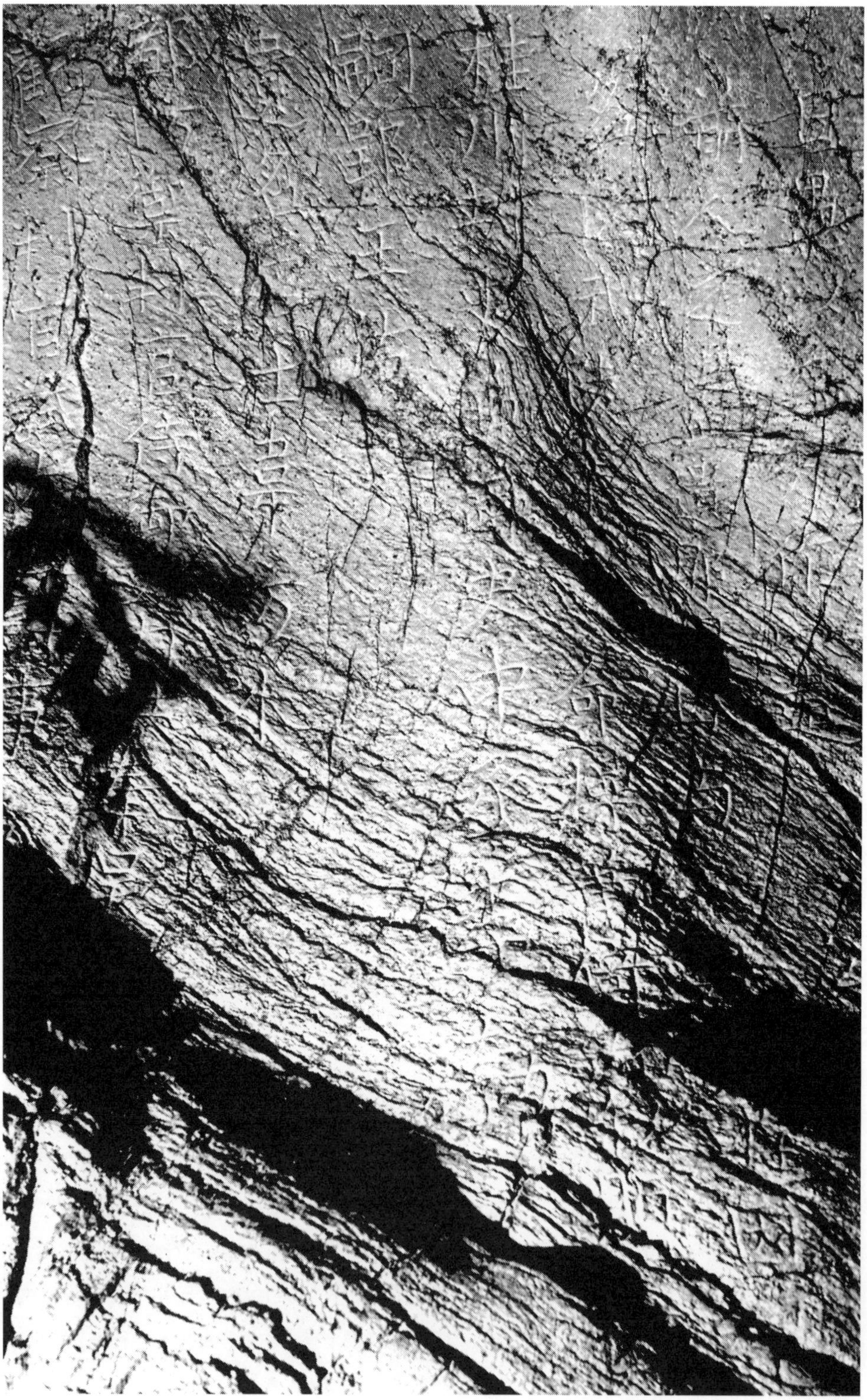

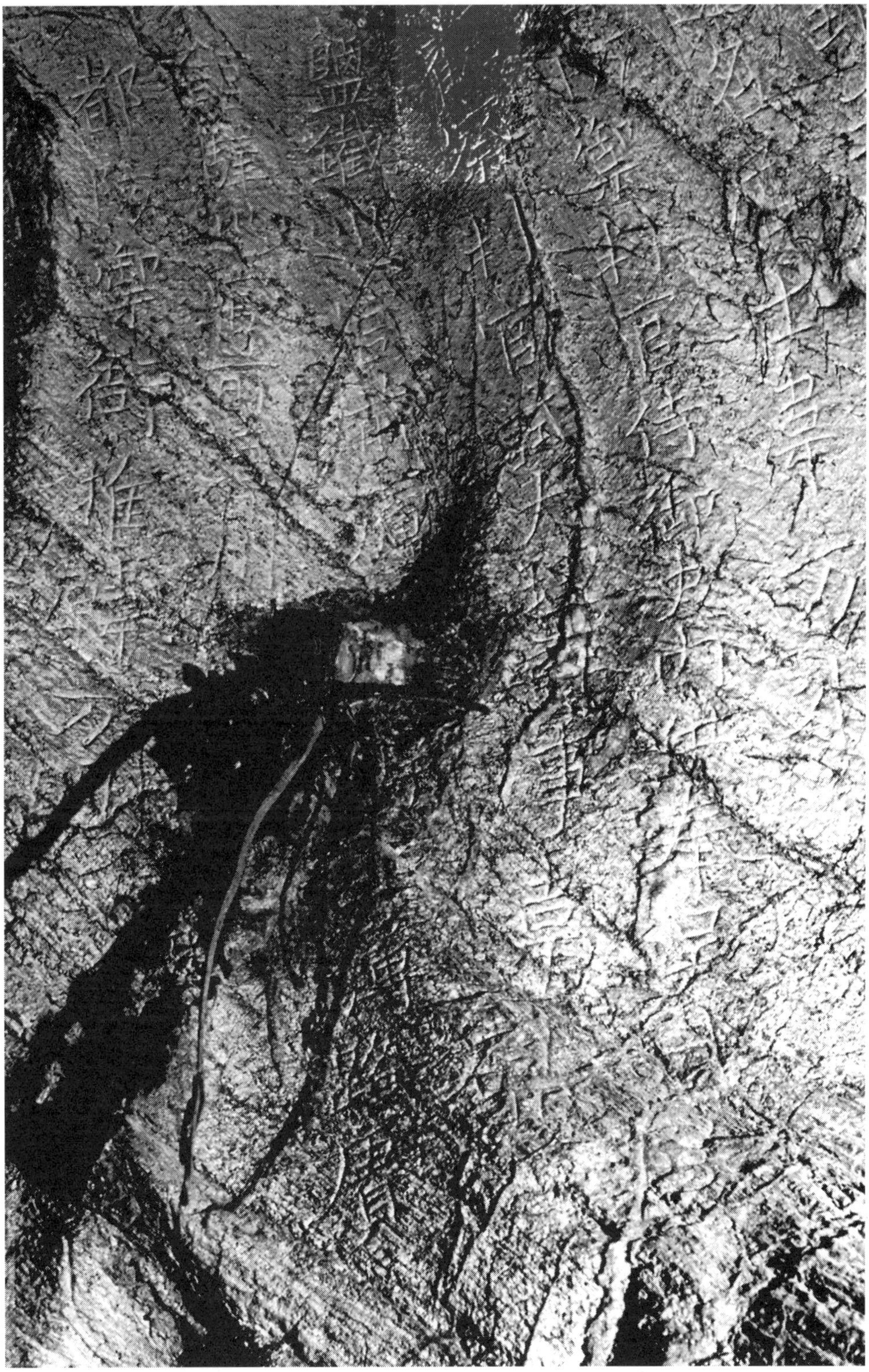

【校勘】

01　寶曆元年給事中

「寶曆」:「寳」は、諸本は「寶」、異体字。「曆」は、楊本は「歴」に、陸補本は「厤」に作る。いずれも清の国諱（高宗弘曆）を避けたもの。

「中」: 陸補本・楊本は「中」を脱する。広西本でもこの部分が拓されていない。現石には亀裂があり、また右側で岩が突起しているために見えにくい。韋宗卿「隱山六洞記」に「寶曆紀元、給事中隴西李公」。

02　隴西公以直出蒸察于此

「隴西」: 諸本は「隴西」に作る。現石では左に杭のような突起物があって漆喰らしきものが塗ってあるため、「隴西」両字の左半分が不鮮明。

「公以」: 楊本は「□以……」、桂林本は「公秘……」、陸補本は「公以」。現石でも判読可能。韋宗卿「隱山六洞記」に「給事中隴西李公以直諫匡主」。

「蒸」: 楊本は「兼」。異体字。

「于」: 楊本は「於」。現石では明白。広西本によっても判読可能。

「此」の下 : 岑仲勉「隱山李渤等題名」(『金石論叢』一九八一年）に「繹全文意義、“此” 下所空一格、似應爲 “州”」という。現石では明らかに刻字無し。

03　□□年既豊乃以泉石為娯捜

「□□年」: 現石では杭があって漆喰らしきものが塗られているために上二字を喪失。陸補本・楊本は「□和年」に作って第一字を缺字とし、桂林本はそれを「太」とする。これは『粵西金石略』一「又李渤詩」(14a) に引く「劉玉麐……又曰 : 『隱山李渤題名』首行云 “寶曆元年”、以下漫漶不可識、次行云 “和年既豊乃以泉石爲娯” 云云、“和年” 二字連文似不相屬、“和” 字上疑當爲 “太” 字」というのに拠ったものと思われる。「太和」とは唐・文宗の年号であるが、唐人は「大和」と書いて「太和」とは書かない。これついては岑仲勉「隱山李渤等題名」(『金石論叢』）に「繹全文意義、“此” 下所空一格、似應爲 “州”、或其等詞、若 “此” 字斷句、文義均未完善。和年既豊、語固不調、惟唐文曾見積年既豊之句、積之漫滅、得訛而爲和」(p 173) というように、缺字部分は「太」を「州」に、「和」を「積」に作るのがよい。韋宗卿の「記」には「人既安、年既豐」。劉玉麐が作るように「和」であるならば、「時和」というような語が考えられる。

「捜」: 広西本ではこの部分が拓されていない。

「為」: 陸補本・楊本ともに「爲」に作る。異体字。

04　□訪異獨得茲山山有四洞斯為冣水

「□」: 陸補本は「□」缺字、楊本は「訪」から始めており、脱字あり。桂林本は「奇」に作る。現石では杭があるために不明。すでに清代からこの部分は不明になっていたはずであり、「奇」に作るのは「捜奇」が次の「訪異」と熟すことによって推測されたものであろう。

「訪」: 現石は右半分を缺くが、左偏が「言」があることによって類推。桂林本では右半分「方」も鮮明。

「為」; 陸補本・楊本は「爲」、異体字。

「冣」:「最」の異体字。唐・顔元孫『干禄字書』に「冣・最 : 上通、下正」。

「水」: 楊本は「最」の下を脱するが、現石では鮮明。広西本によっても確認可能。

05　石清拔幽然有真趣可以遊目可以永

「真」: 陸補本・楊本は「眞」に改める。異体字。

「遊」: 楊本は「游」、異体字。

06　日愚以為天作以遺　　公也不然何

「為」; 陸補本・楊本は「爲」に改める。異体字。

「公」の上 : 桂林本は「遺公」に作るが、広西本・現石は陸補本・楊本と同じく「遺」と「公」の間に空格二字がある。

07　前人之盡遺耶明日与　諸生遊因紀

「与」: 陸補本・楊本は「與」に改める。異体字。

「与」の下 : 楊本・桂林本は「諸」との間に空格一字を缺く。

「遊」: 楊本は「游」。異体字。

08　名氏武陵奉　　命操筆倚□叙題之

「命」の上 : 陸補本・楊本は「奉」と「命」の間に空格一字、桂林本は空格を缺く。現石では明らかに二字。「命」が上司李渤の命令であることによる空格。

「倚□」: 楊本は「何□」、陸補本は「倚」として下に「石」と小字旁注、桂林本は「倚岩」に作る。「倚」は現石では鮮明、その下の字は広西本では不鮮明、現石では「石」のように読める。

「之」: 楊本・桂林本はこれを缺き、広西本でも拓していないが、他の諸本が「之」に作るように現石でも鮮明。

09　桂州刺史兼御史中丞李渤

「桂」：陸補本は「桂」と小字旁注、楊本・桂林本は「桂」。広西本でも「桂」と判読可能。現石でも鮮明であるから、陸補本が小字旁注にしているのは書写上の誤りではなかろうか。

「兼」：楊本は「兼」、異体字。

10　嗣郢王佑

「佑」の下：桂林本は「四」に作るが、現石では明らかにそのような文字は無い。石理を文字と見誤ったのではなかろうか。桂林本は「四」と次の「遺」の間に空格一字を置くが、本来は改行、以下同じ。

12　都防禦判官侍御史内供奉吴武陵

「吴」：陸補本・楊本は「吳」。異体字。

14　鹽鐵巡官前廬州□□主簿路賡

「鹽」：現石では右上の「ノ 一」を缺く異体字に読める。

「鐵」：楊本は「鐵」。異体字。

「巡」：陸補本は「判」に誤る。

「廬」：楊本は「盧」に誤る。

「□□」：03行の上と同じ杭があるために不明。諸本は「愼縣」。「愼」は「慎」であった可能性もある。ちなみに05行の諸本が作る「眞」は現石では「真」。

「路賡」：楊本はこの二字を脱す。広西本でも確認可能。

15　舘驛巡官前潭州湘郷□□簿

「巡」：陸補本は「判」に誤る。

「□□」：現石は杭のために不明。陸補本・桂林本は「縣主」。

「簿」の下：陸補本は「□」として下に「缺」と小字旁注、桂林本は「□□」。現石では文字らしきものはない。楊本はこの一行を脱す。

この行と次の行との間に約１mの幅で縦に岩の隆起があり、桂林本は以下の行を別の作と見なして「段従周蕭同規等九人隱山題名」（p25）と題して載せる。しかし陸補本・楊本が続けて録しているように、末に日付があることによって一篇と見なすべきである。

17　前觀察衙推叚従周

「叚」: 楊本は「段」。異体字。

「従」: 陸補本・楊本は「從」。異体字。

19　郷貢進士吴汝為　盧温夫　吴稼

「吴」: 陸補本・楊本は「呉」。異体字。以下、同じ。

「為」: 陸補本・楊本は「爲」。異体字。

「為」下 : 諸本は人名の間に空格無し。現石では空格一字。

20　文僧西□　匡雅　大徳曇雅

「僧」: 楊本は「僣」。現石では明らかに「僧」。

「西□」: 陸補本は「西」の下に小字旁注「来」、楊本は「典史」、桂林本は「西義」に作る。現石では上字は明らかに「西」、下字は「來」のように読める。明らかに「史」「義」ではない。

「□」の下 : 諸本は空格無し。現石では明らかに空格一字あり。

「匡雅」: 陸補本は「匡雅」、楊本は「匡推」、桂林本は「佳雅」に作る。上字は「匡」に近い。下字は明らかに「雅」。

「匡雅」の下 : 楊本は空格無し。陸補本は空格一字。

21　六月十七日書

「六」: 楊本は「二」に誤る。

【復元】

01　　寳曆元年給事中
02　　隴西公以直出蕪察于此
03　　州積年既豊乃以泉石為娯搜
04　　奇訪異獨得茲山山有四洞斯為竅水
05　　石清拔幽然有真趣可以遊目可以永
06　　日愚以為天作以遺　　公也不然何
07　　前人之盡遺耶明日与　諸生遊因紀
08　　名氏武陵奉　命操筆倚石叙題之
09　桂州刺史蕪御史中丞李渤
10　嗣郢王佑

11　遺名居士韋方外
12　都防禦判官侍御史内供奉吴武陵
13　觀察判官試大理評事韋磻
14　鹽鐵巡官前廬州慎縣主簿路賡
15　舘驛巡官前潭州湘郷縣主簿
16　都防禦衙推韓方明
17　前觀察衙推叚従周
18　處士蕭同規
19　郷貢進士吴汝為　盧温夫　吴稼
20　文僧西來　匡雅　大徳曇雅
21　　　　六月十七日書

【解読】

寶暦元年（825)、給事中隴西公（李渤）以直出廉察于此州（桂州)、積年既豊、乃以泉石爲娯、捜奇訪異、獨得玆山（隠山)。山有四洞（南華・夕陽・北牖・朝陽)、斯（北牖洞）爲最、水石清拔、幽然有眞趣、可以遊目、可以永日。愚以爲天作以遺公也、不然、何前人之盡遺耶。明日与諸生遊、因紀名氏。(呉）武陵奉命操筆、倚石叙題之。

桂州刺史兼御史中丞李渤、嗣鄎王（李）佑、遺名居士韋方外、都防禦判官・侍御史内供奉呉武陵、觀察判官・試大理評事韋磻（『新唐書』74上「世系表」に見える)、鹽鐵巡官・前廬州慎縣主簿路賡、舘驛巡官・前潭州湘郷縣主簿〔？〕、都防禦衙推韓方明、前觀察衙推段從周、處士蕭同規、郷貢進士呉汝爲・盧温夫・呉稼、文僧西來・匡雅、大徳曇雅。(宝暦元年）六月十七日書。

【考察】

呉武陵の題記・題名の史料性

今日この石刻は二件として数えられることが多いが正しくない。『桂林石刻（上)』は「唐・李渤呉武陵等八人隠山游記」(ｐ13）と「唐・段從周蕭同規等九人隠山題名」(ｐ25）とに分けて収める。前者は01行～16行、後者は17行～21行に当たる。また、『桂林旅游資源』(ｐ671）に「呉武陵書『游隠山記』」と題して「高1.13m、寛1.47m、楷書、181字、字径７cm」とするのも前半部であって『桂林石刻（上)』にいう「唐・李渤呉武陵等八人隠山游記」を指す。原石では16行と17行の間を約１m離して刻しているが、それはその間の岩の凹凸が激しいからであり、おそらく拓本もここで分けて二枚にとられたのではなかろうか。これは01行に「寶暦元年」とあり、末の

21行に「六月十七日書」とあるのによって明らかである。また、発見された洞の数によっても確認される。この石刻の04行には「山有四洞、斯為最」というから、隠山ですでに四洞が発見されていたが、六洞の発見を記している呉武陵「新開隱山記」の末には「寶曆元年（825）八月三日記」という。したがってこの石刻は「寶曆元年」に在って「八月三日」以前でなければならない。「四洞」とは南華洞・夕陽洞・北牖洞・朝陽洞であろう。この四洞は隠山の四方に当たってその山脚にあり、白雀洞と嘉蓮洞は北の山腹にある。なお、『金石彙目分類』一八「廣西・桂林府・臨桂縣」に「唐・隱山李渤題名：呉武陵〔撰〕、正書、當在大和間」という。冒頭01行に「寶曆元年」とあるにも関わらず、「大和間」とするのも二件と見なしたもののように思われる。「當在大和間」というのは、同書の前行に「留別南溪詩：李渤撰、正書、大和二年十一月十三日」とあるのによって推測したか、あるいは03行「□□年既豊」の不明部分を「大和」とする劉玉麐の説に従ったものではなかろうか。

この長幅の石刻は史書の記載を正し遺漏を補う所が多く、史料的価値が高い。この点はすでに陸增祥『八瓊室金石補正』七一（15a）「隱山李渤等題名」が指摘している。その按語に次のようにいう。

『新唐書』（李渤）本傳：李渤、字濬之、敬宗初由給事中以論崔發暴中人事、出爲桂管觀察使。題名云“以直出兼察”者此也。

題名有“嗣王鄖佑”者。攷「十一宗諸子傳」：元［玄］宗子・太子瑛、始王眞定、進王鄖、開元三年立爲皇太子、廿五年廢爲庶人、寶應元年詔贈皇太子。瑛子五人：儼封新平郡王、……。皆無名“佑”者、亦無“嗣鄖王”者。據此知「傳」・「表」皆有闕漏、可以補之。太子瑛外、別無封鄖王者矣、「本紀」寶應元年、復瑛封號、與「傳」稱追贈皇太子者互異、傳之失矣。

題名又有“都防禦判官・侍御史内供奉呉武陵”者。『新唐書』本傳：呉武陵、信州人、元和初第進士、……。卒不言其爲“都防禦判官”、亦不言其“侍御史内供奉”。傳之漏也。「傳」又云：……。武陵之至桂州、其在出刺韶州之後耶。……

題名又有“觀察判官・試大理評事韋磻”者。攷「宰相世系表」：鄖公房（韋）磻、官司封郎中・太原河東行軍司馬。或即其人也。……

また、これと同旨で簡約したものが『八瓊室金石札記』一（27a）「隱山李渤題名」にも見え、このような高い史料性を指摘した上で、「如此巨幅、『粤西金石略』失採、何也」と疑問を抱いている。謝啓昆『廣西通志』二一五「金石略」や『粤西金石略』一に録されていないだけではない。明・張鳴鳳に至っても録しておらず、見つけられなかったらしい。その『桂勝』三「隱山」に「宋人云：北牖有（李）渤題名。今不知所在」（14a）という。「宋人」というのは詹体仁の記録を指すであろう。詹体仁が北牖洞口（右＝東２m、高さ１m）に刻している題名（現存、縦35cm×横70cm、楷書、字径４cm）に次のようにいう。

〔招隱亭中、詹體仁約・廖繼能飲酒〕……遂登北牖洞、捫崖剔蘚、得唐刺史李渤寶暦間題名。蓋西湖最勝處也、回視題扁與石間、留字有懷。張敬夫矯首飛鴻、爲之滿引、并以所書“招隱”二大字鑱諸石（洞口左手にあり）云。淳熙戊戌（1178）閏月下澣。

『粵西金石略』九（9b）は「首缺十五字、以『桂勝』補」という。「登北牖洞、捫崖剔蘚」といえば、洞外の山腹に在ったように思われるが、洞外の上部にはそのような痕跡はなく、刻石できるような平坦な岩場もない。また、「李渤寶暦間題名」といっているから、これは洞内にある呉武陵書の李渤等題名を指すであろう。なぜ、この題名が見つけられなかったのか。それにはいくつかの原因が考えられる。（1）洞内の奥で、さらに天井に近い高い位置（約4～5m）に刻されていて見つけにくい。（2）洞内は薄暗く、洞内中央から離れているため（5～7m）、文字は全く見えない。（3）他の石刻の多くは石の表面を削り、あるいは磨いて平らにした上で刻んでいるが、この石刻は直接刻んである。したがって全体にわたって凹凸がある上に風化も進んでおり、近づいても見つけにくい。

今、陸補本の指摘を補足すれば、石刻19「郷貢進士呉汝爲」は呉武陵の族子であろう。『舊唐書』一七三「呉汝納」に「呉汝納者、澧州人、故韶州刺史（呉）武陵兄之子。……汝納亦進士擢第、以季父贓罪、久之不調。……初、（呉）武陵坐贓時、李徳裕作相、貶之、故（呉）汝納以不調挾怨、而附（李）宗閔・（楊）嗣復之（牛僧孺）黨」という。おそらく呉汝為は呉汝納の弟であろう。柳宗元「答呉秀才謝示新文書」に「秀才志爲文章、又在族父處、早夜孜孜」という。「族父」とは呉武陵のことである。「呉秀才」とは「郷貢進士呉汝爲」あるいは呉汝納ではなかろうか。しかし「呉汝納傳」には「會（呉）汝納弟（呉）湘爲江都尉」とあり、呉湘なる弟がいたことが知られる。いっぽう柳宗元「濮陽呉君文集序」の宋・孫汝聴の注には「（呉）武陵終韶州刺史。無子、女汭・湘」という。これによれば呉武陵の女にも呉湘なる人物がいたことになる。いずれかが誤りであろう。また「汭」が湘の兄の「汝納」に似ているのも気になる。孫注にいう「女汭」は「汝納」の誤りではなかろうか。さらに想像を逞しくすれば、汝納と汝為が字で、汭と湘が名であると考えられないであろうか。

また、石刻16「都防禦衙推韓方明」は著名な書家であるが、その事跡はほとんど不明。早く『集古録目』九（8b）「新開隱山六洞記」に「都防禦判官侍御史内供奉呉武陵撰、〔都〕防禦衙推韓方明八分書并篆額」といい、また『寶刻類編』四（11a）の「韓方明」の条にも録している。詳しくは後述。

この石刻は呉武陵作の「記」として『全唐文』にも収められるべきであろう。石刻の後半に題名が続くが、前半は古文による山水游記ともいうべき内容である。前半は畳彩山・四望山に刻されている元晦の「記」と同じような長さであるが、それよりも名文である。元晦の「記」は『全唐文』に収めているが、呉武陵のこの文は収められていない。題擬「題隱山記」・「隱山題記」あるいは『桂林石刻』のように「隠山遊記」として『全唐文新編』を継ぐ者はこれを収めるべきであろう。また、広西本等は「李渤・韓方明等撰」というが08行に「武陵奉命操筆倚石叙題之」というから、呉武陵の撰文であると同時に彼の書字である。呉武陵は『新唐書』二〇三に伝が立てられており、唐代古文作家として知られる。かれの文は多く伝わっているが、その書が今日に伝わっているのを知らない。これが現在知られる唯一のものではなかろうか。

9 -02〔存〕宝暦元年（825）韋弘方等題名

北牖洞内、北北東の壁上、地面から約 3 ～ 4 m。呉武陵等題名「（宝暦元年）六月十七日書」の左（約0.3m）。呉武陵らと同じく李渤の従事の題名であるが、末尾に「二人續到」とあるから、呉武陵らに遅れて到着したものである。したがって一連の題名ではあるが、時間を異にする。

【資料】

録文：

『桂林石刻（上）』（ｐ24）「韋弘方等題名」（桂林本と略称）

【現状】

01	觀察推官試太常寺協律郎韋□方
02	邕管經略判官試大□學崔□□
03	二人續到

石面不磨、無塗。縦書き、向かって右から左行き。楷書。桂林本に「高三尺二寸、寛一尺二寸、真書径二寸」。

【校勘】

01　觀察推官試太常寺協律郎韋□方

「協律郎」：桂林本は「監律□」に作る。左半分が不鮮明であるが、判読可能。また唐制で太常寺に「監律～」の官は無い。

「韋□方」：桂林本は「韋弘方」に作る。現石では「弘」の判読は困難。

02　邕管經略判官試□□□學崔□□

「□□□」: 桂林本は「大□□學」に作る。現石でも「大」「學」のように見えなくはない。「試」以下は寄禄官の名が入るはずであるが、唐代に「大～學」に当たる職事官はない。再調査の必要がある。

「崔□□」: 桂林本は「崔表仁」に作る。現石では「崔」のように見え、その下には「表」の上部、“人”偏らしきものが見えるが、判読は困難。今、桂林本に従っておく。

03　二人續到

「二」の上 : 空格一字。一字下げ。

【復元】

01	觀察推官試太常寺協律郎韋弘方
02	邕管經略判官試大□學崔表仁
03	二人續到

9-03 〔佚〕宝暦元年（825）呉武陵撰・韓方明書「新開隱山記」

北牖洞に刻されていたらしいが、明・清の間に失われたように思われる。この石刻に関する考察は、この「記」とほぼ同じ時期に撰せられた韋宗卿「隱山六洞記」の後で、まとめて加える。

【資料】

録文 :

明・黄佐『廣西通志』十二「山川志」一（4b）「呉武陵記」（黄本と略称）

明・張鳴鳳『桂勝』（四庫全書本）三「隱山」（18b）「新開隱山記」（張本（四庫全書）と略称）

明・張鳴鳳『桂勝』（古学彙刊本）三「隱山」（9a）「新開隱山記」（張本（古学彙刊）と略称）

明・蘇濬『廣西通志』三六「藝文志」二（37a）（蘇本と略称）

清・汪森『粤西文載』一九「記」山川（3a）「新開隱山記」（汪本と略称）

清・『古今圖書集成・方輿彙編・職方典』一四〇四（171冊31b）「隱山記」（古今（職方）本と略称）

清・『古今圖書集成・方輿彙編・山川典』一九三（198冊47b）「隱山記」（古今（山川）本と略称）

清・金鉷『廣西通志』一〇九（8b）「新開桂林隱山記」（金本と略称）

清・謝啓昆『廣西通志』九五「山川略」二（10b）「新開隱山記」（謝本と略称）

清・胡虔『臨桂縣志』四「山川」三（6b）「新開隱山記」（胡本と略称）

清・欽定『全唐文』七一八（12a）「新開隱山記」

今・『全唐文新編』七一八（第十二冊）（p8207）（以上、全唐本と略称）

【校勘・解読】

長文であるため、適宜改行して示す。

新開隱山記　呉武陵

「新開隱山記」:『集古録目』九（8b）（『寶刻叢編』一九（37a）に引く）は「新開隱山六洞記」に作る。題名中の「六洞」は韋宗卿「隱山六洞記」との混同による衍字ではなかろうか。『集古録目』には「都防禦判官侍御史内供奉呉武陵撰、〔都〕防禦衙推韓方明八分書并篆額」というから、篆額があった。

「呉武陵」: 原石には結銜が署されていた。『集古録目』はそれに拠っているはずであり、次のように刻されていたであろう。

都防禦判官侍御史内供奉呉武陵撰

都防禦衙推韓方明書并篆額

書者の「韓方明」は中国書法史上重要な人物であるが、その事跡等はほとんどわかっていない。後で詳考する。

入則維化、出則寧物。物寧而後志適、乃有西坰之賞。

「入則……命騎」：黄本・蘇本・古今本は「入則」から「命騎」までの二五字を缺く。

「西坰」: 西郊。

始一日、命騎西出、出門里餘、得小山。山下得伏流、顧曰：“石秀水清、葱葱乎其韜恠物耶”、乃釋騎蹈履、北上四十餘歩、得石門、左右劒立、矍然若神物持之。

「西出、出門」: 黄本・蘇本・古今本は「西出門」に作り、「出」を脱す。「門」は桂州城の西門に当たる。明・胡直「游隱山六洞記」に「是晨、西出麗澤門、里許、至山下小亭」。麗澤門は南宋の記録に見える外城の西門であるが、唐代にもこの位置に門があったことが知られる。

「里餘」: 蘇本は「里許」に作る。「里餘」は「里」を560mとすれば、600～700mくらいであろう。しかし『桂林風土記』“隱仙［山］亭”の条に「在府西郭三里」といい、また南宋・鮑同「復西湖記」に「桂林西湖、今經略使徽猷張公（維）所復也、舊曰“蒙溪”、去城里許而近」、明・胡直「游隱山六洞記」に「是晨、西出麗澤門、里許、至山下小亭」、明・鄺露「遊桂林招隱山小記」に「自西湖至招隱山（南宋に隱山を招隱山に改名）二里」といって一定しないが、西門から一里余から二里までの距離。『桂林風土記』の「在府西郭三里」は子城内の官署からの距離であろう。

「小山」: 題にいう「隱山」。

「葱葱」: 張本（古学彙刊）は「忽葱」に誤る。古今本は「葱葱乎」三字を闕く。

「耶」: 汪本・胡本は「邪」、異体字。以下同じ。

「釋騎」: 古今（山川）本はこの二字を脱す。

「餘」: 全唐本はこれを脱す。

「持」: 全唐本は「特」、形似に因る誤り。鄺露「遊桂林招隱山小記」に「石門劒立、夔然若神物持之」。

自石門西行二十歩、得北洞、坦平如室。室内清縹若繪、積乳旁溜、凝如壯士、上負橫石、奮怒若活。乘高西上、有石牕、凌牕下望、千山如指。

「二」: 黄本・張本・蘇本・汪本・古今本・金本・謝本・胡本はこれを缺き「十歩」に作る。

「洞」: 全唐本は「峒」、以下同じ。「北洞」は六洞の一つ、“北牖洞”。

「坦」: 張本・蘇本は「耽」、音近に因る誤り。

「牕」: 黄本・張本（四庫全書）・蘇本・汪本・謝本・胡本は「窓」（二個所）、張本（古学彙刊）は「窗」（二個所）、古今本は「窻」（二個所）、ともに異体字。金本は上は「窗」、下は「窓」。

「凌」: 黄本・張本・蘇本・汪本・古今（山川）本・金本・謝本・胡本は「檽」、古今（職方）本は「臨」。

「千山」: 多くの山を意味する普通名詞ともとれるが、固有名詞であろう。隱山の西北、今の桂林博物館の後（西北）にある山を“千山”とよぶ。南宋・張孝祥「千山觀記」（『于湖居士文集』一四）があり、それに「桂林山水之勝、甲東南、……乾道丙戌（1166）歷陽張某（孝祥）、因“超然亭”故基作“千山觀”」。

自石室東廻三歩、得石巖。巖下有水泓然、疑虬螭之所宅、水色墨淥。其濬三丈、載舟千石、舟可坐數十人、羅絲竹歌舞、飄然若乘仙。巖之南壁有石磴、可列樂工十六人。

「廻」: 張本（四庫全書）は「迴」、異体字。

「巖」: 謝本・胡本は「崖」、汪本は「嵒」、以下同じ。

「淥」: 黄本・張本・蘇本・汪本・古今本・金本・謝本・胡本は「緑」、以下同じ。

「丈」: 蘇本は「丈」、異体字。

「千石」: 古今（職方）本は「於水」。古今（山川）本は「千石」および下の「舟」の三字を脱す。

「舟可坐」: 全唐本は「舟上坐」。

「羅絲竹……乘仙」: 古今（山川）本はこの一〇字を脱す。

「乘」: 蘇本は「乗」、異体字。

「仙」: 古今（職方）本は「僊」、異体字。

「樂工」: 古今（山川）本は二字を脱す。

「十六」: 金本は「六」を脱す。

明・王士性『五嶽遊草』巻七「桂海志續」に「呉武陵記隱山、刻意描畫、至稱石室・東巖水、“虬螭〔之〕所宅、濬三丈、載舟千石。……。”今皆無之。武陵至今僅千年、何陵谷古今之異如此。因與羽王（張鳴鳳の字）嘆息而別」という。

其東若畎澮、貫石流去、不知所止。北壁半穴、如懸門徹、外容小舟。

「畎」: 黄本・張本（四庫全書）・蘇本・汪本・金本・謝本・胡本は左を「畂」のそれに作る。張本（古学彙刊）は「畂」に誤る

「貫」: 全唐本はこれを脱す。

「徹」:『釋名』釋宮室に「栅 : 又謂之徹。徹、緊也」。全唐本は「橵」に誤る。『廣韻』に「橵 :（直列切）」、『玉篇』に「橵 : 橐也」。

出門有潭、袤三十步。潭有芰荷。

「十」: 張本（古学彙刊）は「千」に誤る。

「潭有」: 古今（山川）本は「産」に作る。

「荷」: 張本（古学彙刊）は「花」に誤る。

潭北十步得溪。溪横五里、徑二百步、可以走方舟、可以汎畫鷁、渺然有江海趣。魚龍瀺灂、鷗鷺如豢。溪潭之間、有地丈餘、其色正赤。

「溪」: 古今（山川）本は下の「溪」を脱す。

「步」: 古今（山川）本はこの下に「溪」を入れる。「二百步」は歩を1.56mとすれば約312m。今、洞口から真北の湖面の対岸まで約110m。恐らく「步」は約0.8m（1.56/2）であろう。

「走」: 古今（山川）本はこれを闕く。

「可以汎畫鷁」: 蘇本はこの五字を脱す。張本（古学彙刊）は「以」を脱す。古今（山川）本は「可以汎畫鷁」を「泛鷁」に作る。

「海」: 古今（山川）本は「湖」。

「豢」: 全唐本・黄本・古今（職方）本は「養」に誤る。

「溪潭」: 黄本・張本・蘇本・汪本・金本・謝本・胡本は「自溪潭之間」。「自」は起点を表すから「有地丈餘」とは熟さないであろう。

歴石門、東南越小嶺、石林危嶠、夾聳左右。

今も“隠山石林”と呼ばれる。高さ5～6mの柱の如き岩が林立する。

自嶺下十步得東巖。自巖口直下二十步有水、濶三尺許、淺沙若晝、細草如織。南望有結乳如薫籠、

其白擁雪。

「巖」: 謝本・胡本は「崖」に、黄本は「岩」に作る。以下同じ。「東巖」: 六洞の一つ、“朝陽洞”のこと。

「自巖」: 謝本は「自崖」、これと同系の胡本は「自崖」を脱す。

「濶」: 黄本・張本（古学彙刊）・古今本は「闊」、異体字。

「三」: 蘇本は「二」、古今（山川）本は「一」。

自巖西南上、陟飛梯四十級、有碧石盆二、乳竇滴下、可以酌飲。又梯九級、得白石盆、盆色如玉、盆間有水無源、香甘自然、可以飲數十人不竭。

「巖」: 謝本・胡本は「崖」に作る。

「陟」: 古今（山川）本は「歩」に誤る。

「盆」: 黄本・古今本は「盤」に作る。以下同じ。形似に因る誤り。『桂林風土記』は「石盆」。

「酌飲」: 謝本・胡本は「酌酒」。

「白石盆、盆色」: 古今（山川）本は「白石盤、色」。

「盆間」: 古今（山川）本は「中」。

「有水無源、香甘自然」: 古今本は「有自然水、香甘」。

「香」: 張本（古学彙刊）は「者」に誤る。

「以」: 古今本はこれを闕く。

「數十人」: 張本・蘇本・汪本・金本・謝本・胡本は「數」を脱して「十人」、黄本・古今本は「十」を脱して「數人」。

明・王士性『五嶽遊草』七「桂海志續」に「呉武陵記隱山、刻意描畫、至稱石室・東巖水、“……。又動陟飛梯三四十級。”今皆無之。武陵至今僅千年、何陵谷古今之異如此。因與羽王（張鳴鳳の字）嘆息而別」という。

還自石盆、東北上、又陟飛梯十二級、得石堂、足坐三十人。乳穗駢垂、擊之、鏗然金玉聲。堂間有石、方如棊局、即界之以奕、脩然不知柯之爛矣。

「還」: 古今（山川）本はこれを脱す。

「又」: 古今（山川）本はこれを脱す。

「陟」: 張本（古学彙刊）は「涉」に誤る。

「飛梯」: 古今（山川）本は「雲梯」に誤る。

「石堂」: 古今（職方）本は「一堂」。後文にいう“雲戸”洞のこと。韋「記」にも見える。

「三十」: 黄本・張本・蘇本・汪本・古今本・金本・謝本は「二十」。胡本は「二十二」に作るが概数を示すものであるから、後の「二」は衍字。

「穗」: 張本（古学彙刊）は「穩」に誤る。

「鏗然」: 張本（古学彙刊）は「鏗鏗然」に誤る。

「棊」: 古今（山川）本は「棋」、古今（職方）本は「碁」、異体字。

自堂北出四歩、直西二筵、南入小峡。過峡得内洞、東有石室、妙如刻畫、頂上方井、弱翠輕淥。便如藻繡。

「過峡」: 張本・蘇本・汪本・金本・謝本・胡本はこの2字を缺く。古今本は「過」を「道」に誤る。

「得内」: 古今（職方）本は「内得」。

「洞」: 黄本・古今（山川）本は先に「洞」に作っていたが、ここでは「峒」。"白雀洞" を指す。今、雲戸から白雀洞までは約12m。

「東」: 古今（山川）本は「峒」。

「妙如刻畫」: 張本・蘇本・汪本・金本・謝本・胡本は「妙」「刻」を闕き、「如畫」に作る。

「淥」: 古今本・金本・謝本は「緑」。

「便」: 古今（職方）本は「絢」。古今（山川）本は「便／絢」を闕く。

「繡」: 黄本・蘇本・張本（四庫全書）は「綉」、異体字。

自洞南下、仰矚東崖、有凝乳如樓、如閣、如人形、如獸状、闇然不知造物者之所變化也。

「南」: 張本（古学彙刊）は「内」に誤る。

「矚」: 全唐本・黄本・汪本は「瞩」、異体字。

「如樓、如閣」: 古今（山川）本は「如樓閣」。

「樓」: 蘇本は「楼」、異体字、以下同じ。

「闇然」: 黄本・古今本はこの二字を脱す。

「造物者」: 蘇本・古今本は「造物」。

自樓閣斗下七歩、次石渠。渠深七十尺、渠上爲梁、曲折繚繞、三百歩遠、日月所不能燭矣。左右列炬、而後敢進。

「進」: 張本（古学彙刊）は「進進」、衍字。

明・王士性『五嶽遊草』七「桂海志續」に「呉武陵記隱山、刻意描畫、至稱石室・東巖水、"……。石渠深七十尺、渠上爲梁、曲折〔繚〕繞三百歩、日月所不能燭。……。" 今皆無之。武陵至今僅千年、何陵谷古今之異如此。因與羽王（張鳴鳳の字）嘆息而別」という。

自梁直南抵絶壁、斗下爲飛梯。飛梯九盤而後及水。水北涯有石閣、峭甚、綴以欄檻、適可宴息。水通魚船、東出 "朝陽"。西隅黝墨、方谷如鑿、以石下投、波聲響山、寒氣薄人、往往畏恐。

「梁」: 張本・汪本は「渠」。

「飛梯」: 張本（古学彙刊）・黄本・古今本は二字（一個所）を脱す。

「盤」: 古今本は「級」。

「涯」: 黄本・古今（職方）本は「崖」、形似に因る誤り。

「綴」: 全唐本は「資」、黄本・古今本は「益」。

「檻」: 張本（古学彙刊）は「杆」に誤る。

「魚」: 古今本は「漁」。

「西」: 全唐本・黄本は「西」、張本・汪本・金本・謝本・胡本は「四」。

「隅」: 黄本・古今本は「隔」。

「墨」: 全唐本は「墨」、蘇本・古今本・金本・謝本は「黒」。

「以石下投」: 古今（山川）本は「投之石」。

「波聲響山」: 古今（山川）本は「聞波聲響」。全唐本は「響」の下に「應」あり、衍字。

「往往畏恐」: 古今（山川）本はこの四字を闕く。

自石閣還上絶壁、西去十步、又得小洞。俯行三十步、左右壁有鍾乳、或垂或滴。其極有石室、正如禪庵、多白蝙蝠。

「上」: 胡本は「山」に誤る。

「去」: 古今（山川）本はこれを脱す。

「石室」: “白蝙蝠洞” を指す

「正」: 古今（山川）本はこれを脱す。

「庵」: 張本（古学彙刊）・古今（山川）本・金本は「菴」、異体字。

出小洞、北上二十步、又得外洞、石色猶四洞。東西壁下有石數十枚、其面砥平、間有凹罇琴薦、厥狀甚怪、游人列坐、肅若冰霰。其東有便房、桁櫨栱梲、支撑環合、猶鬼工之椎琢也。

「上」: 黄本・古今本はこれを脱す。

「外洞」: 全唐本は「列」。そうならば「又得列石、色猶……」となる。

「四」: 全唐本は「西」。「四峒」は北牖・朝陽・白雀・白蝙蝠の四つを指す。

「間」: 古今（山川）本は「中」。

「凹」: 黄本・古今本は「兕」に誤る。

「罇」: 張本・謝本は「罇」、古今本は「樽」。

「厥」: 古今（職方）本は「然」。

「游」: 古今（山川）本は「遊」、異体字。

「冰」: 黄本・張本・汪本は「氷」、異体字。古今（山川）本は「水」。

「霰」: 古今（山川）本は「霞」。

「便房」: 休憩室・控室の類。

「支」: 全唐本・黄本は「枝」。

「撑」: 張本（四庫全書）・蘇本・古今本・謝本は「撐」。異体字。

「鬼」: 古今（山川）本は「良」、古今（職方）本は「化」、全唐本は「國」。

「椎」: 金本は「追」。鄺露「遊桂林招隱山小記」にも「凹樽曲几、鬼工之追琢也」。

洞北七步、臨西石門。石門西去三十九步、得西洞。洞深九十尺、北崖有道、可容一軌、崖南有水、水容若鏡、纖鱗微甲、悉可數識。

「洞北」: 張本（古学彙刊）は「自洞北」。「自」は衍字。

「去」: 古今（山川）本はこれを脱す。

「三」: 古今（山川）本は「二」。

「西洞」: 六洞の一つ、“夕陽洞”。

「崖」: 張本（古学彙刊）は「岸」。

「若」: 古今本は「如」。

「悉可數識」: 古今（山川）本は「可數」。

東過小石門、門東頫行三十步、詰屈幽邃、道絶窮崖。崖之右寛明爽閔、渾成水閣、崖下閣勝九人、閣下水濶三十尺、伏流崖南、亦達“朝陽”。

「門」: 古今（山川）本はこれ（一個所）を脱す。

「崖之右」、黄本・張本・蘇本・汪本・古今本・金本・謝本・胡本は「又」。

「爽閔」: 黄本・張本・蘇本・汪本・古今本・金本・謝本・胡本はこれを闕く。

「渾成」: 黄本・張本・蘇本・汪本・古今本・金本・謝本・胡本は「置」。つまり「道絶窮崖。又寛明、置水閣」に作る。

「崖下」: 古今（山川）本は「岸下」。

「濶」: 張本（古学彙刊）・古今本・謝本は「闊」、異体字。

自西洞口、南去一矢、得南洞。洞西壁可讌數十人。其東有水、輕風徐來、微波蕩漾、琴高遇之、當不返矣。

「南洞」: 六洞の一つ、“南華洞”。

「洞西」: 古今本は「洞」を脱して「西」。

「西壁」: 黄本・古今本は「四壁」。

「讌」: 古今本は「燕」。

「琴高……返矣」: 黄本・古今本は八字を脱す。

北上山頂、盤曲五百步、石狀如牛如馬、如熊如羆；劒者、皷者、笙竽者、壎篪者、不可名狀。石路四周、而松蘿萃於西北。

「皷」: 張本・汪本・古今本・金本・謝本・胡本は「鼓」。

「竽」: 張本（古学彙刊）は「竿」に誤る。

「壎」: 黄本・張本・蘇本・汪本・古今本・金本・謝本・胡本は「塤」。異体字。

「於」: 張本・古今（山川）本は「于」。

公曰 :“茲山之始、與天地並、而無能知者 ; 掲於人寰、淪夫翳薈、又將與天地終、豈不以其内妍而外樸耶。君子所以進夫心達也。吾又捨去、是竟不得知於人矣”。

「公曰……」 : 蘇本は「公曰」から「不得知於人矣」まで脱す。古今（山川）本は「公曰」を脱し、「夫茲山……」に作る。「公」は李渤。

「並」: 古今（職方）本は「竝」、異体字。

「於」: 張本（古学彙刊）・全唐本・古今（山川）本・謝本・胡本は「于」。

「寰」: 金本は「寧」に誤る。

「夫」: 黄本・古今（職方）本は「於」、古今（山川）本は「于」。

「樸」: 黄本・張本・汪本・古今本・金本・謝本・胡本は「朴」、異体字。

「君子……人矣」: 古今（山川）本はこれを脱す。

「進」: 金本は「貴」。

「捨」: 張本・汪本・古今（職方）本・金本・謝本・胡本は「舍」。

「於」: 張本は「于」。

乃伐棘導泉、目山曰隱山、泉曰蒙泉、溪曰蒙溪、潭曰金龜、洞曰北牖、曰朝陽、曰南華、曰夕陽、曰雲戸、曰白蝙蝠、嘉蓮生曰嘉蓮、白雀來曰白雀 ; 石渠寒深、若蟠蛟蜃、特曰蛟渠。或取其方、或因其瑞、幾焯乎一圖諜也。

「目」: 謝本は「曰」に誤る。

「瑞」: 古今本は「端」に誤る。

「乎一圖諜」: 古今（職方）本は「乎一圖牒」、黄本は「乎于圖諜」、汪本は「乎圖諜」、張本は「于圖諜」、蘇本は「於圖諜」、金本は「於圖牒」、胡本は「于國牒」、謝本は「于圖諜」。

於是節稍稟、儲羨積、度材育功、爲亭於山頂、不采不雘、倏然而成。憑軒四望、目極千里、高禽鷙獸、蚊翔蟻走、恍然令人心欲狂。

「於是」: 張本（古学彙刊）は「于是」。古今（山川）本は「於是」から「育功」まで一二字を脱す。

「稟」: 黄本・張本・蘇本・汪本・古今（職方）本・金本・謝本・胡本は「廩」。

「材」: 謝本・胡本は「財」。

「功」: 汪本・古今（職方）本・金本・謝本・胡本は「工」。

「亭」: “慶雲亭”。

「於」: 張本（古学彙刊）・古今（山川）本・謝本・胡本は「于」。

「不采不」: 古今本は「不采」。張本（古学彙刊）は「采」を「來」に誤る。

「雘」: 張本（古学彙刊）・古今（山川）本は「丹」旁を「舟」に誤る。

「憑」：全唐本は「馮」に誤る。

「蚊」：黄本・張本・蘇本・古今本・金本・謝本・胡本は「蛟」に誤る。

「狂」：張本（古学彙刊）は「狂也」、衍字。

又作亭於“北牖”之北。夾溪潭之間、軒然鵬飛、矯若虹攄。左右翼爲厨、爲廊、爲歌臺、爲舞榭、環植竹樹、敻脱囂滓。邦人士女、咸取宴適、或景晴氣和、蕭然獨往、聽詞於其下。

「亭」：『桂林風土記』にいう「隱仙［山］亭」。

「於」：張本・古今（山川）本・謝本・胡本は「于」。

「北牖」：全唐本・黄本は「此牖」。「此」は「北」の誤字。

「矯」：張本（四庫全書）は「飛」と「若」の間に小字注「闕」（一字分）、張本（古学彙刊）は「若虹攄」を脱して「飛」と「左」の間に小字注「闕」（四字分、三字空格）。

「植竹」：張本（四庫全書）は「環」と「樹」の間に小字注「闕」（二字分、一字は空格）、張本（古学彙刊）は「環」「樹」を脱して「榭」と「敻」の間に小字注「闕」（四字分、三字は空格）。

「咸」：黄本・古今本は「或」。

「往」：張本（古学彙刊）は「坐」に誤る。

「於」：黄本・張本・古今（山川）本・謝本・胡本は「于」。

嗟乎、我俗既同、我風既調。茲亭・茲山、又與人物共之、則不知古之甘棠、其類是耶、其差是耶。他日、會新亭之下、辱命紀事、奉筆遽題於北榮、曰：成紀公（李渤）、字濬之、不名重也。内則爲伊・周、外則爲方・召。疏山、發隱也；決泉、啓蒙也；作亭、子來也。三者其異乎四賢之志乎。不異也、故書。寶暦元年（825）八月三日記。

「茲山又」：黄本・古今本はこの三字を脱す。

「則不知……其差是耶」：蘇本は一五字を脱し、「共之矣。他日……」に作る。黄本・張本・汪本・古今（職方）本・金本・謝本・胡本は「其差是耶」を脱す。古今（山川）本は「其差是耶」から「三日記」までを脱す。

「奉筆……不異也」：蘇本は「辱命紀事、故書」に作る。

「於」：張本（古学彙刊）・謝本・胡本は「于」。

「榮」：黄本は「縈」。『儀礼』士冠礼に「夙興、設洗直於東榮」、鄭注に「榮、屋翼也」。金本は「牖」に誤る。

「内則」：黄本・張本・汪本・金本・謝本・胡本は「内吾」。

「外則」：黄本・張本・汪本・金本・謝本・胡本は「外吾」。

「決」：張本（古学彙刊）は「决」に誤る。

「蒙」：古今（職方）本は「起」に誤る。

「其異乎」：張本（古学彙刊）は「異」を「言」に誤る。

「乎」：張本（古学彙刊）は「也」に誤る。

「暦」：全唐本は「歴」、清の国諱（高宗弘暦）を避けたもの。黄本（明刊本）は「歴」に誤る。張本・蘇本・汪本・金本・謝本・胡本は「寶暦」以下を缺く。

【考察】

諸本の関係

黄本・蘇本・古今本・金本・謝本・胡本の方志および張本・汪本は近く、歴代の方志に拠ったものであろう。胡本の胡虔は謝本の編纂にも加わっており、基本的に同じ。黄本と古今本はやや近く、張本と汪本は「耶／邪」「于／於」の違いがあるくらいで、極めて近い。ただし張本は四庫全書本と古学彙刊本で違いがあり、古学彙刊本には誤りが多いが、これは旧鈔本を排印する際に生じたものであろう。汪本は張本に拠ったものと思われる。他の作品によっても汪本は張本を資料にしていたことがわかる。張本は「闕」を多く記しているが、石刻はすでに佚して伝わっていなかったから、石刻の拓本に拠って判読したものではなく、当地に伝わる文献史料に拠ったものであろう。それは方志の類と思われるが、黄本とはやや異なる。古今本には誤字脱字が多く、とりわけ山川典に引用のものにはそれが多い。この中にあって最も特異なものが全唐本であり、張本・汪本や黄本・謝本等の方志系と異なる点が多い。

9-04 〔佚〕宝暦元年（825）韋宗卿撰・李方古書「隱山六洞記」

呉武陵撰・韓方明書「新開隱山記」とともに北牖洞にあったが、明・清の間に喪失したと思われる。

【資料】

録文：

明・黄佐『廣西通志』十二「山川志」一（6a）「韋宗卿記」（黄本と略称）

明・張鳴鳳『桂勝』（四庫全書本）三「隱山」（22b）「隱山六洞記」（張本（四庫全書）と略称）

明・張鳴鳳『桂勝』（古学彙刊本）三「隱山」（10b）「隱山六洞記」（張本（古学彙刊）と略称）

清・汪森『粤西文載』一九「記」山川（7b）「隱山六硐記」（汪本と略称）

清・欽定『古今圖書集成・方輿彙編・職方典』一四〇四（171冊32a）「隱山記」（古今本と略称）

清・謝啓昆『廣西通志』九五「山川略」二（12a）「隱山六峒記」（謝本と略称）

清・胡虔『臨桂縣志』四「山川」三（9b）「隱山六洞記」（胡本と略称）

清・欽定『全唐文』六九五（8a）「隱山六峒記」（全唐本と略称）

【録文・解読】

長文であるため、適宜改行して示す。

隱山六洞記　韋宗卿

「洞」: 全唐本・謝本は「峒」、汪本は「硐」。ただし汪本は文中では「峒」。古今本は「六洞」の二字を缺いて「隱山記」に作り、呉武陵の「記」と同題にする。恐らく呉武陵「新開隱山記」と同じく篆額があり、結銜も署されていたと思われる。『諸道石刻録』（『寶刻叢編』一九（37a）に引く）に「唐隱山六洞記：唐韋宗卿撰、李方古書。寶曆元年」というから原石には次のように刻されていたであろう。

××××（結銜）韋宗卿撰

××××（結銜）李方古書并篆額

天作南北、星斗辨之；地分方夏、山川間之。其土殊、其鎮異。故磅礴博厚、隱嶙鬱嶉、連岡走峰、千里一息、秦之山也；發地干霄、上爲嶕嶢、攢空交映、積爲崇嶺、越之山也。

「岡」: 張本（古学彙刊）・汪本・胡本は「崗」、謝本は「峒」。

「峰」: 張本（古学彙刊）・古今本は「峯」、異体字。

「崇」: 全唐本・汪本・謝本・胡本は「崇」、黄本・張本は「密」、異体字。

桂林郡郛、千岩競秀、世情賤目、俗態無心、故茲山接城郭之間、億萬斯年、石不能言、人未稱焉。

「岩」: 張本・古今本・謝本・胡本は「巖」、汪本は「嵒」、異体字。

「郭」: 黄本は「廓」。

寶曆紀元（825）、給事中隴西李（渤）公以直諫匡主、圖贊國政。時未及泰、人安得寧。公辭帝鄉白雲、爲越嶺時雨、六條紘布、百城震肅。人既安、年既豐、羽扇空揺、鈴閣不引、盼羣山而獨往興發、得絶境而素尚心來。茲山在焉、且謚爲“隱”。若夫地因人弘、山自人顯、故有巖結太素、至説稱傳、谷闢洪荒、及超號張。

「曆」：全唐本等は「歷」、清の国諱（高宗弘曆）を避けたもの。黄本・古今本は「寶曆」から「彰爾」まで約一二二字を脱す。

「紀元」: 張本は「元紀」に誤る。

「贊」: 張本（四庫全書）は「賛」、異体字。

「紘」: 張本（古学彙刊）は「絃」に誤る。

「盼」: 張本（古学彙刊）・胡本は「盻」に誤る。

「謚」: 張本（古学彙刊）・汪本は「謚」、異体字。

「弘」: 張本・汪本は「弘」、謝本・胡本は「宏」、清の国諱（高宗弘曆）を避けたもの。全唐本は「傳」。

「巖」: 汪本は「嵓」。

「闢」: 胡本は「避」に誤る。

我得茲山、以“隱”名彰爾。其爲狀也、左（東）扼郡城之固、右（西）對招提之刹（西慶林寺）、前虚明而散祝融之火、後清泚而壓玄武之水、外孤峰而競聳、中六洞而潛通、諒仁智之所樂、信靈仙之所宅。

「以隱」: 張本（古学彙刊）は「隱以」に誤る。

「爾」: 胡本は「耳」、早くから通用。

「招提之刹」: “延齡寺”、旧名“西慶林寺”、『桂林風土記』の「延齡寺聖像」に見える。

「火」: 張本（古学彙刊）は「大」に誤る。

「玄武」: 全唐本・古今本・謝本は「元武」、清の国諱（聖祖玄燁）を避けたもの、以下同じ。

「聳」: 張本・黄本・古今本は「秀」。

「洞」: 古今本は「峒」。

「仁」: 古今本は「人」に誤る。『論語』に「知者樂水、仁者樂山」。

「仙」: 古今本は「山」に誤る。

登山自西、攀趾維左、首至於“南華洞”、洞中水長十餘步、濶不可踰、深莫之測、澄爲“靈泉”、播爲“陽江”。水側平坦、可坐数十人。

「登山自西」: 范成大『桂海虞衡志』に「隱山六洞：……泛湖泊舟、自西南登山、先至南華」。

「維」: 全唐本は「惟」。

「於」: 張本（古学彙刊）・黄本・謝本・胡本は「于」。

「洞」: 全唐本・汪本・黄本・古今本・謝本・胡本は「峒」、張本は「洞」、以下同じ。

「濶」: 黄本・古今本は「闊」、異体字。張本（古学彙刊）は「閣」に誤る。

「踰」: 謝本・胡本は「喩」に誤る。

「莫之」: 古今本は「不可」。文意は通じるが、前句の「不可」に影響された誤り。

自“南華洞”西轉、五十步至“夕陽洞”。洞長數十丈、其旁有水、與洞終始。在水之東、高下有石、如砥如礪、十數人可憩。洞窮有大石、高可跂及、廣不盈尺、鑿穴而望、復使下尋、有潭東去、莫究深廣。

「五十步」: 50×1.5m（步）＝75m。今日、南華洞から夕陽洞までは約45m。実際に歩いて量ったところ、大股で五十歩あった。「記」中の「步」は唐尺制の歩（0.31m×5尺＝1.55m）ではなく、実際に歩いた一歩の長さ（1.55m÷2≒0.8m）ではなかろうか。

「旁」: 張本（古学彙刊）・黄本は「傍」。

「憩」: 張本（四庫全書）は「憇」、異体字。

「大石」: 張本は「石大」に誤る。

「跂」: 張本・汪本・黄本・古今本胡本は「跋」、形似に因る誤り。「跂」「跋」ともに通じるが、「高可～及」であるから、爪先で立つ「跂」がよい。

又北轉而東、八十歩至於石門。自石門又東北、五十歩至“北牖洞”。洞虚、潭幽。其水潑墨、中有巨魚、可三四尺、鏤鱗鏟甲、朱鬣赬尾。人或見者、龍以敬之。

「於」: 張本・謝本・胡本は「于」。

「石門」: 范成大『桂海虞衡志』に「至夕陽、洞窮、有石門可出」。今日、石門らしきものは夕陽洞から嘉蓮洞の間にある。

「五十」: 全唐本・汪本・謝本・胡本は「五十」、張本・黄本・古今本は「十五」。「十五歩」は具体的な数値であるが、「五十歩」は概数である。韋宗卿の概数表現は、小規模のものについては「三四尺」というように詳しいが、大規模のものについては、「十餘歩」・「數十人・十數人・數十丈」・「五十歩・八十歩」というように、「十」を単位にしている。

「鬣」: 黄本・謝本・胡本は「鬚」。「鬚」はアゴひげ、「鬣」は魚ではヒレ。「鬣」がよい。

「赬」: 張本（古学彙刊）・古今本・謝本は「頳」、異体字。

潭之左右、怪石萬狀、如鳥斯飛、如虎斯蹲、如衣裳發笥、如龍蛇出奔、乳竇懸玉、石壁流雲。潭之南有石室、深有便房、高有石窗、追琢不加、清瑩可愛。

「石室」: 黄本・古今本は「石洞」「石峒」に誤る。これは北牖洞をいう。呉武陵「記」に「坦平如室。室内……」。呉「記」は詳細であるが、韋宗卿の記述は簡略。

「深」: 黄本・古今本はこれを脱す。

「窗」: 張本（四庫全書）・汪本・黄本・謝本・胡本は「窓」、古今本は「牕」、異体字。

「不加」: 張本・黄本・古今本は「不如」に誤る。

「瑩」: 張本（古学彙刊）は「塋」に誤る。

又東南轉山一十歩、至“朝陽洞”。洞中有水、旁浸潭側、長可數十歩。三洞之水、周圍相通、亂於池、入於江。水中有石、高可三尺、其色白、其容光、圓如薰籠、大如巨牀、以其水浸於潭側、故曰“側潭”。

「轉山一十歩」: 全唐本は「轉十一歩」、古今本は「轉十歩」。范成大『桂海虞衡志』に「至北牖（洞）、出洞十許歩、至朝陽」。

「旁」: 張本・黄本は「傍」。

「浸」: 張本（古学彙刊）はこれを闕く。

「亂」: 張本（古学彙刊）はこれを闕く。

「於」: 張本・謝本・胡本は「于」、以下同じ。

「其」: 張本（古学彙刊）は「而」に誤る。

「薫」: 黄本は「熏」。

「巨」: 張本は「匡」に誤る。

「牀」: 黄本は「床」、異体字。張本（古学彙刊）は「狀」に誤る。

「浸」: 胡本は「侵」に誤る。

尋“側潭”之西數十步、上有潛洞、歴險可至、窈窕深邃、羽人來塈。却上南壁、約六七丈、有雙碧石盆、懸如半壁、容水數升。其上尋尺、有一白石盆、常有水升餘、酌之不竭、味甘如醴、色白疑乳、煎以病愈、飲以顔駐。

「上」: 張本は「止」に誤る。

「歴險」: 張本（古学彙刊）は「數武」に作り、張本（四庫全書）は「歴」に下に小字注「闕」。

「深邃」: 張本（四庫全書）は「深之」。

「塈」: 全唐本・汪本は「曁」、張本（四庫全書）は「旣」、張本（古学彙刊）は「既」、古今本は「憩」。「曁」（およぶ、いたる）でも意味は通じるが、「塈」（憩う）がよい。『詩』大雅「假樂」に「不解于位、民之攸塈」、毛傳に「塈（許既切）、息也」。

「約」: 張本（古学彙刊）は「高」に誤る。

「六七」: 張本（古学彙刊）は「六十」に誤る。

「碧石盆」: 全唐本・汪本・黄本・古今本・謝本・胡本は「碧石盤」。呉武陵「記」に「碧石盆二」。

「懸如半壁」: 全唐本・古今本は「懸如半璧」、張本は「懸于半壁」、汪本・黄本・謝本・胡本は「懸如半璧」。

「容水」: 張本は「容各」に誤る。

「尋尺」: 黄本・古今本は「尺」を脱す。

「白石盆」: 張本・黄本・古今本は「白石盤」。呉武陵「記」は「白石盆」。

「疑」: 古今本は「凝」。

「駐」: 古今本は「注」に誤る。

其側可坐五六人。左右石壁、皆光滑密緻、有如磨礱、不碍綿絮。

「側」: 張本（古学彙刊）は「上」。

「五六」: 張本（古学彙刊）は「六十」。

「石」: 張本（古学彙刊）は「右」に誤る。

「壁」: 張本（古学彙刊）は下に小字注「闕」として「絮」の上まで十五字を空ける。張本（四庫全書）は「有如」の下に小字注「闕」として「礙」の上まで三字を空ける。

「碍」: 張本（四庫全書）・黄本は「礙」。

「綿」: 古今本は「緜」、異体字。

却下從洞口北轉、路絶、越險、山屐不通。構梯架空、得至“雲戸”。戸内博敞、容三十人。旁透虚明、洪纖可鑒。有貞石榻、勒爲棊局、對以手談。局之左右、可以偃仰、詠於斯、觴於斯、賓從徒侶、各有攸處。

「口」: 張本（古学彙刊）は下に小字注「闕」として「梯」の上まで一一字を空ける。張本（四庫全書）は「口北」の下に小字注「闕」として「路」の上まで一字を空ける。

「險」: 張本（四庫全書）は「顯」、音近に因る誤り。張本（四庫全書）は「越顯」の下に小字注「闕」として「梯」の上まで五字を空ける。

「戸内博」: 張本（古学彙刊）は下に小字注「闕」として「虚明」の上まで七字を空ける。張本（四庫全書）も下に小字注「闕」として「傍透虚明」の上まで五字を空ける。

「旁」: 張本（四庫全書）・黄本は「傍」。

「有」: 張本（古学彙刊）は下に小字注「闕」として「手談」の上まで九字を空ける。張本（四庫全書）には闕字無し。

「貞石榻」: 張本（四庫全書）は「石若榻」。古今本は「榻」を「塌」に誤る。

「棊」: 古今本は「碁」、異体字。

「可以」: 張本（古学彙刊）は下に小字注「闕」として「徒侶」の上まで一〇字を空ける。張本（四庫全書）は「可以偃仰」の下に小字注「闕」として「於斯」の上まで一字を空ける。

「詠於斯」: 張本（四庫全書）は下に小字注「闕」として一字を空ける。

「攸處」: 張本（古学彙刊）は下に小字注「闕」として「戸外」の上まで一三字を空ける。張本（四庫全書）も下に小字注「闕」として「諸」の上まで一一字を空ける。

出雲戸、下視“北牖”・“蒙溪”、如指諸掌。戸外有二徑 : 其一直上至山頂、山之最高處也、“桂江”屬望、縈紆若帶、越嶺遐眺、點簇如黛、寸眸千里、周覧一息。構亭其上、以俟登臨。是歳孟秋月、慶雲見於西方、自卯及酉、南北極望、萬狀競變、五色相鮮。州吏請圖以獻之、公允而不阻。既而亭構、因目之爲“慶雲亭”。自亭却下、至“南華洞”口。

「諸」: 張本（四庫全書）は下に小字注「闕」（一字）。

「其一」: 張本（古学彙刊）は下に小字注「闕」として「江屬」の上まで一二字を空ける。張本（四庫全書）は「其一直上」の下に小字注「闕」として「處也」の上まで六字を空ける。

「縈」: 張本（古学彙刊）は下に小字注「闕」として「覧一息」の上まで一六字を空ける。張本（四庫全書）も下に小字注「闕」として「如黛」の上まで九字を空ける。

「眺」: 古今本は「麗」に誤る。

「構」: 汪本・黄本・古今本は「搆」、異体字。

「其上」: 張本（四庫全書）は「其處」。張本（古学彙刊）は「其」の下に小字注「闕」（一字）。

「於」: 張本（古学彙刊）は「于」。

「卯及」: 張本（古学彙刊）は下に小字注「闕」として「北極望」の上まで二字を空ける。張本（四庫全書）も下に小字注「闕」として「南北極望」の上まで一字を空ける。

「極望」: 張本は下に小字注「闕」として「状」の上まで一字を空ける。

「競」: 張本（古学彙刊）は「竟」。

「請圖」: 張本（四庫全書）は「爲圖」。張本（古学彙刊）は「州吏」の下に小字注「闕」として「獻之」の上まで三字を空ける。

「既而」: 張本（古学彙刊）は下に小字注「闕」として「因目」の上まで二字を空ける。

「亭構」: 古今本は「亭成」。

「慶雲亭」: 張本（四庫全書）は「卿雲亭」、張本（古学彙刊）は「仰雲亭」。「慶」と「卿」は同音にして通じるが、「仰」は「卿」の誤りであろう。

「却」: 古今本は「脚」に誤る。

「洞」: 謝本・胡本は「洞」。謝本・胡本は他では「峒」に作る。

又一徑西去、十餘歩至“白雀洞”。郡人有獲白雀來獻者、雪毛霜羽、赬觜紅趾、且旌雀瑞、因志洞名。洞口狹隘、側身稍通、摩臍夾耳、可以方之。漸下十餘歩、其右有立石、望之如人。次有石室、光滑寛敞、人或宴息、可容數十。

「來獻」: 謝本・胡本は「來」を缺き、「有獲白雀者、獻」に誤る。

「赬」: 張本（古学彙刊）・古今本・謝本は「赬」、異体字。

「志」: 汪本は「誌」。

「狹隘」: 張本は「隘狹」。

「右」: 張本（古学彙刊）は「名」に誤る。

「石室」: 全唐本・汪本・謝本・胡本は「石室」、張本・黄本・古今本は「石堂」。

「滑」: 謝本・胡本は同音の「華」に誤る。前に「左右石壁、皆光滑密緻」と見える。

「宴息」: 全唐本は「偃息」、音近に因る誤り。呉武陵「記」に「適可宴息」。

「可容數十」: 古今本は「可以容數十人」。

從此更下、有“玄潭”、其深莫測。潭東西嵓上有一石樓、高低可二三尺。自下而望、如妝點成。樓南有二石、相去纔數尺、被服如人状、意若就樓而看者。

「玄潭」: 全唐本・古今本・謝本は「元潭」、清の国諱（聖祖玄燁）を避けたもの。以下、同じ。

「嵓」: 全唐本・汪本は「矛」、張本・黄本・古今本は「巖」、異体字。謝本・胡本は「崖」。

「二三尺」: 古今本は「二三十尺」。

「妝」: 全唐本・汪本・謝本・胡本は「妝」、黄本は「粧」、古今本は「糚」、異体字。張本（四庫全書）は「酥」、張本（古学彙刊）は「蘇」に誤る。

“玄潭”泓澄、水色如墨。見者神竦、方暑生寒、乃作閣道架潭、瞬息疾過。西南透於石穴中。石穴路右、復有乳垂、亦如“朝陽洞”者、視其周圍、但微小耳、愛其光潤、則或逾之。

「泓」：全唐本・謝本は「泫」、清の国諱（高宗弘暦）を避けたもの。

「竦」：汪本は「悚」。

「石穴中。石穴路右」：張本（古学彙刊）は「石穴。路右」に誤る。

「於」：張本は「于」。

「垂」：張本・黄本は「槌」。

「耳」：張本は「爾」。

「或」：古今本は「如」に誤る。

洞内有穴、通“嘉蓮洞”。初、“嘉蓮洞”開、而未得其號、會有獻同心蓮者、遂紀事而名之。

「洞」：汪本は上は「洞」、下は「峒」。

從洞北出六十歩、西去有洞。其深不測、中路多白蝙蝠、飛舞在空。從東有穴、棧閣盤廻、却透。

「洞」：胡本はここでは「洞」（二個所）。

「從東有穴棧閣盤廻却透」：この部分は読み難い。

「廻」：古今本・謝本は「迴」、異体字。

“玄潭”之北有兩穴：東穴透明、長可數丈、人不可過、莫能究之；西穴出於洞口、洞内平坦、石榻縱横、湯茗在茲、笙竽以間、有石琴薦、賓以撫絃、聲越金玉。

「於」：張本（古学彙刊）は「于」。

「湯」：張本（古学彙刊）は「楊」に誤る。

「竽」：張本（古学彙刊）は「竿」に誤る。

「賓」：張本（古学彙刊）は「冥」、張本（四庫全書）は「宜」に誤る。

「絃」：張本（古学彙刊）は「弦」。

「金玉」：張本・汪本・黄本・古今本は「金石」。

自洞西去、至“夕陽”、出西山、復人寰、六洞之能事畢矣。

「洞」：胡本は「洞」。前は「峒」。胡本は篇を通じて或いは「洞」に作り、或いは「峒」に作り、整合せず。

目諸水“隱山”下池、謚曰“蒙泉”、派合成流、水源有二：其一源自“夕陽”、注“嘉蓮”、經“白雀”、歴“朝陽”、旁浸“北牖”、出於“南華”、流沚積爲池；其一源自“蒙溪”、溪源在“北牖洞”東北里餘、出於北山、自山南流、會於“南華洞”、水合而成池。

「目」：張本（四庫全書）・黄本・古今本は「目」、張本（古学彙刊）は「日」、全唐本・汪本・謝本・胡本は「自」。

「謚」：張本（古学彙刊）・汪本・黄本は「諡」、異体字。

「旁」：張本・黄本は「傍」。

「沚」: 古今本は「趾」に誤る。

「蒙溪、溪源」: 張本は「溪」を脱して「蒙溪、源」。

「於」: 張本（古学彙刊）は「于」（下も同じ）。

池因山麓、不資人力、高深向背、繚繞縈廻、五六里間、方舟蕩漾、靡微風、鏡清波、棹女唱、榜人歌、羽族載依、鳧鷖翔泳、鱗介是宅、魚鼈噞喁、野花依叢、游絲轉空、蘋末風清、荷底水紅。煑者取、饑者採、與人同利、恨斯池之不大也。

「廻」: 張本（四庫全書）・古今本・謝本は「迴」、異体字。

「花」: 全唐本は「女」に誤る。

「鳧」: 張本（古学彙刊）は「鳬」、異体字。

「游」: 張本は「遊」、異体字。

「饑」: 汪本・黄本は「飢」、異体字。

「恨」: 古今本は「憾」。

招提之南、長松夾路、陰濃蔽日、韻響含秋。外有連理松、異本同幹；内有偃蓋松、低枝覆空。爲寺之光華、作山之粉澤。松側有竹、夤緣盡岸。策杖未窮、歩履猶遠。

「招提」: “延齡寺”、旧名 “西慶林寺”。

「陰濃」: 張本（四庫全書）は「濃陰」。

「蔽」: 張本・黄本は「閉」。

「理」: 黄本は「里」に誤る。

「爲寺」: 黄本・古今本は「爲寺」から「粉澤」まで十字を脱す。張本（古学彙刊）は「爲寺之」を「爲守守」に誤る。

“北牖洞” 口有閑田砥平、南北十餘歩、東西稱是、可以施欄檻、爲載酒之場；可以構簷楹、爲更衣之所。乃作水閣、立風廊、闢厨戸、列便房。華而不踰、儉而不逼。面玆池以滉漾、對他山之青翠。絲竹競藝、賓僚滿觴、歌聲遏雲、舞影臨水。取樂今日、鄉心暫忘。

「可以施」: 黄本・古今本は「可以施」から「之所」まで二十字を脱す。

「欄檻」: 張本（古学彙刊）は「欄」を脱す。

「載」: 張本・汪本・謝本・胡本は「戰」。

「場」: 全唐本・張本・汪本は「塲」、異体字。

「構」: 謝本は「搆」、異体字。

「闢」: 張本（古学彙刊）は「辟」。

「儉」: 古今本は「險」に誤る。

「逼」: 全唐本は「逼」、黄本・張本・汪本・胡本は「偪」、謝本は「陋」。

「暫」: 張本（四庫全書）・古今本は「蹔」、異体字。

客有中席而言曰：夫時景賞樂、四者難備、東西南北、百年不閑、既別而復會茲山、悵懷而未卜他日。請執筆紀大賢獨得之勝、并立碣垂“隱山”六洞之由、匪曰爲文、且示來者。

「夫」：張本（古学彙刊）は「天」に誤る。

「并」：張本（古学彙刊）は「並」、異体字。

「立碣」：黄本・古今本は「碣立」に誤る。

「六」：古今本は「大」に誤る。

【考察】

呉武陵・韋宗卿の「隱山記」とその書者

呉武陵「新開隱山記」と韋宗卿「隱山六洞記」に関する最も早い記録は『桂林風土記』の「隱仙［山］亭」の条であろう。それに次のようにいう。

寶曆年、前使李渤給事、名渤、開置亭臺、種植花木、有池沼・巨巖、水深無際。有嘉蓮洞・白雀洞・石盆・大亭。有慶雲亭在山頂。有朝陽亭・夕陽亭、連理橋、……。山河秀異、皆入畫圖、作屏障、爲信好之珍。有從事皇甫湜・呉武陵撰碑碣三［二］所。

ただし四庫全書本と学海類編本とにはかなり異同があり、たとえば四庫全書本は「碑文碣三所」、学海類編本は「碑碣二所」に作る。いっぽう明・張鳴鳳『桂故』三「先政」上の「李渤」の条には「隱山相傳有皇甫湜・呉武陵・韋宗卿所爲記。湜文不存」という。これは『桂林風土記』にいう「三」に符合する。つまり「從事皇甫湜・呉武陵［・韋宗卿］撰碑碣三所」と作ってあったのではなかろうか。しかし、「撰碑碣」が「隱山六洞記」を指すならば、「二［三］所」というのは二［三］個所に在ったことをいう。明・『桂勝』十一「隱山」では『〔桂林〕風土記』を引いて「二［三］所」二字を「三」に作っており、さらに清・胡虔『臨桂縣志』四「山川」の「隱山」には『〔桂林〕風土記』を引いて「二［三］所」を「云」に作っている。すると一本に「云」に作るものがあったか、その部分が不自然であるのを改めたものと思われる。つまり「……撰碑碣、云：給事徵起山中、後……」であったように理解される。また、皇甫湜の撰は二「記」とは異なって墓碑の類であったかも知れない。張鳴鳳がいうように今日に伝わっているのは呉武陵と韋宗卿の「六洞記」であり、北宋の記録でも呉・韋の二「記」しか知られていない。

『集古録目』九（8b）「新開隱山六洞記」（『寶刻叢編』一九（37a）に引く）に次のようにいう。

都防禦判官侍御史内供奉呉武陵撰、〔都〕防禦衙推韓方明八分書并篆額。李渤游於桂州之西山、其溪谷潭洞皆人所未嘗至者、遂名之曰“隱山”、搆亭榭於其上。以寶曆元年八月立此記。

これは呉武陵「記」の末に「寶曆元年（825）八月三日記」というのに合う。北宋・朱長文『墨池編』六（35a）に「唐新開隱山記：韓方明書」といい、南宋『寶刻類編』四（11a）「韓方明」、『輿地碑目』三（16b）（『輿地紀勝』一〇三）にも録されている。後に清・康熙朝『佩文齋書畫譜』

二八「書家傳」の「唐新開隱山記」に「韓方明八分書」、清・金鉷『〔雍正〕廣西通志』四四「古蹟」に「『新開隱山記』: 唐都防禦判官呉武陵撰、衙推韓方明八分書并篆額」というのも『寶刻叢編』等に拠ったものではなかろうか。これらによれば呉武陵撰「新開隱山記」は韓方明によって書かれていた。当時、韓方明も李渤の従事であった。呉武陵が北牖洞内に刻している同遊者の題名の中に名が見える。韓方明には「授筆要説」の作があり、『寶刻叢編』は韓方明の作として「永興祠堂碣」を録している。当時、書家として著名であり、特に八分書を善くしたらしい。

一方の韋宗卿「隱山六洞記」もすでに北宋に記録が見える。『諸道石刻録』(『寶刻叢編』十九(37a)に引く)に「唐隱山六洞記 : 唐韋宗卿撰、李方古書。寶曆元年」といい、さらに『寶刻類編』五(20a)「李方古」、『輿地碑目』三(16b)(『輿地紀勝』一〇三)にも録されている。清・謝啓昆『粤西金石略』一五「待訪目録」の「隱山六洞記」(12a)には「『寶刻叢編』引『諸道石刻録』」として「李方古」を「李方右」に作る。「右」は「古」の誤字であろう。これによれば韋「記」も呉「記」と同じ宝暦元年の撰である。ただし書者は韓方明でなく、李方古であった。呉武陵の題名(「寶曆元年」「六月十七日書」)には韋宗卿・李方古の名はいずれも見えない。呉武陵「新開隱山記」は「寶曆元年八月三日記」であるから、前回の遊山には参加していなかっただけであろう。

なお、呉武陵の「記」は「新開隱山六洞記」あるいは「新開隱山記」に作られるが、後者が正しいであろう。韋記は確かに“北牖”・“朝陽”・“白雀”・“嘉蓮”・“夕陽”・“南華”の六洞に関する内容であるが、呉記の方は六洞に限ったものではなく、潭・渓・亭にも詳しく、また洞についても韋記にいう六洞の他に“雲戸”・“白蝙蝠”の二洞も記している。したがって内容は「新開隱山記」に作るのに合う。

隠山亭と呉武陵・韋宗卿「隠山記」の行方

では、両「記」の碑はどこにあり、いつ喪失したのであろうか。

両「記」はいずれも千字以上(呉「記」1270字、韋「記」1616字)に及ぶ大作である。今日、小さな隠山および狭い洞穴の状況から見て、合わせて三千字にも及ぶ両「記」をその岩壁に刻すことは困難であり、また刻石の痕跡もなく、そのような広い岩場が破壊された痕跡もない。『桂林風土記』には「碑碣」というから、北牖洞内に刻されていた呉武陵「隱山遊記」のような摩崖石刻の類ではなかろう。呉武陵の「新開隱山記」は八分書で書かれて篆額をもっていた。このような正式な、しかも長文の碑文は隠山の岩壁あるいは洞内に刻したのではなく、李渤が北牖洞前に築いた亭内に置かれていたのではなかろうか。『集古録目』九(8b)「新開隱山六洞記」に「遂名之曰“隱山”、搆亭榭於其上。以寶曆元年八月立此記」というのを見ても、「記」は石碑の形で亭の中に立てられていたもののようである。その亭はかなり壮麗なものであった。

呉武陵「新開隱山記」に「又作亭於北牖之北、夾渓潭之間、軒然鵬飛、矯若虹據、左右翼爲、

爲厨爲廊、爲歌臺、爲舞榭、環植竹樹。……他日、會新亭之下、辱命紀事、奉筆、遽題於北栄」といい、また韋宗卿「隱山六洞記」に「北牖眈口有閑田砥平、南北十餘歩、東西稱是、可以施欄檻、爲載酒之場；可以構簷楹、爲更衣之所。乃作水閣、立風廊、闢厨戸、列便房。……立碣垂隱山六洞之由」というから、北牖洞前（北）の亭とその周辺にはかなり大規模な施設が立てられていた。『桂林風土記』の「隱仙［山］亭」条で「大亭」と呼んでいるものがそれであろう。この亭は唐末には存在していたらしいが、南宋には全く姿を消してしまっている。乾道五年（1169）作の鮑同「復西湖記」（『永樂大典』二二六三「西湖」26b、『桂勝』十一「潛洞」）に次のようにいう。

桂林西湖、今經略使徽猷張（維）公所復也。舊曰“蒙溪”。……按唐御史呉武陵所作「隱山記」、又有韋宗卿者亦作「六峒記」、皆述溪潭可以方泳、蓋其故跡也、然中廢爲田、歴久無能知、尚可考者特一潭二池。池有芰荷、廣不踰尋丈、餘盡耕稼之壟矣。初、公遊山中、得二「記」、按之以求、後讀呉「記」至“走方舟、泛畫鷁、渺然有江湖趣”、則嘆曰“鬱茲觀美、可謂殺風景者矣”、遂已黙記厥由。……呉「記」以爲溪、而云“作亭北牖之北、夾溪潭之間”、韋「記」以爲池、而云“北牖峒口有田砥平、可施闌檻”、以知昔時猶有淺陸、水所不及之處、而今洪深爲過之矣、其中流平沙、隆出波面、如島嶼、因築亭其上、命之曰“瀛州”。

これによれば、すでに乾道間から李渤の亭等の所在は知られていなかった。その原因はその地が増水によって沈没した、あるいは亭等は押し流されてしまったことが考えられる。今日の北牖洞口外周辺にある石刻を見ても、低い位置にあるものは浸食が甚だしく、洪水の時には洞口あたりまで増水していたことが知られる。詹体仁の刻した北牖洞口にある別の石刻（縦0.7m×横1.2m、行書）に「淳熙戊戌歳（淳熙五年1178）六月……視北牖洞之前有勝地、體仁欲爲小亭、名以“招隱”」というのは、呉武陵のいう「作亭於北牖之北、夾溪潭之間……北栄」、また韋宗卿のいう「北牖峒口有閑田砥平、南北十餘歩、東西稱是、可以施欄檻」と同じ位置であり、今日の地形の状況から見てもほぼ同じ地であるように思われる。

しかし鮑同「復西湖記」には「公遊山（隱山）中、得二『記』」というから、呉・韋の「隱山記」は当時存在していた。北牖洞の前にあった唐亭が流され、その周辺は水没していたから、このあたりにはなかった。水没を免れて存在していたならば、あるいは洞内に移されていたのであろうか。その後、『桂勝』は二「記」を録しているから、なお存在していたと思われる。また、万暦二十二年（1594）に張鳴鳳と交遊していた兪安期の「隱山六洞詩」（『粵西詩載』二一）の「序」に「在昔諸洞、得水增觀、西湖既陸、洞壑亦枯。往得名稱、未厭余意。既讀韋・呉二『記』、想其湖池臺榭之盛、蓋不勝陵遷谷變之慨焉」というのも二「記」が存在していたような印象を与える。しかし清の謝啓昆『粵西金石略』には一五「待訪目録」に「新開隱山六洞記」・「隱山六洞記」（12a）を挙げている。すると、二「記」は明・清の間に失われたのであろうか。元・郭思誠「新開西湖之記」（『桂林石刻』1979年本に拓本影印あり）に次のようにいう。

猾徒周其姓者、蒙蔽緣寅、邑吏請佃湖爲由、壘石塞源於流杯、開渠洩水於陽江。芰荷蓮而長葑菲、築堰壩而圍田塍、掩爲己産、立券售於市戸。曾・唐・李・王・楊五姓、歳收禾利。……詢及此湖爲田、非舊志也。……踏勘覈實、塞其渠而疏其源、撤其壘而鋤其堰、……湖面乾涸、積有年矣。不數月、水痕如故。

元代には西湖は私有化されており、水を堰止めて田として利用されていたが、これを没収して湖水を回復した。しかし王朝が替わるとまた水田に戻ってしまったらしい。明・曹学佺『廣西名勝志』一「臨桂縣」の「隱山」の条で「曩日湖光之勝具呉・韋『記』中、今廢爲平疇」といっている。曹学佺が桂林を訪れたのは天啓二年（1622)、『桂勝』(1589年）から三十数年後のことである。さらにその十五年後の崇禎十年（1637）に桂林を訪れた徐霞客は「是西湖。其諸紀遊者倶云：乘舟載酒而入。今則西江南下、湖變成田。滄桑之感有餘、蕩漾之觀不足矣」と、同じ感慨をもらしている。碑石の喪失はこの滄桑の変と関係があるのではなかろうか。田として利用されるようになった時、碑石は邪魔になったはずである。碑石が破壊されて橋・堰等に利用されたのでなければ、あるいは碑石は今日も西湖の泥中に埋没して存在している可能性はないであろうか。再調査の必要がある。なお、今日の西湖は、『桂林旅游資源』(p439)「西湖」によれば、一九八八年に西山公園が建設された時に拡充し、整備されたものである。

9-05 〔存〕宝暦元年（825）韓方明（？）題“北牖洞”

隱山の北麓にある北牖洞口（高さ3.5m、幅0.5～1m）の向かって左（東）2m、地上約1m半。楷書“招隱”の左、篆書“隱山”の下。N25°17′036″、E110°16′651″。

【資料】

録文：

明・張鳴鳳『桂勝』三「隱山」(14a)

清・陸増祥『八瓊室金石補正』一〇二「北牖洞題字」(9b)

今・『桂林石刻（上)』(p16)「李渤題隱山六洞名」

【現状】

01 北牖洞

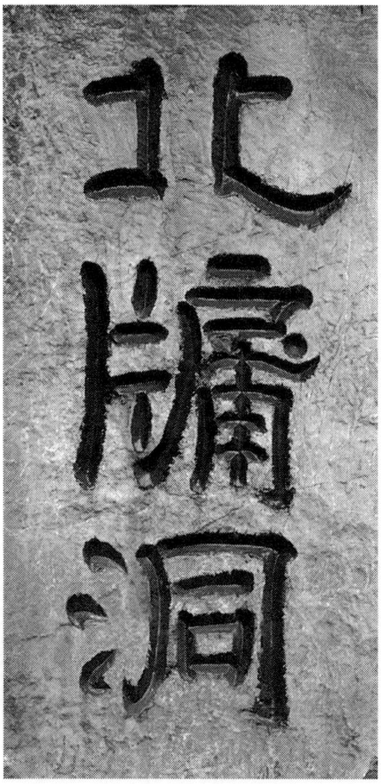

石面削平、字上塗朱。縦書き。縦65cm×横30cm、隷書（八分書）、字径18cm。

【考察】

隠山六洞名の書体と李渤題額説

現存する隠山六洞の題額（明刻の「朝陽洞」を除く）は字体・書風・大きさともに酷似している。この石刻は、『桂林石刻（上）』に「李渤題隠山六洞名」とし、また『桂林旅游資源』の「隠山諸洞」（p 395）に「現存石刻は九四件、重要なものに隠山と隠山六洞を開発した唐代李渤が六洞口に“朝陽洞”・“南華洞”……という三字を隷書した題額がある」というように、今日に至っても李渤の書と考えられている。桂州刺史李渤は“隠山”の命名者であるが、李渤書説はおそらく明・張鳴鳳に始まるであろう。張鳴鳳に「隠山有六洞、毎洞名皆唐人隷書所題、遍造其下、爲賦五字絶句六首」（『粤西詩載』二一）と題する詩があるが、「唐人隷書所題」について、同人『桂勝』（万暦十七年1589）三「隠山」には次のようにいう。

唐・李公渤名其洞之水曰“蒙泉”、疏泉出山、名之曰“蒙溪”。諸洞之名、各有三隷書、曰“朝陽”・“夕陽”・“南華”・“北牖”・“白雀”・“嘉蓮”、疑即（李）渤筆。

『桂林石刻（上）』が「據明代張鳴鳳『桂勝』説：“各洞有隷書三字額、疑即李渤所書。”」というのはこれを指すであろう。また、やや後の明末・鄺露（1604−1650）「遊桂林招隠山小記」に「其六洞小篆、皆唐李渤所書」というのも『桂勝』の説を承けたものであろう。なお、鄺「記」は呉武陵・韋宗卿の「記」を始め、それまでの多くの記録を資料としていおり、貴重である。ただし張鳴鳳は「隷書」といい、鄺露は「小篆」としている。

一方、このような李渤書説に対してそれを否定する説もある。清・陸増祥『八瓊室金石補正』一〇二（9b）「北牖洞題字：高一尺九寸、廣八寸、直榜、三字、字徑六寸、分書」の按語に次のようにいう。

右刻無年月・姓氏、不知出於誰手。『廣西志』謂李渤嘗各題篆額。此作分書（八分書）、恐非唐刻。

陸氏は具体的な根拠を示していないが、李渤の書と見なさないだけではなく、唐人の書であることも認めない。したがってこの石刻は『八瓊室金石補正』では「唐」の巻ではなく、「宋」の巻に入れられている。陸氏のいう「廣西志」とは清・謝啓昆『廣西通志』の二一五「金石略」一「晉唐」(『粤西金石略』一「晉唐」)には見えないが、九五「山川略」の「隱山」に「諸洞之名、各有三隷書、李渤筆也」とある。おそらくこれを指すであろうが、これは『桂勝』の引用である。「李渤嘗各題篆額」とあった『廣西〔通〕志』は別の書を指すのであろうか。

じつは『桂勝』三「隱山」の「題名」の末(31b)には次のようにいう。

“招隱山” 三大篆書。

“隱山” 三大篆書。

“北牖洞” 三大篆［隷？］書。

“招隱” 二眞書。

『桂勝』は「隱山」節の冒頭で「諸洞之名、各有三隷書、曰“朝陽”・“夕陽”・“南華”・“北牖”・“白雀”・“嘉蓮”、疑即(李)渤筆」というから、“北牖洞”と刻したものに篆書と隷書の二種類があったことになる。「『廣西志』謂李渤嘗各題篆額」と鄺露の「其六洞小篆、皆唐李渤所書」は『桂勝』のいう「篆書」を指すであろう。しかし『桂勝』の「篆書」説あるいは二種説は誤りである。その理由は以下の通り。

(一)現存する“北牖洞”は隷書(八分書)であり、他の五洞名も同じく隷書(八分書)である。

(二)篆書の“北牖洞”は現存しない。また、洞口にそれらしきものがあった痕跡も見られない。

(三)今日、洞口の左には“隱山”三大字・篆書があり、その下に並んでそれよりもやや小さい字で“北牖洞”三字・隷書と“招隱”二字・真書がある。これは『桂勝』の挙げる「“隱山”三大篆書;“北牖洞”三大篆書;“招隱”二眞書」に対応する。

したがって今日の『桂勝』にいう「“北牖洞”三大篆書」は「“北牖洞”三隷書」の誤りである。前に「三大篆書」が連続して出ているから、転写の際にこれに影響されて誤ったものであろう。陸氏はこれと混同しているのであろうか。また、鄺露のいう「六洞小篆」もこれを指しているのであろうか。陸増祥『八瓊室金石補正』の説は、洞名は李渤の篆書であると伝承されているが、現存するものは八分書であるから、現存のものは唐刻ではないという論である。李渤の篆書とする記録が誤って伝わったものである以上、陸氏の「非唐刻」説は成立しない。

では、現存する六洞の題額は果たして李渤の書であるのかどうか。

まず問題としなければならないのが「洞」と「峒」の相違である。現石には六洞すべて「〜洞」と刻されているが、文献では「〜峒」に作るものが多い。もし呉・韋の原文が「峒」であったならば、洞名の題刻は当時のものではなく、したがって李渤の書ではないということになる。

清重刻の南宋『寶刻叢編』一九(37a)に引く『集古録目』・『諸道石刻録』や『寶刻類編』四(11a)・五(20a)などは呉武陵の作を「新開隱山六洞記」、韋宗卿の作を「隱山六洞記」とするが、呉「記」の「六洞」は衍字であろう。清重刻の南宋『輿地碑目』三（16b）（『輿地紀勝』一〇三（6b）碑記）では「新開隱山記」、「隱山六峒記」（ただし『輿地紀勝』一〇三「碑記」の懼盈斎本（16b）では「峒」、粵雅堂本では「洞」）に作り、明『永樂大典』二二六三「西湖」（26b）に引く宋・鮑同「復西湖記」では「隱山六峒記」に作っており、また清『全唐文』七一八「呉武陵」・六九五「韋宗卿」も同題に作って両「記」中ではいずれも「峒」に作っている。つまり明代には「峒」に作っており、清重刻本によれば宋代では「洞」に作っていたように思われる。ただ清・汪森『粵西文載』では混同が見られ、同書一九（7b）には「隱山六硐記」と題しているが、本文中ではいずれも「峒」に作っている。いっぽう同書一九（3b）の「新開隱山記」ではいずれも「洞」に作っている。この他に、清輯本『桂林風土記』の「隱仙［山］亭」の条では学海類編本は「有嘉蓮洞・白雀洞」に作るが、四庫全書本は「有嘉蓮洞・白雀峒」に作る。“嘉蓮”と“白雀”は隠山六洞の中の洞名である。

このように諸本の間に異同が甚だしいが、どうも北宋には「洞」に作っていたが、南宋・明の間に「峒」に作るものが多くなったようである。今、現存石刻がすべて「洞」に作っていることによって唐刻であるとはにわかに断定することはできないが、「峒」に作っていないことによって、その可能性も否定できない。

桂管李渤の従事の韓方明と書家の韓方明

仮に唐刻であるならば、一般的に言って、命名者である李渤の書である可能性が高い。『桂勝』をはじめ、今日までそのように考えるものが多い所以である。しかし命名当時の刻であるならば、李渤の書というよりも、むしろ韓方明の書である可能性が高い。その理由は以下の通りである。

（一）韓方明は呉武陵撰「新開隱山記」を書していた。

『集古録目』九（8b）（『寶刻叢編』一九（37a）に引く）には「都防禦判官侍御史内供奉呉武陵撰、〔都〕防禦衙推韓方明八分書并篆額。……寶暦元年八月立此記」といい、また『寶刻類編』四（11a）の「韓方明」の条にも「新開隱山六洞記：呉武陵撰、八分書并篆額、寶暦元年八月立、静江（桂林）」という。後に清・康熙朝『佩文齋書畫譜』二八「書家傳」の「唐新開隱山記」に「韓方明八分書」というのもこれに拠ったものであろう。

（二）韓方明は李渤の従事として桂林にいた。

隠山内に刻されて現存する呉武陵の題名の中に「都防禦衙推韓方明」と見える。この題名は宝暦元年に隠山に同遊した李渤の部下・友人を記したものである。『集古録目』にいう「〔都〕防禦衙推韓方明」は「都」を脱しているが、同一人物である。

（三）都防禦衙推韓方明は能書家であった。

李渤の多くの部下の中で韓方明が呉武陵の「新開隱山記」を書しているのは彼が能書家であっ

たから選ばれたに相違ない。『寶刻類編』は「韓方明」の条を立て、呉武陵「新開隱山記」の他に「永興祠堂碣」を録している。これによっても彼が能書家であったことが知られる。ただし『寶刻類編』四（10b）「南鎮會稽山神永興公祠堂碣」では「韓方明篆額」にしているが、『寶刻叢編』十三（7a）の「唐南鎮會稽山神永興公祠堂碣」では「韓芳明篆額」として「芳」に作る。

（四）韓方明は八分書を善くした。

呉武陵撰「新開隱山記」について『集古録目』に「〔都〕防禦衙推韓方明八分書并篆額」というから、韓方明は八分書を善くした。今日に伝わっている隠山六洞の題額も八分書である。

（五）当時、著名な書家に韓方明なる者がいた。

今日に伝わる韓方明撰「授筆要説」は書法の要諦を示したものとして書道史上有名である。その冒頭に「昔歳學書、專求筆法。貞元十五年、授法於東海徐公璹（徐浩の子）。十七年授法于清河崔公邈。由來遠矣」という。貞元十五年・十七年（801）に当時著名な書家に書法を学んで「由來遠矣」というのは、壮年あるいは晩年に自分の初学の頃を回顧したものである。したがって貞元十七年前後は壮年期ではなく、二十歳前後の青年期、少なくとも三十歳以前のことと考えてよい。仮に貞元十七年を二十歳としてみれば、宝暦元年（825）は四十四歳である。書家の韓方明は桂林にいた「都防禦衙推韓方明」と同時代人である。すでに官職を得ているから、書家韓方明が四十歳代であったのに符合する。

（六）李渤は能書家ではなかった。

さらに付け加えていえば、李渤は達筆ではなかったかも知れない。少なくとも韓方明ほどの書家ではなかった。北宋・朱長文『墨池編』六「碑刻」（32a）に「唐・辨石鍾山記：大和元年、李勃［渤］撰、在江州」といい、同書五「宋歐陽脩『集古録目序并跋』」の「唐・辨石鍾山記：大和元年」（88b）には「其風尚想見其人、至於書畫亦皆可喜。蓋自唐以前賢傑之士、莫不工於字書。……『石鐘山記』字畫在二者（唐仲能撰并書「善權寺詩」・「遊靈巖記」）間、頗爲劣而亦不爲俗態、皆忘憂之佳翫也」という。これは「辨石鍾山記」の書が拙劣であったことを告げており、また書者を撰者と同人であるように見なしている。『寶刻叢編』一五（37b）に『集古録目』を引いて「唐・辨石鐘山記：唐・李渤、字濬之撰、不著書人氏氏。……大和元年、故官呉文幹刻石、在湖口鎮」とあり、書者は記されていないというが、撰者・刻者の名は記されているから、書者は撰者と同人であるために記されていないことが考えられる。そうならば書者も李渤である。なお、今日、南渓山に李渤「留別南溪」詩の宋代の重刻があり、今日それは李渤の書を模刻したものであるように考えられている。これも稚拙な感じをうけるが、李渤の書ではなく、南宋・張仲宇の書である可能性が極めて高い。詳しくは本書「南渓山石刻」。

以上によって、中唐の著名な書家韓方明と桂林にいた李渤の従事である韓方明は同一人物であると考えてまず間違いない。すでに李渤の部下に著明な能書家がいて「新開隱山記」を八分書で書いているならば、八分書で書かれている隠山六洞の題額も彼に依頼したものであろう。したがって唐刻であるならば韓方明の書である可能性が最も高い。今日、韓方明の書は全く伝わっていない。隠山六洞の題刻が韓方明の書であるならば、それらは極めて貴重な史料である。

なお、我が国の空海（774-835）が貞元二十一年（805）に唐土長安で書を学んだのは韓方明であるという説がある。『衍極』の「弘法大師書流系圖」では韓方明の後に空海が置かれており、また内藤湖南「弘法大師の文藝」（『日本文化史研究』）は空海の用いる術語が韓方明の術語と同じであることによってその書法を受け嗣ぐという。そうならば現存する隠山の題刻は書道史のみならず、日本文化交流史の上でも貴重な史料である。

9-06 〔存〕宝暦元年（825）韓方明（？）書“南華洞”

隠山の西南麓の洞口（幅約 6 m、高さ約 2 m）前、向かって左の岩上、高さ 3 m。N25°16′970″、E110°16′601″。

【現状】

01 | 南華洞 |

石面磨平、字上塗朱。縦書き、縦0.6m×横0.3m、隷書（八分書）、字径18cm。

9-07 〔存〕宝暦元年（825）韓方明（？）書“夕陽洞”

隠山の西麓の洞口（幅約 3 m、高さ約 2 m）真上の岩上、高さ2.5m。25°17′006″、E110°16′606″。南華洞の北約45m。

【現状】

01 | 夕陽洞 |

石面磨平、字上塗朱。縦書き、縦0.75m×横0.3m、隷書（八分書）、字径20cm。

9-08 〔存〕宝暦元年（825）韓方明（？）書“白雀洞”

隠山北の山腹の洞口（幅１m余、高さ約２m）前に突き出した岩上、高さ２m。N25°17′027″、E110°16′650″。嘉蓮洞の東約35m。今、洞口は封鎖されている。

【現状】

01 白雀洞

石面磨平、字上無塗。縦書き、縦0.75m×横0.25m、隷書（八分書）、字径18cm。

9-09 〔存〕宝暦元年（825）韓方明（？）書“嘉蓮洞”

隠山北北西の山腹の洞口（幅約４m）の真上、高さ約５m。N25°17′020″、E110°16′626″。白雀洞の西約35m。洞口は封鎖されている。

【現状】

01 嘉蓮洞

石面磨平、字上塗朱。縦書き、隷書（八分書）。縦・横・字径は高所（約６ｍ）の懸崖にあるため測量不能。『桂林石刻（上）』（p16）「唐・李渤題隠山六洞名」に「各高二尺、寛一尺、均隷書、径八寸」というから、他の洞と同じく縦約70cm×横約30cm、字径約20cm。

9-10 〔佚〕宝暦元年（825）韓方明（？）書“朝陽洞”

隠山の東麓の洞口。N25°17′005″、E110°16′679″。

現在見られる“朝陽洞”三字（およそ縦1.2m×横0.6m、字径0.3m、隷書）は、落款にいうように乾隆三十五年（1770）に広西隆州同知の朱文震が補書したもの。清・胡虔『臨桂縣志』四「山川」三「隱山」の「以上石刻」（6b）の下に注して「案“六洞”題名八分（書）尚存、惟“朝陽洞”石崩毀失。乾隆庚寅山左朱文震補書之」という。ちなみに朱文震書の石刻の「洞」字は他の五洞の「洞」字と書体が異なる。朱文震は袁枚（1716−1797）と交遊し、書画を善くした芸術家でも

ある。

9-11 〔存〕宝暦元年（825）韓方明（？）書“隱山”

北牖洞口の向かって左の岩扉上、地上約２ｍ半。楷書“招隱”（横書き）・隷書“北牖洞”（縦書き）の上。

【現状】

01 | 隱　山 |

石面磨平、字上塗朱。篆書、縦書き、縦90cm、字径37cm。「隱」と「山」の間に斜めに亀裂あり。

【資料】
録文：
『桂林石刻（上）』（ｐ24）「唐・未署名題“隱山”二字」（桂林本と略称）
拓本影印：
『中國西南地區歴代石刻匯編（九）廣西桂林巻』（ｐ18）「佚名題“隱山”榜書」（広西本と略称）

【考察】
篆題“隱山”の書者
桂林本に「唐・未署名題“隱山”二字」として収め、按語に「張祥河『粤西筆述』認為唐刻」という。広西本が「佚名題“隱山”榜書」として「唐代刻、刻年不詳」というのもこれに拠ったものであろう。ただし清・張祥河（1785−1862）『粤西筆述』（10a「隱山」）には見えない。早くは明・張鳴鳳『桂勝』三「隱山」に「“隱山”二大篆書」（31b）という。同じものを指すと思われるが、張鳴鳳は唐人の刻とも、李渤の書とも見なしていない。しかし張鳴鳳は“北牖洞”等六洞については、その命名が李渤であることによってその六洞の題額も李渤の書であると理解していた。そうならば“隱山”も李渤の発見であり、命名であるから、その石刻も李渤の書である可能性がある。
しかし“隱山”は篆書、六洞名は隷書である。『桂勝』三「隱山」に「“招隱山”三大篆書；

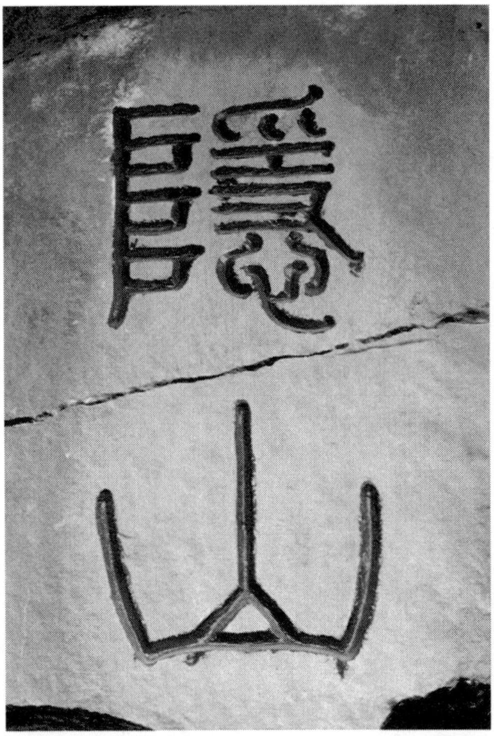

"隱山" 二大篆書；"北牖洞" 三大篆［隷］書；"招隱" 二眞書」(31b) という。その中で "招隱山" については『桂林石刻（上)』(p 191)「宋・未署名書 "招隱山" 三字」に「祥河説：范成大所書、当有所據」という。"招隱山" は隠山西北の山腹、嘉蓮洞口の懸崖にあり、大字（縦2.2m×横0.6m、字径0.5m）の篆榜である。『桂林石刻（上)』(p 191) は張祥河の説を「當有所據」として范成大の石刻の後に編次し、『桂林旅游資源』(p672) も「張祥河考實」の説に拠って「淳熙初年太守范成大」の書としている。張祥河の説は『粤西筆述』に見えないが、汪森あるいは張鳴鳳に拠るものではなかろうか。清・汪森『粤西叢載』一「石刻補」には「以下見張鳴鳳『桂勝』」として「隱山石刻："招隱山" 三大篆書、范石湖書；"隱山" 二大篆書；"北牖洞" 三大篆［隷］書；"招隱" 二眞書」(19a) とあり、また金鉷『〔雍正〕廣西通志』四四「古蹟」(12a) にも「"招隱山" 三篆字、在隱山、范石湖書。又 "招隱" 二大字、張敬夫書」という。今本『桂勝』(四庫全書本・古学彙刊本・何太庚刻本) ではいずれも「石刻」「范石湖書」の文字は見えない。「石刻」は汪森が補ったものであろうが、「范石湖書」は原書にあったのであろうか。

いっぽう "招隱" は淳熙五年 (1178) に詹体仁が命名し、張栻が書したものである。北牖洞口に向かって右にある石刻（縦0.7m×横1.2m、行書）に「淳熙戊戌歳……視北牖洞之前有勝地、體仁欲爲小亭、名以 "招隱"。(張) 敬夫北歸有日、不及觀斯亭之經始、獨預書 "招隱" 二字以貽之」という。その後、招隱巖・招隱山とよばれるようになる。明・鄺露「遊桂林招隱山小記」は呉武陵・韋宗卿の「記」を基本資料としたものであるが、「招隱山」と呼んでいる。しかし范成大が桂林にいたのは乾道九年 (1173) 初から淳熙二年 (1175) 初の間である。したがって "招隱山" は范成大の書であるとは考えにくい。それは淳熙五年以後の南宋から明初の間の書ではなかろうか。また、同じ篆書ではあるが "招隱山" と "隱山" では筆致が異なっているだけでなく、"隱" の右部分の書体を異にしており、明らかに別人の書である。そこで隠山に范成大の書があるならば、篆書 "招隱山" ではなく、篆書 "隱山" であろう。なお、明・黄佐『廣西通志』十二「隱山」(8a) には「經略范成大復以洞旁之奇石命曰 "沈香"」という。

しかし "隱山" を范成大の書とする説は確かな証拠に欠ける。以上を総合して考えれば、明

代にはすでに“隠山”と刻してあり、南宋の初めに隠山は招隠山に改名され、明代にも招隠山の名が通行している。したがって“隠山”の刻は南宋初以前であり、常識的には“隠山”と命名された当初の刻と考えるのが穏当であろう。次に位置に注目してみれば、“隠山”の刻されている位置は洞口周辺で最も目立つ中心的な場所にあり、隷書“北牖洞”の上に当たる。もっとも好い位置を占有しているわけである。また、その書は洞口周辺の石刻の中で最も大きい。このような点から考えても、命名当初のものであるように思われる。そうならば、命名者である李渤自身の書、あるいは李渤の命を受けた部下の書である可能性が高い。そこで考えられるのが、能書家の韓方明である。『集古録目』九（8b）（『寶刻叢編』一九（37a）に引く）に「都防禦判官侍御

史内供奉呉武陵撰、〔都〕防禦衙推韓方明八分書并篆額。……寶暦元年八月立此記」というように、韓方明は篆額も書している。また、『寶刻類編』四（10b）「南鎮會稽山神永興公祠堂碣」にも「韓方明篆額」という。韓方明は八分書だけでなく、篆書も善くしたことが知られる。ただし、“北牖洞”等六洞名の八分書に較べて“隱山”の篆書は大きいが線が細く、古拙である。次に、もし韓方明や李渤でなければ、李方古が考えられる。『諸道石刻録』(『寶刻叢編』一九（37a）に引く）に「唐隱山六洞記：唐韋宗卿撰、李方古書。寶暦元年」という。呉武陵「新開隱山記」碑の体裁に照らして考えれば、韋宗卿「隱山六洞記」にも篆額があったはずであり、それは正文とともに李方古が書いたであろう。したがって韓方明の書でなければ李方古、あるいは李渤の書である可能性が高い。

9-12 〔？〕宝暦元年（825）李渤撰「隱山六洞詩賦序碑」

一説に隱山に李渤撰の「碑」があったというが、多くの疑問がある。

【考察】

李渤「隱山六洞詩賦序碑」と李渤「南溪詩序」碑

南宋・王象之『輿地碑記目』三（16b）に「隱山六峒詩賦叙碑：唐・李渤撰」といい、後に清・謝啓昆『粤西金石略』一五「待訪目録」に「隱山六洞詩賦序碑：『輿地碑記』」（12a）という。「洞」・「叙」は王象之『輿地紀勝』一〇三「碑記」の懼盈斎本（16b）では「峒」・「叙」、粤雅堂本では「洞」・「敘」に作る。

李渤には次に見るように「留別隱山」詩があるから、「隱山六洞」詩とその序があっても不思議ではない。そうならば、呉武陵「新開隱山記」・韋宗卿「隱山六洞記」に見える、隱山の中心ともいうべき地点でかつて李渤が大亭を築いた北牖洞前あるいは大亭内に立てられていたのではなかろうか。撰年は呉「記」・韋「記」と同じ宝暦元年（825）であろう。当地における現存石刻の調査に基づく明の『桂勝』、清の『粤西金石略』・『粤西得碑記』、さらに最近の調査による『桂林石刻』にも見えないから、南宋・明の間に喪失した可能性がある。

しかしこれにはいくつかの疑問がある。まず、この石刻の存在を記録しているのは『輿地碑記目』のみである。それよりも前の北宋の『集古録目』・『諸道石刻録』(『寶刻叢編』一九に引く）には呉武陵「新開隱山記」や韋宗卿「隱山六洞記」を著録しているが、「隱山六洞詩賦序碑」は見えない。ただし『集古録目』に限らず、後に発見されたものは多く、また逆に「新開隱山記」・「隱山六洞記」等の隱山北牖洞周辺にあった石刻・碑石は後に失われているから、存在を否定する積極的な根拠にはならない。次に、南渓山玄巖洞に刻されている李渤の作に「南溪詩序」と題されているものがある（本書「南渓山石刻」を参照）。これは南渓玄巖洞を詠んだ長詩十韻に長い序を賦したものである。「隱山六洞詩賦序碑」というのは、これと混同して誤伝されたのではなかろうか。「南溪詩序」は巨大な石刻であり、石面を磨平して八分書で刻したもので、他の李渤の石刻「留別南溪」詩（現存）・「留別隱山」詩（已毀）などとは違って「碑」とよぶにふさわしい。また、それらの詩が序を賦したものではないのと違って長文の序を賦している。したがって「……詩賦序碑」と解釈することが可能である。しかし『輿地碑記目』では「隱山六洞……」と作っており、「南溪山……」ではない。これにはいくつかの理由が考えられる。

まず容易に考えられるのが誤記である。今、清重刻『輿地紀勝』一〇三「碑記」では次のように記載されている。

……隱山六洞記：唐韋宗卿。陽朔縣廳壁記：唐呉武陵。全義縣復北門記：柳宗元撰。修堯舜二祠祭器碑：唐趙觀文撰。新開隱山記：呉武陵撰。隱山六洞詩賦叙碑：唐李渤撰。……

これによれば「隱山六洞詩賦叙碑」の前に「隱山六洞」・「隱山」が重出している。そこで「隱山六洞……」と誤記されたのではなかろうか。次に考えられるのは誤伝である。たとえば李渤「留別隱山」（題擬）詩と「留別南溪」詩は早くから混同されている。唐『桂林風土記』が「題隱山詩」、明『桂勝』が「留別隱山」として載せる詩は明・黄佐『廣西通志』では「南溪山」の条に掲げられている。また、清・汪森『粵西詩載』と『全唐詩』に至っては李渤「留別南溪」と題して収めている。「南溪」と「隱山」との混同は今日の史料では明代までしか遡ることができないが、すでに南宋からあったのではなかろうか。そこで、「南溪詩賦序」が「隱山詩賦序」として誤伝され、さらに『輿地碑記目』では前に「隱山六洞記」とあることから「隱山六洞詩賦序」と誤記された、あるいは李渤「南渓詩序」は南渓の玄巖洞を詠んだものであって玄巖洞に刻されているから「南溪玄巖洞詩賦序」が「隱山六洞詩賦序」と誤記された、と推測することができる。

確証を欠くが、南宋『輿地碑記目』にいう李渤「隱山六洞詩賦序碑」は「南溪玄巖洞詩賦序碑」のことで、それは南渓に刻されている李渤「南溪詩序」碑を指すのではなかろうか。

9-13 〔佚〕大和元年（827）李渤作「留別隱山」詩（宋重刻？）

『桂林石刻（上）』（p15）「唐・李渤留別隱山詩」に「右在隱山北牖洞口東壁。高二尺二寸、寛一尺四寸、真書徑一寸八分、原石已毀。據舊拓本校録」という。これによれば最近まで北牖洞口の東壁にあったと思われる。

【録文】

今、『桂林石刻（上）』に拠り、断句改行して掲げる。

01	如雲不厭蒼梧遠
02	似雁逢春又北歸
03	惟有隱山谿上月
04	年年相望兩依依
05	太和元年莫春李渤

【資料】

録文：

唐・莫休符『桂林風土記』三（「隱仙［山］亭」）李渤「題隱山詩二首」其二（莫本と略称）

明・黄佐『廣西通志』十二（8a）（「南溪山」）「李渤詩」其二（黄本と略称）

明・張鳴鳳『桂勝』三「隱山」（15b・7b）「唐李渤留別隱山」（張本と略称）

清・汪森『粵西詩載』二二（4a）李渤「留別南溪（二首）」其二（汪本と略称）

清・『全唐詩』「李渤」「留別南溪二首」其二（全唐（渤）本と略称）

　　中華書局排印本巻四七三、刊本第七函第十冊（473）

清・『全唐詩』李渉「別南溪二首」其一（全唐（渉）本と略称）

　　中華書局排印本巻四七七、刊本第七函第一〇冊（477）

清・『古今圖書集成』一三九九「方輿彙編・職方典・桂林府部」一七一冊「南溪山」（3a）

　　「李渤詩」其二（古今本と略称）

今・『桂林石刻（上）』（p15）「唐・李渤留別隱山詩」（桂林本と略称）

『全唐詩』では「李渤」と「李渉」（李渤の兄）の巻に重複して収める。また、黄本・古今本（黄本系の地志の引用）は「隱山」ではなく「南溪山」の条に入れており、汪本も題を「留別隱山」ではなく「留別南溪」とする。

【校勘】

01　如雲不厭蒼梧遠

「如」：莫本は「隨」。「如雲……」であれば次句の「似雁……」と対になり、奇抜にして巧みな表現である。

02　似雁逢春又北歸

「雁」: 莫本・黄本・張本（四庫全書）・汪本・全唐本（刊本）・古今本は「鴈」、異体字。恐らく「雁」は後人が改めたもので、本来は「鴈」ではなかろうか。

「歸」: 莫本・張本・渉本は「飛」。意味は通じ、韻も同じ（「微」）。

03　惟有隱山谿上月

「惟」: 全唐（渉）本は「唯」。

「谿」: 莫本・黄本・張本・汪本・全唐（渤・渉）本・古今本は「溪」。これは今の西湖であり、呉武陵「新開隱山記」・韋宗卿「隱山六洞記」にいう「蒙溪」を指している。両「記」では「溪」が用いられており、「溪」であった可能性も高いが、桂林本の録文に従っておくべきであろう。

04　年年相望兩依依

「年年」: 莫本・張本は「他時」。

05　太和元年莫春李渤

この一行は桂林本のみに有り。

「太」: 桂林本は「太」に作るが、「大」がよい。唐代の年号「大和」は現存する唐刻の墓誌等ではいずれも「大」に作る。

「莫」: ここでは「暮」の意であるから、桂林本が拠った旧拓本の「暮」の「日」部分が不鮮明であったために「莫」に誤って釈文したとも考えられるが、『詩』周頌「臣工」に「維莫之春」、『論語』先進に「莫春者春服既成」という古い用法もある。

「李渤」: 桂林本は「李渤」とするが、全唐（渉）本および謝啓昆は李渉の作とする。詳しくは後述。

【復元】

01	如雲不厭蒼梧遠
02	似鴈逢春又北歸
03	惟有隱山谿上月
04	年年相望兩依依
05	大和元年莫春李渤

【考察】

李渤「留別隱山」詩石刻の所在

李渤の作とされる「留別隱山」詩には多くの疑問点がある。まず、この詩の存在について、『桂林石刻』は「在隱山北牖洞口東壁。高二尺二寸、寛一尺四寸、眞書徑一寸八分。原石已毀、據舊拓本校録」という。「舊拓本」がいつのものか未詳であるが、宋拓・明拓が伝わっていたとは考えにくい。せいぜい数十年前のものであろう。つまり、原石は最近まで存在していた。また、『桂林旅游資源』（p672）によれば、隠山の石刻は本来一〇六件あったが、「“文革”で洞を拡げて十二件を毀去し」、李渤「留別隱山」詩（題擬）はその時に壊された一つであるという。そうならば文革時期の一九六〇年代までは存在していたことになる。ちなみに『桂林石刻』（一九八一年）も一九七四年から開始された石刻調査に基づいていたものである。

では、どこに刻されていたのか。『桂林石刻』によれば「隱山北牖洞口東壁」であったといい、『桂林文物』（p17）には「據記載、……、并在北牖洞前刻下『留別隱山詩』」という。これらによれば洞口前、洞口外の東壁に刻されていた。今回、洞口周辺を詳細に調査したが、李渤「留別隱山」詩らしきものは見当たらない。また洞口外の東壁には「原石已毀」の痕跡も見当たらない。『桂林石刻』によれば李詩の石刻は「高二尺二寸、寛一尺四寸、眞書徑一寸八分」というから、縦73cm、横47cm、字径6cm、比較的大きなものであった。「洞口東壁」とはあるいは洞内の東壁のことであろうか。呉武陵の宝暦元年の題名は洞内の東壁に刻されているが、『桂林石刻』はこれについては「在隱山北牖洞東壁」という。洞内の東壁も調査したが「已毀」らしき個所はない。ただ、洞内の西壁あたりには「已毀」の痕跡が認められる。「東壁」は「西壁」の誤りであり、「洞前」も「洞内」の誤りなのであろうか。

かりにそうであるにしても、ここにまた別の問題がある。『桂林風土記』が「題隱山詩」、『桂勝』が「留別隱山」とする一方、多くが隠山ではなく南渓山での留別の作としている。明・黄佐『廣西通志』は「南溪山」の条に掲げ、また清・汪森『粤西詩載』と『全唐詩』は李渤「留別南溪二首」と題している。さらに、『全唐詩』では李渉の作として「別南溪二首」と題している。詩中には「惟有隱山谿上月」とあるように隠山が詠まれているから、隠山での作と思われるのであるが、なぜ「留別南溪」と題するものが多いのであろうか。また、李渤の作ではなく李渉の作とするものがあるのはなぜであろうか。じつは南渓山白龍洞内に「留別南溪」と題する「常歎春泉去不回、……」という七言絶句が刻されており、これについて清・謝啓昆『粤西金石略』一（14a）に「案『通志』載李渤「留別南溪」詩兩章、此其一也。二章云“如雲不厭蒼梧遠、似雁逢春又北歸、惟有隱山溪上月、年年相望兩依依”。渤在桂州……」という清・劉玉麐（『桂林巖洞題刻記』？）の説を引いた上で次のようにいう。

右刻在臨桂白龍洞。（李）渤詩只一章、刻石時、斷無遺失之理、“如雲不厭”一絶當是（李）

涉作。『舊通志』所載殊誤。今、渤・涉兩人集中、又皆收此二詩矣。

謝啓昆は李涉の作であると判断しているが、その根拠は南渓山白龍洞に「留別南溪」詩が李渤の署名とともに刻されていることにある。その詩は一首であり、もし二首あれば当然一緒に刻したはずであると推測する。そこで李渤ではなく、兄の李涉とするわけである。じつはここには根拠として挙げられていないが、隠山の白龍洞の横にある玄巖には李渤と李涉の落款をもつ詩と銘が刻されている。謝啓昆が「渤・涉兩人集中、又皆收此二詩」というのは二人の別集が当時伝わっていたわけではなく、『全唐詩』の二人の巻に収められていることをいうであろう。

『桂林石刻』が旧拓本に拠ったという「如雲不厭」詩の落款には明らかに「李渤」とあるから、これを信じるならば謝啓昆のような議論は成立しない。謝啓昆はその詩が隠山に刻されていることを知らなかったのである。そうならば文革以前に原石は破壊されていたのではなかろうか。『粤西金石略』だけでなく、『八瓊室金石補正』にも収められておらず、さらに「復入北牖洞、捜討陰苔淫溜中、捫剔殆遍」して「『謝志』捜訪金石極詳、亦不知此刻尚在」というまで洞の内外をくまなく探して呉武陵の題名を見つけた清・楊翰『粤西得碑記』にも収められていない。果たして文革期まで存在していたのであろうか、はなはだ疑わしい。

この詩が隠山に刻されていたかどうか、また隠山北牖洞に刻されていたとしても北牖洞のどのあたりに刻されていたのか、さらにいつ原石が壊されたのか、疑問は依然として多いが、『桂林石刻』は旧拓本によって詩の正文のみならず、落款も示しているから、たしかにどこかに刻されていたであろう。しかし、その落款にも疑問がある。

李渤「留別隠山」詩の作年

この詩が実際に刻されていたとしても、落款にもいくつかの問題がある。まず、年号を「太和」に作っているが、唐人は「太和」とは書かず、「大和」と書いた。ただしこれは拓本に拠る後人の釈文であるから、その知識の無い者が石刻の剥蝕等によって「太」と判読したことも考えられる。つまり原石唐刻には「大和」とあったであろう。したがってこの点のみから、石刻が後人による模刻、偽造であることを否定することはできない。

次の問題は日付である。「太和元年莫春」とは大和元年(827)暮春三月をいう。しかし史書によれば李渤は大和元年には桂林にいなかった。『舊唐書』一七上「敬宗紀」に次のようにいう。

寶暦元年(825)春正月乙巳朔。辛亥、親祀昊天上帝于南郊。禮畢、御丹鳳樓、大赦、改元寶暦元年。……壬申、以給事中李渤爲桂州刺史・兼御史中丞・桂管防禦觀察使。……

大和元年(827)春正月……戊寅……以京兆尹劉栖楚爲桂管觀察使。……

九月……壬午、桂管觀察使劉栖楚卒。丙戌、以諫議大夫蕭裕爲桂管觀察使。

これによれば李渤は宝暦元年(825)正月に桂管観察使に任命され、大和元年(827)正月に劉栖楚に代わった。李逢吉「唐故桂管都防禦觀察等使桂州刺史兼御史大夫賜紫金魚袋贈左散騎常侍劉公（栖楚）墓誌銘」（『芒洛冢墓遺文』中、『全唐文補遺』四）に次のようにいう。

維大和丁未歲（元年）正月、桂管都防禦觀察等使・桂州刺史・兼御史大夫河間劉公栖楚、字善保、始受命、之桂林、八月廿五日、公薨、時年五十二。上爲廢朝（敬宗）、贈左散騎常侍……越來歲夏五月十二日、元兄河南尉栖梧洎宗孺護其喪、歸葬……。

したがって李渤は宝暦二年末あるいは大和元年正月までしか桂林にいなかった。つまり桂林にいたのは二年間であり、これは『舊唐書』一七一「李渤傳」に「寶曆元年、改元大赦……以渤黨（崔）發、出爲桂州刺史・兼御史中丞・充桂管都防禦觀察使。……渤在桂管二年、風恙求代、罷歸洛陽。大和五年、以太子賓客徵至京師。月餘卒、時年五十九、贈禮部尚書」という所と一致する。ただし『新唐書』一一八「李渤傳」には「會大赦改元……帝謂渤有黨、出爲桂管觀察使。……踰年、以病歸洛。大和中、召拜太子賓客。卒、年五十九、贈禮部尚書」とあり、「改元」後「踰年」とは宝暦二年（826）とも理解できる。劉栖楚は大和丁未歳（元年827）正月に桂管となっているから李渤は宝暦二年冬に「以病歸洛」したのかも知れない。いずれにしても李渤が桂林を去ったのは大和元年正月以前のことである。しかし旧拓本によれば李渤詩の落款には「太和元年莫春」三月とあるという。

これには二つのことが考えられる。一つは大和元年正月に劉栖楚が桂管観察使に任命されたが、着任するまで李渤が当地在留していたということである。長安から桂林まで行くのには当時およそ三個月を要した。もう一つの考え方は、「莫」は判読の誤りで「孟」であった。「莫」に作っているのは「暮」字が不鮮明であったとも考えられるが、不鮮明であったったならば、「暮」ではなく「孟」であったものを「莫」に誤ったと考えられないこともない。ただし可能性からいえば前者の方が高いであろう。

そもそも李渤の桂管への貶謫と洛陽への帰還は中央の政局と関係がある。史書によれば、李渤は憲宗・穆宗の両朝に仕えていたが、穆宗から敬宗に交替した宝暦元年（825）正月に崔発の事件に連座して給事中から桂州に出される。その裏には敬宗の即位後に宰相となった李逢吉による政権の奪取がある。宝暦元年正月には宰相牛僧孺も武昌軍節度使に出ている。皇帝の交替とともに宰相の交替があった。大和元年（827）正月に劉栖楚は京兆尹から李渤に代わって桂管になっているが、京官から外官に出されたわけである。これは前年の宝暦二年（826）十二月に敬宗に替わって文宗が即位したことによる。『通鑑』二四二「敬宗・長慶四年」四月に「時李逢吉用事、所親厚張又新・李仲言・李續之・李虞・劉栖楚・……、時人惡（李）逢吉者、目之爲“八關十六子”」というように、劉栖楚は敬宗朝の宰相李逢吉の党であった。李逢吉自身も文宗即位の宝暦二年十二月に襄州刺史に出されている。また、李渤の兄の李渉も李渤が桂州に出された年の十月に武昭の獄に連座して太学博士から嶺南道の康州に流罪されている。この事件も宰相李逢吉によるものであった。つまり、李渤兄弟は敬宗・李逢吉政権に憎まれていたのである。李渤が「在桂管二年、風恙求代」したというのは、宝暦二年十二月に敬宗に替わって文宗が即位し、この時、李逢吉が外官に出たからに相違ない。

すでにそうであるならば、「大和元年莫春」の詩はそれに「似雁逢春又北歸」と詠んでいるから、北に帰る時の作である。李渤は桂林で宝暦二年十二月の敬宗の死去と李逢吉の退陣を知り、そこで「風恙求代」を理由に交代を申し出、後任者の到着を待っていた。劉栖楚は大和元年の正月に桂管を拝しているから、到着したのは三月頃であろう。「大和元年莫春」の詩はこの時の作である。また、杜牧が進士科を受験するに当たって太学博士呉武陵が知貢挙の崔郾に杜牧の「阿房宮賦」を推薦したことは有名である。『新唐書』本伝や『唐摭言』六「公薦」等に見え、それによれば大和元年の冬のことである。呉武陵は桂管李渤の従事（都防禦判官侍御史内供奉）として桂州にいたが、大和元年の冬に太学博士として長安にいたということは、すでに李渤のもとを離れているわけであり、李渤とともに北に帰った可能性が高い。これも李渤が大和元年に洛陽に帰ったことの傍証になろう。

しかし、ここにもう一つの問題がある。南渓山白龍洞に刻されている李渤「留別南溪」詩に「太和二年十一月十三日」と刻してある。これが正しければ、李渤は後任が到着した後一年半以上も桂林に逗留していたことになる。これについて清・銭大昕『潛研堂金石文跋尾』八（17a）「李渤留別南溪詩」に次のようにいう。

> 據此刻、知（李）渤在西粵（桂州）、不止“踰年”、其“引［以］病歸洛”乃在大和二年。『傳』所敘次未得其實矣。

銭氏は「留別南溪」詩の石刻に信頼をおき、史書の記載に誤りがあると指摘する。銭氏は李渤「留別隱山」詩と李逢吉「劉栖楚墓誌銘」を見ていないが、「留別南渓」詩の記載が矛盾するのは史書だけではない。「劉栖楚墓誌銘」にも矛盾することになる。逆に史書の記載は、「劉栖楚墓誌銘」の内容に符合するから、誤りはないであろう。「留別南渓」詩は史書や「劉栖楚墓誌銘」にも合わないだけでなく、北帰を目前にした留別を詠んでいる「大和元年莫春」詩の内容とも合わない。

李渤「留別南溪」詩は南渓山白龍洞に刻されて現存しているが、それは南宋の紹興二十年（1150）の刻、つまり三百二十年以上も後の重刻である。石刻であるとはいえども原刻ではなく、その内容は甚だ疑わしい。「留別隱山」詩の方も刻石の場所、喪失の時期、さらに重刻の可能性など疑問点は多いが、こちらは史書や「劉栖楚墓誌銘」に合っている。後人が李渤の事跡を調べ上げて偽刻したものとは考えにくい。いずれかの石刻に誤りがあるとすれば、それは南渓山の南宋重刻の方であろう。ただし桂林本の「留別隱山」詩の録文を信じれば「太和」に作っているから、唐刻ではない。おそらく宋人であり、「留別南溪」詩も「太和」に作っているから、「留別南溪」詩と同時の刻ではなかろうか。現存の石刻「留別南溪」詩は、後述するように南宋・張仲宇が書した上でそれを刻石したものである。「留別隱山」詩の旧拓本なるものが現存するならば、その書体・筆跡を比較してみれば明白なことである。もし「留別隱山」と「留別南溪」の筆跡が同じであれば、それは李渤の書ではなく、張仲宇の書である。

9-14 〔存〕(宝暦以後？) 李英斉等題名

北牖洞内、洞口から入って左に約2m、高さ1mのところ。刻字は鮮明であり、比較的見つけやすい。

【資料】

録文:『桂林石刻(上)』(p25)(桂林本と略称)

【現状】

01	銀青光禄大夫行嚴州刺史李英齊
02	華山雲臺觀道士趙敬能
03	同遊

石面不磨、字上無塗。縦書き、向かって左から右書き、縦44cm×横20cm、楷書、字径3cm。桂林本(p25)に「高一尺三寸、寛六寸、真書径一寸」。

【校勘】

01　銀青光禄大夫行嚴州刺史李英齊

「銀」:左偏「金」の左半分が磨滅しているが、判読可能。

「史」:桂林本は「使」に誤る。

02　華山雲臺觀道士趙敬能

「能」:現石では異体字。右を「长」に作る草書体。『干禄字書』に「能・能:上通、下正」。

03　同遊
「遊」:「遊」の異体字。

【復元】
省略、「現状」に同じ。

【解読】
銀青光禄大夫行嚴州刺史李英齊・華山雲臺観道士趙敬能同遊。

【考察】
唐・厳州刺史李英斉

『桂林石刻（上）』は、按語に「唐有銀青光禄大夫及刺史之官制」といい、官制に拠って唐代の部に入れている。また官制のみならず、“厳州” も唐の州名である。乾封元年（666）に厳州を置き、天宝元年（742）に修徳郡に改名、乾元元年（758）に旧名に復し、後に北宋初の開宝元年（968）に州を廃止して象州に併合された。厳州は嶺南道に属し、桂州の西南、今の広西壮族自治区来賓県一帯。李英斉はその刺史として赴任する際に、あるいは北帰する途次で隠山に遊んだものと思われる。

刺史李英斉は華山雲台観の道士と同遊している。西嶽華山の雲台観は唐代で有名。銭起「尋華山雲臺觀道士」詩、李白「西嶽雲臺歌送丹丘子」詩、孟郊「遊華山雲臺觀」詩などがある。また、芥川龍之介の小説で有名な杜子春も、その素材になっている牛僧孺『玄怪録』の「杜子春」伝では、華山雲台峰の道観で修行したとされている。韓愈の「華山女」詩も華山道観の女道士。唐代の桂林では、隠山の洞に限らず、道士との同遊を刻したものは珍しい。

郁賢皓『唐刺史考全編（五）』二九四「嶺南道・嚴州」（ｐ3305）には五名の刺史を記録しているが、李英斉の名が見えない。李英斉が唐代の厳州刺史であったことはほぼ間違いない。李英斉が隠山を訪れたのは厳州が置かれた乾封元年（666）の天宝元年（742）の間か乾元元年（758）以後。隠山が広く知られるようになったのは、李渤が開拓した宝暦元年（825）以後であり、また洞口の隅に小さく刻されているから、李英斉が訪れたのは宝暦以後である可能性が高い。そうならば李英斉が厳州刺史となった年代も宝暦以後である。

9-15 〔存〕（唐？）有鄰等題名

北牖洞内、中央の奥にある“観音童子像”に向かって右（西南）約５ｍの岩壁の高所。『桂林文物』（ｐ17）・『桂林石刻（上）』（ｐ3）は唐代の刻とし、『中國西南地區歷代石刻匯編（第十冊）廣西桂林巻』（ｐ144）は南宋の刻とする。しかし、いずれの説にも問題がある。

【現状】

01 有　鄰
02 中　規
03 專　弌
04 明　中
05 子　浩
06 　戊寅歳
07 　春弍月
08 　三逕同
09 　　遊

石面不磨、字上無塗。縦書き、向かって左から右行き。縦30cm×横90cm、篆書、字径6cm。06行以下は小字、やや不鮮明。

有鄰等題名（左）

有鄰等題名（右）

【資料】

録文：

『桂林石刻（上）』（p3）「唐・有鄰中規等五人隱山題名」（桂林本と略称）

拓本影印：

『中國西南地區歴代石刻匯編（十）廣西桂林巻』（p144）「有鄰・中規等五人隱山題名」（広西本と略称）

広西本の拓本状態は良好。広西本は桂海碑林（七星公園内）の石刻博物館に展示されている。

【校勘】

06　戊寅歳

「戊」：桂林本・広西本（標題）は「咸」に誤る。

「寅」：桂林本は誤って「亨」に作る。原石はやや不鮮明。

07　春弎月

「弎」：桂林本は誤って「二」に作る。恐らく「弍」「弐」と判断したことによるであろう。広西本・原石によれば、「弋」の内は明らかに「二」ではなくて「三」。「弎」は「三」の異体字。『説文解字』に「三：……弎、古文三从弋」といい、同様の字体が見える。

08　亖到同

「亖」：桂林本は「三」。広西本・原石によれば明らかに「一」を四つ重ねた字形、「四」の異体字。『説文解字』に「亖、籀文四」。

「到」：桂林本は「至」、異体字。『説文解字』に「到、到也。从二至」。

【復元】

省略、「現状」に同じ。

【解読】

有鄰・中規・專弌（一）・明中・子浩、戊寅歳春弎（三）月亖（四）到（至）同遊。

【考察】

題名の刻年と“有鄰”

題名中の五人はいずれも姓が刻されていない。また、いずれも名ではなく、字であるように思われる。したがって五人の姓名は未詳。いっぽう題名の刻年については今日二説ある。しかしそのいずれにも問題がある。

（一）唐・咸亨年刻説：桂林本は06行を「咸亨歳」と判読しており、按語にも「咸亨元年、公元六七〇年」と解説する。早くは『桂林文物』（一九八〇年、p 17）も「唐代題刻」の一つとして挙げているが、これも「咸亨歳」と解読したからではなかろうか。「咸亨」は唐・高宗の年号である。また『桂林文物古跡』（一九九三年、p 53）も「唐代題刻」とする。これはその前後の記述から見て『桂林文物』の説を踏襲したに過ぎないであろう。

従来の説にいうように、咸亨年間（670－674）の刻であれば、隠山に現存する石刻の中で最も早いものである。また、五人もの人士が「至同遊」、隠山を尋ねて来て遊覧している。これは李渤の発見よりも約一五〇年も前のことである。李渤が最初の開発者ではあっても、最初の発見者ではない。『西山公園』（一九九七年、p 30）等もそのように解説する。また、桂林に残る最も早い山水遊覧の石刻ということになる。譚発勝・林京海「試論桂林石刻的産生・發展及保護」（『廣西文物』一九八七年第三・四期、後に『桂林歴史文化研究文集』一九九五年所収）に「雖然早在唐初咸亨元年（670年）就已經有了山水游記類的題名石刻出現、但対当時的石刻發展并没有發生影響」（p 571）というのも、この石刻のことを指しているのではなかろうか。

（二）南宋刻説：最近の広西本（一九九八年）には桂林本の説を採らず、「南宋刻、刻年不詳」（p 144）という。その根拠は示されていないが、これは06行を「咸淳」と判断したもののように思われる。咸淳（1265-1274）は南宋・度宗の年号である。そうならば「刻年不詳」というのと矛盾するが、咸淳の何年かが不詳なのであろうか。あるいは五人の中に南宋の人と判断される者がいるからなのであろうか。

しかし、いずれにしてもこの二つの説には問題がある。06行を唐の「咸亨歳」あるいは南宋の「咸淳歳」とするのは、それを年号と理解するものであるが、年号の後に「～歳」ということは、無いこともないが、少ない。「～歳」は干支を示すものと解すべきであろう。この石刻は篆書であり、かつ風化が進んでいて判読しにくい。桂林本が「弍」を「式」、「亖」を「三」と誤っているのもそのためである。上字を桂林本・広西本ともに「咸」と判読しているが、「戊」の中に「口」等の字影はない。原石によっても明らかに「戊」である。「咸」に解釈したのは下字を「亨」と判読したこととも関係している。下字は「戊」と熟するもので干支の字でなければならない。広西本や現石によれば、「穴」の下に「日」がある字形に見えるが、干支「戊～」に当たるような文字はない。じつは「日」の位置がやや高くなっている。「日」の下の「人」部分が不鮮明なのであって「寅」字であるに相違ない。つまり「咸亨」や「咸淳」のような年号ではなく、「戊寅」の歳なのである。しかし「戊寅歳」は多く、また唐代であるとは限らない。

他の手がかりは五人の名であるが、刻されているものは名ではなく、字の可能性が高い。たとえば「有鄰」は『論語』の「徳不孤、必有鄰」、「中規」は『禮記』の「周還中規、折還中矩」に由来するであろう。五人の中の中心人物は筆頭に刻されている「有鄰」である。書もこの「有鄰」ではなかろうか。そこで想起されるのが蔡有隣である。唐代の著名な書家で「有鄰」といえば、杜甫「李潮八分小篆歌」に「尚書韓擇木、騎曹蔡有鄰、開元以來數八分」ということで知られる、八分書を善くした蔡有隣がいる。唐・竇臮『述書賦』の「衛包・蔡鄰、工夫亦到」の竇蒙注に「蔡有鄰、濟陽人、善八分、本拙弱、至天寶間遂至精妙、相・衛中多其迹」という。『寶刻類編』二「蔡有鄰」(22b) には一九作を録しており、開元・天宝の間に活躍したことが知られる。その間に「戊寅歳」を求めれば、開元二十六年 (738) がある。ただし蔡有隣は八分書を善くしたが、隠山洞内の題名は篆書である。また『寶刻類編』の著録によれば、主に相州・衛州あたりで活動しており、桂林に来た可能性は低い。従来の説「咸亨」は誤りで、「戊寅」であることは確かであるが、「有隣」が蔡有隣であるのか、そもそも題名が唐刻であるのかどうか、確証はない。待考として末に掲げておく。

十、開元寺石刻

位置：開元寺（Kai1yuan2si4）、市の中心から南に約１kmのところ、桂林で、そして全国的にも有名な象鼻山と寧遠河の間に位置する。今の民主路の文昌橋（桃花江に架かる）の南詰めの西約50m、万寿巷の北、桃花江から南に流れる寧遠河の東にある桂林衛校の東の間に今日でも白い舎利塔（高さ13m）が残っている。N25°16′197″、E110°17′250″。『桂林文物』（p72）・『桂林』（p119）に写真あり。ただしこれは明・洪武十八年（1385）に重建されたものである。唐・開元寺は唐の桂州城の南に位置する。現存の明塔は四面が壁で囲まれており、二〇〇二年八月現在、周辺が工事中であるため閉鎖されている。

沿革：隋代に縁化寺が創建、唐初に善興寺、さらに開元二十六年（738）に開元寺と改名。顕慶二年（657）に善興寺佛舎利塔が建立、その前には唐代の著名な書家である褚遂良（596－658）の親筆『金剛經』を刻した碑が建てられた。唐・莫休符『桂林風土記』の「開元寺震井」の条に詳しい。桂州開元寺は鑑真（688－763）が逗留した寺として知られている。天宝七年（748）、鑑真は海南島に漂流した後、天宝九年、北上して揚州に帰る途次、桂林の開元寺に一年間滞在し、休養すると同時に桂林の官・民に法を講じ、戒を授けた。また、五代・馬楚の時にも『金剛經』碑が永寧寺の佛閣の前に建てられた。永寧寺佛閣も現在の万寿巷あたりにあったと思われる。

石刻：唐代石刻は三件が清・民国の頃まであった。唐・舎利塔に納められていた函は、三面に佛像が彫られており、その一面に記が刻されていたが、清・同治六年（1867）の火災で焼失したという。今、拓本が伝わっている。また、唐刻『金剛經』碑も清初に喪失したという。五代の『金剛經』碑は最近まであったらしいが、日中戦争期に戦火に見舞われて残っていない。

10-01 〔佚〕顕慶二年（657）褚遂良書『金剛經』碑

唐・莫休符『桂林風土記』（光化二年899）の「開元寺震井」の条に「隋曰“縁化寺”……玄宗朝改名“開元寺”、有前使褚（遂良）公親寫『金剛經』碑、在舎利塔前」という。この唐刻経碑は清・乾隆年間までは存在したとされているが、疑問が多い。

【考察】

褚遂良書『金剛經』碑の行方

褚遂良（596－658）は唐代著名な書家である。西安の大雁塔に現存する唐・太宗撰「大唐三藏聖教序」（永徽四年653）の書は有名で、今日でも臨書の手本とされている。褚遂良は桂林で『金剛經』を書写したが、その刻経碑の存在をめぐってはいくつかの疑問がある。

まず、下に見る五代楚・馬氏の『金剛經』碑がそうであるように、碑には建立の由来や建者・書者・刻者などを記すのが一般であるが、褚碑のそれは知られていない。清・謝啓昆『粤西金石略』一（4a）「顯慶四年舍利函記」の按語に次のようにいう。

案『桂林風土記』“褚遂良以顯慶二年貶桂州。今開元寺（即今萬壽寺）、舍利塔前有褚公親筆寫『金剛經』” 云々、其碑至乾隆間尚存寺中、爲臨桂（縣）典史嚴成坦剷去。

これによれば、褚遂良親筆の『金剛經』碑は乾隆年間（1736-1795）まで存在していたが、厳成坦によって掘って取り去られた。その後、碑石は喪失したかのようである。謝啓昆『粤西金石略』は嘉慶六年（1801）の成書であるから、この事件の発生と時間的に近く、記録は信憑性が高い。そうならば碑記・落款のようなものが伝えられていてよいが、『粤西金石略』は全くそれを録していない。いっぽう、この事件を疑う説もある。楊翰『粤西得碑記』（光緒二年1876）（29a）に次のようにいう。

『桂林風土記』:“開元〔寺〕、即今萬壽寺、舍利塔前有褚登善（遂良）書『金剛經』”。（謝）『志』載“乾隆間尚存、爲臨桂典史嚴成坦削去”。亦不知有人見及否。余疑即此碑古刻佛經削去、不知何意。當無其事耳。

「剷」を「削」に作っている。いずれにしても碑は乾隆まで存在したのであるから、褚遂良書であることを告げる碑記・落款等を録文していてもよい。しかし謝『志』は碑記・落款の存在さえ伝えていない。謝『志』以前の金石録の類では、碑記・落款のみならず、褚遂良書の『金剛經』碑そのものの存在を告げる記録さえ見当たらない。褚遂良は唐初の名臣にして著名な書家でもあった。その親筆の刻経碑が、『金石略』下（2b）「褚遂良」・『通志二十略』金石略「褚遂良」（p1878）・『寶刻類編』二（1b）「褚遂良」等をはじめ、宋・明の石刻関係の書に著録されていないというのは、はなはだ不可解である。あるいは早くから経碑そのものが失われていたために知られていないのであろうか。

しかしまた別の疑問がある。下に見るように、同じ境内に、同じ『金剛經』碑が、しかも時間がさほど隔たっていない五代に建てられている。あり得ないことではないが、一般的ではない。さらにいえば、唐碑は名書家の親筆であり、五代の碑はこれ以上に著名な書家が書いたものではなかろう。そこで晩唐から五代の間の混乱期に褚遂良書の『金剛經』碑が失われたために、五代に重刻・重建されたと考えることもできる。しかし『粤西金石略』は乾隆年間まではあったという。褚遂良の経碑は五代の経碑と混同されているのではなかろうか。しかし五代の碑（後述）には記が刻してあったから混同することはまずあり得ない。

次の疑問は刻経碑の成立時期である。褚遂良書『金剛碑經』碑について記録するものは、管見によれば、唐・莫休符『桂林風土記』（光化二年899）以後、清・謝啓昆『粤西金石略』（嘉慶六年

1801）まで見受けられないが、一九三九年に開元寺址を調査した羅香林の「唐代桂林磨崖佛像攷」（一九四一年）（p76）に次のようにいう。

開元寺……舊有唐顯慶五年褚遂良書「金剛經碑」、及五代馬楚時書「金剛經碑」、前者早已無存、後者今毀臥於地、鴻物受厄、覩之且爲戚焉。臥碑後、有舎利塔、形制甚古、塔前有明建文二年（1400）刻觀音大士畫像……惟未見特色。

唐と五代の『金剛經』碑があったが、唐碑は早くから失われていたといい、また碑記・落款のようなものがあったことが知られていないにも関わらず、羅氏は「顯慶五年褚遂良書」という。これは何に拠ったのであろうか。あるいは史書に拠って推測したということも考えられるが、今日に伝わる史書に記録する褚遂良の事跡とは合わない。ちなみに『桂林風土記』の「褚中令（名遂良）」の条に「忤旨貶潭州、顯慶二年又貶桂州。……重貶令公愛州。明年卒於貶所。年六十二」という。これによれば、褚遂良は顕慶二年に桂林に来ているが、翌三年に愛州で死去した。この記事は『舊唐書』八〇本傳とほぼ同じである。ただ「年六十二」を「年六十三」に作る。したがって褚遂良の書写であるならば、「顯慶五年」ではなく、「顯慶二年」でなければならない。羅氏のいう「五」は記憶あるいは印刷の誤りなのであろうか。その可能性は十分に考えられる。あるいは『桂林風土記』に「改名開元寺、有前使褚公親寫『金剛經』碑、在舎利塔前」という舎利塔の函記には、舎利を安置した時期を記して「顯慶四年」とあり、次の項で考察するように、函記を褚遂良の書であるとする説もある。そこで褚遂良はおそくとも顕慶四年まで桂林にいたことになるから、『金剛經』が顕慶五年の書である可能性もないわけではない。また、羅氏のいう「顯慶五年」の「五」は「二」ではなく、「四」の誤りであることも考えられる。これらの史料に誤りがないとすれば、褚遂良は顕慶二年まで桂林におり、その間に『金剛經』を書したのであるが、顕慶五年に至ってそれが石碑に刻された、ということになろう。

このように桂林の褚遂良書『金剛經』碑については疑問な点が多い。この疑問は以下に見る舎利函記にも関係してくる。

10-02 〔佚〕顯慶四年（659）佚名撰善興寺舎利函記

趙平「唐代舎利函記失而復“得”（上）」（『桂林日報』二〇〇一年二月二一日）によれば、舎利函は清・乾隆（1736−1795）の後に行方不明となり、道光三年（1823）に広西巡撫によって探し出して買い戻され、明の佛塔内に置かれたが、後にまた盗まれて、道光十六年に広西巡撫（梁章鉅）によって探し出されて銅鼓楼内に置かれた。しかしその後、同治六年（1867）に起こった火災によって楼ともども烏有に帰した。また、趙平「唐代『舎利函記』失而復“得”（下）」（『桂林日報』

二〇〇一年三月十日）によれば、清・徐栄（1792－1855）が収蔵していた拓本が二〇〇〇年に発見されたという。徐栄は嘉慶二十二年（1817）に両広総督となった阮元の幕僚。ただし『全唐文新編』（p13422）に拠れば国家図書館にも拓本があるらしい。

【資料】

録文：

清・謝啓昆『粤西金石略』一（4a）「顯慶四年舎利函記」
清・胡虔『臨桂縣志』二〇（2b）「顯慶四年舎利函記」（以上、謝本と略称）
清・洪頤煊『平津讀碑再續』一（10a）「桂州善興寺舎利塔銘」（洪本と略称）
清・陸耀遹『金石續編』五（14a）「桂州舎利函記」（陸続本と略称）
清・汪鋆『十二硯齋金石過眼録』九（22b）「善興寺舎利函記」（汪本と略称）
清・陸心源『唐文拾遺』六一（3b）「善興寺舎利函記」（唐拾本と略称）
今・周紹良『全唐文新編』九八七(p13422)「舎利塔記」（唐拾新本と略称）
清・陸増祥『八瓊室金石補正』三六（20b）「善興寺舎利函記」（陸補本と略称）
清・楊翰『粤西得碑記』(5a)「舎利函記」（楊本と略称）
清・黄泌『臨桂縣志』二四（下冊p61）「顯慶四年舎利函記」（黄本と略称）
清・朱士端『宜録堂收藏金石記』（六〇巻本）二二「唐・桂州舎利塔下銘」（朱本と略称）
今・『桂林石刻（上）』(p2)「唐・舎利函記」（桂林本と略称）
今・周紹良『全唐文新編』九八七（p13438）「善興寺舎利塔記」（唐新本と略称）
今・趙平「唐代『舎利函記』失而復“得”（下）」(『桂林日報』2001.3.10)（趙本と略称）

黄本は末尾に『通志』というから謝本に拠ったものであろう。唐拾本は、末尾に「十二硯齋金石録」という出自を示す注があるから、汪本に拠ったもの。『全唐文新編』には『唐文拾遺』に拠ったもの（p13422）と「國家圖書館藏金石拓本」に拠ったもの（p13438）の二篇が収められているが、本来は同じ。唐拾新本は「舎利塔記」と題し、洪本は「舎利塔銘」、朱本は「舎利塔下銘」と題しているが、「舎利函記」とするのが適当であろう。これらの題は「記」が石函に刻されていたものであることを知らず、ただ記載内容から推測してつけたものに過ぎない。桂林本は「據旧拓本校録」というが、趙平論文に拠れば桂林では早くから拓本は失われていたようである。その他、清・厳可均『鐵橋金石跋』二（1a）「善興寺塔銘」、清・呉式芬『金石彙目分編』一八（1a）「唐舎利函記」、清・徐樹鈞『寶鴨齋題跋』下（2a）「桂林舎利函記」にも録すが、全文を挙げていない。また、清・趙之謙『補寰宇訪碑録』三「唐」に録して「舎利函記：正書。顯慶二年十一月。陝西臨潼」(2b)、「善興寺造塔藏舎利記：正書。顯慶四年四月八日。河南安陽」（3a）として『寰宇訪碑録』を補足しているが、じつはこの両記は同じものであり、前者に対しては羅振玉『補寰宇訪碑録刊誤』（6a）が「此即桂州舎利函記。顯慶二年十一月建塔、四年四月八日安舎利。在廣西臨桂」として誤りを正し、さらに劉声木『補寰宇訪碑録校勘記』二（2a）も前者については「碑文原爲善興寺舎利函塔記。“二年十一月”、碑文原作“四年四月”、下仍有“八日”二字」と補正し、後者については「此即舎利函記、已見著録、實爲複出」と指摘する。

この中で朱本がかなり忠実に模写している。

拓本影印：

『北京図書館蔵中国歴代石刻拓本匯編・唐』013「善興寺舎利塔記」（p102）（北京本と略称）

徐栄所蔵（『桂林日報』二〇〇一年二月二一日）（徐拓本と略称）

『桂林日報』（趙平「唐代舎利函記失而復“得”」）に掲載する徐拓本は縮影で、わずか縦5.5cm×横7.5cm（2.5cm×３枚）の大きさに過ぎないが、鮮明で校勘に堪える。『全唐文新編』（p13422）には「國家圖書館藏金石拓本」に拠るというが未見。北京本（「顧318」顧千里旧蔵）ではなかろうか。

【録文】

石函はすでに佚しており、ここでは徐拓本と北京本に拠る。

01 □大唐顯慶二年歳次
02 丁巳十一月乙酉朔十
03 三日丁酉於桂州城南
04 善興寺開發建立此妙
05 塔七級聳高十丈至顯
06 慶四年歳次己未四月
07 丁未朔八日甲歳荎
08 佛舎利貳拾粒東去大
09 □三十餘歩舎利鎮寺
10 普共法界一切含識永
11 充供養故立銘記

謝本・桂林本・黄本に「眞書、徑五分」「舎利函高七寸八分、横九寸八分、中空以盛舎利者。外四面、一刻記、其三刻佛像」、陸続本に「高□［一］尺、廣一尺二寸、十一行、有九字、正書」、汪本に「碑高七寸、廣九寸、正書、十一行、行九字」、陸補本に「高六寸五分、廣八寸二分、十一行、行九字、字徑五分、後空一行」、北京本に「拓片高25厘米、寛29厘米。正書」というように、かなり異なる。この中で桂林本・黄本は謝本の引用であろう。サイズの違いは石函の側面と拓本部分による差とも考えられるが、後述するように贋作も出回っていたようであり、それによる相違である可能性も考えられる。ただし縦の高さと横の幅の差はほぼ同じで、横は縦よりも約二寸長い。北京本に拠れば、舎利函記は縦約25cm×横約29cm。おそらく字徑約2cm。徐拓本は三枚に分けられており、毎枚四行、第三枚は字は三行で終わり、第四行は空行になっている。これは陸補本にいう「後空一行」に合う。しかし本来は謝本等に「外四面、一刻記、其三刻佛像」とあるように、記は四面中の一面であり、北京本はその原貌を伝えている。

【校勘】

01　□大唐顯慶二年嵗次

「□」：洪本・陸続本・桂林本（校録）は「維」に作るが、謝本・陸補本・楊本・黄本・朱本は「□」缺字に作り、汪本は空格にする。汪本に拠った唐拾本は空格にせず、誤って「大」から始め、唐新本も「大」から始める。謝本に「記内缺二字、首行第一字是“維”字、“糸”旁尚可辨識」といい、陸補本・趙本は「維」を旁注する。徐拓本では磨滅。北京本には残影があるが、判読は困難。

「嵗」:「歳」の異体字。唐・顔元孫『干禄字書』（大暦九年774）に「嵗・歳・歲：上俗、中通、下正」。

02　丁巳十一月乙酉玥十

「一」：唐新本・北京本のみ「二」に作る。唐新本は現在所蔵の拓本に拠ったといい、北京本であると思われるが、顕慶二年「乙酉朔」は十一月、「十二月」は乙卯朔。他の諸本も多くが拓本に拠った録文であり、「一」に作る。北京本は偽刻の可能性が高い。

「玥」：謝本・楊本・黄本・唐拾新本・唐新本・桂林本は「朔」に作る。朱本・徐拓本は「玥」。異体字。『干禄字書』に「玥・朔：上通、下正」。以下、同じ。

03　三日丁酉於桂州城南

「於」：陸補本は左旁「方」を「木」に作り、朱本・徐拓本もそのように見える。『干禄字書』に「扵・於：上通、下正」。唐人は多く「扌・木」偏に書く。「構・搆」「楷・揩」「模・摸」の類の如し。

06　慶四年嵗次己未四月

「慶」：厳可均『鐵橋金石跋』二（1a）「善興寺塔銘」に「廣西金石、此爲第一古刹。此本得於同治初年（1861）。是道光（1821－1850）舊搨、今年至桂林訪求一紙。第六行“慶”字・（第七行）

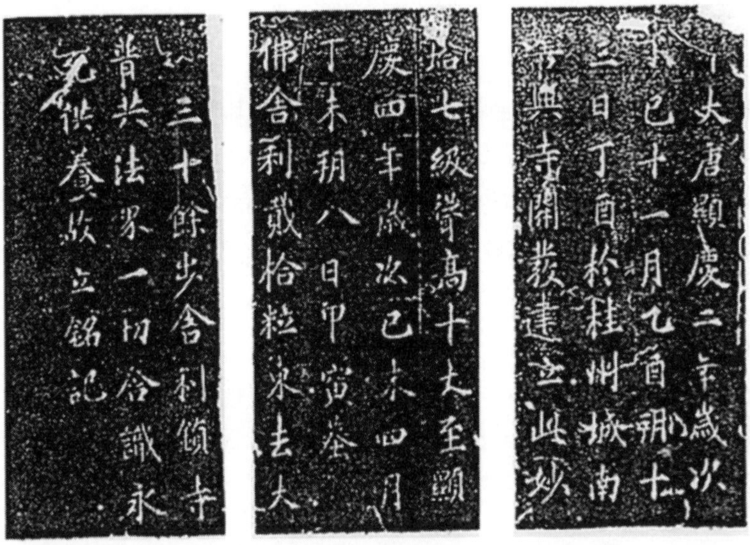

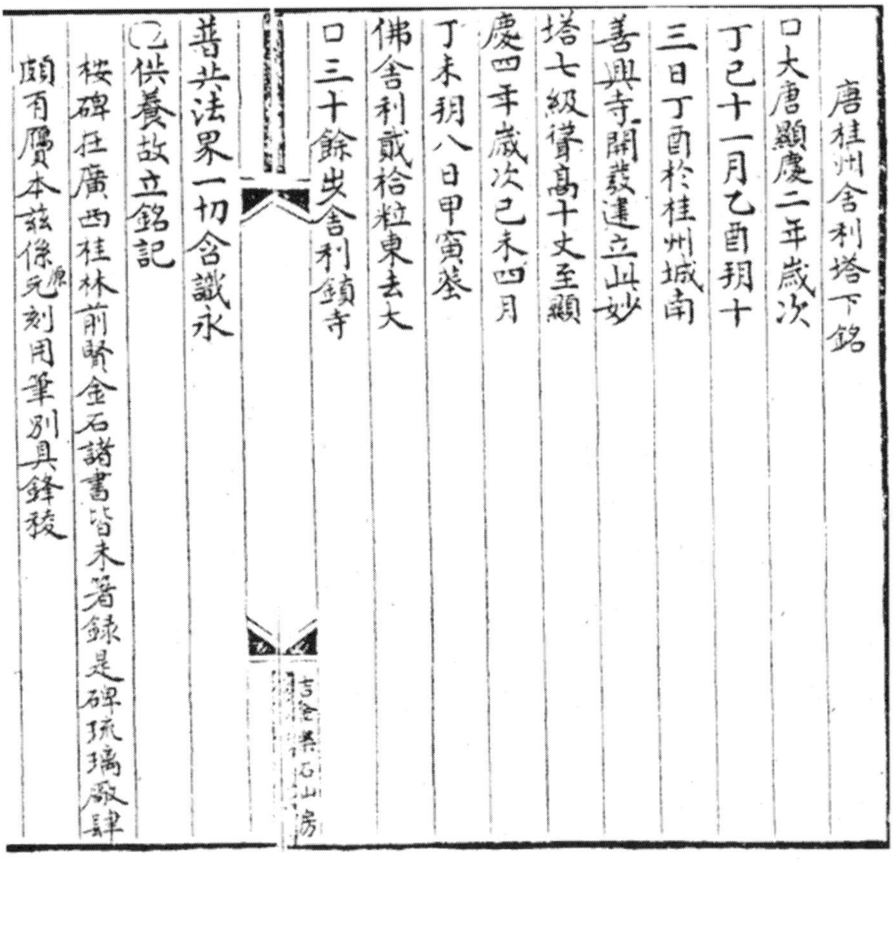

唐桂州舍利塔下銘

口大唐顯慶二年歲次
丁巳十一月乙酉朔十
三日丁酉於桂州城南
善興寺開發建立此妙
塔七級耸高十丈至顯
慶四年歲次己未四月
丁未朔八日甲寅葬
佛舍利貳拾粒東去大
口三十餘步舍利鎮寺
普共法界一切含識永
(乙)供養故立銘記

按碑在廣西桂林前賢金石諸書皆未著録是碑琉璃廠肆
頗有贋本茲係原刻用筆別具鋒稜

“丁” 字皆半蝕、此尤可寶。光緒廿一年歳次乙未（1895）閏五月記」。

07　丁未朔八日甲賓塟

「賓」: 謝本・楊本・黄本・洪本・汪本・唐拾本・唐新本・桂林本は「寅」。異体字、清・邢澍『金石文字辨異』三（13a）「寅」に見える。

「塟」: 黄本・唐拾本（新編）・唐新本は「葬」に作る。異体字。「土」の上は「蔡」の上と同じようにも見える。ともに羅振玉『碑別字』四（29b）「葬」に見える。

08　佛舎利貳拾粒東去大

「貳拾」: 謝本・楊本・黄本・桂林本は「二十」に作る。「拾」は汪本・陸補本は「手」偏を「木」に作っており、徐拓本・北京本でもそれが確認される。異体字。唐人の書体では「才」手偏はしばしば「木」に書かれる。

09　□三十餘歩舎利鎮寺

「□ : 洪本・桂林本は「江」に作るが、謝本・陸続本・汪本・唐拾本・陸補本・楊本・黄本・朱本・唐新本は「□」缺字に作る。趙本は「□」缺字にして「江」を補足する。徐拓本は左下部分を残存しており、「江」のようにも類推される。

11　充供養故立銘記

「充」: 朱本は缺字、「儿」の右下を残す。

「記」: 謝本（通志）は「記」に作るが、謝本（縣志）はこれを缺く。単なる脱字であろう。

【復元】

01	維大唐顯慶二年歳次
02	丁巳十一月乙酉朔十
03	三日丁酉於桂州城南
04	善興寺開發建立此妙
05	塔七級聳高十丈至顯
06	慶四年歳次己未四月
07	丁未朔八日甲賓塟
08	佛舎利貳拾粒東去大
09	江三十餘歩舎利鎮寺

10 普共法界一切含識永
11 充供養故立銘記

【解読】

維大唐顯慶二年、歳次丁巳（657）、十一月乙酉朔十三日丁酉、於桂州城南善興寺、開發建立此妙塔七級（七重の塔）、聳高十丈（約31m）。至顯慶四年歳次己未（659）四月丁未朔八日甲寅、葬佛舍利貳拾粒。東去大江（漓江）三十餘歩（約25m？）。舍利鎮寺、普共法界；一切含識、永充供養。故立銘記。

【考察】

唐・善興寺と舎利塔の由来

函記によれば、高宗・顕慶二年（657）に桂州城の南にあった善興寺の境内が開拓されて「十丈」三〇米以上の高さをもつ七重塔が建立され、その約一年半後の顕慶四年四月八日に佛舎利二〇粒を納めた函が安置された。この「佛舎利」について、趙平「唐代舎利函記失而復“得”」は「大和尚骨灰」「大和尚20粒舎利子」という。また凌世君・閉俊奮『鼻山公園』（一九九七年）「舎利塔・開元寺」にも「徳行の較や高い和尚の死後焼け剩こった骨」（p38）とする。この説では善興寺の住持であった高僧の遺骨のように理解されるが、この函記にいう「佛舎利」とは本来の意味、釈迦の遺骨（実際にはそのように伝えられているもの）を指すと考えてよかろう。じつは善興寺には隋代から「佛舎利」があった。

晩唐・莫休符『桂林風土記』の「開元寺震井」の条に次のようにいう。

隋曰“縁化寺”、後因紗燈延火燒燬、重建。玄宗朝改名“開元寺”。有前使者褚公親筆寫『金剛經』碑、在舎利塔前。

これによれば、隋代に縁化寺が創建され、後に火災に遭って重建、開元寺と改名された。開元寺の改名は玄宗・開元二十六年（738）のことであり、高宗・顕慶二年にはすでに善興寺があったわけであるから、隋の縁化寺が再建されて善興寺と改名、さらに開元寺に改名されたものと思われる。縁化寺は善興寺の前身であるが、この縁化寺にも佛舎利塔があった。隋・王邵『舎利感應記』（唐・道世『法苑珠林』五三「舎利」所収）には全国各地に舎利塔を建立した時の霊異を記して次のようにいう。

仁壽元年（601）六月十三日……於海内諸州選高爽清靜三十處、各起舎利塔……桂州縁化寺立（舎利）塔。未至十里、鳥有千許、夾輿行飛、入（桂州）城乃散。

桂林は嶺南に属し、嶺南は瘴癘野蛮の地として唐代では貶謫の地であったが、すでに隋初において全国三十個所の仏教聖地の一つに選ばれていた。その理由には桂林が当時地方にあっても一定の人口をかかえた都市であっただけでなく、早くから仏教信奉の空気があったということが考えられる。また、唐・道宣『續高僧傳』二〇「隋京師淨影寺釋道顔傳」にも同様の記事が見える。

仁壽中、置塔赤縣、下勅徵召、送舍利於桂州。初入州境、有鳥數千、齊飛行列、來迎輿上、從野入城、良久方散。

桂林の舎利塔はその霊異伝承とともにかなり有名であったらしい。これらによれば、唐・善興寺の前身である隋・縁化寺にも舎利塔があり、それは佛舎利を納めたものであった。後に縁化寺とその佛舎利塔は火災で崩壊し、善興寺が建立され、顕慶二年に佛舎利塔が再建された。善興寺塔の「佛舎利」はこの隋・縁化寺に納められていた佛舎利であるに違いない。それは隋・文帝の送ったものであり、釈迦の遺骨と伝えられていたものであろう。さらにいえば、「四月丁未朔八日甲寅、葬佛舍利貳拾粒」という時期にも意味があるように思われる。四月八日は釈迦の誕生日に当たる。釈迦生誕の月日については、今日に至っても二月八日(『長阿含經』等)・四月八日(『灌佛經』等)を始めとして諸説があるが、唐代においては四月八日説が最も有力であった。少なくとも民間に普及していた。例えば顧況(727?−816?)「八月五日歌」(『全唐詩』二六五)は玄宗誕生記念日を詠んだものであるが、それに「四月八日明星出、摩耶夫人降前佛(釈迦)。八日五日佳氣新、昭成太后生聖人(玄宗)。開元九年燕公(張)説、奉詔聽置千秋節」といい、また考証精核で知られる南宋・呉曽『能改齋漫録』五「辨誤」の「老子與佛生日」に「唐明皇(玄宗)以任之良之言、遂以二月二十五日爲老子生日、殊不知周以建子爲正。唐以建寅爲正、失之矣。後世多以四月八日爲佛生日、亦類此」という。高僧の舎利ではなく、隋代より釈迦の舎利と伝えられて来たものが四月八日に納められているというのは、その月日が意を以て選ばれているのであり、それは釈迦の誕生に当たる日が選ばれたと考えるべきであろう。この佛舎利は石函の他に金銀二つの小函に納められていたらしい。明・黄佐『廣西通志』五七に次のようにいう。

寧壽禪寺:在(桂林)府城南、隋創舍利塔、後爲“開元寺”、宋・天禧間(1017−1021)始更今名、本朝・洪武三年(1370)毀于火、十六年開設僧綱司、仍於地建佛殿・司舍、(洪武十八年)復建舍利塔。先是、軍士於舊塔基下取石、得舍利子數十、外秘以巨石、内盛以金銀二函、廣寸餘、長四寸許。於是復置舍利塔焉。

明の舎利塔は、明・旻徳「寧壽禪寺重建舍利塔銘」(『桂林石刻(中)』p1)によれば、洪武十八年(1385)の建立であり、それにも「藏安佛舍利計二十餘顆」という。軍士が「舊塔基」から得たという舎利を納めた石函は唐・善興寺の舎利塔函ではなかろうか。金銀をもって、しかも何重にも封緘されていたこともこの舎利が一般の高僧のものではなかったことの傍証となろう。

唐・善興寺と舎利塔の位置

しかし唐の善興寺(後に開元寺)舎利塔と明の寧寿寺舎利塔の位置は異なっているように思わ

れる。唐・舎利塔は題記に「東去大江三十餘歩」という。「歩」（五尺）を1.55mとすれば「三十餘歩」は約50m。ただし実際の歩測であれば約25m。明の舎利塔（高さ13m）は今日でもほぼ完全な形で残っており、それは桃花江に架かる文昌橋の西南約50m、桃花江の南約30mに位置にある。明・寧寿寺舎利塔は、その北に今日の桃花江が東西に流れており、「去大江三十餘歩」という距離の上では大差はないとしても、「東去大江」という方位関係には合わない。東にある「大江」とは今の漓江と考えるべきであろう。ただし桃花江が今日のような流れであったかは疑問である。今日の桃花江は文昌橋の東約300mで東と南に分流しているが、東に流れる桃花江は明・洪武九年に拡張された南城に造られた濠であるかも知れない。明・舎利塔址の周辺には桃花江の他にもいくつかの河がある。一つは明・舎利塔址の西約200mのあたりで桃花江が分かれて南流している寧遠河である。一つは今日の桃花江が明・舎利塔址の北から文昌橋を通って東約200mで注いでいる漓江である。この三流の中で「大江」とよべるものは当時にあっても漓江しかない。たとえば象鼻山西南の崖に刻されていたという南宋・淳祐元年（1241）の「李二娘捐田地碑記」（『桂林石刻（上）』p296）には次のようにいう。

古籍：雲峰寺所遺地界、列明于後：東至江、西至塘、南至大街、北至象山。

これによれば南宋の雲峰寺の地所は今の象鼻山の西南にあったが、「東至江」という「江」は明らかに漓江を指している。すると、唐の善興寺舎利塔は明の寧寿寺舎利塔よりもさらに東にあったことになる。函記に「開發建立此妙塔」というから、舎利塔を建立するために新しく地が開かれたのであろう。最近、桃花江の下流が整理され、文昌橋の南岸で古代の建築址が発見されたという。李鏵「桂林開元寺及其舎利塔沿革考」（『桂林文博』2000-1）に詳しく報じられており、それに「室内地下に又た石函窖蔵有り、佛殿・楼閣の一類の大型建築と同じからず、應に是れ一座の方形底座を磚砌せし空心の舎利塔なるべし」（p51）という。ただしこの位置は「東去大江（漓江）三十餘歩」とはやや離れている。また、舎利塔の遺構であることも疑問であり、さらに塔の遺構であっても唐代のものとは限らない。「東去大江（漓江）三十餘歩」ではかなり漓江に近い地である。また、莫休符『桂林風土記』の「開元寺震井」の条には「玄宗朝改名“開元寺”。有前使者褚公親筆寫『金剛經』碑、在舎利塔前。西有觀音寺井。貞元中、有李氏因左遷、寓居僧院」という。これによれば、開元寺の西には観音寺の井戸があり、その西には観音寺の本殿・僧院等があった。つまり漓江東岸から東へ700～800mの位置にある寧遠河までの間に観音寺・開元寺があったことになる。唐代の開元寺は今の明・寧寿寺舎利塔のあたりからかなり東にあったのではなかろうか。明・舎利塔の東から「東去江三十餘歩」の間には漓江に枕する象鼻山がある。かりに象鼻山の西北の漓江から約50m～30mの岸上の地点とすれば、唐塔（約31m）はその南が象鼻山（相対高度約55m、東西180m×南北100m）によって塞がれてしまうことになろう。風水から見ても適当ではない。そうならば象鼻山の南側の地にあったのではなかろうか。先に挙げた「李二娘捐田地碑記」にいう南宋の雲峰寺も「東至江、西至塘、南至大街、北至象山」というからこのあたりにあったはずである。宋・雲峰寺は唐・開元寺の境内にあったと思われる。

以上によれば、唐・開元寺舎利塔は今の象鼻山の南の漓江岸上にあったと考えられるが、明初の洪武三年（1370）の戦火によって倒壊し、十六年に今の万寿巷に寧寿寺が重建されて洪武十八年に舎利塔が万寿巷北段に移されて再建された。

唐・善興寺舎利函記の行方

先にも触れたように、早くから舎利函記を唐代の名書家である褚遂良（596-658）の書であるとする説があった。謝本に次のようにいう。

案『桂林風土記』:“褚遂良以顯慶二年貶桂州、今開元寺舎利塔前有褚公親筆寫『金剛經』”云々、其碑至乾隆間尚存寺中、爲臨桂典史嚴成坦剷去。或疑此「(舎利函) 記」亦褚筆。考顯慶二年遂良再貶愛州、明年冬卒。此非褚書明甚。然筆勢瘦健、得歐（陽詢）・虞（世南）法、其亦親炙於（褚）河南者歟。

唐・莫休符『桂林風土記』の「開元寺震井」の条に「改名開元寺、有前使褚公親寫『金剛經』碑、在舎利塔前」といい、また『桂林風土記』の「褚中令（名遂良)」の条に「忤旨貶潭州、顯慶二年又貶桂州。……重貶令公愛州。明年卒於貶所。年六十二。死後二年、又追削官爵、子孫並流愛州。高宗崩、遺詔復爵」という。謝本が褚筆説を「此非褚書明甚」として否定するのは、この「褚中令」の条に拠る。つまり、褚遂良は顕慶二年（657）に桂林に流されたが、同年中に愛州に流されて顕慶三年に死去しているから、顕慶四年四月の日付をもつ舎利函記を書くことはあり得ないというわけである。『通鑑』によれば、褚遂良は顕慶二年三月甲辰（十六日）に潭州都督から桂州都督に移され、同年の八月丁卯（十一日）に愛州刺史に移されている。史書に記す事跡から見れば、たしかに合わない。褚遂良の親筆ではなかろう。

その一方で謝本は函記の書風に「褚河南」こと褚遂良の影響を認めている。褚遂良は歐陽詢・虞世南とともに初唐の代表的書家として併び称せられた。この函記の拓本は珍重されていたらしいが、それは褚遂良の親書であると考える者がいたからではなかろうか。陸續本に次のようにいう。

道光三年（1823)、龍泉教諭仁和徐君（元植）出示拓本。次年、果亭撫部成格自桂管還京、多貽石墨、以是刻爲乘韋之先、且云：石函爲人攫去、予購獲之、屬友人納諸寺壁、庶免負之而趨。後二年、老友錢唐［塘］何夢華（元錫）遊桂林、親訪石函、摩挲手搨、視爲至寶。余曰：此贋刻之佳者耳、因取撫部拓本證之、則“甲寅”“寅”字作“寅”、而後搨作“㝊”。四周鏤刻、幾可亂眞、不知何人所易也。

これによればおそくとも道光間には贋刻の拓本が出回っていたらしい。文字の異同を指摘しているのは貴重である。ただし「寅」字の「ハ」部分の異同は、その部分が磨滅していた、不鮮明であっただけなのかも知れない。また、これより後の楊本に次のようにいう。

余舊存有拓本、未攜、至閲（謝啓昆）『通志』載……。余訪之桂林人、得見重刻本、已失神味。此「（舍利函）記」、道光間猶存、梁茝林中丞取置撫廨鼓樓上、別刻一函置寺中。近數年前、鼓樓毀於火、石遂佚。或云：“梁攜歸閩中、則希石尚存世也”。余過平樂（縣）、晤陳心香廣文許以原拓相贈。及去粤西、舟中偶檢書簏、竟得舊存拓本、不勝喜慰。余粤西訪得古碑多種、此最著者、猶得之於行驣中、眞快事也。審其字迹、嚴整瘦削、在唐人中、於歐陽信本爲近、而無其圓勁寛博之度、以爲褚（遂良）則相去遠矣。何耳食者之多耶。

梁茝林（1775−1849）、名は章鉅、福建の人、道光十六年（1836）に広西巡撫兼学政となった。陸続本が「贋刻之佳者」というのは、楊本がいう「重刻本」であり、それは「別刻一函置寺中」というレプリカによる拓本であろうか。おそらく同じような頃だと思われる、道光元年の挙人・朱士端『宜録堂收藏金石記』の按語にも次のようにいう。

在廣西桂林。前賢金石諸書皆未著録。是碑瑠璃廠肆頗有贋本。茲係原刻、用筆別具美鋒稜。

「前賢金石諸書皆未著録」とはいえないが、これによれば、北京の瑠璃廠で贋作が売られていたらしいから、道光年間（1821−1850）にはかなり贋作が出回っていたであろう。今、陸続本によれば、贋刻本は「寅」に作っているというが、謝本・洪本・汪本・楊本・黄本は「寅」に、陸続本・陸補本・朱本・徐拓本・北京本は「寅」に作っている。むしろ諸本間に見られる最も顕著な相違は「十一月」と「十二月」、「貳拾」と「二十」である。北京本のみ「十一月」に作り、これは明らかに干支に合わない。また、謝本・楊本は「二十」に作り、洪本・陸続本・汪本・陸補本および朱本・徐拓本は「貳拾」に作っている。しかし陸続本はこの異同を指摘しておらず、また他の諸本も言及していない。陸続本・楊本・朱本の按語によれば、いずれも自らのものを原刻本であるというが、陸続本・朱本は「貳拾」に、楊本は「二十」に作っている。謝本と楊本はともに「寅」・「二十」に作っているから、贋刻本であった可能性が高いということになる。しかしこれらの録文が必ずしも全て贋刻本に拠るものであるとはいえない。そのような相違に気付かず、あるいは異体字であると判断して、正字で録文したものもあろう。

いっぽう舎利函の所在については、陸続本は「在廣西臨桂縣」、陸補本は「在臨桂」というのみであるが、謝本（通志）には「在臨桂縣萬壽寺。……其碑至乾隆間（1736−1795）尚存寺中、爲臨桂典史嚴成坦剷去」といい、謝本（縣志）にも「案此函今在寺中」というから、謝本が編纂された嘉慶六年（1801）前後までは存在していたらしい。徐拓本は、趙氏の記事によれば、嘉慶二十二年（1817）に桂林で入手されたものである。しかし陸続本には道光四年（1824）に「石函爲人攫去、予購獲之、屬友人納諸寺壁」というから、石函は嘉慶末・道光初の間に紛失したことになる。その後、楊本によれば、梁章鉅が道光十六年（1836）に探し出して鼓楼に置き、また万寿寺にレプリカを置いた。贋作が出回るのもこの頃、道光年間である。その後、同治六年（1867）に鼓楼が火災に遭って石函も焼失したらしいが、一説に梁章鉅が故郷・福建に持ち帰ったともいう。

このような経緯にあって注目されるのが洪本にいう「在臨桂縣李郎中秉綬家」である。李秉綬は書画に工みで桂林に多くの石刻を残しており、疊綵山に現存する石刻の題記によって、嘉慶十二年（1807）頃に桂林に寓居していたことがわかる。これは嘉慶六年（1801）の後にして道光四年（1824）の間に当たる。陸続本に「石函爲人攫去」というのは李秉綬のことであろうか。また、北京本の解説に「臨桂李氏舊蔵」というが、洪本は諸本の中にあって出自が特殊であるだけでなく、文字に至っても他と異なる。つまり、清代の録文では洪本以外の諸本は01行と09行の第一字を缺字にするが、洪本のみ「維」・「江」に作っている。缺字にしているのは徐拓本によっても知られるように、その部分が磨滅していたためであるが、洪本に缺字がないのはそれ以前の状態のものであったからであろうか。しかし嘉慶六年（1801）頃の状態は、謝本に「記内缺二字、首行第一字是“維”字、糸旁尚可辨識」というように、「維」は判読可能であっても、「江」の方は困難であった。したがって李秉綬家に蔵していたものが石函ならば同様に判読困難であり、缺字になっているはずである。すると李家蔵のものは石函ではなく、その拓本であろう。李秉綬家蔵拓本には缺字が見られないから、おそくとも嘉慶六年より前にとられた拓本であったために、文字が鮮明であったと考えられる。あるいはこれも贋刻本・重刻本であろうか。しかし贋刻本に缺字が無かったならば、それらを見ている陸続本・楊本はそのような大きな特徴を見逃すわけがない。そうならば、清代の諸本の中で洪本が最も鮮明にして最も早い段階の拓本ではなかろうか。

唐・善興寺舎利函記と褚遂良

このように贋刻が横行し、拓本が「乘韋」贈り物として珍重されていたが、それは函記が唐代の作というだけでなく、褚遂良の親筆であると考えられたからであろう。謝本は史書に見える事跡に拠って褚遂良の親筆ではあり得ないとしながらも、書風が似ていると理解している。しかしこれとは異なった見方もある。楊本には謝本の説を引いた上で次のようにいう。

> 審其字迹、嚴整痩削、在唐人中、於歐陽信本（詢）爲近、而無其圓勁寛博之度、以爲褚（遂良）則相去遠矣。何耳食者之多耶。

欧陽詢の書風には近いが、褚遂良のそれには似ていないというのは謝説に異を唱えるものである。しかし謝本も褚遂良自身の書ではないことを認めながら、褚遂良の影響をうけた者の書ではなかろうかと考えている。たしかに褚遂良が桂林にいた時にその書を学んだ者がいてよい。それは褚遂良が桂林でも知られている、当時すでに有名な書家であったからだけではない。褚遂良と桂林およびその舎利塔には深い関係があった。

今、史書によれば、褚遂良が桂州に流されたのは顕慶二年三月であり、顕慶二年八月に桂州から愛州に流された。舎利塔が建立されたのは顕慶二年十一月のことであるから、褚遂良は建立の直前に桂林にいたことになる。また、褚遂良は桂州都督という長官の任にあった。このような時間関係から見て、また官職の上からいって、褚遂良は舎利塔の建立に直接関わっていたはずである。さらに想像をたくましくすれば、舎利塔建立は褚遂良自身の発願であったかも知れない。塔の完成は、規模にもよるが、少なくとも数ケ月を要するであろう。褚遂良が潭州都督から桂州都督となったのは塔完成の三ケ月前であり、潭州から桂州への移動は一個月を要しない。また、現に舎利塔の前に置かれていたという『金剛經』は褚遂良が自ら書いたものであった。

しかしこの仮説で問題となるのは舎利塔の完成時期と舎利函の安置時期との関係である。函記の内容には理解しにくい部分がある。「顯慶二年歳次丁巳十一月乙酉朔十三日丁酉、於桂州城南善興寺、開發建立此妙塔七級、聳高十丈。至顯慶四年歳次己未四月丁未朔八日甲寅、葬佛舍利貳拾粒」というのは、顕慶二年十一月に舎利塔が完成し、顕慶四年四月八日つまり完成の一年半後に舎利函を納めたように読める。先に見たように桂林にあった佛舎利は隋代から善興寺に伝えられて来たものであると考えられるが、なぜそれを安置する舎利塔の完成から実際の安置まで一年半も待たなければならなかったのか。あるいは四年四月というのは着工の時をいうものであって、一年半後に完成したということであろうか。しかし「顯慶二年……建立此妙塔」の後に完成した形「七級、聳高十丈」を示しており、更にその後に「至顯慶四年……」という。この文は舎利塔が完成した後に舎利函が置かれたように読める。もし二年十一月に舎利塔が完成したのならば、着工はその前である。仮に建塔が褚遂良の計画であるならば、桂州への貶謫は三月十六日であるから、四月中に着任したとすれば、半年余で完成したことになる。30m以上ある七重の塔であるから、半年という工期は短過ぎるようにも思われる。そうならば褚遂良の着任以前に計画されていたことになる。

このように多くの問題を残すが、善興寺の舎利塔函記は褚遂良と全く無関係ではなかろう。褚遂良は貶謫者であったとはいえ、武后の冊立に反対して怒りをかったための貶謫であり、太宗朝では中書令、高宗朝では尚書僕射となっていた重臣名官である。その名声は桂林でも広く知られていたはずである。そのような当時の大人物が二年前にこの地に来た。しかも都督・刺史として滞在し、また『金剛經』を書き残していた。当時、桂林の官・民は褚遂良が赴任して来たことを大いに歓迎したであろう。しかし貶謫であったから遺愛碑建立を請願するような表立った顕彰運動はできない。褚遂良書『金剛經』碑の後にある舎利塔の函記は褚遂良の死の直後に書かれているから、少なくとも、死去の数個月後に刻された函記の「舍利鎮寺、普共法界、一切含識、永充供養」には、文句としては通例のものであるが、褚遂良をも供養する意がこめられているはずである。また、舎利函記の書風が褚遂良に似ているという説に立つならば、本来ならば舎利函記も褚遂良が書くはずであったが、愛州に流罪されたためにそれが果たされず、褚遂良の亡き後、桂林では褚遂良の書風をまねて舎利函記が書かれた、とは考えられないであろうか。謝本に「顯慶二年遂良再貶愛州、明年冬卒」というから、褚遂良は顕慶三年冬に愛州（今のベトナム北部、ハノイの南）で死去しており、「冬」を十二月としても、訃報は四年三月には桂林に届いているであろう。そこで釈迦の生誕という吉日「四月八日」を選んで舎利函が安置されたのではなかろうか。なお、褚遂良と一族が爵位を回復するのは、両『唐書』本伝および『舊唐書』六「則天皇后紀」によれば、卒後約半世紀たった神龍元年（705）、則天武皇の遺詔による。

10-03 〔？〕五代楚・天成二年（927）馬賓建『金剛經』碑記

清末・葉昌熾『語石』（一九〇一年）二「廣西二則」に「粤西有『金剛經』兩本：一在桂林萬壽寺、五代馬賓建、一在全州湘山寺。……皆法苑之珠林也」という。万寿寺の名は今日の地名“万寿巷”として残っている。一九三九年に開元寺址を調査した羅香林「唐代桂林磨崖佛像攷」（一九四一年）によれば「開元寺……舊有唐顯慶五年褚遂良書金剛經碑、及五代馬楚時書金剛經碑、前者早已無存、後者今毀臥於地」というから、最近まで存在していた。また、高さ３ｍ以上の石碑であったらしいから、戦火に遭ったとしても残碑がどこかにあるのではなかろうか。

【資料】

清・謝啓昆『粤西金石略』二（1a）「楚金剛經碑」（謝本と略称）

清・陸増祥『八瓊室金石補正』八一（20b）「馬賓造金剛經碑記」（陸補本と略称）

今・『桂林石刻（上）』（ｐ26）「五代楚・馬賓金剛経碑」（桂林本と略称）

桂林本は「茲據謝通志録文」。謝啓昆『廣西通志』二一六「金石略」二「五代」の「楚金剛經碑」（1a）に拠ったもの。謝『志』の「金石略」を独立させたものが『粤西金石略』であり、本来同じ。

【録文】

今、陸補本に拠る。

01 金剛般若波羅密經
52 靜江軍節度桂管□□處置等使開府儀同三司□□太尉兼□書令使持節
都督軍事守桂州□史□□□□興郡王食邑五千戶馬賓建

陸補本に「高九尺六寸四分、廣四尺、五十二行、行百有三字、字徑四分、正書。在臨桂萬壽寺」。謝本に「眞書、徑三分許」、桂林本に「真書径四分」。これらによれば、縦約3.1m×横約1.3m、楷書、字徑は1cm余。

【校勘】

01　金剛般若波羅密經

「經」の下：謝本には「全文」とあり、以下に『金剛經』の全文が刻されていたが、省略したもの。桂林本に「全文不録」。恐らく経文は改行して次の行から始まっていたであろう。陸補本によれば碑文は52行あったというから、51行までが経文であった。

52　靜江軍節度桂管□……

この落款部分は計六四字であり、陸補本によれば一行一〇三字であるから、一行に収まっていたであろう。

「管」：謝本は「□」缺字、桂林本は「州」に作る。桂林本は謝本に拠ったというが、謝本は缺字。桂林本が「州」に作るのは前に「桂」があることによって補足したのではなかろうか。

「處」：謝本・桂林本は「制」に作る。当時の呼称では「桂州管内都防禦觀察處置等使」・「桂州本管都防禦觀察處置等使」、略して「桂管觀察處置等使」・「桂管觀察使」。

「三司」の下：謝本・桂林本は「檢校」。

「太尉兼」：謝本・桂林本は「太□□」缺二字。『舊五代史』三一「莊宗紀」に「（後唐・同光二年924）靜江軍節度使・扶風郡王馬賓爲檢校太師・兼中書令、依前靜江軍節度使」、同書三七「明宗紀」に「（後唐・天成元年926）靜江軍節度使・桂州管内觀察使・檢校太師・兼中書令・扶風郡王馬賓加食邑實封」。陸補本の「尉」は「師」の誤りであろう。

「書」の上：謝本・桂林本は「中」。

「持節都督軍事守」：謝本・桂林本は「□□□□」缺四字。

「桂州□史」：謝本は「桂州諸軍事□□史」、桂林本は「桂州諸軍事史」。桂林本は謝本に拠りながら「□□」缺二字を脱している。当時の呼称は「持節都督桂州諸軍事兼桂州刺史」。陸補本も「都督」と「軍事」の間に脱字があるであろう。

「史」の下：陸補本は「□□□」、謝本・桂林本は「上柱國」。

「□興郡王」：謝本・桂林本は「扶風郡王」。「興」は「風」の誤り。『舊五代史』三一「莊宗紀」・三七「明宗紀」に「扶風郡王馬賓、また元・陳孚「馬王閣」詩（汪森『粵西詩載』一四「七言律」）に「煜煜金身兜率佛、稜稜鐵面扶風王」という。

「賨」:『舊五代史』三一「荘宗紀」には「馬賨」に作るが、同書三七「明宗紀」に「馬賓」に作る。その他、『新唐書』一九〇「劉建鋒傳」・『新五代史』六六「馬殷傳」では「馬賨」に作る。馬殷の弟であるから「賨」(ソウ)ではなく、「賓」が正しいのではなかろうか。

【復元】

01	金剛般若波羅密經
≀	≀〔全文〕
52	靜江軍節度桂管觀察處置等使開府儀同三司檢校太師兼中書令使持節都督桂州諸軍事守桂州剌史上柱國扶風郡王食邑五千戸馬賓建

【解読】

金剛般若波羅密經(題)(以下、全文省略)

靜江軍節度・桂管觀察處置等使・開府儀同三司(散官)・檢校太師・兼中書令・使持節都督桂州諸軍事・守桂州剌史(職事官)・上柱國(勲官)・扶風郡王(爵号)・食邑五千戸(食封)馬賓建。

【考察】

馬氏『金剛經』碑の建立年代と石碑の行方

五代楚の馬賓によって建立された『金剛經』碑が今の万寿巷にあったことは、清代・民国期の多くの記録に見える。嘉慶六年(1801)成書の謝本に次のようにいう。

右碑在臨桂縣萬壽寺。案『十國春秋』(七一「馬賓伝」)“(馬)賓、武穆王弟也、天成初(927)武穆建楚國、改賓靜江軍節度觀察使”。碑當刻於此時。

馬賓(?−931)は天成二年(927)に楚国を建てた馬殷(852−930)の弟。武穆王は馬殷の諡号。『舊五代史』三七「明宗紀」に「天成元年、十月……靜江軍節度使・桂州管内觀察使・檢校太師・兼中書令・扶風郡王馬賓加食邑實封」といい、『金剛經』碑には「靜江軍節度・桂管觀察處置等使……扶風郡王・食邑五千戸」と見えるから、経碑の建立は天成元年あるいはその翌年と考えてよい。朱玉龍『五代十国方鎮年表』(中華書局一九九七年、p635)は経碑の建立を天成三年に繋年するが、それは建立に要する時間を考慮してのことであろうか。『舊五代史』四二「明宗紀」に「長興二年(931)正月……靜江軍節度觀察使馬賓卒廢朝、贈尚書令」というから、これ以前。いずれにしても建碑は天成二年前後のことである。

謝本が馬氏経碑があったという万寿寺の址は今日も“万寿巷”の名で残っている。民主路北段の西。謝本の記録の約七〇年後、同治十一年（1872）に桂林の古跡・石刻を探訪した楊翰はその著『粤西得碑記』（29a）に次のようにいう。

桂林僧院、萬壽寺爲最古。余訪（唐・善興寺）舎利函屢過其地、見殿前有楚『金剛經』、全文細加氈蠟、尚未甚漫滅。（謝啓昆）『通志』：“案『十國春秋』、馬賓、武穆王弟。天成初、武穆建楚國、改賓静江軍節度觀察使。碑當刻於此時。眞書、徑三分許”。經文不録。字體謹嚴、猶有唐人遺法。

五代楚・馬氏『金剛經』碑は、清末まではほぼ完全な形で万寿寺内の蔵経殿（？）の前に立っていたらしい。万寿寺境内の配置については、『桂林旅游資源』（p524）に引く嘉慶年間の羅辰「桂林八景圖」によれば、南から山門・大雄宝殿・舎利塔・蔵経殿と東西に僧舎があったという。さらにその五十余年後の一九三九年に開元寺址を調査している羅香林「唐代桂林磨崖佛像攷」（一九四一年、p76）には次のようにいう。

開元寺……舊有唐顯慶五年褚遂良書金剛經碑、及五代馬楚時書金剛經碑、前者早已無存、後者今毀臥於地、鴻物受厄、覩之且爲戚焉。臥碑後、有舎利塔、形制甚古、塔前有明建文二年刻“觀音大士畫像”。……惟未見特色。

明・建文二年（1400）刻の「觀音大士畫像」の記は『桂林石刻（中）』（p2）に収める。民国初期に馬氏経碑はすでに倒壊していたが、なお存在しており、舎利塔の前にあった。この舎利塔は明・洪武十八年（1385）に寧寿寺に重建されたものであり、今日“唐・開元寺遺址”とされる地（今の万寿巷の北段）に残っている。その後、『（桂林導游叢書）象山公園』（p39）・『桂林旅游資源』（p524）等によれば、日本軍の空爆によって万寿寺は破壊され、碑もその時に烏有に帰したという。なお、日本軍による桂林空爆は一九三七年に始まり、一九四四年に桂林は総攻撃をうけて陥落。

これらの記録によれば、五代楚・馬氏『金剛經』碑は民国期までは明代の寧寿寺舎利塔の前に在った。先に見たように明・舎利塔は唐・舎利塔にあった舎利を改納したものであると考えられる。しかし唐・舎利函記には「東去大江三十餘歩」とあるから、唐・舎利塔は漓江西岸約50mの位置にあり、明・舎利塔の位置とは明らかに異なる。すると、唐・舎利塔は明代になって五代の経碑の後に、つまり場所を移して、再建されたことになる。じつは宋代の永寧寺に佛閣があって、それは五代・馬賓が造営したものであったという。五代の馬氏経碑はその前にあったはずである。

五代楚・永寧寺と馬王佛閣

南宋・紹興四年（1134）作の孫覿「桂林十詠」（『全宋詩（二六）』一四八三）に「永寧寺佛閣」と題する詩があり、その自注に次のようにいう。

五代末、馬氏據有荊廣時、其子賓所營也。閱二百年、壯麗如故。有畫像存焉、狀貌魁梧、稱其閣云。

荊広一帯を占拠したのは馬殷であり、馬殷は楚国王になると、その子や兄弟を領内の重要な地位にすえたが、静江節度使・桂管観察使に任ぜられたのは『金剛經』碑記の謝本・陸補本によれば馬賨であり、『新唐書』一九〇「劉建鋒傳」・『新五代史』六六「馬殷傳」には馬賨を馬殷の弟とする。孫詩の自注に「其子」というのは「其弟」の誤りであろう。ただし『舊五代史』四二「明宗紀」は「馬賨」に作り、また馬賨の卒後には馬希彝・馬希杲・馬希瞻・馬希崇・馬希隠など、馬殷の子（馬希範の弟）が静江節度使・桂管観察使になったとする。

孫詩の自注によれば永寧寺の佛閣は馬賨の造営したものである。その詩に「梯空出高營、飛閣冠五嶺」と見えるから、荘厳にしてかなり高い佛閣であったと想像される。元・陳孚に「馬王閣」と題する詩（汪森『粵西詩載』一四「七言律」）があり、それに「煜煜金身兜率佛、稜稜鐵面扶風王」というのは馬賨『金剛經』碑の落款に見える「扶風郡王……馬賨」のことであり、孫詩自注にいう「其子賨所營也。……有畫像存焉、狀貌魁梧」も同じものを指すと思われる。永寧寺の佛閣は扶風郡王馬賨あるいは楚国王馬殷・馬希範の命によって造営されたものであるために俗に“馬王閣”と呼ばれた。また、嘉定十四年（1221）に桂林に来た劉克荘の「慈氏閣」詩の自注に「馬氏建」とあり、詩に「閣建五季時、丹碧晃曾累」という。“慈氏閣”も五代・馬王の建立した佛閣であるから、永寧寺佛閣を指す。慈氏とは弥勒菩薩のことであり、兜率天内院に生まれ、億万年の後に人間界に現れるといわれる。この他に同建築物を記録しているものは多い。

では、この馬王佛閣はどこにあったのか。

明・陳璉『桂林郡志』（景泰元年1450）の「新郡城圖」（『桂林市志（上）』p131に付録）によれば、“馬王閣”は象鼻山の西南、今の文昌橋の南、文昌橋から象鼻山の南のあった宜山渡（宜山は象鼻山の古名）に通じる路の西に描かれており、この位置はほぼ今の万寿巷に当たる。永寧寺もこのあたりにあったはずである。嘉定六年（1213）の呉獵「紹熙廣西轉運判官方公（崧卿、方信孺の父）祠記」に「立祠于永寧慈氏閣下」、同年の柯夢得「方公祠堂迎送神曲」（『桂林石刻（上）』p261）の末にも「桂林永寧寺運判方公祠堂迎送神曲」とあり、明・張鳴鳳『桂故』五「先政」に「灕山（今の象鼻山）雲崖、則親築（軒）于崖之陽。……曾語守軒僧了眞曰；“先祠在永寧、去此不遠”」というから、永寧寺は漓山南麓の近くにあった。また、象鼻山水月洞に刻されている張釜等の紹熙五年（1194）の題名に「泛舟龍隠、遂過訾家洲、訪水月洞、登慈氏閣、從容竟日而歸」という路線は、象鼻山から永寧寺佛閣に登るものである。また、今の雉山岩の石刻（『桂林石刻（上）』p133）に「若愚（王祖道の字）……餞于永寧（寺）、因過雉山。（崇寧）丙戌（1106）」、「清湘（縣）唐孝稱……乘暇登永寧閣、復飯雉山。紹興丙辰（1136）」という。これによれば、永寧寺と佛閣は城内から雉山岩に向かう途中にあった。雉山岩は今の寧遠河が南流して漓江に注ぐ手前、上海路の南、寧遠河西岸上にある。これらは「新郡城圖」に示す位置にほぼ合う。つまり、馬王佛閣は永寧寺の境内にあり、永寧寺は今の万寿巷あたりにあった。馬氏経碑は馬王佛閣の前にあったと考えてまず間違いない。そうならば、謝啓昆等の記録によれば清代には馬氏経碑は明・寧寿寺舎利塔の前にあったわけであるから、明・舎利塔は馬王佛閣のあった址に建立されたことになる。明・黄佐『廣西通志』五七「寧壽禪寺」の「本朝・洪武三年（1370）毀于火、十六年開設僧綱司、仍於地建佛殿・司舍、（洪武十八年）復建舍利塔」によれば、唐・舎利塔は明初・洪武三年の戦火によって倒壊し、「東去大江三十餘歩」の地（象鼻山南？）から万寿巷の北に移されている。明・舎利塔は馬王佛閣の址に建てられているわけであるから、馬王佛閣も明初には倒壊していなければならない。しかし元・陳孚「馬王閣」詩があり、明・陳璉『桂林郡志』（景泰元年1450）「新郡城圖」には洪武九年に今の桃花江を東に引いて象鼻山の北で漓江に合流させて造った城濠の南に「馬王閣」が見える。そうならば、謝啓昆等の記録の記録は馬王閣の倒壊後のことであり、明代から清代の間に馬王閣は倒壊しており、馬氏経碑が明・舎利塔の前に移されたという可能性がある。

五代楚・永寧寺馬王佛閣と唐・開元寺舎利塔

仮にそうであるとしても馬氏経碑の位置は今の万寿巷あたりであり、「東去大江三十餘歩」にあった唐・開元寺の舎利塔の位置とは異なる。

では、馬王閣のあった永寧寺と舎利塔のあった開元寺とはいかなる関係になるのか。塔と閣は別の建物であり、別の位置にあったと考えなければならないが、永寧寺と開元寺は同寺の改名であるとする説がある。『大明一統志』八三「桂林府」に次のようにいう。

　永寧寺：在府城南、舊名“開元”、宋改今名、元・順帝（恵宗）嘗書賜“圓覺”二大字。虞集作記。

また、『大清一統志』四六二には次のようにいう。

　萬壽寺：在府城南門外。隋建。舊名“永安”。元賜“圓覺”、虞集作記。

『明志』にいう“永寧寺”と『清志』にいう“萬壽寺”は同じ寺である。『清志』にいう旧名“永安寺”は清の国諱（寧）を避けて“寧”を“安”に改めたものであろう。『清志』に“隋建”というのは、『桂林風土記』に見える開元寺の前身である「縁化寺」のことであり、『明志』にいう「舊名“開元”」と合う。これらによれば、隋に縁化寺、唐に開元寺、宋・明に永寧寺、元に圓覚寺、清に万寿寺とよばれた。しかし先に見たように永寧寺にあった五代馬王佛閣と開元寺にあった舎利塔の位置は異なっているから、永寧寺と開元寺の位置そのものも異なっていたように思われる。

また、これとは別に唐の開元寺は宋代に寧寿寺と改名されたとする説もある。明・黄佐『廣西通志』五七に次のようにいう。

　寧壽禪寺：在（桂林）府城南、隋創舍利塔、後爲“開元寺”、宋・天禧間始更今名、本朝・

洪武三年（1370）毀于火、十六年開設僧綱司、仍於地建佛殿・司舎、（洪武十八年）復建舎利塔。先是、軍士於舊塔基下取石、得舎利子數十、外秘以巨石、内盛以金銀二函、廣寸餘、長四寸許。於是復置舎利塔焉。二十四年（1391）、清理佛教、歸併附郭寺、以爲叢林、諸寺倶歸於此。都綱義勝天乃飭重殿堂、製極偉麗。

これによれば、唐・開元寺は北宋・天禧間（1017-1021）に至って寧寿寺に改名された。つまり、『明志』・『清志』とは隋の創建であり、唐の開元寺であるとする点は同じであるが、宋・明の間には永寧寺とは別に寧寿寺が在ったことになる。しかし黄『志』にいう明・舎利塔は今日に残っているものであるから、このあたりに寧寿寺は在ったわけであり、永寧寺の位置と重なってくる。果たして寧寿寺と永寧寺とは別の寺であろうか、あるいは同じ寺の改名なのであろうか。このような疑問はすでに明代から起こっていた。明・徐淮「重修寧壽寺碑」（謝啓昆『廣西通志』二四〇「萬壽寺」）に次のようにいう。

桂林城東南隅、有古刹一區、曰“寧壽”。考之『省志』:“舊名‘開元’、宋改今名、元・順帝嘗書賜‘圓覺’二大字”。或又云:“五代時、馬王殷所建”。嗣後興廢靡常、莫之考證、其所從來遠矣。……落成于嘉靖二年（1523）。

『省志』にいう所は『明志』と同じであるが、『明志』は「永寧寺」の条に見える。黄佐『通志』は嘉靖四年（1525）の編修であり、徐淮「重修寧壽寺碑」（嘉靖二年1523）のわずか二年後であるが、異なる史料に拠っている。今、徐淮「重修寧壽寺碑」の伝える所によれば、寧寿寺の起源には二説あり、一つは唐・開元寺であり、一つは五代・馬殷の創建である。前者の説は永寧寺の起源とされる所と重なる。しかし位置関係から見れば、馬王閣は永寧寺に属していたわけであるから、後者の説により近い。さらに問題を複雑にしているのが“寿寧”寺の存在である。

寧寿寺と寿寧寺および永寧寺の関係

明・黄『志』等によれば明・寧寿寺は唐・開元寺が北宋・天禧間（1017-1021）に改名されたものであるというが、これとは別に宋代には“寿寧”とよばれる寺院があった。龍隠巌に刻されている「余藻等龍隠巖題記」（『桂林石刻（上）』p51）に次のようにいう。

治平元年（1064）……自“壽寧院”抵（七星山）慶林觀、少休風洞、上登栖霞洞、却下漾檝、泊龍隱巖。

これによれば、“寿寧院”から慶林観・栖霞洞を経て龍隠巌に至っている。慶林観・栖霞洞・龍隠巌はいずれも漓江の東岸、今の七星公園内の北から西にある。また、雉巌に刻されている「張頡等題名」（『桂林石刻（上）』p69）に次のようにいう。

元豊辛酉（1081）……自“壽寧”早膳、泛舟、晩飲雉巖。

寿寧（院）から舟に乗って漓江を下り、今の寧遠河口近くにある雉巌に至っている。同じく雉巌に刻されている「孫覧等題名」(『桂林石刻（上)』p70）に次のようにいう。

元祐六年（1091）……自逍遥樓出桂江泛舟、至雉山巖、……泝流過“壽寧”、復還逍遥。

逍遥楼は子城東北の隅にあり、そこから桂江（今の漓江）を下って雉巌に至り、雉巌から漓江を遡って寿寧（院）に至っている。これらにいう舟の路線から考えれば、寿寧院は、舟で行ける地、漓江の岸近くにあり、具体的には子城の東北にあった逍遥楼（漓江の西岸上）よりも南、漓江西岸の雉岩よりも北にあった。象鼻山はその間に位置し、寧寿寺はその近くに在った。そこで李鏵「桂林開元寺及其舎利塔沿革考」(『桂林文博』2000－1）はこれらの石刻資料によって「寿寧在先、永寧在後、更名時間在北宋紹聖三年（1096）至崇寧五年（1106）的十年之中」(p49）とし、「寿寧与寧寿只是前人的筆誤」であるという。たしかに宋代に“寿寧”寺なるものが存在しており、その位置は宋の詩文・石刻に見える永寧寺や明の記録に見える寧寿寺に近い。また、位置が近いだけでなく、「壽寧」と「寧壽」という寺名自体が極めて類似しており、このような類似した名の寺院が近い位置にあったとは一般には考えにくい。そこで両者は同じものであって「筆誤」というわけである。しかし、作者・時間を異にする複数の史料、しかも石刻が、同じような「筆誤」を犯すであろうか。“寿寧”寺なるものは確かに在ったはずである。龍隠洞に刻されている「梁才甫題名」(『桂林石刻（上)』p74）に次のようにいう。

自東巖泛舟至此（龍隠洞)、遂遊“壽寧”。紹聖三年（1096)。

東巌は伏波山、逍遥楼のやや東北に在る。そこから漓江を下って東岸にある龍隠巌に行き、さらに寿寧（院）に遊んで、この題名を刻している。寿寧（院）は龍隠洞あるい龍隠巌の近くに在ったと考えてまず間違いない。この地は先の路線の条件にも矛盾しない。つまり伏波山から雉巌の間ではあるが、漓江の西岸ではなく、東岸に在った。したがって西岸にあった寧寿寺とはまったく位置が異なり、別の建造物であって「筆誤」ではない。

では、永寧寺は寧寿寺の旧名であって北宋・天禧間（1017－1021）に改名されたのであろうか。明・黄『志』によれば、寧寿寺の前身は唐・開元寺であり、北宋・天禧間に至って始めて改名されたというが、先に掲げた紹興四年（1134）の孫覿「桂林十詠」や嘉定六年（1213）の呉獵「紹熙廣西轉運判官方公祠記」・柯夢得「方公祠堂迎送神曲」に「永寧寺」というから、南宋でも存在していた。明らかに北宋・天禧年間に改名されたのではない。いっぽう寧寿寺の名は南宋に見える。淳祐九年（1249）に知静江府になった李曽伯に「寧壽寺劭農登慈氏閣、和李誠之柱韻」と題する詩がある。「寧壽寺」にあった「慈氏閣」とは先に見た永寧寺にあった「馬王閣」であるに相違ない。また、張湖山に「桂林寧壽寺詩」と題するものがあり、それに「向來馬氏殫禪力、要擬龍宮作佛家。樹老煙霜臺殿古、石封苔蘚井欄斜」という。寧寿寺は五代馬氏の造営であった。この張湖山「桂林寧壽寺詩」は清・金鉷『廣西通志』(一七三三年）一二三「藝文・七言律詩」や清・謝啓昆『廣西通志』(一八〇一年）二四〇「萬壽寺」には「宋」として引くが、『謝志』と同年の胡虔『臨桂縣志』二〇「萬壽寺」は「元」に作り、清・汪森『粤西詩載』六も「元」人とする。傅璇琮等主編『全宋詩（七二）』（北京大学出版社一九九八年）三七六〇には「張湖山」（p45351）を宋人に入れるが、略歴は全く示していない。『全宋詩』「張湖山」の「寧壽寺」詩は『宋詩拾遺』二一に拠っているから、宋人と判断したのであろうが、『宋詩拾遺』は『廣西通志』に拠って拾遺したのではなかろうか。なお、『粤西詩載』六「七言古」には張湖山の「伏波山歌」を収めており、『全宋詩』はこれに拠ってさらに一首拾遺すべきである。今、張湖山が元人、あるいは南宋末に生まれて元代に卒した人なのか未詳であるが、寧寿寺の名はその頃までは続いており、明・旻徳「寧壽禪寺重建舎利塔銘」（洪武十八年1385）にいうように、明代に至ってその地に舎利塔が重建された。明・徐淮「重修寧壽寺碑」（嘉靖二年1523）にいう「或又云：“五代時、馬王殷所建”」は寧寿寺が永寧寺の後身である意味において正しい。

以上によって、開元寺が寧寿寺に改名されたのではなく、永寧寺が寧寿寺に改名されたのであり、またその時期も北宋・天禧間（1017－1021）ではない。先に挙げたように嘉定六年（1213）の呉獵「紹熙廣西轉運判官方公祠記」に「永寧寺」といい、淳祐九年（1249）の李曽伯「寧壽寺劭農登慈氏閣」詩に「寧壽寺」というから、この間である。明・黄佐『通志』にいう北宋・天禧間の改名に根拠があるのであれば、この間に開元寺が永寧寺に改名されたことが考えられるが、永寧寺はそれ以前にあった。開元寺が寧寿寺に改名されたとする説に立って、李鏵氏は「寿寧在先、永寧在後、更名時間北宋紹聖三年（1096）至崇寧五年（1106）」というが、これも二重の意味で正しくない。「寿寧在先、永寧在後」つまり寿寧（寧寿）寺（氏は「筆誤」とする）から永寧寺に改名されたというが、事実はその逆である。永寧寺の名が見えるのは崇寧丙戌（1106）の「王祖道（若愚）等題名」が最初ではない。管見によれば、南宋・王象之『輿地紀勝』一〇三「静江府」に引く北宋・陶弼の「登桂州永寧閣」詩が最も早いものである。その詩は次のようなものである。

　五代浮屠閣、危層不易攀。

　曉光諸寺塔、晴露別州山。

「永寧閣」とは永寧寺にあった五代楚の“馬王閣”である。陶弼（1015－1078）は慶暦年間（1041－1048）に桂州陽朔県主簿となり、後に陽朔県令に遷っている。また、桂州は紹興三年（1133）に静江府に改名されており、詩題に「桂州」とあるから、「永寧」は編者・後人が「壽寧」を改めたものでもない。したがって紹聖三年（1096）後に寿寧寺が永寧寺に改名されたのではなく、永寧寺は慶暦年間（1041－1048）以前からあった。

しかし、なお多くの問題をのこす。永寧寺の佛閣について、南宋の孫覿「永寧寺佛閣」に「五代末、馬氏據有荊廣時、其子賓所營也」、劉克荘「慈氏閣」詩にも「馬氏建」というから、永寧寺の境内にあった佛閣が五代楚・馬氏の創建であることは間違いないが、永寧寺も馬氏の創建であるのか、あるいは唐・開元寺を改修重建し、改名したものなのか、なお明確にしがたい。また、黄佐『通志』に「二十四年、清理佛教、歸併附郭寺、以爲叢林、諸寺俱歸於此」というから、明・洪武二十四年（1391）に寧寿寺に統合されたが、城南の寧寿寺あたりには嘗ていくつかの寺院があったわけである。いっぽう宋代には雲峰寺という寺院が象鼻山の南にあった。淳祐元年（1241）の「李二娘捐田地碑記」（『桂林石刻（上）』p296）には「古籍：雲峰寺所遺地界、列明于後：東至江、西至塘、南至大街、北至象山」という。また、明・寧寿寺舎利塔址のある万寿巷は万寿寺の址であるとされているが、万寿寺の改名についても不明な点が多い。謝啓昆『通志』二四〇「萬壽寺」は「隋建、名開元寺、宋改爲寧壽。『李志』」「舊名永寧、元・順帝賜書“圓覺”、虞集作記。『一統志』」という諸説と明・徐淮「重修寧壽寺碑」を引いた上で「國朝順治十五年（1658）綫國安修、乾隆五十七年（1718）臨川李宜民重修。『縣册』」を引き、「謹案：萬壽寺之名、未知改於何時」という。これによれば清・乾隆五十七年（1718）の重修の後、謝『志』（嘉慶六年1801）の間の改名ということになる。しかし過去約八十年という短い間に、しかも有名な寺の改名があったかどうか不明であるというのは信じがたい。八十年の間に改名があったならば、当時それを知っている人が生存していたはずである。そうならば「國朝順治十五年（1658）綫國安修」という記録は改名をともなうものではなかったのであろうか。少なくとも蘇濬『廣西通志』（万暦二十五年1597）四〇「寧壽禪寺」には黄佐『通志』（嘉靖四年1525）「寧壽禪寺」とほぼ同じ文を引いた後に「隆慶六年（1572）重修」と見えるから、寧寿寺から万寿寺への改名は明・隆慶六年（1572）以後のことである。

諸寺の関係および創建・改名の年など、未詳の問題は多い。文献のみでの考証には限界があり、考古学的な資料・出土文物などによる研究成果を待たねばならない。今、考察した所によって寺名の変遷を整理しておけば、およそ次のようになる。

隋	縁化寺
唐	善興寺
	開元寺
五代	永寧寺
北宋	永寧寺
南宋	寧寿寺
元	圓覚寺
明	寧寿寺
清	万寿寺

馬氏『金剛經』碑は永寧寺佛閣の前にあり、唐・褚遂良書『金剛經』碑は開元寺舎利塔の前にあった。馬碑が民国期まであったことは間違いないが、唐塔と唐碑がいつ失われたかは不明である。清・謝『志』によれば唐碑は清・乾隆間まで存在したというが、非常に疑わしい。なぜ馬氏

は開元寺『金剛經』碑の近くにある永寧寺佛閣にも『金剛經』碑を建てたのか。あるいは、唐末・五代の戦乱の間に褚書碑が失われていたために、馬氏はその拓本に拠って『金剛經』を重刻したとは考えられないであろうか。

十一、象鼻山石刻

位置：象鼻山（Xiang4bi2shan1）は市の中心から東南に約1km、漓江西岸に沿って南北に走る濱江路と桃花江北岸に沿って東西に走る南環路の交わる地点の東南に位置する。N25°16′162″、E110°17′456″。山は海抜200m（相対高度55m）、東西約180m×南北約100m。東北の端は北から流れる漓江に接し、漓江中に訾家洲（訾洲ともいう）が北に延び、東岸に七星山を望む。北面は西から流れる桃花江に臨む。今日では“象山公園”になっており、その大門は文昌橋の南詰、民主路の北端にある。唐代では、このあたりは州城南門の外、南郊に当たる。

沿革：象鼻山はその形による命名であり、象山とも呼ばれ、また灕山、儀山、沈水山とも呼ばれた。灕山・儀山・沈水山はいずれも晩唐・莫休符『桂林風土記』の「灕山」の条に見える。象山の名は宋代の俗称に始まるであろう。唐代の名は灕山、元晦によって唐代の離宮“驪山”と同音であるために“儀山”に改名、また“宜山”とも書かれる。最も早い記録は柳宗元「桂州裴中丞作訾家洲亭記」であろう。それには洲およびその周辺の景観がつぶさに記されており、その中の「苞灕山、涵龍宮」という字句は象鼻山の東端にある水月洞の描写である。莫休符『桂林風土記』の「灕山」の条によれば、晩唐に温靈廟が建てられたが、明・張鳴鳳『桂勝』の記録によれば、おそくとも唐初から仏教信仰を集めていたと思われる。一九八六年に象山公園を造営、現在は桂林市旅游居発展総公司が経営・管理。象鼻山は桂林市のシンボルとして市の徽章の図案に組み込まれている。歴史と名称については拙論「桂林名山“象鼻山”与“漓山”」（『桂林旅游高等専科学校学報』2002－1所収）に詳しい。

石刻：『桂林旅游資源』（p351、p403、p674、p783）によれば、現存する摩崖石刻は四九件、うち唐一件、宋二三件、明一二件、清九件、民国二件、現代二件、『桂林市志（下）』（p2999）によれば、計六四件、うち宋二三件、元一件、明一二件、清一四件、民国二件、年代無考一二件。総数が異なり、また唐の数も異なる。摩崖石刻は主に象鼻山の鼻と前足を成している“水月洞”（長さ17m、高さ12m、幅10m）内およびその裏（南）にある“象鼻岩”（高さ2m、幅3.3m、長さ13.5m）内と山の西南麓にある雲峰寺の背後の岩壁に集中している。摩崖石刻は一九六六年に桂林市文物保護単位に指定、九四年に広西壮族自治区文物保護単位に指定。

11-01 〔？〕垂拱三年（687）僧智深撰書「呉興造像記」

垂拱三年、合浦県の令であった呂興は象鼻山の西南の崖に佛像を造り、僧・智深がその造像記を撰し、かつ書した。今日それを確認することはできない。清・謝啓昆『粵西金石略』一五「待訪目録」(14a)に見えるから、早くから佚していると思われるが、一説によればこの造像は存在しているらしい。『桂林石刻』・『桂林文物』、さらに『桂林市志』下冊「文物志」の「石刻・壁書・造像」・『桂林旅游資源』の「摩崖造像」・「摩崖石刻」にはこの佛造および造像記について全く記されていない。

【考察】

唐・僧智深とその造像記

明・張鳴鳳の『桂勝』(万暦十七年1589)二「灕山」に次のようにいう。

“雲崖”二眞書、旁有佛像、下鐫唐僧智深爲合浦令呂興造佛像記。

明・曹学佺『廣西名勝志』一「桂林府」臨桂縣にもこれと全く同じ文が見えるが、これは『桂勝』に拠ったものであろう。曹学佺は天啓二年(1622)に桂林に赴任。また、後に清・謝啓昆『粵西金石略』一五「待訪目録」(14a)の「佛象記:臨桂」にも『桂勝』として同文を引く。おそらく『桂勝』が最も早い記録であろう。いっぽう同じ張鳴鳳に『桂故』(万暦十七年1589)があり、これは桂林の景勝を当時知られる詩文題記などによって紹介する『桂勝』とは編集方針を異にして桂林に関する歴史故事を集めたものであるが、その七「方外」に次のようにいう。

僧智深:唐・垂拱三年(687)、爲(廉州)合浦令呂興記灕山陽所鐫佛像、書亦出智深手。其書與貞觀間呉人朱子奢相似。乃智深名不振、豈以爲僧、或隔在遠所也。

後人は『桂勝』を引くことが多いが、この石刻に関しては『桂故』の方が詳細である。「灕山」は今日の象鼻山。「呂興」については未詳。「朱子奢」(?-641)は有名、『舊唐書』一八九・『新唐書』一九八に伝があり、『全唐文』一三五・『全唐詩』三八にその作を収める。「僧智深」については、『景徳傳燈録』四・『五燈全書』四等に見える義興神斐の弟子であり、常州玄賾再伝の弟子である「東都智深禪師」が考えられる。しかし玄賾が五祖弘忍の門下に入ったのは咸亨元年(670)であるから、やや時代が合わない。張鳴鳳が疑っているように、朱子奢が後に出家して僧智深となったのであれば、この造像記は貴重な史料となる。しかし今のところ確たる証拠はなく、張鳴鳳の説は、書風が似ていることと活躍の時代が近いことによる、仮説であるに過ぎない。造像記の内容は示されていないが、張鳴鳳の両書の記載から、廉州(今の広西北海市)合浦県令であった呂興が佛像を造ったこと、それに僧智深が記を撰し、かつ書したこと、垂拱三年(687)刻の落款があったことなどが知られる。

この造像と記については、すでに清・謝啓昆が「待訪目録」に入れて以来、早期の研究であるが桂林の唐代仏教について今日に至っても最も詳しい調査報告書としての地位を譲らない羅香林の「唐代桂林磨崖佛像攷」(一九四一年)、さらに羅氏論文の基礎に立って補考した蒋廷瑜「桂林唐代摩崖造像」(一九九五年)に見えないのみならず、これらの先行研究と新たな調査と研究成果をふまえている『桂林文物』（一九八〇年）・『桂林石刻』（一九八一年）・『桂林文物古迹』（一九九三年）・『桂林旅游大典』（一九九三年）・『桂林市志』（一九九七年）・『桂林旅游志』（一九九九年）・『桂林旅游資源』（一九九九年）等、桂林文物管理委員会・旅游局など政府機関の刊行物にも全く言及されていない。ただ管見によれば、『桂林』（一九九三年）「寺廟」に「雲峰寺内唐代摩崖造像」（p135）としてその写真を載せ、また淩世君・閉俊奮編著『（桂林導游叢書）鼻山公園』（一九九七年、p33）は今の観音像の下に僧智深の記があったが「已毀」であるという。そうならばこの観音像は唐・呂興による垂拱三年（687）の作ということになる。しかし今日の観音像の下、蓮華台の真下にも題記があるが、『桂勝』・『桂故』にいうような内容ではない。つまり、今日見られる題記（横約50cm×縦約20cm）には横書きで「晉庵祖師」とあり、その下には縦書きで「治百病」（向かって右）・「感應靈保」（左）とある。縦二行の間には護符のようなものが刻されている。果たしてこの観音像は唐・呂興の造であろうか。

唐・合浦県令呂興の造像

『桂故』によれば唐・造像は「灕山陽」つまり今日の象鼻山の南に在り、また『桂勝』によれば旁に「"雲崖" 二眞書」つまり楷書 "雲崖" の二字が刻されていた。さらに『桂勝』二「灕山」には次のようにいう。

　故宋提刑方公信孺即南壁下建精舍以居、曰 "雲崖軒"、署榜曰 "古雲崖軒"、因祠范・方兩公於中。……軒左有洞、東出、曰 "東暉"、東有高巖、曰 "南西"。

今日、象鼻山の西南にある懸崖に "雲峰岩" 三字楷書が見られるが、"雲崖" 二字楷書は見当たらない。"雲峰岩" 三字は雲峰寺址の後（東）、観音像のある崖の左（向かって右、南東）約30mの洞口の上にある。北緯25°16′151″、東経110°17′461″。この岩洞 "雲峰岩" は象鼻山の西南に当たるから、『桂勝』にいう「東有高巖、曰 "南西"」であるかも知れない。

今日の観音像が唐・造像であると認めるには確証を欠くが、一応ここにその特徴を記述しておく。位置は雲峰寺址の後、北緯25°16′157″、東経110°17′447″。放生池（3m×10m）の上約4m、龕（1.5m×1.5m）、龕の左肩（向かって右）に題記があり、それに次のようにいう。『桂林石刻（中）』（p247）にも収録（簡体字）。今、石刻を釈文し、断句して示す。

　釋子照慶共沐
　浙江杭州府仁和縣信
　商弟子徐時同縁李氏
　寓廣西灕山仙境、偶見
　吉祥送子觀音菩薩・善
　財龍女三尊金像古迹、

時即觸目發心、捐
資重修、置造香爐、晨
昏供養、祈保安寧、福
有所歸、謹此勒石、以爲
永遠奉行云耳。
崇禎丁丑歳秋月吉旦書。
石匠孫會愍　莫慶恒
佛子普縁寫　　□□

これは崇禎丁丑十年（1637）の刻であり、『桂勝』・『桂故』（1589）から約五十年後のことである。この時に発見して「捐資重修」というから、すでに部分的に毀損していた可能性が高い。その部分に唐・造像記も含まれていたのであろうか。今の「晋庵祖師」の題記部分には修繕の痕跡があり、後にはめ込まれたもののようにも見える。龕の中央には子供を抱いた“送子觀音菩薩”があり、その両脇に“善財龍女”がひかえている。蓮華座と“善財龍女”二尊は古めかしいが、本尊“送子觀音菩薩”全体はそれらと違って新しい。乾隆七年（1742）の「重修雲峰寺記」に「象山之麓鐫有觀音大士法相顔、其寺曰“雲峰寺”、相傳以爲肇開于唐、重興于宋」というが、蓮華座と二尊は唐造の可能性があるとしても、本尊は明・清に修復されたものとは思われないほど新しい印象を受ける。あるいは文革時代に破壊されて修復されたのであろうか。

11-02 〔存〕（伝）大曆三年（768）元結題“水月洞”（南宋初・呉億）

象鼻山の東端にある水月洞内（象鼻山の鼻部分）の東南壁上、高さ約3m。N25°16′214″、E110°17′531″。早くから唐・元結の書とされているが、誤り。宋・呉億の書。水月洞は南宋・乾道二年（1166）に張孝祥によって“朝陽洞”と改名されたが、後の乾道九年に范成大によって隠山の“朝陽洞”と重複するために本来の名にもどされた。

【現状】

01	水　　月　　洞
02	谿園居士

石面磨平、字上塗墨。縦書き、題榜（01）は縦99cm×横45cm、篆書、字径31cm、落款（02）

は縦73cm×横18cm、字径12cm。

【考察】

谿園居士と元結

『桂林石刻（上）』（p5）に「唐・元結題『水月洞』三字」として収めて按語に「谿園居士、爲元結別號」という。また『桂林旅游資源』（p674）「象山摩崖石刻」によれば、四九件のうち唐題が一件あり、それは「唐人谿園居士元結書題の“水月洞” 3字篆榜、高さ1.12m、幅60cm、径33cm、大暦三年（768）に嶺南に入って容州（今の広西容県）都督の任に就くために舟で桂林を通った時に刻したもの」という。谿園居士を元結とする説は早く清・楊翰『粵西得碑記』（43a）に見える。それに次のようにいう。

龍隱巖石上鐫有“谿園居士”四篆字、無書者名、亦無紀年。玩其筆法、與浯溪石上“谿園”二篆字、係出一手。『浯溪志』“元次山、種苑竹處、刻二字於土石峰上、……”。余曾手拓多本。案元次山乾元初爲道州刺史、進容管經略使、身諭蠻豪、綏定八州、會母喪、人皆詣節度府請留、加左金吾衛將軍。民樂其教立石頌德。此字刻桂管、或爲次山自題、或士民留刻、皆未可知。“水月洞”亦有四字（“谿園居士”）、大抵皆唐刻也、以書法氣味當時事蹟定之耳。此二刻、『志』未收、或以爲無時代・名姓佚之耶。

後人の説は恐らくこれに拠ったものであろう。たしかに元結はかつて浯渓（今湖南省祁陽県の湘水岸）に隠居してその地を“谿園”と名づけたことがあり、また道州刺史から容州刺史に遷されたことがある。さらに明・弘治三年（1490）に朱欽は元結・褚遂良・張九齢・劉蕡の四人の唐代官僚を桂林の文廟に祀った。しかし、元結とする説については多くの問題がある。また、楊翰がいう「『志』未收」も正しくなく、早くから別の説がある。

まず、元結が“居士”と称したこと、また“谿園”と自ら号したことは、それを示す史料がない。いっぽう“谿園居士”とは宋の呉億の号であった。これについては『八瓊室金石補正』九八（39b）「谿園題字：高一尺九寸三分、廣七寸五分、一行四字、字長徑四寸許、篆書：“谿園居士”」の題跋に次のように見える。

『粵西金石略』未載。癸酉（1873年）三月、楊海琴（翰）游龍隱巖（今の七星公園内に有り）、探拓寄貽、謂與浯溪“谿園”二字筆法相同、疑爲元次山所刻。余按『廣西通志』、云“‘水月洞、谿園居士書’。谿園者、宋・靜江倅呉億之別號”、當即其人矣。附宋人題名之後。

引用する『廣西通志』がどれを指すかは不明。石刻について最も詳しいのは謝啓昆『廣西通志』の「金石略」であるが、謝啓昆『粵西金石略』には「未載」であるといっており、当然その『廣西通志』にも見えない。しかしこのような説は他にも多い。早くは明・張鳴鳳『桂勝』一（17a）「灕山」にすでに「“水月洞”三篆、谿園居士書：谿園、乃宋・靜江倅呉億之別號」といい、ま

た同書二（45b）「龍隠巖」にも「“谿園居士”四篆字、呉億書」という。その他、同人『桂故』四「先政中」に「呉億」の条があり、同旨の記載が見える。やや後の曹学佺『廣西名勝志』一（18b）にも「“水月洞”三字、谿園居士書、乃宋静江倅呉億之別號」というが、これは張鳴鳳説の引用であろう。楊翰はこれらの説を知らなかったようである。

今この説を補足していえば、『宋史』二〇八に呉億の著として『谿園自怡集』十巻が見える。その書は今佚であるが、清・厲鶚『宋詩紀事』五六に『浯溪集』から呉億「摩崖中興頌」詩を録している。かつて浯渓に住んでいたことがあり、“谿園”という号はそれに由るものであろう。『全宋詞』二によれば、呉億は「南渡初通判靖江」という。つまり南宋初に静江府通判となるが、水月洞は乾道二年（1166）に張孝祥が“朝陽洞”に改名し、乾道九年（1173）に范成大が「近歳或以一時燕私、更其號“朝陽”、邦人弗從」と批判して旧名に復せしめている。ともに今の象鼻山水月洞に石刻がある。そうならば呉億が「水月洞」と刻したのは復旧名の後のことではなかろうか。張孝祥の題名は洞内の東壁ほぼ中央に刻されており、「水月洞」はその右（南東）の端に刻されている。なお、元結の書と思われるものは『八瓊室金石補正』六一（29a）「“谿園”二篆文」に見え、「筆法深穩、唐人筆也」というものであろう。『金石文編』（『（光緒）湖南通志』二五六「藝文志・金石」）にも「浯渓“谿園”二字：篆書、模刻。小峿臺南石堂下、小石下。字徑六寸許。筆法深穩、唐人筆也」といい、具体的な所在地を記す。今、両者を比較すれば、桂林水月洞のものとは「谿」の「谷」の筆法がやや異なる。浯渓の「谿園」が「唐人筆」ならば、元結の書である可能性が高いが、桂林の「谿園居士」は明らかに南宋・呉億の号であり、その書である。したがって『桂林石刻』にいう「唐・元結題『水月洞』三字」は誤り。

象鼻山に現存する摩崖石刻について、『桂林市志（下）』（一九九七年）は宋二三件、元一件、明一二件とするが、『桂林旅游資源』（一九九九年）は唐一件、宋二三件、明一二件とする。両者の総数は変わっておらず、元一件を唐一件に訂正したように思われる。そうならば、“谿園居士”は宋人呉億であるから、唐一件あるいは元一件を宋二三件に加えて宋二四件と訂正すべきである。

11-03 〔佚〕元和十三年（818）柳宗元撰「訾家洲亭記」碑

今の象鼻山の西を南北に流れる漓江にある中洲“訾家洲”の亭に立てられていたが、元・明の間に喪失したと思われる。“訾家洲”の名は今日にも残っており、“訾洲”とよばれている。

【考察】

柳宗元「訾家洲亭記」碑の行方

元和十年（815）、柳宗元は柳州刺史となり、元和十二年に桂州刺史・桂管観察使となった裴行立のために「桂州裴中丞作訾家洲亭記」を撰す。その事情は柳宗元「上裴行立中丞撰訾家洲亭記啓」に具さである。

「訾家洲亭記」の存在は南宋まで確認することができる。最も早い記録は晩唐・莫休符『桂林風土記』の「訾家洲」の条であり、それに次のようにいう。

在子城東南百餘歩長河（今の漓江）中。……元和中、裴大夫覬造亭宇、種植花木、迄今繁盛、東風融和、衆卉爭妍、有大儒柳宗元員外撰碑千餘言、猶在。

「柳宗元員外撰碑千餘言」は「桂州裴中丞作訾家洲亭記」を指す。ただし「千餘言」ということから考えれば、「桂州裴中丞作訾家洲亭記」だけでなく、「上裴行立中丞撰訾家洲亭記啓」も刻されていた可能性がある。ちなみに今日に伝わっているものの字数は、前者が約五五〇字、後者が約一四〇字、題を入れても一千字には満たない。この他に書者・刻者など名や立石の年月等が刻されていたことが考えられるが、いずれにしても「千餘言」とは印象的な概数表現であろう。『桂林風土記』は光化二年（899）の作であり、約八〇年後のことである。「訾家洲亭記」を刻した碑石はほとんど当時のまま残っていたと思われる。

後に訾家洲亭は裴行立祠堂に建て替えられた。南宋・王象之『輿地紀勝』一〇三「靜江府」の「古跡」に「裴中丞祠：在訾家洲上。唐・元和中、御史中条裴行立爲刺史作亭于此。今有祠堂」といい、また「碑記」に「訾家洲亭石記：訾氏所居、訾氏［家］〔洲〕亭記、柳宗元文」という。「訾家洲亭石記」というのは「訾家洲亭記」が石に刻してあったためにそのように言ったのであろう。訾家洲は中洲であり、西隣にある象鼻山のような岩山はない。したがって摩崖ではなく、石板に刻して立てた石碑であったはずである。

『輿地紀勝』（一二二一年）よりもやや早い紹興甲戌（1154）作の趙夔「桂林二十四巖洞歌」に「秦碑・柳記難觀」という。この「柳記」も「訾家洲亭記」を指すと考えてよかろう。しかしすでに「難觀」であった。嘉定十四年（1221）作の劉克荘「訾家洲」詩にも次のようにいう。

來訪唐詩事、荒洲暮靄青。

偏生新草棘、難認舊池亭。

毀記欺無主、存祠怕有靈。

今人輕古跡、此地少曾經。

また次のようにも詠んでいる。

裴柳英靈渺莽中、鶴歸應不記遼東。

斷碑莫怪千回讀、今代何人筆力同。

これによれば、南宋の前期に碑石はすでに倒壊していた。趙夔が七十年前に「柳記難觀」といったのもこのような状態になっていたからであろう。しかし嘉定十四年（1221）に残碑はまだ存在していた。その三〇〇年以上後にありながら明・張鳴鳳『桂勝』（一五八九年）一六「訾家洲」は「上裴中丞撰訾家洲〔亭〕記啓」と「訾家洲〔亭〕記」を録している。これは『柳集』等に拠ったものであろう。象鼻山水月洞に刻されている宗璽「水月洞題詩并記」（題擬）に次のようにいう。

正徳戊寅（1518）……往訾氏洲、本以遣興比、至蓁莽、過人老屋、既壓漠然、徒見山高水清而已。既而召居民、詢柳公故碑、亦莫有能言者。

これによれば『桂勝』よりも七〇年も前に訾家洲はすでに荒涼たる状態になっており、柳「記」碑の存在を知る者はいなかった。清・謝啓昆『粤西金石略』は『輿地紀勝』に拠ってその巻一五「待訪目録」に載せる。

十二、南溪山石刻

位置：南渓山（Nan2xi1shan1）は桂林市の中心から中山南路を南へ約４km、八一橋（南渓河に架かる）の東に位置し、西から東に流れて漓江に注ぐ南渓河（南渓江ともよぶ）の南岸に在って東西に延びる。南渓山は屹立する東・西の二峰から成り、東西約350m、南北約180m、東峰は海抜291m（相対高度141m）、周辺の峰にあって一際高く聳え、石色も他の峰よりも白くて目立つ。N 25°15′096″、E110°16′865″。

沿革：南渓は宝暦二年（826）にこの地を訪れた刺史李渤による命名。唐代に城の南にある渓流であることによって“南渓”とよばれ、山が南渓にあることによって“南渓山”とよばれた。南渓山の名は『太平御覧』四九「地部」一四「西楚南越諸山」の「南溪山」の条に引く晩唐・莫休符『桂林風土記』（光化二年899）に見えるものが最も早い。後に、白龍洞（高さ20m、幅12m、洞長288m）があることによって“白龍山”ともよばれた。また、北宋の道士劉景（字は仲遠）が居住したことでも知られる。劉仙巖（高さ２m、幅７m、深さ36m）は南の山腹にある。一九七九年に南渓山公園管理処を設立、一九九三年に正式にオープン。現在、桂林市園林局が管理する。

石刻：現存する摩崖石刻は『桂林市志（下）』（ｐ3000）によれば一四五件、うち唐三件、宋四七件、『桂林旅游資源』（ｐ358、ｐ676）によれば一五〇余件、うち唐四件、宋五二件、『桂林旅游志』（p63）は『桂林市志（下）』と同じであるが、また別の章節（ｐ107）では二〇〇件近くあるともいう。畳彩山石刻とともに七星山石刻の約三〇〇件に次ぐ量である。『桂林石刻（上）』で南渓山に存するものを閲れば、唐代のものとして「唐・釋懐信無業等六人元［玄］岩題名」・「唐・李渤南溪詩」・「唐・李渤留別南溪山詩」・「唐・李渤題『少［夕］室』二字」・「唐・李渤元［玄］岩銘」・「唐・未署名題『南溪山』三字」の六件を収めている。ただし、「唐・釋懐信……題名」は「原石已毀」で現存しないらしいから、現存の唐代摩崖石刻は五件になる。しかしこの数も「唐三件」「唐四件」のいずれにも合わない。考えられることは、「唐・李渤留別南溪山詩」は南宋の重刻であるから、これを唐代の数に入れないならば、四件となり、さらに「唐・李渤南溪詩」と「唐・李渤元［玄］岩銘」は連続して同一石面に刻されているから、一件と数えることも可能であり、そうならば計三件となる。しかし筆者の調査によれば、これに以外にも唐代の刻石であると思われるものが若干ある。唐代石刻に限っていえば、南渓山は隠山に次いで多い地である。それらの摩崖石刻は西峰の北壁にある白龍洞・玄巖、南壁にある劉仙巖・穿雲巖に集中している。石刻数からいえば劉仙巖が最も多いが（約七〇件）、唐代のものは北壁に集中している。南渓山摩崖石刻は一九六六年に桂林市文物保護単位に指定、一九九四年に広西壮族自治区文物保護単位に指定。

12-01 〔佚〕元和十二年（817）懐信等題名

『桂林石刻（上）』（p12）に「在南溪山元［玄］岩。……原石已毀、現據旧拓本校録」という。玄巖（高さ約10m、幅約７m、洞長288m）は“頓悟洞天”・“観音洞”ともよばれている。南渓山西峰中腹、白龍洞の西にある。N25°15′106″、E110°16′895″。『桂勝』・『粵西金石略』等に見えないから、民国期に発見されたものではなかろうか。洞口周辺に刻されていたならば、洞口の前には二重の屋根をもつ大門（“頓悟洞天”）・売店等が築かれているから、その時に破壊されたのかも知れない。

【資料】

『桂林石刻（上）』（p12）「唐・釋懐信無業等六人元［玄］岩題名」（桂林本と略称）

【録文】

桂林本に拠る。なお、簡体字は繁体字に改める。

懷信覺救惟則惟亮無等無業元和十二年重九同遊業記

桂林本に「高一尺五寸、寛一尺一寸、行書、径二寸、右行」。『遠勝登仙桂林游』（一九九八年）によれば「高50cm、寛36cm、行書、字径６cm」（p269）。

【復元】

石刻の縦横の幅と字径との関係から見て、恐らく数行に改行されていたはずであり、芦笛巖に書されているという同人の墨書跡（後述）と同じように名ごとに改行されていたと推測される。

01	懷信
02	覺救
03	惟則
04	惟亮
05	無等
06	無業
07	元和十二年重九
08	同遊業記

【解読】

懐信、覺救、惟則、惟亮、無等、無業、元和十二年（817）重九（九月九日）、同遊。（無）業記。

【考察】

元和十二年遊桂の「懐信」と南嶽恵開の弟子懐信

かつて栖霞洞に「釋懐信書」の五言絶句が刻されており、また張益桂「桂林芦笛岩・大岩壁書考釋」（p548）によれば、芦笛巖に次のように記した墨書跡があるという。

無□

僧懐信

□□

惟□

文書

惟亮

元和十二年

九月三日同

遊記

両者に「懐信」と「惟亮」の名があることによって「惟□」は「惟則」であり、「無□」は「無等」か「無業」、「□□」は「覺救」あるいは「無等」「無業」であると推測される。かれらは「元和十二年九月三日」に唐代桂林の城北にあった芦笛巖に遊び、その後「重九」九月九日に城南にある南渓山に遊んだ。

張益桂「桂林芦笛岩・大岩壁書考釋」は「僧懐信于会昌年間（841－846年）、曾住錫廣陵（今揚州）西靈塔寺、与淮南詞客劉隠之過往密接。……他早在客居揚州的26年前、就已漫遊南方」（p549）という。西靈塔寺の懐信については『宋高僧傳』一九「唐揚州西靈塔寺懐信傳」に拠る。これに対して陳尚君輯校『全唐詩補編（中）全唐詩續拾』（中華書局一九九二年）には「同書（『桂林石刻』）又載『南渓山元岩磨崖題名』云：“懐信・覺救・惟則・惟亮・無等・無業、元和十二年重九同遊。業記。”今據以確定作者之時代。『宋高僧傳』巻十九有『唐揚州西靈塔寺懐信傳』、爲會昌間人。時代雖相接、然無從證明即此詩作者、故不取」（p991）という。たしかに揚州西霊塔寺の懐信と考えるには、ただ時代が近いというだけでは確証に欠ける。しかし、この懐信が南嶽衡州の大明律恵開（733－797）の弟子懐信であることはまず間違いなかろう。

柳宗元「南嶽大明寺律和尚（惠開）碑」に次のようにいう。

元和九年正月、其弟子懐信・道崇・尼無染等、命高道僧靈嶼爲行状、列其行事、願刊之茲碑。

これは元和九年（814）、永州（今の湖南省永州市）での作である。懐信が桂林に遊んでいるのが元和十二年であり、衡州・永州は湖南省の南部に位置するから、時間・地理的関係からみて同一人物と見なして間違いない。懐信は師碑を建立すべくしばらく衡州に逗留した後、嶺南方面を行脚したものと思われる。懐信と桂林に同遊した僧侶に無等・無業がいるが、かれらはいずれも「無～」という法名であるから、懐信と同門の弟子である無染と関係があるかも知れない。懐信・惟亮・惟則・無等・無業・覚救らは同じ宗派に属するものではないにしても、仏教思想上近いものがあり、この集団にあって懐信が筆頭に置かれている点からみて、中心的人物あるいは最も年長者であったと思われる。柳宗元の「碑」でも碑文を依頼した弟子中で筆頭に挙げられている。また、懐信は栖霞洞にも詩を題しており、今日に伝わる懐信の詩はこの一首しか知られないが、当時のいわゆる“詩僧”の一人であったといってよいかも知れない。

12-02 〔存〕宝暦二年（826）李渤撰・韓方明書「南溪詩序」

玄巖洞、後に観音洞ともよばれる洞口（高さ約10m、幅約７、洞長288m）の向かって左（東）、約８m上の石壁。李渉の「南渓元巖并序」（左）と並んで刻されている。今、洞口前に“頓悟洞天”という額をもつ門がある。N25°15′106″、E110°16′895″。

【現状】

01 南溪詩序
02 成紀縣子李渤
03 桂水過灕山右匯陽江又里餘得南溪口溪左屏列崖巘鬪麗爭高其孕翠曳煙邐迤如畫
04 右連幽墅園田雞犬疑非人間泝流數百步至玄巖巖下有洿壤沮洳因導爲新泉山有二
05 洞九室西南曰白龍洞橫透巽維蛻骨如玉西北曰玄巖洞曲通坎嵎晴眺灕水玄巖之上
06 曰丹室白龍之右曰夕室巽維北梯嶮至仙窟仙窟北又有六室參差呀豁延景宿雲其洞
07 室並乳溜凝化詭勢奇狀仰而察之如傘如奞如欒櫨支撐如蓮蔕藻井左睨右瞰似簾似
08 幃似松偃竹裊似海蕩雲驚其玉池玄井嵐窓颾戶迴還交錯迷不可紀從夕室梁溪嚮郭
09 四里而近去松衢二百步而遙余獲之自賀若獲荊璆與虵珠焉亦疑夫大舜遊此而忘歸
10 矣遂命發潛敞深隥百危宅勝既翼之以亭榭又韻之以松竹似譙方丈如昇瑤臺麗如也暢
11 如也以溪在郡南因目爲南溪兼賦詩十韻以志之寶曆二季三月七日敍
12 詩

南溪詩序　成紀縣子李渤
桂水過灕山名隱陽江又里餘得南溪口溪左屏列崖巘鬭麗爭高其孕翠曳煙逶迤如畫
右連幽墅園田雞犬疑非人間泝流數百步至玄巖巖下有洿壤沮洳因導為新泉山有二
洞九室西南曰白龍洞橫透巽維蜿然如玉西北曰玄巖洞曲通坎隅晴眺灕水旁巖之趾
曰丹室白龍之右曰夕室巽維北梯嶮至仙窟仙窟北又有六室參差呀谺延景宿雲其洞
室並乳石凝化詭勢奇狀中窍之如傘如奩如欒櫨如蓮蔓藻井左睨右瞰似鏤似藻似
幃似松偃竹裊似海蕩雲驚其玉池玄井嵐窗飛戶迴還交錯迷不可紀從少室梁溪鬱崇郭
四里而近去松衢二百步而遙余獲之自賀若獲荊璆與蚪珠焉亦疑夫大舜遊此而忘歸
矣遂命發潛敞深隥危宅勝既翼之以亭榭又韻之以松竹似蹄方丈如升瑤臺麗如也暢
如也以溪在郡南因目為南溪兼賦詩十韻以志之寶曆二年三月七日敍
詩
玄巖麗南溪新泉發幽色巖稟孕靈秀雲含物象壁斜插天倒奇洞因神鬭窮窕去未窮
還迴勢難極玉池似無水玄井昏不測仙戶掩瀛開乳膏凝更滴丹爐有遺跡石徑無留蹤
南眺蒼梧雲北望洞庭客簫條風烟外爽朗形神寂若值浮丘翁從此謝塵役
南溪玄巖銘并序
青溪子李渤

13 玄巖麗南溪新泉發幽色巖泉孕靈秀雲煙粉崖壁斜峯信天挿奇洞固神闢窈窕去未窮
14 還迴勢難極玉池似無水玄井昏不測仙戸掩復開乳膏凝更滴丹爐有遺趾石逕無留跡
15 南眺蒼梧雲北望洞庭客簫條風煙外爽朗形神寂若値浮丘翁從此謝塵役

石面磨平、塗墨、縦書き、向かって右から左行き、縦2.64m×横1.33m、八分書、字径８cm、一行三五字、計一五行。その左に並んで刻されている李渉「南溪元巖并序」と上下の長さは等しく、書体・字徑も同じ。李渤「詩」と李渉「銘」の作年は異なるが、書は同一人によるものであり、同時の刻石であろう。

【資料】

録文：

明・黄佐『廣西通志』十二（26ｂ）「南溪」（黄佐本と略称）

明・張鳴鳳『桂勝』一（四庫全書本26a・28a、古学彙刊本11ｂ・12b）（張本と略称）

明・蘇濬『廣西通志』三五「藝文志」（9b）

〃　　　　三六「藝文志」（26a）（蘇本と略称）

明・曹学佺『廣西名勝志』一（12a）（曹本と略称）

清・欽定『全唐詩』（中華書局本）四七三

〃　　　　刊本第七函第十冊473（以上、全唐本と略称）

清・汪森『粤西詩載』二（8b）

〃『粤西文載』五一（2b）（以上、汪本と略称）

清・『古今圖書集成』方輿彙編・職方典・桂林府部・藝文（32b）（古今本と略称）

清・金鉷『廣西通志』一〇九（7b）

〃　　　　一二〇（8a）（金本と略称）

清・謝啓昆『粤西金石略』一（10b）

〃　『廣西通志』二一五「金石略」（以上、謝本と略称）

清・胡虔『臨桂縣志』五（12b）（胡本と略称）

清・陸耀遹『金石續編』一〇（27b）（陸續本と略称）

清・陸増祥『八瓊室金石補正』七一（17b）（陸補本と略称）

清・楊翰『粤西得碑記』（14b）（楊本と略称）

清・黄泌『臨桂縣志』二三「金石志」（下冊p1）（黄泌本と略称）

今・『桂林石刻（上）』（ｐ14）（桂林本と略称）

張本・蘇本・汪本・金本は詩と序を切り離して二篇として扱っている。張本は「詩」に「唐李渤題玄巖」(26a)、「文」に「唐李渤玄巖序」(28a)、蘇本は「詩」の巻に「題玄巖：唐李渤」(9b)、「文」の巻に「玄巖序：唐李渤」(26a)、汪本は『詩載』に「元［玄］巖：李渤」、『文載』に「南渓白龍洞序：李渤」、金本は「南渓記」と「南渓」(詩)と題して収める。古今本も「南渓白龍洞序：李渤」とする。この題名の一致によって両本の系統が推測されよう。蘇本には乱丁があり、「玄巖序：唐李渤」(26a)(呉相湘輯『明代方志選』所収本ｐ743)の最後の一行は37a（ｐ749)、「題玄巖」(9b)（ｐ720）は11a（ｐ721）に続いている。曹本は「李渤玄巌詩」のみ収める。

拓本影印：

『北京圖書館蔵中國歴代石刻拓本匯編・唐（三〇)』（ｐ62)(北京本と略称)

『中國西南地區歴代石刻匯編（九）廣西桂林巻』（ｐ12)(広西本と略称)

いずれも鮮明さを欠くが、印刷状態は広西本よりも北京本の方が良い。北京本は清・顧廣圻(字千里)(1770−1839）の旧蔵。広西本は桂海碑林の石刻博物館に展示されている。これらの拓本によれば、原石の保存状態はかなり悪いように思われるが、拓本の技術と印刷が良くないのであって原石の現状はきわめて良好。

【校勘】

01　南渓詩序

「南渓詩序」：諸本間にかなりの異同が見られる。黄佐本は「唐李渤序并詩」、張本は「唐李渤玄巖序」、蘇本は「玄巖序」、汪本・古今本は「南渓白龍洞序：李渤」、金本は「南渓記：李渤」、全唐本・胡本は「李渤南渓詩并序」に作る。張本(清抄本)は「玄」の末筆を欠画。これは清の国諱(聖祖玄燁)を避けたもの。以下、同じ。この中で汪本・古今本の「白龍洞」は明らかな誤り。ただし早くから玄巖洞を白龍洞とよぶ説があった。詳しくは後述。『金石彙目分類』一八には録文はないが、題を「南渓詩并序」(1b)に作る。「……序并詩」あるいは「詩并序」に作るのは「序」と「詩」があるからであるが、原文は「詩序」と「詩」に分けて題して刻されている。

02　成紀縣子李渤

「渤」：黄泌本は「……渤□」。末に「撰」「作」等の脱字があると考えたのであろうか。現石では明らかにそのような文字はない。

03　桂水過灕山右匯陽江又里餘得南渓口渓左屏列崖巘鬬麗争高其孕翠曳煙邐迤如畫

「桂水」：古今本・金本は「桂山」に誤る。

「過」：黄佐本・張本・蘇本・全唐本・汪本・古今本・金本はこれを脱す。

「灕山」：古今本・金本は「灕水」に誤る。上の誤字「桂山」に対するもの。

「又」: 黄佐本・張本・蘇本・全唐本・汪本・古今本・金本など多くが「數」に誤る。「數里餘」では概数表現としても不自然。このような明確な同じ誤りは、ある一本が作るものを襲用した、いわゆる孫引きの結果であろう。

「口」: 楊本・黄泌本が「□」(闕字) に作るのは、「口」字の書写上の誤りではなかろうか。

「列」: 蘇本・古今本・金本は「外」に誤る。

「崖」: 蘇本は「崕」、異体字。

「鬬」: 張本 (古学彙刊)・全唐本・汪本・古今本・金本・謝本・胡本・楊本・陸續本・黄泌本は「鬭」、異体字。

「曳」: 汪本・金本・謝本・胡本・陸續本は「曵」、異体字。

「煙」: 張本・蘇本・汪本・古今本・金本・楊本は「烟」、異体字。

04　右連幽墅園田雞犬疑非人間泝流數百歩至玄巖巖下有洿壤沮洳因導爲新泉山有二

「右」: 黄佐本・張本・蘇生・全唐本・汪本・古今本・金本は「左」に誤る。前行に「左……」とあるから、「右……」であることは文脈上でも明らか。

「墅」: 張本 (古学彙刊)・蘇本・古今本・桂林本は「野」に誤る。

「至」: 張本 (古学彙刊)・蘇本は「上」に誤る。

「玄」: 謝本・胡本・陸續本・陸補本・楊本・桂林本・黄泌本は「元」に作る。「元」は清の国諱 (玄) を避けたものであり、桂林本が「元」に作るのは拓本あるいは現碑に拠っていないことの馬脚を露わしている。ただし「勘誤表」では「玄」に訂正。以下、同じ。張本・蘇本・全唐本・汪本・古今本・金本は「玄 (元)」を脱す。

「巖」: 胡本は上を「巖」、下を「嵒」に作る。異体字。

「洿」: 黄佐本は「湾」、張本・蘇本・全唐本・汪本・古今本・金本は「灣」、謝本・陸續本・楊本・桂林本は「汚」に作り、胡本・黄泌本は「沃」に誤る。このような異同は諸本の関係を示している。「洿」と「汚」は早くから通じるが、「汚れる」意ではなく、「窪み」の意。

「壤」: 蘇本は「壌」、異体字。

「爲」: 汪本・金本・陸續本は「為」、異体字。

「二」: 蘇本は「一」、楊本は「三」に誤る。

05　洞九室西南曰白龍洞横透巽維蛻骨如玉西北曰玄巖洞曲通坎嵎晴眺灕水玄巖之上

「透」: 楊本はこれを脱す。

「玄」: 張本・全唐本は缺筆、汪本・古今本・金本・謝本・胡本・陸續本・陸續本・楊本・黄泌本・桂林本は「元」に改める。以下同じ。

「巖」: 胡本は「岩」。異体字。

「嵎」: 黄佐本・張本・蘇本・全唐本・汪本・古今本・金本は「隅」、陸續本は「堣」に誤る。

06　曰丹室白龍之右曰夕室巽維北梯嶮至仙窟仙窟北又有六室參差呀豁延景宿雲其洞

「夕」: 桂林本は「少」に誤るが「勘誤表」で「夕」に訂正。

「嶮」: 黄佐本・張本・蘇本・全唐本・汪本・古今本・金本は「險」に誤る。

「仙窟」: 黄佐本・張本・蘇本・全唐本・汪本・古今本・金本は下の「仙窟」を脱す。古今本は「仙」を「僊」に改める。異体字。

「北」: 張本（古学彙刊）・蘇本は「比」に誤る。

「六」: 黄佐本・張本・蘇本・全唐本・汪本・古今本・金本・謝本・胡本・陸續本・楊本・黄泌本・桂林本いずれも「石」に誤る。桂林本は「勘誤表」で「六」に訂正。

「呀」: 蘇本・汪本・金本は「砑」に誤る。

07　室並乳溜凝化詭勢奇狀仰而察之如傘如𦩷如欒櫨支撐如蓮蔓藻井左睨右瞰似簾似

「並」: 古今本・謝本・陸續本・黄泌本は「竝」、楊本は「并」、異体字。

「仰」: 黄佐本・張本・蘇本・全唐本・汪本・古今本・金本は「俯」に誤る。

「𦩷」: 張本・蘇本は「輦」に誤る。

「欒」: 黄佐本は「栾」、異体字。

「撐」: 黄佐本・張本・蘇本・全唐本・古今本・黄泌本は「撑」、汪本・金本・謝本・胡本・陸續本・楊本は「撐」、異体字。

「蓮」: 古今本は「連」に誤る。

「蔓」: 黄佐本・張本・蘇本・全唐本・汪本・古今本・金本・楊本は「蔓」、異体字。胡本・黄泌本は「蕚」に誤る。

「似」: 陸補本は上を「以」（下は「似」）に誤る。

「簾」: 蘇本は「廉」に誤る。

08　幃似松偃竹裊似海蕩雲驚其玉池玄井嵐窓颸戸迴還交錯迷不可紀從夕室梁溪嚮郭

「裊」: 金本・全唐本は「褭」、陸補本は「裹」、異体字。

「玄」: 張本は缺筆、汪本・古今本・謝本・胡本・陸續本・陸補本・楊本・黄泌本・桂林本は「元」に改める。清の避諱。金本・全唐本は「玄」を脱す。

「窓」: 謝本・陸續本は「窻」、楊本・黄泌本は「窗」、異体字。黄佐本・張本・蘇本・全唐本・汪本・古今本・金本は「窓」を脱す。

「颷」: 張本（古学彙刊）は「颷」、全唐本（排印本）・桂林本は「飆」、異体字。

「戸」: 黄佐本・張本・蘇本・全唐本・汪本・金本はこれを脱す。

「迴」: 黄佐本・蘇本・汪本・古今本・金本・胡本・黄泌本は「廻」、謝本・陸續本は「回」部分を「冋」に作る。異体字。

「還」: 金本・全唐本（刊本・排印本）は「遝」に誤る。『説文』に「遝：迨也」、『廣韻』によれば徒合切。張本・蘇本・汪本・古今本は「環」に誤る。

「紀」: 陸續本は空格（缺字）。

「從」: 陸續本は「従」、異体字。

「夕」: 桂林本は「少」に誤るが、「勘誤表」で訂正。

「嚮」: 黄佐本・張本・蘇本・全唐本・汪本・古今本・金本は「向」に誤る。

09　四里而近去松衢二百歩而遥余獲之自賀若獲荊璆與虵珠焉亦疑夫大舜遊此而忘歸

「自賀」: 黄佐本・張本・蘇本・全唐本・汪本・古今本・金本はこの二字を脱す。

「虵」: 黄佐本は「池」、張本（四庫全書）は「隨」、張本（古学彙刊）・蘇本・汪本・古今本は「隋」に誤る。全唐本（排印本）は「蛇」、異体字。

10　矣遂命發潛敞深隥危宅勝既翼之以亭榭又韻之以松竹似譙方丈如昇瑶臺麗如也暢

「矣」: 陸補本は「矣／」、つまり「矣」の下で改行とするが、「歸／」に作るべきである。

「潛」: 黄佐本・張本（四庫全書）・蘇本は「潜」、異体字。

「敞」: 張本・蘇本は「蔽」に誤る。

「隥」: 黄佐本・張本・蘇本・全唐本・汪本・古今本・金本は「磴」、胡本は「登」に誤る。

「勝」: 黄佐本・張本・全唐本・汪本・古今本・金本はこれを脱す。

「以」: 楊本はこれを脱す。

「如」: 黄佐本・張本・蘇本・全唐本・汪本・古今本・金本は上の「如」を「似」に誤る。

「麗」: 張本（古学彙刊）は「灑」に誤る。古今本は「麗如也暢如也」を脱す。

11　如也以溪在郡南因目爲南溪兼賦詩十韻以志之寶暦二季三月七日敘

「在」: 黄佐本は「有」に誤る。

「郡南」: 黄佐本・張本・蘇本・全唐本・汪本・古今本・金本は「郡之南」。「之」は衍字。

「爲」: 蘇本・汪本・金本・陸續本・黄泌本は「為」、異体字。

「南溪」: 古今本は「南溪云」として以下を略す。

「十韻」: 黄佐本・張本・全唐本・汪本・金本はこれを脱す。

「志」: 黄佐本・張本・蘇本・全唐本・汪本・金本は「紀」に誤る。

「寳」: 多くが「寶」に作るが、現石では陸補本が作るように「寳」。異体字。

「暦」: 張本（清抄本）・汪本・謝本・胡本・楊本・黄泌本は「歴」、陸續本・陸補本は缺筆「厤」。清の国諱（高宗・弘暦）を避けたもの。

「二」: 黄佐本・張本・蘇本・全唐本・汪本は「三」、陸續本は「二」に作って小字夾注に「『全唐詩』作“寶歴三年”」という。

「秊」: 黄佐本・張本・蘇本・全唐本・汪本・謝本・胡本・陸續本・楊本・黄泌本は「年」、異体字。

「敘」: 胡本・陸續本・楊本・黄緑本は「叙」、異体字。黄佐本・張本・蘇本・汪本は「序」に誤る。全唐本は「敘（序）」を脱す。蘇本には乱丁があり、「賦詩」以上は26b、以下は37a。

12　詩

「詩」: 黄佐本・全唐本・胡本・陸續本・黄泌本は「詩」を脱す。張本・蘇本・汪本・金本は「詩」と「序」を分けて収める。曹本は詩のみ収める。

13　玄巖麗南溪新泉發幽色巖泉孕靈秀雲煙粉崖壁斜峯信天揷奇洞固神闢窈窕去未窮

「玄」: 張本（清抄本）・全唐本は缺筆、汪本・金本・謝本・胡本・陸續本・陸補本・楊本・黄泌本・桂林本は「元」に改める。清の避諱。

「巖」: 胡本は「嵒」、異体字。

「秀」: 黄佐本・蘇本・全唐本・胡本・陸續本・桂林本は「秀」、謝本・楊本・黄泌本は「□」に作り、小字夾注に「『桂勝』作“秀”」。楊本・黄泌本は謝本を参考にしているであろう。現石では右半分がやや不鮮明であるが、判読可能。

「煙」: 張本・蘇本・汪本・金本・楊本は「烟」、異体字。『干禄字書』に「烟・煙：並正」。

「粉」: 張本（四庫全書）・汪本・金本・全唐本・桂林本は「紛」、謝本・胡本・楊本・黄泌本は「粉」に作って小字夾注に「『桂勝』作“紛”」。

「峯」: 謝本・曹本は「峰」、異体字。

「固」: 陸補本は「因」に誤る。

「闢」: 謝本・胡本・陸續本・楊本・黄泌本・桂林本は「劈」に誤る。

14　還迴勢難極玉池似無水玄井昏不測仙戸掩復開乳膏凝更滴丹爐有遺趾石逕無留跡

「還」: 張本・蘇本・曹本・汪本・金本・全唐本は「環」に誤る。

「迴」: 張本（古学彙刊）・黄佐本・蘇本・曹本・汪本・金本・胡本は「廻」、謝本・陸續本は

「回」部分を「回」に作る、異体字。

「玄」: 張本・全唐本は缺筆、汪本・金本・謝本・胡本・陸續本・陸補本・楊本・黄泌本・桂林本は「元」、清の避諱。

「昏」: 謝本・胡本・陸續本は「昬」、異体字。「民」は唐の国諱(太祖李世民)であり、それを含むために「昏」字を用いた。現石も明らかに「昏」。

「掩」: 張本(古学彙刊)は「淹」に誤る。

「更」: 謝本・胡本・陸續本・楊本・黄泌本・桂林本は「復」に誤る。桂林本「勘誤表」は「更」に訂正。

「爐」: 黄佐本・張本・蘇本・曹本・汪本・金本・全唐本は「砂」に誤る。謝本・胡本・楊本・黄泌本は「爐」に作って小字夾注に「『桂勝』誤作“沙”」。

「趾」: 張本・蘇本・曹本・汪本・金本・全唐本は「址」。

「逕」: 黄佐本・張本・蘇本・曹本・汪本・金本・全唐本は「徑」。

「跡」: 楊本・黄泌本は「迹」。『干禄字書』に「跡・迹:並正」。桂林本は「趾」に誤る。

15　南眺蒼梧雲北望洞庭客簫條風煙外爽朗形神寂若値浮丘翁從此謝塵伇

「簫」: 黄佐本・張本・蘇本・曹本・汪本・金本・全唐本・謝本・胡本・陸續本・楊本・黄泌本・桂林本は「蕭」、異体字。

「煙」: 張本・蘇本・汪本・金本・楊本は「烟」、異体字。

「丘」: 謝本・陸續本・陸補本・楊本・黄泌本・桂林本は「邱」。孔子の諱を避けたもの。これも桂林本が石刻・拓本によるものでないことを露呈す。「勘誤表」でも訂正されていない。

「伇」: 諸本は「役」。異体字。『干禄字書』に「伇・役:並正」。

【復元】

省略。「現状」に同じ。

【解読】

南溪詩序　　　　成紀縣子李渤

桂水(今の漓江)過灕山(今の象鼻山)、右(西)匯陽江(今の桃花江の下流・寧遠河)、又里餘、得南溪口。溪左(南)屏列崖巘(南渓山)、鬪麗争高、其孕翠曳煙、邐迤如畫;右(渓口の北)連幽墅、園田雞犬、疑非人間。泝流數百歩至“玄巖”。巖下有洿壤沮洳(今の白龍橋から金蓮島の周辺)、因導爲新泉(渓の南岸、白龍橋の南東、白龍泉、後に貢泉とも呼ばれる)。山有二洞九室:(南渓山西峰の北面の)西南曰“白龍洞”、横透巽維(南東の方角)、蛻骨如玉;西北曰“玄巖洞”（後に観音洞とも呼ばれる）、曲通坎嵎、晴眺灘水。玄巖之上曰“丹室”（西峰北面、玄巖洞の東上にある泗洲巖？）、白龍之右曰“夕室”（西峰北面、白龍洞と玄巖洞との間）、巽維北梯、巘至“仙窟”（二峰の間の頂上やや西にある龍脊洞？）、仙窟北又有六室（西峰南面には劉仙巖［仙房・丹室］、螺窟、鍋底洞、穿雲巖、仙蹟巖などがあるが、これらは「北」ではなく「南」）、參差呀豁、延景宿雲。其洞室並乳溜凝化、詭勢奇状、仰而察之、如傘、如奩、如欒櫨支橕、如蓮蔓藻井。左睨右瞰、似簾、似幃、似松偃竹裊、似海蕩雲驚。其玉池・玄井・嵐窓・飆戸、迴還交錯、迷不可紀。從“夕室”、梁溪（南渓に架かる安渓橋、五代の将軍橋、今の八一橋）嚮郭（今の崇文路から中山南路を北上）、四里而近；去松衢二百歩而遥。余獲之自賀、若獲荊璆與蚫珠焉、亦疑夫大舜遊此而忘歸矣。遂命發潛敞深、郯危宅勝、既翼之以亭榭、又韻之以松竹、似譙方丈、如昇瑶臺、麗如也、暢如也。以溪在郡南、因目爲南溪、兼賦詩十韻、以志之。寶暦二季（826）三月七日敍。

詩

玄巖麗南溪、新泉發幽色。
巖泉孕靈秀、雲煙粉崖壁。
斜峯信天插、奇洞固神闢。
窈窕去未窮、還迴勢難極。
玉池似無水、玄井昏不測。
仙戸掩復開、乳膏凝更滴。
丹爐有遺趾、石逕無留跡。
南眺蒼梧雲、北望洞庭客。
簫條風煙外、爽朗形神寂。
若値浮丘翁、從此謝塵役。

【考察】

拓本と諸本の関係

明代の黄佐本・張本・蘇本・曹本および清初の汪本・古今本・金本・全唐文の録文は極めて近い。張本・蘇本・汪本・金本は「詩」と「序」を切り離して二篇として扱っており、また古今本と金本とほぼ同じ時代にして汪本に近い共通の資料に拠るものであるが、汪本・古今本は「環［還］」・「隋［蛇］」に作るという他に見られない共通点から、張本・蘇本に最も近い。古今本は汪本に拠り、汪本は蘇本に拠り、蘇本は張本に拠ったものであろう。あるいはそれぞれ共通の資料、恐らく方志、が想定される。全唐本はこの中では黄佐本に最も近いが、ともに誤字をはじめ、脱字・衍字が多く、その数は異体字を除いても三〇個所近くに及ぶ。

張本は当時見られた石刻の拓本に拠って録しているのであるが、この石刻の録文に限っていえば、謝本が指摘している「紛」「沙」の他にも誤字・脱字が多く、また李渉「南溪玄巖銘」を録していないことから見て、非常に疑わしい。万暦十八年（1590）何太庚刻本（十六巻本）の張鳴鳳『桂勝』四「南溪山」に次のようにいう。

白龍（山）玄巖其「序」與「詩」、體氣高妙。頃於『郡志』復得一「銘」、云“李公所爲”、「銘」曰“……”。……頃得『元志』、乃知此「銘」（李）渤仲兄（李）渉所製、『郡新志』謬以爲（李）渤、而余不之改。抑以見日者攬筆時、設疑非妄。『新志』之不可盡信、此一其也。庚寅（万暦十八年1590）仲春灕山人（張鳴鳳の号）識。

これによれば万暦十七年（「自序」）に『桂勝』が成書した後に李渉「南溪玄巖銘」を『元志』に拠って知った。『元志』とは趙天綱・郭思誠らによって至元五年（1339）に編纂された『桂林志』十冊を指すであろう。いっぽう『郡新志』とは明・宣徳年間（1426−1435）陳璉『桂林郡志』三十二巻を景泰元年（1450）に重刻増補したものを指すのではなかろうか。明・黄佐『廣西通志』（一五二五年）十二「南溪」も、李渤「詩序」を録しているが、「銘」は録していない。しかし李渉「南溪玄巖銘」は李渤「南溪詩序」と並んで刻されており、その間は一尺もない。「南溪玄巖銘」の石刻を見ているならば「南溪詩序」も知っているはずである。張鳴鳳が「南溪玄巖銘」を『元志』によって始めて知ったというのは「南溪詩序」の存在も知らなかったのである。また、現石には「南溪詩序」と刻してあるにも関わらず、張本が「唐李渤玄巖序」・「唐李渤題玄巖」（詩）と題しているのも実際に合わない。張本は石刻あるいはその拓本に拠ったのではなく、黄佐本あるいはその前の『桂林郡志』など明代の方志に拠っているであろう。黄佐本・張本・蘇本に共通の誤字が見られるのはそのためである。

石刻に拠った録文の中では陸補本が最も忠実である。しかし、「玄」「暦」「邱」等の避諱を除いても、なお「嵎」「似」「因」等を誤っている。また、桂林本『桂林石刻』はその「編輯説明」に高らかにいうように、現存する石刻の調査を経て石刻あるいはその拓本に拠った録文であるはずであるが、じつに多くの誤りがある。「墅」を「野」、「六」を「石」、「夕」を「少」（二個所）、「粉」を「紛」、「闢」を「劈」に誤るのはあり得ることとしても、「玄」を「元」（五個所）、「更」を「復」、「丘」を「邱」に作るという誤りは石刻に拠っていないことを自ら示すものである。じつは「少」以外、「野」「石」「紛」「劈」「元」「復」「邱」等、いずれもそのように作るのは謝本である。桂林本が拠っているのは、現存の石刻ではなく、謝本ではなかろうか。ただし付録する「勘誤表」では一部訂正されているから、後に拓本と対校したものと思われる。胡本・楊本・黄泌本も謝本に近い。胡本・黄泌本は『縣志』であり、胡本の編者は謝本と同一であるから、これらが近いのは当然である。楊本（14b）に次のようにいう。

訪南溪刻字。野老云：“是不能得。前者某中丞曾以白金二鋌付材官、令搜討之。窮一月力、無所見。今豈能復有耶。” 余怏怏又返至南溪元［玄］巖、竊疑數百言刻石、豈竟無殘字存者。

乃持『金石志』、裴回巖下、仰睇巖左絶壁上、逕路所不通處、有削平大石、斷崖崩裂、陰苔

護之。乃命輿人陸石、手足並行而上、剔之有字迹。……即架木、汲水洗濯、竟得全文。

ここにいう場所は現在の情況と一致する。楊翰は自ら石刻を探し当てており、それに基づいて録文しているはずであるが、おそらく拓本をとってはいなかったであろう。謝本を重要な参考本としており、依然として「三」「復」等の誤字や缺字、さらに謝本にはない脱字（「透」「以」）がある。『金石志』とは謝本『廣西通志』の「金石略」を指すであろう。

楊本は原刻を見ているが、拓本に拠っていない。いっぽう陸續本・陸補本は原刻を見ていないが、入手した拓本に拠っている。さらに陸補本は「『續編』誤“六”爲“石”、曩未校正、今始改刻」というように、陸續本も参考にしている。そこで諸本の関係とその資料には以下のような系統が考えられる。

（A）方志——明・黄佐本……？……清・全唐本

（B）方志——明・張本——明・蘇本——清・汪本－清・古今本－清・金本

（C）拓本——清・謝本——清・胡本——清・黄泌本——今・桂林本

（D）原石——清・楊本

（E）拓本——清・陸續本——拓本——清・陸補本

この中で方志系統には誤りが多く、張鳴鳳『桂勝』の所録といえども信憑性が低い。桂林本『桂林石刻』はこの石刻については羊頭狗肉。石刻系統では陸補本が最もよく、字体の細部に対しても厳密である。

12-03 〔存〕宝暦二年（826）李渉撰・韓方明書「南溪玄巖銘并序」

玄巖洞（高さ約10m、幅約７m、洞長288m、後に観音洞ともよばれる）の洞口の向かって左（東）、約７m上の石壁。弟である桂州刺史李渤の撰「南溪詩并序」の後、向かって左隣に並んで刻されている。N25°15′106″、E110°16′895″。今、洞口前に“頓悟洞天”という額をもつ大門がある。向かってその左上。

【現状】

01　南溪玄巖銘并序

02　青溪子李渉

03 桂爲郡也巖其先之有井室人民百千祀矣居是邦者匪哲則豪何四三里之内而巖不載
04 於前籍爲巖將屈於古而合伸於今哉爲人未知其巖巖俟人以時哉青溪子昧而未詳也
05 予之仲曰渤受天雅性生不雜翫少常讀高士傳列仙經遊衡霍幽遐之境巣嵩廬水石之
06 奥凡落肵覯必皆磐磨天璞剪鑿遺病意適而制非主於名寳暦初自給事中出藩于桂一
07 之秊治郷野之病二之載搜郛郭之遺得隠山玄巖冥契素尚余因謫去炎海途由桂林玄
08 巖之勝再遂其賞勒銘洞石表遠跡於他秊銘曰
09 桂之有山濳靈億秊扶地騰霄戟□□攢巖之有洞窈窕欝盤虎挂龍懸形狀萬端旁馳杳
10 冥仰沓嶙岏玉落磬墜幽聲晝寒巴陵地□小有洞天文籍之聞吾何有焉酒一巵兮琴一
11 曲嵁巖之下可以窮秊

石面磨平、塗墨。縦書き、向かって右から左行き、縦2.64m×横1.33m、八分書、字径８cm、一行三五字、計十一行。向かって左（東）08行以下の中断に亀裂がある。李渤「詩」（右）と李渉「銘」（左）の刻石の時期は同じであろう。両者は同じ書体・字径であり、かつ一行の字数をそろえて削磨を同じくする壁石面上に連続して刻されいる。同人の書であることは明らかであり、同時の刻石であると考えられる。

【資料】

録文：

明・張鳴鳳『桂勝』（何太庚刻本）四「南溪山」（張本と略称）

明・蘇濬『廣西通志』三五「藝文志」（9b）（蘇本と略称）

清・汪森『粤西文載』六〇（18a）（汪本と略称）

清・『古今圖書集成』方輿彙編・職方典・桂林府部・藝文（32b）（古今本と略称）

清・謝啓昆『粤西金石略』一（11b）

〃　『廣西通志』二一五「金石略」（以上二種、謝本と略称）

清・胡虔『臨桂縣志』五（11b）（胡本と略称）

清・欽定『全唐文』六九三（10b）

『全唐文新編』六九三（p7860）（以上、全唐本と略称）

清・陸耀遹『金石續編』一〇（28b）（陸續本と略称）

清・陸増祥『八瓊室金石補正』七一（19a）（陸補本と略称）

清・楊翰『粤西得碑記』（15b）（楊本と略称）

清・黄泌『臨桂縣志』二三「金石志」（下冊p2）（黄泌本と略称）

今・『桂林石刻（上）』（ｐ17）（桂林本と略称）

十二、南溪山石刻

玄巖麗南溪永泉歆幽絕巖泉子靈夫雲西楊厓壁斜半信天排奇洞固神闕竅龍老未窮
還迴勢難極玉池似無水玄井昏不測仙戶捷巖開乳膏凝吏商凡爐有遺趾石逕無留跡
南眺若梧雲北望洞庭容籥縿風煙朴與朗形神寂若值淫仏翁從此謝塵俟

南溪玄巖銘并序

桂為郡也巖岩光之有井室人居百十神真居是邦者匪哲則豪何四三里之内而巖不重
於前籍為巖將屈於古而咨伸於今或愈入以時我青溪子昧昧未詳
予之仲曰游覚天穷性生死雜歎少常讀高士傳刻仙經遊廣霍幽退之境果篙毫水石玄
奥凡洛所觀义皆萬廣天瑛衢鑿遺病意適爬制非夫於名實曾初自給事中出藩方桂
之奉治鄉野之病一心藏鋇郢之遺得隱山玄巖其繁尚余因謫去炎海塗由桂林玄
之勝再遂其賞勒銘洞石表跡於他李銘曰
巖之有山潛靈億幸扶地騰霄寧多藻廉之有洞窈花断艦虎挂龍懸形狀萬端扃駒者
貢仰塔嶙岎玉洛磬隧幽聲畫宴巳陵地底小一洞洞天文籍之間咨何有烏酒一危方琴一
曲嵯巇之下可以窮牽

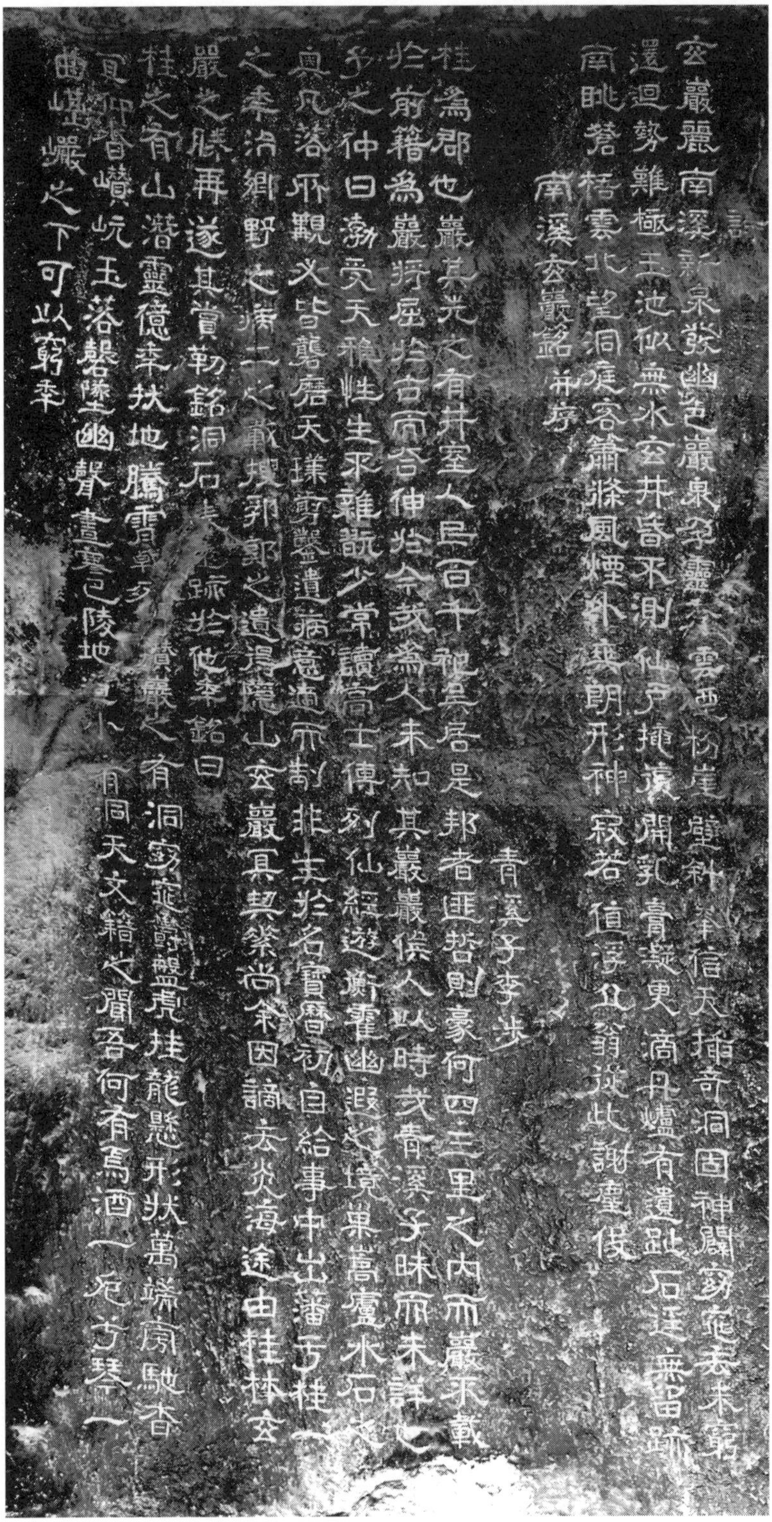

張本は万暦十八年何太庚刻本。斉治平・鍾夏『《桂勝・桂故》校點』（広西人民出版社一九八八年）は古学彙刊本を底本とし、何太庚刻本を校本としている。今これに拠る。四庫全書本・古学彙刊本には見えない。ただし『元志』（至元五年（1339）趙天綱・郭思誠編纂『桂林志』十冊）からの引用であり、「序」はなく、「銘」のみ。蘇本は「藝文志」の「詩」の巻に「龍［玄］巖銘：唐李渉」と題して「銘」のみ収め、「序」を収めない。また古今本も「龍巖銘：唐李渉」と題して「銘」のみ収める。「龍巖」に作るものは他になく、この一致は両本に系統上深い関係があることを示している。汪本は「銘」の巻に「元［玄］巖銘：李渉」と題して「銘」のみ収め、「序」を収めない。

拓本影印：

『北京圖書館蔵中國歴代石刻拓本匯編・唐』三〇（p 182）（北京本と略称）

『中國西南地區歴代石刻匯編（第九冊）廣西桂林巻』（p 12）（広西本と略称）

いずれも鮮明さを欠くが、印刷状態は広西本よりも北京本の方が良い。北京本は清・顧廣圻（字千里）（1770－1839）の旧蔵。広西本は桂海碑林の石刻博物館に展示されている。これらの拓本によれば、原石の保存状態はかなり悪いように思われるが、拓本の技術と印刷が良くないのであって原石の現状はきわめて良好。

【校勘】

01　南溪玄巖銘并序

「南溪」：蘇本・汪本はこれを略す。

「玄」：蘇本は「龍」に誤り、汪本・謝本・胡本・全唐本・陸續本・陸補本・楊本・桂林本は「元」に作る。「元」に作るのは清の国諱を避けたもの。桂林本は「勘誤表」で「玄」に訂正。

「巖」：胡本は「岩」、異体字。

「并序」：二字はやや小さい。右寄り。

03　桂爲郡也巖其先之有井室人民百千祀矣居是邦者匪哲則豪何四三里之内而巖不載

「桂爲」：胡本・黄筆本は「桂之爲」、「之」は衍字。

「爲」：陸續本・全唐本（新編）は「為」、異体字。以下、全唐本（新編）は「爲」をすべて「為」に作る。

「巖」：胡本は「嵒」、異体字。

「民」：陸補本のみ末筆を欠き、忠実に写す。現石も同じ。唐・太宗（李世民）による避諱。

「百千」：楊本は「千百」に誤る。

「巖」：胡本は「嵒」、異体字。

04　於前籍爲巖將屈於古而合伸於今哉爲人未知其巖巖俟人以時哉青溪子昧而未詳也
「爲」: 陸續本は「為」、異体字。
「巖」: 胡本は「嵒」、異体字。
「爲」: 陸續本は「為」、異体字。
「巖」; 胡本は「嵒」、異体字。
「巖」: 胡本は「岩」、異体字。

05　予之仲曰渤受天雅性生不雜翫少常讀高士傳列仙經遊衡霍幽遐之境巣嵩廬水石之
「翫」: 謝本・胡本・全唐本・陸續本・楊本・黄泌本・桂林本は「玩」。ただし桂林本は「勘誤表」で「翫」に訂正。
「常」: 謝本・胡本・全唐本・楊本・黄泌本・桂林本は「嘗」、陸續本は「甞」、異体字。同音に因る誤字。ただし桂林本は「勘誤表」で「常」に訂正。

06　奥凡落斥覩必皆礱磨天璞剪鑿遺病意適而制非主於名寳暦初自給事中出藩于桂一
「落」: 謝本・胡本・全唐本・陸續本・楊本・黄泌本・桂林本は「俗」に誤る。
「斥」: 陸補本以外は「所」。異体字。『干祿字書』に「斥・所 : 上俗、下正」
「天」: 謝本・胡本・全唐本・陸續本・陸補本・楊本・黄泌本・桂林本はいずれも「大」に誤る。
「剪」: 謝本・胡本・全唐本・陸續本・黄泌本・桂林本は「翦」に誤る。
「暦」: 謝本・胡本・全唐本・黄泌本・楊本は「歴」、陸續本・陸補本は缺筆、清の国諱に因る。
「于」: 謝本・胡本・全唐本・楊本・黄泌本は「於」。

07　之秊治郷野之病二之載捜郛郭之遺得隠山玄巖冥契素尚余因謫去炎海途由桂林玄
「秊」: 謝本・胡本・全唐本・陸續本・楊本・黄泌本・桂林本は「年」、異体字。
「治」: 現石は末筆を欠画、陸補本は欠画せず、題跋中に「“民”・“治” 二字避諱、缺末筆」という。謝本は「冶」に誤る。
「捜」: 黄泌本は「搈」に誤る。
「隠」: 諸本は「隱」に作るが現石では「隠」、異体字。『干禄字書』に「隠・隠・隱 : 上俗、中通、下正」。
「玄」: 謝本・胡本・全唐本・陸續本・陸補本・楊本・黄泌本・桂林本は「元」、清の避諱。
「巖」: 胡本は「嵒」、異体字。
「玄」: 胡本・陸補本・黄泌本・黄泌本・桂林本は「元」、清の避諱。謝本・全唐本・陸續本・

楊本は「元［玄］」を脱す。

08　嚴之勝再遂其賞勒銘洞石表遠跡於他季銘曰

「嚴」：諸本は「巖」、ただし胡本は「岩」、異体字。前に「玄」があるから「巖」に作るべきであるが、現石では明らかに「嚴」。書者か刻工による誤りではなかろうか。

「石」：陸續本は「口」に誤る。あるいは「□」缺字か。現石では鮮明。

「表」：楊本は「素」、他の諸本は「表」。現石では左に亀裂があるが、判読可能。また「素」は前行07に見え、字体が異なる。

「跡」：楊本・黄泌本・桂林本は「迹」、異体字。

「季」：謝本・胡本・全唐本・陸續本・楊本・黄泌本・桂林本は「年」、異体字。

09　桂之有山潛靈億季抜地騰霄戟□□攢巖之有洞窈窕欝盤虎挂龍懸形狀萬端旁馳杳

「季」：張本・蘇本・汪本・古今本・謝本・胡本・全唐本・陸續本・楊本・黄泌本・桂林本は「年」、異体字。

「抜地」：張本・蘇本・汪本・古今本は「狀如」に誤る。現石では「抜」の異体字であって、右が「犬」に似ているために「狀」に誤り、その字義から更に「地」を「如」に誤ったのであろう。『干祿字書』に「拔・拔：上俗・下正」。

「霄」：張本・蘇本・汪本・古今本は「雲」に誤る。

「□□」：現石では亀裂が右から左にかけて入っているため不明。「戟」の下は、諸本は「列」。現石では左半分は明らかに「歹」。「列」の下は、張本・蘇本・汪本・古今本は「劒」、他の諸本は「刀」、陸補本は小字注で「刀」。北京本では「刀」の右は判読可能。現石でも左に亀裂が入っていて不鮮明であるが「劒」よりも「刀」に似ている。

「巖」：汪本は「嵓」、胡本は「岩」、異体字。

「欝」：陸補本以外は「鬱」。異体字。

「挂」：張本・蘇本・汪本・古今本は「掛」に誤る。

「旁」：張本・謝本・胡本・陸續本・楊本・黄泌本・桂林本は「威」に誤る。

10　冥仰杳嶒岏玉落磬墜幽聲晝寒巴陵地□小有洞天文籍之聞吾何有焉酒一卮兮琴一

「冥」：陸補本は小字注で「冥」。現石では鮮明で他の諸本が作るように「冥」。陸補本は抄あるいは刻の際に大字を誤って小字にしたのではなかろうか。

「杳」：蘇本・汪本・古今本・全唐本は「踏」に誤る。

「岏」：陸續本は「玩」に誤る。

「墜」：陸補本は小字注で「墜」。現石では鮮明で他の諸本が作るように「墜」。陸補本は抄・刻の際に大字を誤って小字にしたのではなかろうか。

「聲」: 汪本・全唐本は「深」に誤る。

「□」: 諸本は「道」、ただ張本・蘇本・汪本は「巴陵地小、別有……」に作り、「道」を脱して「小」の下に「別」を入れる。現石では亀裂があるため不鮮明であるが、右半分は「道」に近い。

「聞」: 張本・蘇本・汪本・古今本・全唐本は「囿」に誤る。

「卮」: 諸本は「巵」、異体字。『干祿字書』に「巵・卮：上俗・下正」。

11　曲嵁巘之下可以窮秊

「嵁」: 張本・蘇本は「玄」、汪本・古今本・全唐本は「元」、楊本は「堪」に誤る。汪本・古今本・全唐本の拠ったものは蘇本・張本と同じく「玄」に作ってあったが、清抄・清刻であるために国諱を避けて「元」に改めたもの。

「巘」: 汪本は「嵓」、張本・蘇本・古今本・謝本・全唐本・陸續本・楊本・黄泌本は「巖」、胡本・桂林本は「岩」、異体字。

「秊」: 張本・蘇本・汪本・古今本・謝本・胡本・全唐本・陸續本・楊本・黄泌本・桂林本は「年」、異体字。

【復元】

01　南溪玄巖銘并序
02　青溪子李渉
03　桂爲郡也巖其先之有井室人民百千祀矣居是邦者匪哲則豪何四三里之内而巖不載
04　於前籍爲巖將屈於古而合伸於今哉爲人未知其巖巖俟人以時哉青溪子昧而未詳也
05　予之仲曰渤受天雅性生不雜翫少常讀高士傳列仙經遊衡霍幽遐之境巢嵩廬水石之
06　奥凡落斦覯必皆礱磨天璞剪鑿遺病意適而制非主於名寶曆初自給事中出藩于桂一
07　之秊治郷野之病二之載捜邪郭之遺得隠山玄巖冥契素尚余因謫去炎海途由桂林玄
08　巖之勝再遂其賞勒銘洞石表遠跡於他秊銘曰
09　桂之有山潛靈億秊抚地騰霄戟列刀攢巖之有洞窈窕欝盤虎挂龍懸形狀萬端旁馳杳
10　冥仰沓巑岏玉落磬墜幽聲晝寒巴陵地道小有洞天文籍之聞吾何有焉酒一卮兮琴一
11　曲嵁巘之下可以窮秊

【解読】

南溪玄巖銘并序　　青溪子李渉

桂爲郡也巖、其先之有井室・人民、百千祀矣。居是邦者、匪哲則豪、何四三里（約 2 km）之内而巖不載於前籍。爲巖將屈於古、而合伸於今哉；爲人未知其巖、巖俟人以時哉。青溪子（李渉）昧而未詳也。予之仲曰（李）渤、受天雅性、生不雜翫、少常讀『高士傳』・『列仙經』、遊衡（南嶽衡山）霍（霍山）幽遐之境、巣嵩（嵩山少室）廬（廬山白鹿洞）水石之奥。凡落所覯、必皆礱磨天璞、剪鑿遺病、意適而制、非主於名。寶曆初（825）自給事中出藩于桂、一之年（宝暦元年）治郷野之病；二之載（宝暦二年）捜郛郭之遺、得“隱山”・“玄巖”、冥契素尚。余因（宝暦元年冬）謫去炎海（嶺南東道康州）、途由桂林、“玄嚴［巖］”之勝再遂其賞、勒銘洞石、表遠跡於他年。銘曰：

桂之有山、潛靈億年。

拔地騰霄、戟列刀攢。

巖之有洞、窈窕欝盤。

虎挂龍懸、形状萬端。

旁馳杳冥、仰沓巑岏。

玉落磬墜、幽聲晝寒。

巴陵地道、小有洞天。

文籍之闕、吾何有焉。

酒一卮兮、琴一曲□。

嵁巘之下、可以窮年。

最後の銘の「琴一曲」は、句形および押韻法から見て、不自然であり、「酒一卮」と「琴一曲」は対になるから、「曲」の下に一字脱しているのではなかろうか。

【考察】

李渤「南溪詩并序」・李渉「南溪玄巖銘并序」の書者

南渓山に現存する李渤・李渉の石刻には史料としてまた文化財として高い価値が認められる。まず、ほぼ完全な形で現存する唐刻である点が挙げられる。明・張鳴鳳『桂勝』（万暦十八年何太庚刻本）四「南溪山」に「頃於『郡志』復得一銘、云李公所爲。……。頃得『元志』、乃知此銘（李）渤仲兄（李）渉所製」という。『元志』とは至元五年（1339）趙天綱・郭思誠編纂『桂林志』を指すであろう。張鳴鳳が李渉「玄巖銘」の全文を知ったのは石刻ではなく、『桂林志』によってである。「銘」の刻石は明代以後であるのではない。石刻の存在はすでに明代には知られなくなっていた。玄巖に刻されている南宋・朱景行等の題名に「眉山朱景行……三山鄭會龍、偕遊南渓、讀少室詩序、徜徉終日。咸淳改元寒食、會龍書」という「少室詩序」とは李渤「南溪詩并序」を指す。「少室」は李渤の号。したがって咸淳元年（1265）以前に南渓山玄巖に刻されており、その存在は知られていた。さらに早くは南宋・紹興十九年（1149）に陳方彦等が刻した李師中・曹輔等の詩の後語に「按舊記、云：桂城去城七里南溪山下巖洞數處、皆相連通接、一曰“白龍”、一曰“元巖”。仍自唐李渤詩刻尚存」と見える。今日、南渓山に刻されている李渤詩には「南溪詩序」の「詩」と「留別南溪」詩があるが、後者は紹興二十年（1150）の重刻であるから、「唐李渤詩刻尚存」というのは「南溪詩序」を指すであろう。また、南宋・王象之『輿地碑記目』三（16b）に「隱山六洞詩賦叙碑：唐・李渤撰」というのは、「南溪玄巖洞詩賦叙碑」の誤りである可能性が高い。

現存する李渤「詩序」・李渉「銘」の石刻は宋以前に存在しており、それは宋刻ではなく、唐刻である。それは刻字の缺筆によって断定することができる。（一）李渉「南溪玄巖銘」中で、太宗李世民の諱「民」の末筆を缺いている。（二）李渉「南溪玄巖銘」中で、高宗李治の諱「治」の末筆を缺いている。なお、太祖の諱「虎」が見られるが、刻工の誤りではない。唐代では缺筆するか、「武」等を代用することが多いが、清・周広業『經史避名彙考』一六「憲宗」に「顏元孫『干禄字書』、大歷［曆］九年顏真卿書、“屯・モ・純・頓”皆缺末筆、“虎・虙”字未避、已祧故也」というように、この石刻が作られた宝暦年間では避諱する必要がなかった。（三）李渉「南溪玄巖銘」の前（右）に刻されている李渤「南溪詩序」中でも「民」を避けた「昬」が用いられている。

刻年について、李渤「詩序」・李渉「銘」は、同じ書体、同じ字径、さらに同じ岩面を削磨して刻されている点から見て、同じ人物による書にして、同じ時期の刻石であると断定してよい。李渉「銘并序」には「余因謫去炎海、途由桂林、玄巖之勝再遂其賞、勒銘洞石」とあるから、李渉が「炎海」に貶謫された時に作ったものである。今、『舊唐書』一七上「敬宗紀」に「寶曆元年十月……甲子、三司鞫武昭獄得實。……太學博士李涉流康州、皆坐武昭事也」というから、宝暦二年（825）春に桂林を経由して嶺南東道康州に向かったのであろう。李渤「南溪詩序」には「寶曆二年三月七日敘」とある。なお、『北京圖書館藏中國歷代石刻拓本匯編・唐』第三〇冊は李渤「南溪詩序」を「宝暦二年（826）三月七日刻」とするが、李渉「玄巖銘」を「大和年間（827−835）刻」とする。「宝暦二年（826）三月七日刻」は「詩序」に「寶曆二季三月七日敘」とあるのに拠るであろう。「大和年間」というのは、李渉「銘」が李渤「詩序」の後に刻されている点、また李渤「留別隱山」詩に「太［大］和元年莫春」とあり、李渤「留別南溪」詩に「太［大］和二年十一月十三日」とあるのに拠ったのであろうか。李逢吉「唐故桂管都防禦觀察等使桂州刺史兼御史大夫賜紫金魚袋贈左散騎常侍劉公（栖楚）墓誌銘」（『全唐文補遺』四）に「維大和丁未歲（元年）正月、桂管都防禦觀察等使・桂州刺史・兼御史大夫河間劉公栖楚、字善保、始受命、之桂林、八月廿五日、公薨」というから、李渤は後任の到着を待って大和元年春三月までいたであろう。これは隠山に刻されていたという李渤「留別隱山」詩の落款「太［大］和元年莫春」に符合する。いっぽう李渤「留別南溪」詩は宋代の重刻であり、「太［大］和二年十一月十三日」には問題がある（詳しくは後述）。李渤「詩序」と李渉「銘」は、岩の同面に並んで削平した上で刻されており、書体は同じであるから、同時の刻石でなければならない。しかも両作品は限られた面積しかない巖面の中央に並んで刻されているから、宝暦二年に「詩序」を刻した時点で数年の後に「銘」を刻すことを予測して余地を確保しておいたとは考えにくい。石刻の位置、書風から見て両作品は同人による同時の刻石である。したがって刻石は宝暦二年秋七月から大和元年春三月までの間ということになる。なお、『金石彙目分類』一八「元［玄］巖銘并序」（1b）に「李渉撰、分書、寶歴［暦］初」というのは「序」に「寶暦初」とあるのに拠るのであろうが、その後に「一之年……、二之載……」とある。

以上によって李渤「詩序」・李渉「銘」は明らかに唐刻であり、おそらく宝暦二年中の刻である。そうならば、それらは韓方明の書である可能性が高い。今日の史料によれば、唐代に李渉なる者は複数いる。また、『寶刻類編』二（28b）に「李渉：龍興寺碑。盧季珣撰、八分書、景龍四年（710）四月立」、『通志・金石略』（p1872）に「龍興寺碑：李渉分書、景龍四年、杭州」というように、李渉は八分書を善くした。そこで南渓山の李渤「詩序」・李渉「銘并序」も撰者である李渉が書したことも考えられる。しかし「龍興寺碑」の書者李渉は中宗・景龍年間（707－710）の人物であり、李渤の兄である李渉とは時代が百年近く隔たっているから同一人物ではありえない。ただ、『金石録』九（14b）に「唐桂陽巖銘：李渉撰、八分書、無氏名。寶暦中立」とあり、「寶暦中」ならば李渤の兄である李渉である可能性が高いが、書者は未詳であり、李渉であるとは限らない。また「琴一曲」の下に脱字が認められるから、撰者李渉自身の書であるとは考えにくい。ただし刻工の誤りである可能性はある。いっぽう呉武陵撰「新開隱山記」は、『集古録目』九（8b）「新開隱山六洞記」（『寶刻叢編』一九（37a）に引く）に「都防禦判官侍御史内供奉呉武陵撰、〔都〕防禦衙推韓方明八分書并篆額。李渤游於桂州之西山、其溪谷潭洞皆人所未嘗至者、遂名之曰“隱山”、搆亭榭於其上。以寶暦元年八月立此記」というように、韓方明の書である。韓方明は隠山北牖洞内に現存する呉武陵の題名の中に「都防禦衙推韓方明」と見える。呉武陵・韓方明ともに桂管李渤の従事として宝暦元年・二年（826）に桂林にいたはずであり、おそらく李渤は後任劉栖楚の到着を待って大和元年（827）の三月頃までいたであろう。韓方明は当時著名な書家であり、呉武陵「新開隱山記」が八分書であったように、八分書を善くした。李渤「南溪詩序」・李渉「玄巖銘」も八分書である。しかも約九百字（35字15行、35字11行）にも及ぶ大作である。このような八分書が書けるのは当時の桂林にあって、また李渤の部下にあって、韓方明を第一の候補として挙げるべきであろう。

南渓山に現存する李渤「詩序」・李渉「銘」の石刻は、唐刻であることは疑い無く、李渤の従事であった書家韓方明の書であると考えられる。

李渤「南溪詩并序」・李渉「南溪玄巖銘并序」石刻の史料的価値

今日、韓方明の書は知られていない。隠山に刻する六洞名の題額も韓方明の書と思われるが、それらは各三字の短いものである。南渓山の石刻は計千字に近い大作であり、書道史上の貴重な史料であると同時に貴重な歴史的文化財でもある。

李渤「南溪詩序」と李渉「南溪玄巖銘」は同じ石面に並んで刻されており、両者を合わせれば、縦2.64m、横2.7mという大きさになる。桂林に現存する唐代石刻の中では、建中元年（780）韓雲卿撰「舜廟碑」（縦4.29m×横2.24m）に次ぎ、大暦十二年（777）韓雲卿撰「平蠻頌」（縦2.9m×横1.9m）よりも大規模なものである。ただし最大の「舜廟碑」は無残にも明・楊銓によって中央部分が削られており、すでに原形を留めていないばかりか、上段・下段に大きな破損・亀裂がある。いっぽう李渤兄弟の石刻は亀裂・浸食・剥落が極めて少なく、判読困難な個所は「刀」あるいは「劒」の一字のみであり、ほぼ完璧な形で残っている。

また、内容から見ても貴重である。「舜廟碑」・「平蠻頌」は刺史の治績をたたえて他者が撰したものであるが、李渤・李渉は文人・詩人としても有名であり、その作「南溪詩序」・「南溪玄巖銘」は山水文学に属するものといえる。唐代山水文学の摩崖石刻は中国全国においても稀であろうし、また唐代に限らず歴代の山水文学のそれを通して見てもこれほどのものは極めて少ないのではなかろうか。あるいは現存する山水文学の石刻としては最大級のものかも知れない。

さらに、南渓山の石刻が李渤の「詩并序」であり、李渉の「銘并序」であるということも注目してよい。弟・李渤は文を善くし、兄・李渉は詩に工みであったらしい。李渉「南溪玄巖銘并序」は『全唐文』に収められているが、李渉の文として伝存する唯一のものである。李渉の作は詩は一二〇首近く残っているが、文はこの一篇のみである。逆に李渤の作品では文は二五篇残っているが、詩は「南溪詩」及び「留別南溪」二首と同じく桂林での作「喜弟淑再至」・「桂林歎雁」の五首しか残っていない。したがって桂林に現存する李渤「南溪詩并序」と李渉「玄巖銘并序」は、いずれもジャンルの上から見ても稀な作であるという点において極めて貴重である。

今日に伝存する李渉の文は恐らくこの一篇のみであり、それは『全唐文』に収められてはいるが、誤字・脱字が多く、異体字・避諱を除いても十個所に及ぶ。全唐本は謝本・汪本に最も近く、恐らくそれ、あるいはその系統のものに拠ったと思われる。今、現存する石刻に拠って二〇個所近くを校勘することができる点においても貴重な資料である。また、『桂林石刻』は現存する石刻に拠るものであったはずであるが、李渤「南溪詩并序」の場合と同じく、清の避諱によって清人が改めている「元」（三個所）をそのまま用いているのは不可解である。「翫」を「玩」、「常」を「嘗」、「天」を「大」、「落」を「俗」、「旁」を「威」に作るなど、明らかな誤りが多い。これらの誤字は李渤「南溪詩并序」の場合と同じく、いずれも謝本に見えるものである。桂林本は現存の石刻に拠ったのではなく、謝本に拠っていると判断される。楊本も謝本を参考にしている可能性が高い。

次に、挙げられるのが史料性である。両『唐書』に李渤の伝は立てられているが、李渉の伝は無い。今日では元・辛文房『唐才子傳』五に載せる「李渉」が比較的まとまった唯一のものであるが、それには康州への流謫、桂林での事跡などについては全く記されていない。この石刻は李渉の伝を補うものとして重要である。同時に、李渉「銘并序」には弟・李渤について多く記されており、兄の記録として信憑性が高く、「(李渤) 少常讀『高士傳』・『列仙經』、遊衡霍幽遐之境」など、両『唐書』の「李渤傳」を補う所がある。

以上によって、韓方明の書であると思われる李渤撰「南溪詩并序」・李渉撰「南溪玄巖銘并序」は桂林のみならず、中国にあっても極めて貴重な石刻であるといえる。このように巨大な唐刻が千二百年の星霜を経ながらほぼ完全な形で現存しているのは、その位置と環境にある。地上からかなり高い位置に刻されており、また上部にある、やや突き出た岩壁が屋根の役目を果たし、さらに左右の岩壁もそれを保護して来た。今、わずかに中央の上・中段と向かって左（東）の中段に亀裂が入っているが、さほど大きくはない。

筆者は五回にわたって南渓山を調査したが、当時この石刻は高所にあり、かつ薄く塵埃を被っていてやや不鮮明であった。そのために、満足のいく写真が撮れなかった。そのような中、当時の桂林市園林局長劉涛氏と桂林の開発について座談する機会をあたえられ、その際に、この石刻が唐刻であること、著名な李渤兄弟の撰であり、著名な書家韓方明の書である可能性が高い、などの点から全国的に見ても貴重なものであることを説明して、南渓山公園管理責任者と連絡をとってもらい、協力を要請した。後日、公園当局においては二段に梯子をかけて石刻の表面を清掃する等、数度にわたって協力して頂いた。ここに感謝すると同時に、桂林市政府当局には本書によってその価値を理解され、“桂林之宝”の一つとして、更なる管理と保護に努められんことを切望する。

12-04 〔存〕宝暦二年（826）韓方明（？）書“玄巖洞”

玄岩の洞内、洞口の大門の向かって右（西）。今、大門の右脇に小門があり、そこから約 3 m 入った右の石壁上約 2 mのところ。N25°15′106″、E110°16′875″。

【現状】

01 | 玄　巖　洞 |

石面磨平、字面塗緑。縦書き、縦82cm×横46cm、隷書（八分書）、字径19cm。

【資料】

明・張鳴鳳『桂勝』一（14b）「南渓山」（張本と略称）

【考察】

題“玄巖洞”の書者

この題刻は『桂林石刻』には録されていない。『桂林石刻（下）』（p73）によれば、「玄元［巖］洞」という楷書の題榜（縦47cm×横95cm、字径32cm）が刻されているが、落款に「南渓谷士張本眞沐書」とあるから、清・康熙間の南渓山道士張本真の書であり、篆書“玄巖洞”とは別の石刻である。早くは明・張本に「“玄巖洞”三隷字」という。したがって明以前の刻である。また、明・徐霞客『遊記』三上に「玄巖……洞前乳柱繽紛、不滅白龍（洞）。上鐫“玄巖”、字甚古」という。この「玄巖」は、「甚古」である点、また張本に「玄巖洞」とは別に「玄巖」が録されていない点から見て、張本のいう「玄巖洞」を指すであろう。

“玄巖洞”は“白龍洞”とともに李渤「南渓詩序」に見える「二洞」の名であり、李渉「玄巖銘并序」に「給事中（李渤）……得“隠山”・“玄巖”、冥契素尚」という。唐刻であれば李渤あるいはその部下の書であろう。その部下の書であれば、書家として有名な韓方明の書である可能性が高い。韓方明は呉武陵「新開隠山記」を八分書で書しており、また八分書で書かれている隠山の六洞名の題書も韓方明である可能性が高い。この南渓山の洞名“玄巖洞”も八分書であり、隠山六洞名の書体とよく似ている。唐刻であれば、韓方明の書と見なして間違いなかろう。

“玄巖洞”の名称の混乱

現存する李渤「南渓詩序」に「山有二洞九室：西南曰“白龍洞”、横透巽維、蛻骨如玉；西北曰“玄巖洞”、曲通坎嵎、晴眺灕水。玄巖之上曰“丹室”、白龍之右曰“夕室”」というように、南渓山には白龍洞と玄巖洞とよばれる二洞があった。「詩序」によれば西南のものは龍骨の如く白玉であるから“白龍”とよばれた。西北のものは“曲通坎嵎”という特徴をもつが、洞口が北に向かっているために“玄”とよばれた可能性もある。そうならば“白”はその洞が山の西に位置するからではなかろうか。玄巖と白龍洞の位置関係は「西北」と「西南」というよりも、「北」と「西」に当たる。

李渤がこれら南渓山の洞を発見したのは宝暦二年（826）のことである。「詩序」の末には「寶暦二季（826）三月七日敘」とあり、また李渉「玄巖銘并序」にも「寶暦初（825）自給事中出藩于桂、一之季（宝暦元年）治郷野之病；二之載（宝暦二年）捜郛郭之遺、得隱山・玄巖、冥契素尚」という。さらに、李渉「銘并序」には「桂爲郡也巖、其先之有井室・人民、百千祀矣。居是邦者、匪哲則豪、何四三里之内而巖不載於前籍。爲巖將屈於古、而合伸於今哉；爲人未知其巖、巖俟人以時哉」というから、当時、南渓山の巖洞は知られていなかった。しかし玄巖洞には「元和十二年（817）重九」の日付けのある懐信等六人の題名が刻されていたから、すでに李渤らが訪れる八年前には僧侶たちが訪れている。したがって玄巖洞を開発したのは李渤であるとは言えてもその景勝性を発見したのは李渤ではなく、したがってさらに“玄巖”と“白龍”の二洞が李渤の命名であったかどうかも疑問である。李渤の「詩序」には「以溪在郡南、因目爲南溪」とあって“南渓”命名のことを明記するが、“白龍”・“玄巖”の命名については李渤「詩序」や李渉「銘并序」には明記されていない。そこで、すでに存在していた名であるようにも思われる。「居是邦者、匪哲則豪、何四三里之内而巖不載於前籍」というのは、官吏・文人などでこの地に遊ぶ者はなく、景勝地としてその存在が記載されていなかったことをいうに過ぎない。官僚として二洞を開発したのは李渤であるが、二洞を命名したのも李渤であるとする確証はない。

いずれにしても当時すでに“玄巖”と“白龍”という二洞があり、またこの二洞名は今日までほぼ完璧な形で現存している「詩序」・「銘」の石刻にも見えるから唐以後広く知られて通用しているはずであるが、少なくとも玄巖については、早くから白龍洞・白陽洞・元巖・蔭巖・胤巖など多くの名が文献に登場し、読者を混乱させている。これらはそれぞれ別の巖洞を指すのではなく、同一巖洞の別名である。

（一）“元巖”

汪本・古今本・謝本・胡本・陸續本・陸續本・楊本・黄泌本などは「玄巖」を「元巖」に作る。これらはいずれも清代の録文である。また、『讀史方輿紀要』や『大清一統志』の「南溪山」の条でも「元巖」に作っている。「玄」を「元」に作るのは清の国諱である康熙朝（1662－1722）の聖祖の諱（玄燁）を避けたものに相違ない。それは張本つまり明・張鳴鳳の撰である『桂勝』の清抄本や全唐本が「玄」の末筆を缺画していることによってもわかる。ちなみに汪本以下の諸本はいずれも康熙朝あるいはそれ以後の成立である。

（二）白龍洞

汪本・古今本は現存石刻の題「南溪詩序」を「南溪白龍洞序」に作っている。「南渓」の下に「白龍」を補ったのは、張本・蘇本などが「玄巖序」に作るのに似ている。たしかに「詩序」の本文には“白龍洞”のことが書かれており、また“玄巖洞”“玄巖”(ただし清本は「玄」を「元」に作る)のことも見える。この相異は時代によるもののようである。つまり「玄巖序」に作る張本・蘇本は明人の録であり、「白龍洞」に作る汪本・古今本は清人の録である。厳密にいえば、「玄」字は清抄本の張本では闕筆しており、明刻本の伝わっている蘇本では「玄」に作っている。明の張本と蘇本、また清の汪本と古今本には系統上関係がある。題の変化から見れば、“玄巖”を“白龍洞”と考える者が現れたことになる。それは早く『大明一統志』(天順五年1461)八三(7b)に見えており、次のようにいう。

白龍洞:在府城南七里、俯瞰南溪。唐・李渤嘗名以“玄巖”、宋改曰“白龍洞”、以洞中乳石凝結如白龍狀。

しかし宋代に玄巖洞が白龍洞に改名されたというのは明らかに誤りである。

(三)“白陽洞”

『大明一統志』よりも約八〇年後の明・袁袟「游桂林諸山記」(嘉靖二十年1541頃)に次のようにいう。

唐李渤命曰“玄巖”、宋更名“白陽”、其陽即劉仙巖也。

胡虔『臨桂縣志』(嘉慶七年1802)二「山」に収める。袁袟の名は劉可等十二人が嘉靖二十一年に作った「龍隱巖題名」(『桂林石刻(中)』p 165)に見えるから、「游桂林諸山記」はこの頃の作であろう。

これによれば、“玄巖”は宋代に“白陽(洞・巖)”に改名されたことになる。しかし「白陽」は「白龍」の誤りではなかろうか。乾道九年(1173)に広西経略安撫使として桂林に赴任した范成大の『桂海虞衡志』に「劉仙巖:在白龍洞之陽。仙人劉仲遠所居也」という。やや後の南宋・王象之『輿地紀勝』一〇三「静江府」に「劉仙:有劉仙巖在白龍洞之陽。仙人劉仲遠所居也」、南宋・祝穆『方輿勝覧』三八「静江府」に「劉仙巖:在白龍洞之陽。仙人劉仲遠所居」というのはこれに拠ったものであろう。袁「記」にも「其陽即劉仙巖也」とあるから、「白陽」というのは「白龍」を誤ったものである可能性が極めて高い。ただし清・汪森『粤西文載』二〇の袁袟「遊桂林諸山記」には「唐李白命曰“玄巖”、宋更名“白陽”、其陽即劉仙巖也」として「渤」を「白」に作っており、これによれば「白陽」との関係が考えられるが、李白は桂林を訪れたことがなく、また玄巖と銘々したのは李渤である。「渤」(bo2)を「白」(bo2、またbai2)に作るのは、同音による誤りであろう。

(四)“胤巖”

では、なぜ宋代に“玄巖”が“白龍洞”に改名されたのか。これについては明・黄佐『廣西通志』(嘉靖四年1525)十二「山川志」一(19a)に次のようにいう。

白龍洞:在府城南七里、俯瞰南溪、石室穹窿高爽、中有佛宇。唐・李渤命曰“玄巖”、後避宋太祖諱易曰“白龍洞”。

しかし宋・太祖（960-976）の諱は“匡胤”である。「避宋太祖諱易」であるならば、本来は“玄巖”ではなく、“胤巖”でなければならない。ちなみに『廣韻』によれば「胤」は去声「羊晉切」、「玄」は平声「胡涓切」であって同音ではない。したがって「唐・李渤命曰“玄巖”、後避宋太祖諱易曰“白龍洞”」というのは明らかに誤りである。

（五）“蔭巖”

清・胡虔『臨桂縣志』五に引く郝浴『廣西通志』（康熙二十三年1684）に次のようにいう。

白龍洞、唐李渤名曰“蔭巖”、後避宋太祖諱、改今名。

たしかに“蔭巖”であったならば、「蔭」（去声「於禁切」）の音は「胤」に通じるから、改名されたはずである。そこで明・黄佐『廣西通志』が「唐・李渤命曰“玄巖”、後避宋太祖諱易曰“白龍洞”」という「玄巖」は「蔭巖」の誤りであるとも考えられる。しかし石刻では明らかに「玄巖」に作っている。この矛盾を解決しようとしたのが、金鉷『廣西通志』（雍正十一年1733）十三「山川・臨桂縣」の「白龍洞」（15a）の条である。それに次のようにいう。

白龍洞、在南溪山下。五代末南漢謀并静江地、湖南遣兵、屯龍洞、以拒之、即此石室。深廣可數楹。洞前溪水澄碧、中有泉、曰新泉。西北曰“元巖”、唐李渤命為“蔭巖”、後避宋太祖諱、易令［今］名。

清人の作る「元巖」は「玄」を避諱したものであろうから、金志によれば、本来“玄巖”といったものを李渤が“蔭巖”と命名し、北宋に避諱して“白龍洞”に改名されたということになる。しかし、李渤の「南溪詩序」および李渉の「南溪玄巖銘并序」には「蔭巖」に命名したことが書かれていなければ、「蔭巖」の語も見えない。いずれにしても、明代には、唐名は“蔭巖（洞）”あるいは“胤巖（洞）”であったが、北宋に避諱されて“白龍洞”に改名されたという説が行われていたのである。

（六）“龍洞”

胡虔『臨桂縣志』（嘉慶七年1802修、光緒六年1880補刊）五「山川」四「南溪山」に清・郝浴『廣西通志』の説を引いた上で、「按屯兵龍峒詳『通鑑』。據此、則五代時已名“龍峒”、不應避宋太祖諱也」として否定している。胡志は『通鑑』に拠って玄巖はすでに五代に“龍洞”と改名されていたという。これは『資治通鑑』二九〇「後周紀」太祖広順元年（951）十一月の条に「楚静江節度副使・知桂州馬希隱、武穆王（馬）殷之少子也。楚王希廣・希蕚兄弟爭國、南漢主以内侍呉懷恩爲西北招討使、將兵屯境上、伺間密謀進取、（馬）希廣遣指揮使彭彦暉將兵屯“龍峒”以備之」というのを指す。しかし『通鑑』には「龍峒」が桂林の白龍洞であることを示していない。今日その南渓山白龍洞の下に将軍橋と呼ばれている橋があり、これに拠るものと考えられる。たとえば『桂林市志』（一九九七年）に「五代時、南漢欲并桂州、楚將彭彦暉駐守于此、在山下安渓橋（又名將軍橋・白龍橋）撃退了南漢的進攻」（ｐ1201）、「據文獻記載、最早見于唐代南渓上修建的安渓橋、五代南漢時改名爲將軍橋」（ｐ1437）という。その「文獻記載」が何であるかは明記されていないが、胡虔『臨桂縣志』一六に「將軍橋：在城南六里、白龍洞前。今涸。又有水橋、名“安渓橋”。按『通鑑』、五代湖南馬氏屯兵于此、以拒南漢。“將軍”之名或起于此」というから、これも恐らく『通鑑』の記載に始まる。この「龍峒」が桂林の白龍洞を指すことは元・胡三省の注に拠る判断であろう。その注に「桂州渓南有白龍洞、在平地半山上」という。「渓南」は「南渓」の誤字である。胡注にも拠る所があり、范成大の『桂海虞衡志』に「白龍洞：在南渓平地、半山中龕有大石屋、由屋右壁入洞、行半途、有小石室」とある。やや後の『輿地紀勝』一〇三「靜江府」に「白龍洞：在南渓、平地半山如龕然、大石屋、盛暑重裘而入」、『方輿勝覧』三八「靜江府」に「白龍洞：在南渓、平地半山中龕然、大石屋、盛暑重裘而入。半途有石室……」というのも、若干文字に異同が見られるが、『桂海虞衡志』に拠ったものであると考えられる。胡注も『桂海虞衡志』あるいはそれを基づく当時の歴史地理書等に拠ったものであろう。そうならば『通鑑』のいう「龍峒」は“白龍洞”の旧名ではなく、単に「白」字を脱したものではなかろうか。

胡虔『臨桂縣志』の説は従来行われていた「避宋太祖諱」説に対して「五代時已名“龍峒”」を提示するものである。「龍峒」であったかどうかは根拠を欠くが、しかし五代に改名されたとする説は胡虔『臨桂縣志』以前に別にあった。

『古今圖書集成』一三九九「方輿彙編・職方典」の「桂林府部」山川考（171冊5a）には「白龍洞：……唐李渤命曰“元巖”、後南漢劉巖諱易曰“白龍洞”」という。『古今圖書集成』は清抄本であるから、「元」は「玄」を避諱して改めたものであろう。劉巖は南漢の高祖（917－942）。乾亨九年（925）に名を龑に改め、年号を白龍（925-928）に改元した。先に引いた『通鑑』にもいうように、桂林は後周の広順元年・南漢の乾和九年（951）十二月に南漢の軍によって陥落する。したがって南漢の避諱によって改名されたことは十分あり得る。しかし『五代史』南漢世家に「初名巖。九年、白龍見南宮三清殿、……採『周易』“飛龍在天”之義、爲“龑”字、音儼、以名焉」という。造字「龑」の音が「儼」ならば、『廣韻』によれば「儼」は上声「魚掩切」であるから、「玄」（平声「胡涓切」）に通じない。したがって南漢が避諱改名したとは考えにくい。

“玄巖”と“元巖”

このように現存している石刻、唐代に刻された当初から存在していたはずである李渤「南渓詩序」に玄巖洞と白龍洞が明記されているにも関わらず、早くから玄巖は白龍洞に改名されたという説が行われており、それをめぐって五代南漢に、あるいは北宋の太祖朝に避諱改名されたとする説がうまれ、更にそれによって旧名を蘤巖・胤巖であったとする説がうまれた。いずれにしても「白龍洞」「蔭巖」「胤巖」「元巖」に作るものはすべて誤りである。しかし李渤以後改名されたことは確かである。

南宋・紹興十九年（1149）に陳方彦等が刻した李師中・曹輔等の詩の後語に次のように見える。

按舊記、云：桂城去城七里南溪山下巖洞數處、皆相連通接、一曰“白龍”、一曰“元巖”。仍自唐李渤詩刻尚存。其面南即是巖、大宋嘉祐中劉仲遠先生隱居。……紹興己巳歲中和日、郷老武翼大夫致仕陳方彦……記。

これによれば「舊記」がいつの何かは不明であるが、紹興十九年以前には“玄巖”は“元巖”と表記されている。この記は南渓山南面の劉仙巖に刻されたものであり、石刻は現存しており、「元巖」に作られていることを確認することができる。また、「元巖」が「玄巖」を指すものであることは「一曰‘白龍’、一曰‘元巖’。仍自唐李渤詩刻尚存」ということによって明らかである。これも現存している「李渤詩刻」つまり李渤の「南溪詩序」の「山有二洞九室：西南曰“白龍洞”、……；西北曰“玄巖洞”」の二洞を指す。したがって“玄巖”が“元巖”に改易されたのは事実である。また、紹興二十四年（1154）の作で白龍洞口に刻されている呂願忠の詩は宋・陳思『兩宋名賢小集』一五二所収『撫松集』では「題元巖」に作っている。南渓山穿雲巖に刻されている紹興甲戌（二十四年1154）作の趙夔「桂林二十四巖洞歌」（現存）には「至今舊記傳無窮、玄巖蟠蟄聞白龍」とあり、「玄」は末筆を闕いている。では、玄巖はいつ元巖に改易されたのか。

それは北宋の真宗（998－1022）（諱は恒。初名は徳昌であり、後に元休、また元侃に改名、至道元年に太子に冊立されて恒に改名）の時である。真宗の大中祥符五年（1012）に趙玄朗を追尊して聖祖となし、避諱の詔が下された。清・周広業『經史避名彙考』一八に詳しい。そこで諱“玄”を避けては“眞・元”などの字が代用され、あるいは闕筆された。よく知られている例が、“玄武”を“眞武”、“太玄經”を“太眞經”としたことである。真宗も本来は“玄宗”というべき所を避諱して代えた廟号である。南宋・王應麟『困學紀聞』二〇に「唐有代宗、世宗也（李世民による避諱）。本朝眞宗、玄宗也。皆避諱而為此號」という。この他に桂林に流謫された唐・宋之問の旧宅であった玄山観が宋代の記録では真山観と呼ばれているが、これも真宗朝の避諱改名によるものである。紹興十九年（1149）陳方彦等による刻石も大中祥符五年（1012）後のことであるから、時代的にも一致する。

したがって『大明一統志』がいう「唐・李渤嘗名以“玄巖”、宋改曰“白龍洞”」の「宋改」は正しいが、「曰“白龍洞”」は誤りである。恐らく宋代に改名されたことが伝承されていたが、それが「白龍洞」に改名されたとする説によって太祖の諱“胤”と同音にして「玄」と字義の近い「蔭」を旧名として考える者が現れたのではなかろうか。そしてまた清代に避諱改名されて“元巖”となったために、宋代に“元巖”と改名したことが忘れられ、あるいは混同されていよいよ混乱し、先に見たように旧名・時代を異にする諸説がうまれることとなった。そこで実際には次のように改名されていったと思われる。

唐・宝暦二年（826)、李渤命名“玄巖”

宋・真宗大中祥符五年（1012)、避諱改名“元巖”

元・明、旧名“玄巖”に復す

清・聖祖康熙元年（1662)、避諱改名“元巖”

今日の一般書および一部の研究書で“玄巖”を“元巖”と表記しているものが多いが、これは清代の記載にそのまま拠ったものであり、いずれも“玄巖”に改めるべきである。また、このような別名が当地の官吏によって説かれ、方志に記載され、あるいは今日に至っても継承されているということは、「石刻存」であることを告げているにも関わらず、『桂勝』・『桂故』の著者・張鳴鳳にしてそうであったように、現存する石刻を知る者がほとんどいなかったことの証拠であるといえよう。

12-05 〔存〕宝暦二年（826）韓方明（？）書“南溪山”

玄巖洞外、洞口の向かって右（西）にある石段を降りた左手の岩壁上、高さ約2.5m、石段の南。N25°15′107″、E110°16′894″。“仙洞”（唐の夕室）の向かって左（東)。洞口左上に“仙洞”の題額があり、その左やや下。

【現状】

01 南　渓　山

石面削平、字上塗朱。縦書き、縦1.08m×横0.45m、篆書、字径30cm。

【資料】

明・張鳴鳳『桂勝』一（14b)「南溪山」(張本と略称)

今・『桂林石刻（上)』(ｐ24)「唐・未署名題『南溪山』三字」(桂林本と略称)

【考察】

題“南溪山”の書者

早くは張本に「“南溪山”三篆字」とあるから、明以前の刻であり、桂林本は「據張祥河『粤

西筆述』認爲唐人所書」という。ただし清・張祥河『粤西筆述』(9b)「南溪山」に唐人の書とする説は見えない。

李渤「南溪詩序」に「以溪在郡南、因目爲“南溪”」として命名のことをいうが、李渤「詩序」および李渉「南溪玄巖銘并序」では山については“南溪山”とは呼んでいない。「詩序」に「山有二洞九室、西南曰“白龍洞”……西北曰“玄巖洞”」といい、「銘」に「桂之有山……。巖之有洞……」というから、“玄巖”は洞のある巖の名であり、山の名ではなかろう。『太平御覧』四九「地部」一四「西楚南越諸山」に「南溪山」の条があり、「『桂林風土記』曰：南溪山……」という。『桂林風土記』は光化二年(899)の作であり、李渤が南渓を命名したのは宝暦二年(826)である。南渓の命名は同時に南渓山の命名でもあったと考えてよかろう。

現存の題“南溪山”は篆書であり、北牖洞口に刻してある篆書“隱山”(前述「隠山石刻」)とよく似ている。いずれも篆書であり、またいずれも山名を書した題額である。両者は字体だけでなく、書風も近い。両者は篆書にしては線が細く、また筆致も類似している。たとえば「山」の左右の縦線の腹が外に向けて円くなっている。同一人物の書ではなかろうか。

“南溪”は李渤「南溪詩序」に見えるように李渤の命名であるから、篆額“南溪山”は李渤自身あるいはその部下である可能性が高く、さらに部下であるならば著名な書家であった韓方明である可能性が高い。“隱山”も呉武陵「新開隱山記」・韋宗卿「隱山六洞記」に見えるように李渤の命名であり、呉「記」の篆額と正文の八分書は韓方明の書であった。ただし韓方明の書だと思われる李渤「南溪詩序」・李渉「南溪玄巖銘」の書風と較べれば、“南溪山”三篆字は線が細くて稚拙に見える。“南溪山”の書が稚拙に見えるのは李「詩序」等が八分書であり、“南溪山”が篆書であるという書体の相違にも原因があるかも知れない。そこで韓方明ではなく、他の人の書であるならば、可能性の高いのは李渤か李方古である。李渤は“南溪”の命名者であり、李方古は韋宗卿「隱山六洞記」の書者である。詳しくは「隠山石刻」の章を参照。

12-06 〔存〕宝暦二年(826)韓方明(?)書“夕室”

南渓山西峰の北壁、白龍洞口の東約50m、玄巖洞口の西約30mやや下にある“仙洞”(洞口の向かって左上、篆書“南溪山”の隣に刻石）内。N25°15′107″、E110°16′894″。“仙洞”（高さ2.5m、幅1.5m）を約５ｍ入った右（西）の壁上約１ｍのところ。

【現状】

01 夕　室

石面削平、字上書丹。縦書き、縦55cm×横30cm、隷書（八分書）、字径25cm。

【資料】

今・『桂林石刻（上）』（ｐ17）「唐・李渤題『少室』二字」（桂林本と略称）

【考察】

題“夕室”の書者

この石刻は明『桂勝』一「南溪山」・清『粤西金石略』等には録されていない。桂林本に「唐・李渤題『少室』二字」と題して「在南渓山。高一尺八寸、寛一尺、隷書直排径八寸。少室為李渤号」という。「少室」は「夕室」の誤りであり、桂林本「勘誤表」では「少」を「夕」に訂正する。劉英『南渓山』（一九八二年）にも玄巖洞から石段を数十段下った所にある小さな洞窟を「李渤題刻的夕室」（ｐ17）であるとする。少室は李渤の号。李渤はかつて貞元十四年（798）頃から廬山白鹿洞真堂に隠居していたために白鹿先生と自号し（李渤「辨石鐘山記」・「眞系」）、貞元十九年（803）に嵩山少室に移り、元和元年（806）に徴されるまでその地に隠居していた。『新唐書』一一八「李渤傳」、李渤「少室仙伯王君碑記」等に見える。現存する石刻の「少」の書体は「夕」字に似ているが、李渤「南溪詩序」に「白龍之右曰“夕室”」「從“夕室”梁溪嚮郭」と見える「夕室」を指す。「詩序」には二洞九室を記しており、この洞窟は小規模であるから、白龍洞・玄巖洞などの“洞”と区別して“室”と呼んだのであろう。

桂林本がいうようにこの題刻が李渤の書であるかどうかは確かな根拠を欠く。ただ李渤「詩序」に見えるからその可能性も無しとはしないが、唐刻であれば李渤よりもむしろ韓方明の書ではなかろうか。“夕室”は南渓山の“玄巌洞”および隠山の六洞名と同じ書体であることによって八分書を善くした李渤の従事であった韓方明の書ではないかと思われる。

現在、夕室は洞内の奥（洞口から約８ｍ）にある鍾乳石を背景にして記念写真を撮らせる店員が管理しており、洞門が施錠されていることが多い。筆者は五回訪れて初めて入ることができた。なお、劉英『南渓山』（ｐ18）に不鮮明ではあるが洞内の写真が載っている。

12-07 〔存〕大和二［元？］年（828［7?]）李渤作「留別南溪」詩（宋張仲宇書）

南渓山の西北にある白龍洞（洞口は高さ20m、幅12m、洞内は高さ２～20m、幅２～23m、長さ約500m）の洞口、約10m入った左（東北）壁の裏側、高さ２ｍ半。玄巌洞から西に約70m。N25°15′096″、E110°16′865″。

【現状】

01	留別南溪
02	桂州剌史兼御史
03	中丞成紀李渤
04	常歎春泉去不
05	回我今此去更
06	難來欲知別後
07	留情處手種嵓
08	花次第開
09	太和二年十一
10	月十三日
11	大宋紹興二十年季夏張仲宇鄧宏
12	重命工刊整住巖僧□漢□本

石面削平、塗墨。縦書き、向かって右から左行き、縦0.6ｍ×横0.97ｍ、楷書、字径７㎝（01～10）、２㎝（11～12）。

【資料】

録文：

唐・莫休符『桂林風土記』三「隠仙［山］亭」李渤「題隠山詩二首」其一（莫本と略称）

明・黄佐『廣西通志』一二（8a）「南溪山」「李渤詩」二首其一（黄佐本と略称）

明・蘇濬『廣西通志』三五（10a）「藝文志」李渤「南溪山」二首其一（蘇本と略称）

明・張鳴鳳『桂勝』四（34a）「南溪」「唐李渤『留別南溪』」一首（張本と略称）

清・金鉷『廣西通志』一二四（27b）李渤「留別南溪」一首（金本と略称）

清・謝啓昆『粤西金石略』一（14a）李渤「留別南溪」（謝本と略称）

清・汪森『粤西詩載』二二（4a）李渤「留別南溪」二首其一（汪本と略称）

清・『古今圖書集成』一三九九「方輿彙編・職方典・桂林府部」（171冊）

「南溪山」「李渤詩」二首其一（3a）（古今本と略称）

清・『全唐詩』四七三「李渤」巻「留別南溪二首」其一

〃　　刊本第七函第十冊473（以上、全唐本（渤）と略称）

清・『全唐詩』四七七「李渉」巻「別南溪二首」其二

〃　　刊本第七函第十冊477（以上、全唐本（渉）と略称）

清・陸増祥『八瓊室金石補正』一一三（24b）「留別南溪」（陸補本と略称）

清・黄泌『臨桂縣志』二三「金石志」（下冊p55）「留別南溪」（黄泌本と略称）

今・『桂林石刻（上）』（p16）「李渤留別南溪山詩」（桂林本と略称）

拓本影印：

『北京圖書館蔵中國歴代石刻拓本匯編・唐』三〇（p 83）

『桂林石刻』（一九七九年、p 5）

『名人與桂林』（一九九〇年、口絵）

『桂林』（一九九三年、p 72）

『桂林文物古跡』（一九九三年、p 50）

『中國西南地區歴代石刻匯編（第九冊）廣西桂林巻』（一九九八年、p 129）

『名人與桂林』・『桂林』・『桂林文物古跡』は重刻の題跋部分（二行）を缺く。『中國西南地區歴代石刻匯編（第九冊）廣西桂林巻』は全体的に不鮮明、重刻の題跋部分は判読不可能。その他に、全文を録してはいないが、次のような拓本所蔵者の跋文がある。

清・銭大昕『潛研堂金石文跋尾』八（17a）

『潛研堂金石文字目録』三（7b）「李渤留別南溪詩」（銭本と略称）

清・洪頤煊『平津讀碑記再續』一（25b）「李渤留別南溪詩」（洪本と略称）

また、跋文はないが清・繆荃孫『藝風堂金石文字目』六（17b）、孫星衍『寰宇訪碑録』四（18b）等の収蔵目録や陸増祥『八瓊室金石札記』一（27b）「又南谿詩」、『金石彙目分類』一八「留別南溪詩」（1b）にも著録されている。

【校勘】

01　留別南溪

「留別南溪」：全唐本は「留別南溪二首」（ただし「李渉」の巻では「別南溪二首」）、莫本は「題隱山」、蘇本は「南溪山」。

04　常歎春泉去不

「常」：黄佐本・蘇本・金本・汪本・古今本・金本は同音「長」に誤る。

「歎」：莫本（学海類編本）・黄佐本・蘇本・張本・金本・古今本・金本は「嘆」。異体字。

「春」：莫本は「源」に誤る。

05　回我今此去更

「回」：謝本・古今本は「囘」。異体字。

「此去」：莫本は「自去」、蘇本・古今本は「去此」に誤る。

「更」：蘇本・古今本は「幾」に誤る。

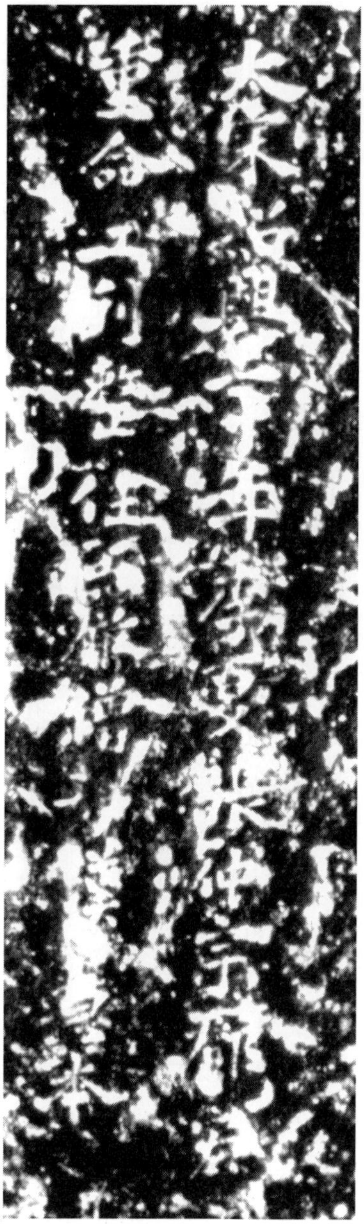

06　難來欲知別後

「難」：蘇本・古今本は「重」に誤る。

「來」：金本は「来」、異体字。

「別後」：莫本は「一一」に誤る。

07　留情處手種嵓

「情」：莫本は「心」、黄佐本・蘇本・古今本は「神」に誤る。

「嵓」：陸補本以外の諸本は「巖」、異体字。

08　花次第閞

「閞」：陸補本を含み、諸本は「開」。異体字。

09　太和二年十一

「太和」：唐人は「大和」と書く。銭本は「大和」に改めて「予所見石刻無有“太”者」といい、また洪本も「“太和”當作“大和”、今作“太”是重刻之譌」という。『金石彙目分類』一八「留別南溪詩」（1b）には「大和」に作る。「太和二年十一月十三日」は「大和元年三月十三日」の誤りか。詳しくは後述。

11　大宋紹興二十年季夏張仲宇鄧宏

「宇」：洪本は「宗」に作る。たしかに『桂林石刻』の拓本影印のように「宗」に見えるものもあるが、『北京圖書館蔵中國歴代石刻拓本匯編・唐』でも明らかに「宇」。

12　重命工刊整住巖僧□漢□本

「住」：洪本は「重命工刊整字」に作るが、「字」は補足したものではなかろうか。

「□漢□本」：現石は不鮮明、謝本・陸補本・黄泌本・桂林本は「如漢慧本」に作る。

【復元】

01 留別南溪
02 　桂州剌史兼御史
03 　中丞成紀李渤
04 常歎春泉去不
05 回我今此去更
06 難來欲知別後
07 留情處手種喦
08 花次第開
09 　太和二年十一
10 　月十三日
11 　大宋紹興二十年季夏張仲宇鄧宏
12 　重命工刊整住巖僧如漢慧本

【解読】

　　留別南溪　　桂州剌史兼御史中丞成紀李渤

常歎春泉去不回、我今此去更難來。

欲知別後留情處、手種巖花次第開。

　　大和二［元？］年（828）十一［三？］月十三日。

大宋紹興二十年（1150）季夏、張仲宇・鄧宏重命工刊整、住巖僧如漢・慧本。

【考察】

李渤「留別南溪」詩の作年

現存する李渤「留別南溪」詩の石刻には多くの疑問点がある。

まず、詩の作時期を記して「太和二年十一年十三日」とあるが、これは史書の記載と合わない。そのため、早くから議論がある。『舊唐書』一七上「敬宗紀」に次のようにいう。

寶暦元年（825）春正月乙巳朔。辛亥、親祀昊天上帝于南郊。禮畢、御丹鳳樓、大赦、改元寶暦元年。……壬申、以給事中李渤爲桂州剌史・兼御史中丞・桂管防禦觀察使。……

大和元年（827）春正月……戊寅……以京兆尹劉栖楚爲桂管觀察使。……。九月……壬午、桂管觀察使劉栖楚卒。丙戌、以諫議大夫蕭裕爲桂管觀察使。

また『舊唐書』一七一「李渤傳」にも次のようにいう。

寶暦元年、改元大赦……以渤黨（崔）發、出爲桂州剌史・兼御史中丞・充桂管都防禦觀察使。

……渤在桂管二年、風恙求代、罷歸洛陽。大和五年、以太子賓客徵至京師。月餘卒、時年五十九、贈禮部尚書。

『新唐書』一一八「李渤傳」には次のようにいう。

會大赦改元……帝謂渤有黨、出爲桂管觀察使。……踰年、以病歸洛。大和中、召拜太子賓客。卒、年五十九、贈禮部尚書。

これらによれば、李渤は宝暦元年（825）正月に桂管観察使に任命され、大和元年（827）正月に劉栖楚に代わった。したがって「在桂管二年」「踰年」である。しかし石刻「留別南渓」詩には「太和二年十一年十三日」というから、李渤が劉栖楚と交代した時期も大和二年十一月以後であり、『舊唐書』にいう「大和元年」は誤りであるということになる。そこで清・銭大昕『潛研堂金石文跋尾』八（17a）「李渤留別南溪詩」には次のようにいう。

據此刻、知（李）渤在西粤（桂州）、不止“踰年”（『新唐書』本伝）、其“引［以］病歸洛”乃在大和二年。『傳』所敍次未得其實矣。

銭氏がいうように、史書にいう交代時期の「大和元年」が誤りであり、石刻にいう「太和二年十一月十三日」が正しいのであれば、史書にいう「元年」の「元」は「三」の誤字ということが考えられよう。また、銭氏とほぼ同じような頃に劉玉麐（謝本に引く）も次のようにいっている。

今此刻乃題云“太和二年”、豈在桂當寶暦二年因“風恙求代”（『舊唐書』本伝）、直至太和二年始得代“歸洛”、有此留題耶。姑識之以俟考証。

銭氏は石刻に拠って史書の誤りであると断じ、劉氏は石刻の記載に一定の信頼を置くが、なお慎重な態度をとっている。しかし清・陸増祥『八瓊室金石補正』は「『新書』云……。此『留別』詩題“大和二年十一月”、則不止二年矣。疑史有誤。劉玉麐云“寶暦二年求代、大和二年始得代歸”。恐未必然」といい、史書に誤りがあると疑いながら、劉氏の説にも賛成しかねている。後に岑仲勉『金石論叢』（一九五九年自序）の「李渤留別南溪詩」（一九八一年本p176）は劉氏の説に対して次のように反論する。

劉玉麐跋「李渤南渓詩」云……。按『舊唐書』紀一七上・大和元年正月戊寅、劉栖楚爲桂管觀察、九月壬午卒官、丙戌、爲蕭祐代之；又『舊唐書』一六八『祐傳』、大和二年八月卒官、是渤請代之後、至二年十一月、最少已三易其人、劉氏候代之疑、斷非事實。意者當日題而未刻、閲年然後由渤再書上石歟、抑末行月日爲刊石時別一人手筆歟。未見眞蹟、不敢強解。

岑氏は『舊唐書』によって、李渤が交代を請願してから「太［大］和二年十一月」までの間に劉栖楚・蕭祐が着任しているとして、「直至太和二年始得代“歸洛”」したのではなかろうかとする劉氏の説を断じて事実ではないと否定する。今、岑氏の説を補強すれば、李逢吉「唐故桂管都防禦觀察等使桂州刺史兼御史大夫賜紫金魚袋贈左散騎常侍劉公（栖楚）墓誌銘」（『全唐文補遺』四）に次のようにいう。

維大和丁未歳（元年）正月、桂管都防禦觀察等使・桂州刺史・兼御史大夫河間劉公栖楚、字善保、始受命、之桂林、八月廿五日、公薨、時年五十二。上爲廢朝（敬宗）、贈左散騎常侍……越來歳夏五月十二日、元兄河南尉栖梧洎宗孺護其喪、歸葬……。

これは史書にいう所と符合する。岑氏のいうように史書の記載に間違いはなかろう。

そもそも李渤は穆宗に替わって即位した敬宗とその宰相李逢吉によって桂州刺史に左遷された。詳しくは本書「李渤『留別隱山』詩」を参照。そこで李渤は宝暦二年十二月の敬宗の死去とそれにともなう李逢吉の左遷による中央政権の交替に際して、病気を理由に交代を願い出たのである。それが受理されて大和元年の正月に李逢吉党であった劉栖楚が李渤に代わって桂州刺史に左遷される。着任したのは、長安から桂林までの道程を考えれば、同年の三月頃であったと思われる。『桂林石刻（上）』（p15）によれば隱山に刻されていた李渤の詩「留別隱山」（題擬）の落款には「太和元年莫春」とあったという。したがって岑氏がいうように大和二年十一月まで交代を待っている必要はない。では石刻にはなぜ「大和二年（828）十一月十三日」とあるのか。この問題について岑氏は「當日題而未刻、閲年然後由渤再書上石」という。しかし、岑氏が自らいうように大和元年には劉・蕭らの後任が来ているわけであるから、桂州に逗留して「閲年然後由渤再書上石」したとは考えにくい。すでに後任が到着している以上、帰洛の請願が受理されているわけであり、大和二年十一月まで、つまり後任到着後一年半以上もの長期間に亙って逗留する理由がない。「風恙求代」「以病歸洛」という病気は交代のための口実であろう。病気を理由にした帰郷の請願であったから、交代が叶った以上、帰省したはずであるから、大和二年十一月に「由渤再書上石」というのは情理に合わない。

李渤作「留別南溪」詩の書者と張仲宇

南溪に刻されている李渤作「留別南溪」詩は、末尾に「大宋紹興二十年（1150）季夏、張仲宇・鄧宏重命工刊整、住巖僧如漢・慧本」というから、南宋の重刻なのではあるが、李渤の書の模刻であると一般に考えられている。岑氏が「由渤再書上石、抑末行月日爲刊石時別一人手筆歟」というのもそうである。岑氏は「大和二年十一月十三日」の部分は史書と合わないために刻石した時に加えられた可能性があるとしながらも、詩そのものは李渤の書であると考えている。しかし、これは李渤の書ではなく、また書あるいは拓本が伝わっていてそれに拠って模刻したものでもない。その根拠は以下の通りである。

（一）詩題が刻されており、「留別南溪」とあるが、唐人は詩を題する場合、詩題を付けないことが多い。隱山に刻されていたという李渤作「留別隱山」詩や栖霞洞に刻されていた懷信の「題栖霞洞」詩、さらに元晦の「疊綵山記」・「四望山記」・「于越山記」等、いずれも題は刻されておらず、今日そのように呼ばれるものはいずれも題擬である。

（二）詩題の次行に「桂州刺史兼御史中丞成紀李渤」という。仮に李渤が、「太和二年十一月十三日」まで、療養のためか否かを問わず、桂林に逗留していたとしても、先に見たように大和元年には劉栖楚が桂州刺史であったわけであるから、唐代の通例に照らせば、「前桂州刺史……」というべきである。

（三）現存の石刻には明らかに「太和二年……」に作っているが、唐人は「大和」と書しており、「太和」と書すのは後人である。では、後人とは誰であるのか。

（四）結論を先にいえば、張仲宇の書と見なしてまず間違いない。石刻は末尾にいうように張仲宇等の命によって重刻されたものである。張仲宇は桂林の人。明・張鳴鳳『桂故』六「先獻」に簡単な伝があり、また曹学佺『廣西名勝志』一「桂林府」に「『桂林盛事記』: 張仲宇撰、字徳儀、紹興間人、與石安民相爲引重。安民二弟安行・安持倶能文、里人號曰三石」という。劉仙巖の石刻「張（平叔）眞人歌」の末尾に「紹興十八年……郡人張仲宇書、黄伯善模勒、龍淵刻字」とあり、また中隱山上洞の石刻「桂林盛事記」にも「紹興二十九年七月望日、張仲宇記、梁材書丹。郷老胡師文・……黄昉募工、中隱巖福縁寺僧義觀・祖華磨崖、龍光刊字」という。このように張仲宇は郷土桂林の文物保存に努めていた。「留別南溪」詩の刻石もこれと同じ目的でなされたものである。李渤「留別南溪」詩は張仲宇が命じて刻石させただけではない。じつは、張仲宇の書である「張眞人歌」と「留別南溪」詩の字体を比較してみれば、両者の筆跡は驚くほどよく似ている。「張眞人歌」は『中國西南地區歴代石刻匯編（第九冊）廣西桂林巻』（p 123）に拓本を

張仲宇書「張眞人歌」中の字

収めるが、南渓山南腹にある劉仙巖（N25°15′039″、E110°16′906″）の洞内に現存しており、浸食・亀裂等は少なく、文字はかなり鮮明。縦1.5m×横1.7m、字径4.5cm。「張眞人歌」の額（隷書、字径12cm）があるから見つけやすい。今、「留別南溪」詩中の字で「桂」「花」「太」「年」「成」「留」「中」「和」「常」「來」「種」「此」「十」「月」「不」「歎」「知」「難」「別」「我」「嵓」など多

くの字が「張眞人歌」にも見られるが、「此」を除いて筆跡はいずれも酷似している。中でも「歎」「難」の右偏には「廿」の下の「一」が長くて右上がりなるという字体上の特徴があるが、両者に共通して見られる。また、「我」字の最初の一画「ノ」の位置が右寄りになって「戈」の上に来るという特徴も共通している。さらに、「巖」の異体字である「嵒」が共通して用いられているが、李渤「南溪詩序」ではすべて「巖」を用いて「嵒」を用いない。したがって落款部分だけでなく、正文そのものも後人の書であり、張仲宇の筆によるものであること、疑いない。

このように、現存する李渤「留別南溪」詩の石刻は、紹興二十年（1150）以前に南渓に刻されていた原刻あるいはその拓本に拠って模刻したものではなく、張仲宇が何かの史料に拠って自ら書した上で刻石せしめたもの、いわば偽刻である。したがって「太和二年十一月十三日」の部分も非常に疑わしい。

諸本の関係と詩の作年

この詩は唐・莫休符『桂林風土記』三「隱仙［山］亭」に収められている李渤作の「題隱山詩二首」の一首であるが、南渓に刻されていたという「留別南溪」詩とはかなり文字の異同がある。まず、詩題を莫本は「隱山」とするが、石刻は「南溪」とする。後に、明・清の諸本は「南溪山」の条に入れ、あるいは「留別南溪」と題しているが、これらは南宋・張仲宇の刻石に拠ったものであろう。したがって「南溪」の作とする諸本の間の文字には大きな異同がない。厳密にいえば、黄佐本・蘇本・汪本・古今本・金本の関係は深く、中でも蘇本・古今本が最も近い。これらの諸本は方志であるから、それぞれ前代の方志に収録するものを踏襲して来た結果であろう。いっぽう全唐本は張本に近く、張本は石刻に近い。張本は石刻に拠り、全唐本は張本に拠ったものであろう。この関係を図示すれば次のようになる。

唐・方志？……唐・莫本
唐・　？　……南宋・石刻……明・張本――清・全唐本
唐・　？　……南宋・石刻……方志――明・黄佐本――清・金本――清・汪本――金本
　　　　　　　　　　　　　　方志――明・蘇本――清・古今本

このように大きく分ければ唐・莫本と南宋・石刻本の二つの系統になる。南宋・張仲宇が何に拠って刻石したのか未詳であるが、李渤の原作としては莫本が最も古く、それに従うべきであろう。ただし今日の莫本はいずれも清代の輯本であるから、張仲宇の拠ったものの方が原作に近い可能性もある。しかし「留別隱山」詩も莫本に録されているが、それと石刻とでは文字がかなり異なる。詳しくは「李渤作『留別隱山』詩」の節を参照。今日の輯本莫本との関係から見る限り、張仲宇は莫本に拠ったのではなく、別に伝承されている資料があってそれに拠ったものと考えざるを得ない。ちなみに『新唐書』の「藝文志」や『郡齋讀書志』・『直齋書録解題』によれば、兄の李渉に詩集一巻があったことが知られるが、李渤の詩集は記されていない。莫本や『李渉詩集』の他に、当地に伝わっている資料があったのであろうか。「太和二年十一月十三日」という日付は具体的であるから、張仲宇が拠ったものにそのようにあったのであり、その資料も何か基づくところがあったであろう。しかし先に見たように李渤が大和二年十一月まで桂林にいた形跡は認められない。大和元年に刺史を交代しているから、桂林にいたのは大和元年中までである。すると張仲宇が拠った資料にすでに誤りがあったことになる。唐・大和二年（828）から南宋・紹興二十年（1150）までは三百年以上の隔たりがあるから、不思議なことではない。そうだとすれば、宋人が転書の過程で「大和」の部分を「太和」と誤ることはあっても、「寶曆」と「大和」を混同して誤ったとはまず考えにくい。誤字の可能性が高いのは元号ではなく、年数の部分、つまり「二年」の部分である。「二」はしばしば「三」あるいは「元」に誤られる。しかし仮に「太和二年」が「大和元年」の誤りであるにしても、その「十一月」ならば、やはり史書の記載と矛盾する。また、その詩に「常歎春泉去不回、我今此去更難來」というのは春のことであるから、これも「十一月」に矛盾する。「十一月」というのは、字形の類似を考えれば「正月」あるいは「二月」か「三月」の誤字である可能性が考えられる。『舊唐書』によれば劉栖楚が桂州刺史を拝命したのは「大和元年春正月戊寅（十六日）」であり、「我今此去」は刺史交代の知らせを受けた後の発言である。したがって誤字であるならば「正月」ではなく、「二月」「三月」である可能性が高い。いっぽう李渤「留別隱山」詩には「太和元年莫春」とあった。すると張仲宇が見た資料の「太和二年十一月十三日」は「大和元年三月十三日」の誤りではなかったろうか。確証はなく、あくまでも推測の域を出ない。

桂林唐代石刻関係地図

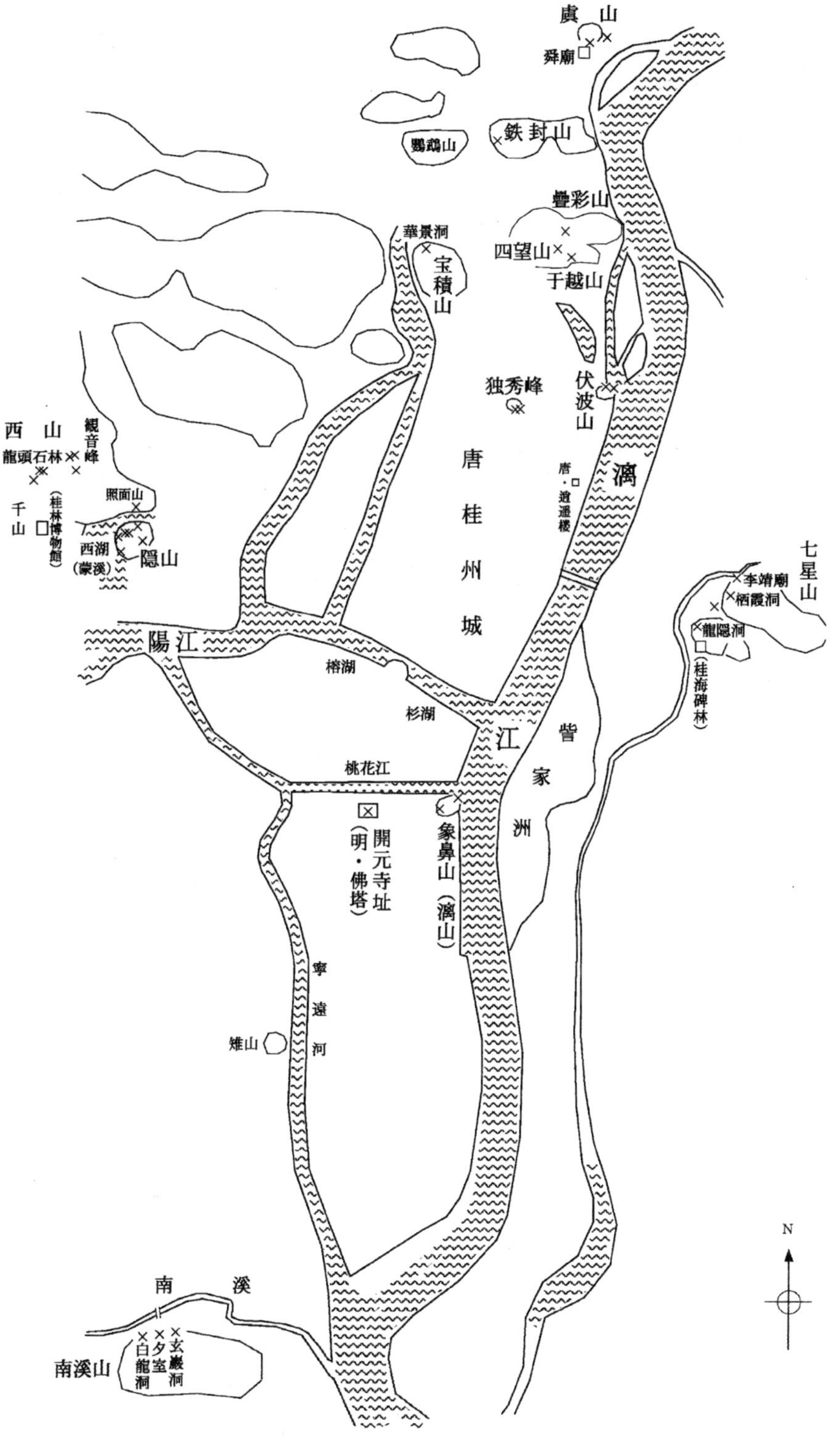
虞山
舜廟
鸚鵡山
鉄封山
疊彩山
四望山
于越山
華景洞
宝積山
独秀峰
伏波山
西山
觀音峰
龍頭石林
千山
桂林博物館
照面山
西湖（蒙溪）
隱山
唐桂州城
唐・逍遥楼
灕
七星山
李靖廟
栖霞洞
龍隱洞
桂海碑林
陽江
榕湖
杉湖
江
訾家洲
桃花江
開元寺址（明・佛塔）
象鼻山（灕山）
寧遠河
雉山
南溪
南溪山
白龍洞
夕室
玄巖洞
N

参　考　文　献
（桂林研究資料）

歴史・地理関係：

後魏・酈道元**『水經注』**四〇巻

楊守敬・熊會貞疏、段熙仲点校、陳橋驛復校『水經注疏』(江蘇古籍出版社一九九八年)。

唐・李林甫**『元和郡縣圖志』**四〇巻(元和八年813)

賀次君点校本(「中国古代地理総志叢刊」中華書局一九八六年)。

唐・劉恂**『嶺南録異』**三巻

魯迅校勘本(広東人民出版社一九八三年)、駱偉輯注本(『嶺南古代方志輯佚』広東人民出版社二〇〇二年所収)。劉恂は昭宗朝(889－904)の人。

唐・莫休符**『桂林風土記』**(光化二年899序)

1)欽定『四庫全書(文淵閣)』影印本

2)曹溶輯『學海類編』(道光十一年1831刻)所収本

文字に異同が見られるが、四庫全書本の方が誤りが少ないようである。また、『叢書集成』(排印)等にも『學海類編』に拠って収めるが、句読点や植字での舛誤が多い。

3)李明葵整理『桂林風土記』

『桂林地名集刊(一)』(一九九〇年)所収。四庫全書本・学海類編本・叢書集成本に拠って校勘、また佚文を輯す。

宋・樂史**『太平寰宇記』**二〇〇巻

文海出版社『宋代地理書四種』(一九九三年)所収。

宋・王存**『元豐九域志』**一〇巻

文海出版社『宋代地理書四種』所収。中華書局一九八四年点校本は宋・黄裳『新定九域志』が王存『九域志』に増補した「古蹟」門を付録。

宋・王陽悉**『輿地廣記』**三八巻(政和年(111－1118)序)

文海出版社『宋代地理書四種』據曝書亭蔵宋刻本影印。

宋・范成大**『驂鸞録』**(乾道九年1173)

『知不足齋叢書』二三・『叢書集成初編』所収。

宋・范成大**『桂海虞衡志』**(淳熙二年1175)

厳沛『桂海虞衡志校注』(広西人民出版社一九八六年)、佚文を多く集める。

宋・周非去**『嶺外代答』**一〇巻(淳熙五年1178序)

楊武泉『嶺外代答校注』(中華書局「中外交通史籍叢刊」一九九九年)。

宋・王象之**『輿地紀勝』**二〇〇巻(嘉定十四年1221序)

中華書局「中国古代地理總志叢刊」(一九九二年)據岑紹周懼盈齋本影印、文海出版社(一九六二年)『宋代地理書四種』據伍崇曜粤雅堂本影印。

宋・祝穆**『方輿勝覧』**七〇巻(嘉熙三年1239刻)

上海古籍出版社（一九九一年）影印『宋本方輿勝覧』。

元・劉應李**『大元混一方輿勝覧』**三巻（大徳七年1303成書）

四川大学出版社（二〇〇三年）、郭声波整理。

元・辛文房**『唐才子傳』**一〇巻（大徳八年1304）

傅璇琮『唐才子傳校箋』（中華書局一九八九年）。

明・黄福**『奉使安南水程日記』**（永楽四年1406）

清・汪森『粵西叢載』（巻三）所収。

明・勅撰**『永樂大典』**（永楽五年一四〇七年）

中華書局（一九八六年）影印本。

明・陳璉**『桂林郡志』**三二巻（宣徳間1426-1435、景泰元年1450呉恵重刻増補）

陳相国・秦邕江『廣西方志佚書考録』（広西人民出版社一九九〇年）に拠れば、「陳璉纂修于明洪武間」（p112）、広西壮族自治区通志館『廣西方志提要』（広西人民出版社一九八八年）に拠れば、「陳璉于明宣徳間纂輯」「宣徳本無存、景泰重刻増補本僅亦存巻一至巻二十三」（p200）。今、桂林図書館に蔵する序・目録・巻一から巻八（共四冊）、巻十九から巻二二（共三冊）「一九八七年據民国抄本複印」に拠る。

明・李賢**『大明一統志』**九〇巻（天順五年1461刊）

三秦出版社（一九九〇年）據原刻本影印。

明・黄佐**『廣西通志』**六〇巻（嘉靖四年1525修、十年1531刊）

『北京図書館古籍珍本叢刊（四一）』（書目文献出版社）所収。

明・張鳴鳳**『桂故』**（万暦十七年1589自序）八巻

1）清・欽定『四庫全書（文淵閣）』影印本

2）桂林図書館蔵抄本

桂林図書館に所蔵する抄本（29.5×21cm）は毎巻第一行に「欽定四庫全書」とある。

3）李文俊『桂故校注』（広西人民出版社一九八八年四月）

校注本は桂林博物館蔵の抄本を底本として上海図書館蔵・広西人民出版社蔵の抄本を校本とし、部分的に桂林図書館蔵の抄本を参考にしているという。なお、筆者が桂林博物館に照会したところ、抄本『桂故』は蔵書に無く、多くの蔵書をすでに桂林図書館に移管したということである。校勘は『《桂勝・桂故》校點』よりも詳細であるが、簡体字を用いている。

4）斉治平・鍾夏『《桂勝・桂故》校點』（広西人民出版社一九八八年十二月）

『桂故』では四庫全書本を底本とし、明刻本（万暦十八年(1590) の何太庚刻本）・清抄本で校勘。『桂勝』では古学彙刊本を底本にして明刻本・四庫全書本・清抄本で校勘するが、誤りが多い。

明・王士性『**五嶽遊草**』一〇巻（万暦二十五年1597序）

巻七に「桂海志續」・「遊七星巖記」を収める。周振鶴編校『王士性地理書三種』（上海古籍出版社一九九三年）所収。王士性（1547－1598）は万暦十七年（1587）に桂林に滞在。その間、張鳴鳳（字羽王）と交遊している。

明・王士性『**廣志繹**』五巻（万暦二十五年1597序）

周振鶴編校『王士性地理書三種』（上海古籍出版社一九九三年）所収。呂景琳点校本（中華書局一九八一年）は『台州叢書』（嘉慶二十二年1817刊）所収本に拠る。

明・蘇濬『**廣西通志**』四二巻（万暦二十五年1597修、二十七年1599刊）

『明代方志選』六・七（呉相湘輯、台北学生書局一九六五年）所収。

明・岳和声『**後驂鸞録**』（万暦三十九年1611）

范成大『桂海虞衡志』を継ぐもの。清・汪森『粤西叢載』四に所収。

明・魏濬『**嶠南瑣記**』二巻（万暦四十年1612序）

『叢書集成初編』（『硯雲甲甲乙編』に拠る影印）所収。

明・曹学佺『**廣西名勝志**』巻一・二

曹学佺『大明一統名勝志』二〇八巻所収。曹学佺（1574－1646）は天啓二年（1622）に広西右参議として桂林に赴任、四年間在住。巻一・二が「桂林府」。

明・鄺露『**赤雅**』三巻（崇禎八年1635序）

『知不足齋叢書』・『叢書集成初編』所収。鄺露（1604－1650）はかつて広西に遊ぶ。

明・徐弘祖『**徐霞客遊記**』一〇巻（乾隆四十一年1776刊）

徐弘祖（1587－1641）は崇禎十年（1637）閏四月に桂林に到着。桂林での記録は『徐霞客遊記』三上「粤西遊日記」一。

清・顧祖禹『**讀史方輿紀要**』一三〇巻（康熙五年1666）

『讀史方輿紀要稿本』（上海古籍出版社影印一九九三年）。

清・閔叙『**粤述**』一巻（康熙間）

『叢書集成初編』所収。最後の条に「康熙癸卯（二年）四年、……後二年巡撫廣西都御史金公、屬予纂輯『志略』」という。『廣西通志』職官によれば、閔叙は康熙二年（1663）に広西学道の官に任ぜられた。

清・韓作棟『**廣西輿圖**』九巻（康熙二十四年1685序）

日本・内閣文庫（国立国会図書館）蔵。

清・渾融、趙炯『**棲霞寺志**』二巻（康熙四三年1704刊）

光緒八年（1882）重刊本の光緒三二年重印本（広西師範大学蔵）による。

清・蔣廷錫等『**（欽定）古今圖書集成**』一万巻（雍正三年1725成書）

台湾・鼎文書局（一九七七年）影印本。

清・金鉷『**廣西通志**』一二八巻（雍正十一年1733成書）

『四庫全書（文淵閣）』史部・地理類所収。

清・沈霖曰『**粤西瑣記**』（乾隆間）

楊復吉『昭代叢書』丁集新編所収。楊復吉（1747－1820）の跋に「紉芳先生工於詩餘、入粵時、曾有『粤游詞』二冊。……乙未（乾隆四十年1775）夏日門人楊復吉識」という。

清・謝啓昆『**廣西通志**』二七九巻（嘉慶六年1801刊）

嘉慶本残巻、戸崎蔵。『中国地方志叢書』（台北成文出版社）所収は光緒十七年（1891）補刊本。何林夏『（嘉慶）《廣西通志》研究』（広西人民出版社一九九五年）に詳しい。謝啓昆『粤西金石略／待訪録』（嘉慶六年1801）十五巻は巻二一五から巻二二九の「金石略」を独立させた単行本。

清・胡虔『**臨桂縣志**』三二巻（嘉慶七年1802修、光緒六年1880補刊）

『中国地方志叢書』（台北成文出版社）所収。胡虔は『（嘉慶）廣西通志』編纂者の一人でもある。

清・『**大清一統志**』（道光二二年1842成書）

中華書局一九八六年影印『嘉慶重修一統志』（『中国古代地理總志叢刊』）。

清・沈秉成修、蘇宗経・羊復禮纂『**廣西通志輯要**』一七巻（光緒十五年1889刊）

『中国地方志叢書』七〇（台北成文出版社一九六七年）所収。

清・王錫祺『**小方壺齋輿地叢鈔**』（光緒二三年1897）

第四帙に桂林関係のものを多く集める。

清・呉徵鰲修、黄泌・曹馴纂『**臨桂縣志**』三二巻・首一巻（光緒三一年1905刊）

広西師範大学蔵民国五十二年（1963）春桂林市档案館翻印本（石印本三冊）に拠る。

今・莫乃群主編『**（廣西史志資料叢書）廣西地方史志文献聯合目録（上・下）**』（広西人民出版社一九八八年）

今・広西壮族自治区通志館編『**（廣西史志資料叢書）二十四史廣西資料輯録（２）**』（広西人民出版社一九八九年）

今・陳相因・秦邕江編著『**（廣西史志資料叢書）廣西方志佚書考録**』（広西人民出版社一九九〇年）

今・褚紹唐主編『**徐霞客旅行路線考察圖集**』（中国地図出版社一九九一年）

今・広西壮族自治区地方志編纂委員会編『**廣西通志・自然地理志**』（広西人民出版社一九九四年）

今・広西百科全書編纂委員会編『**廣西百科全書**』（中国大百科全書出版社一九九四年）

今・広西壮族自治区測絵局編製『**廣西地圖冊**』（成都地図出版社一九九八年）

今・傅璇琮等著『**唐五代文学編年史・中唐巻**』（遼海出版社一九九八年）

今・鍾文典主編『**廣西通史**』三巻（広西人民出版社一九九九年）

今・郁賢皓著『**唐刺史考全編**』六冊（安徽大学出版社二〇〇〇年）

今・桂林市測絵研究院編制「**桂林市縣城区地圖**」(広東省地図出版社二〇〇〇年)
現在市販されている地図で最も詳細。縮尺は1:12000。
今・朱関田著『**唐代書法家年譜**』(江蘇教育出版社二〇〇一年)
今・杜懐静主編『**廣西壮族自治区地圖冊**』(中国地図出版社二〇〇一年)

石刻・録文関係：

宋・李昉等奉撰『**太平御覧**』(太平興国二年977)千巻
宋・欧陽修『**集古録跋尾**』(嘉祐八年1063)十巻
宋・欧陽棐『**集古録目**』(熙寧二年1069)十巻
清・繆荃孫校輯本(光緒十年1884)による。
宋・朱長文『**墨池編**』(元豊年間？)六巻
万暦重刊本による。巻六の「碑刻」は貴重。巻六「宋歐陽脩『集古録目』序并跋」の末に「永叔(欧陽修)於慶暦・嘉祐間為天下儒宗」、朱長文(1039－1098)は欧陽修(1007－1072)より後、欧陽棐(1047－1113)・趙明誠(1081－1129)より前の人。
宋・趙明誠『**金石録**』(政和七年1117後序)三十巻
中華書局『古逸叢書』(三編之二)所収、一九八三年據北京図書館蔵南宋刻本。「影印宋本『金石録』説明」によれば淳熙(1174－1189)前後の龍舒郡齋刻本。
宋・鄭樵『**(通志)金石略**』(紹興三十一年1161)三巻
王樹民点校『通志二十略』(中華書局一九九五年)。
宋・王象之『**輿地碑記目**』(嘉定十四年1221)四巻
王象之『輿地紀勝』中の各「碑記」に同じ。
宋・陳思『**寶刻叢編**』(紹定二年1229序)二十巻
宋・佚名『**寶刻類編**』(宝慶初1225以後)八巻
明・張鳴鳳『**桂勝**』(万暦十七年1589自序)四巻
1)清・欽定『四庫全書(文淵閣)』影印本(四巻本)
2)鄧實輯『古学彙刊』第二集輿地類(上海国粋学報社、民国元年1912排印)所収(四巻本)
3)斉治平・鍾夏『《桂勝・桂故》校點』(広西人民出版社一九八八年)
『桂勝』の完本は伝わっておらず、いずれも闕文がある。「古学彙刊書目提要」に「舊鈔小字絶工、蓋爲明人手書原本」とあり、『校點』は古学彙刊本を底本として明刻本(万暦十八年(1590)の何太庚刻本)十六巻本や四庫全書本・清抄本で校勘しているが、古学彙刊本が最も杜撰。たとえば排印の段階での誤植と思われるものを除いても、巻四の後半にはかなりの闕文(15bの「仲春過陽亭詩」の下から「灕山人曰」の間、約八葉。「闕」の表記無し)があり、また巻一・二の分巻が異なる。諸本には万暦十七年(1589)の自序があるが、万暦十八年刻本（何太庚本）『桂勝』四「南溪山」に「頃得『元志』（至元五年（1339）趙天綱・郭思誠等編纂『桂林志』十冊）、乃知此「銘」（李）渤仲兄（李）渉所製、『郡新志』（明・陳璉等編纂『桂林郡志』三十二巻）謬以爲（李）渤、而余不之改、抑以見日者攬筆時、設疑非妄。『新志』之不可盡信、此一其也。庚寅（万暦十八年1590）仲春、灘山人（張鳴鳳の号）識」という。これは四庫全書本・古学彙刊本には見られない。万暦十八年刻本は後に著者自身が加筆・修正したものであり、貴重である。詳しくは拙論『唐・元晦の詩文の拾遺と復元——桂林石刻による『全唐文』の補正および明・張鳴鳳『桂勝』について」（『島大言語文化』17、2004年）。

明・蘇濬**『廣西通志』**四二巻（万暦二十七年1599刊）

巻三五から巻三九が「藝文志」。呉相湘輯『明代方志選』六・七（台北学生書局一九六五年）所収。

明・于奕正**『天下金石志』**（崇禎五年1632序）巻一三「廣西」

清・葉奕苞**『金石録補』**（康熙十九年1680成書）二七巻

清・汪森**『粤西通載』**（康熙四十四年1705序）

汪森（1653−1726）は康熙三十二年（1693）から桂林・太平府通判として七年間にわたり広西の史料を収集し、『粤西詩載』二十五巻・『粤西文載』七十五巻・『粤西叢載』三十巻を編集。これら三書は「粤西三載」あるいは「粤西通載」と通称される。いずれも四庫全書に収める。『粤西叢載』は『筆記小説大観・續編』（文明書局石印、民国五一年台北新興書局影印）にも収める。

清・欽定**『全唐詩』**（康熙四十五年1706）九百巻

１）中華書局（一九六〇年）排印本

２）刊本（康熙間揚州詩局本、上海古籍出版社影印一九八六年）

清・欽定**『古今圖書集成』**（雍正四年1726序）

台湾・鼎文書局（一九七七年）影印本。

清・金鉷**『廣西通志』**一二八巻（雍正十一年1733成書）

巻九七から巻一二八が「藝文」。『四庫全書』史部・地理類所収本。

清・李文藻**『粤西金石刻記』**一巻（乾隆四十二年1777）

『南澗先生易簀記』（李文藻口授、蒋器記、王献唐校録、李昔吾勘注）（抄本『李文藻四種』（上海古籍書店1980年）所収、6b・15b）によれば、李文藻（1730−1778）が桂林府同知となった時に撰したもの。民国二十一年（1932）に王献唐・李昔吾が注をつけ、校定している。

清・銭大昕**『潛研堂金石文跋尾』**二〇巻（乾隆五十二年1787）

清・劉玉麐**『桂林巖洞題刻記』**三冊

未見であるが、その説は謝啓昆『廣西通志』の「金石略」に多く引く。『廣西通志』の「金石略」（『粤西金石略』）は劉玉麐の考証（録文も？）だけでなく、拓本にも拠っているかも知れない。劉玉麐（1738－1797）は明・張鳴鳳の後にあって、清の考証学を承けて謝啓昆・楊翰・林半覚へと続く桂林石刻研究の基礎を築いたものとして位置づけられよう。『廣西通志』210「藝文略」に「乾隆丁酉（四十二年1777）拔貢生、廣西試用州判。是書凡“東峯”一冊、“龍隱巖”一冊、“南溪”一冊。所記二百一十六種、手拓者一百六十九種、間有考證。蓋初成稿本、玉麐卒、稿藏其友刑部郎中臨川李秉禮家」という。独秀峰に劉玉麐の題刻があり、それに「乾隆壬子（五十七年1792）七月七日」という。李秉礼（1748－1830）は桂林に寓居していた李秉綬とともに画家として知られる。

清・謝啓昆**『粤西金石略・待訪録』**一五巻（嘉慶六年1801刊）

謝啓昆『廣西通志』（嘉慶五年）の「金石略・待訪録」一五巻を独立させたもの。なお、「粤」は今日では広東省を指し、広東省西部を「粤西」というが（『広東摩崖石刻』一九九八年「概述」）、『粤西金石略』に対して清・翁方綱『粤東金石略』（乾隆三十六年1771）があるように、清人のいう「粤西」は今の広西を指す。

清・孫星衍**『寰宇訪碑録』**十二巻（嘉慶七年1802）

清・瞿中溶**『潛研堂金石文字目録』**八巻（嘉慶十年1805）

清・邢澍**『金石文字辨異』**十二巻（嘉慶十四年1809）

清・王昶**『金石萃編』**一六〇巻（嘉慶十年1805）

清・欽定**『全唐文』**千巻（嘉慶十九年1814）

清・洪頤煊**『平津讀碑記再續』**一巻（嘉慶二十一年1816）

清・陸耀遹**『金石續編』**二一巻

清・厳可均**『平津館金石萃編藏』**二〇巻

厳可均（1762－1843）、撰年未詳。

清・張祥河**『粤西筆述』**一巻（道光二十五年1845）

また張祥河（1785－1862）には『桂林名勝圖繪』（桂林博物館に陳列）があるが、閲覧不可。

清・劉喜海**『金石苑』**不分巻（道光二十六年1846）

清・呉式芬**『金石彙目分編』**二〇巻（咸豊間？）

呉式芬（1796－1856）、道光の進士、咸豊六年卒。今、「海豊呉氏藏版文禄堂印行」本があり、呉式芬の自序を附す。序年・印行年は不明であるが、生前の成書。各巻末に呉重周・呉重熹（1838－?）の「補遺」を附す。

清・葉志詵**『平安館藏碑目』**

葉志詵（1779－1863）、撰年未詳。

清・朱士端**『宜禄堂収臧金石記』**六〇巻（同治二年1863）

清・趙之謙**『補寰宇訪碑録』**五巻（同治三年1864）

清・汪鋆『**十二硯齋金石過眼録**』十八巻（光緒元年1875）

清・楊翰『**粤西得碑記**』一巻（光緒二年1876成書、民国十三年1924羅氏校印）

清・陸増祥『**八瓊室金石補正**』一三〇巻（光緒初成書、民国十四年1925刊）

王季烈「(八瓊室）金石補正跋」に「(劉）翰怡京卿校刊陸星先生所著『八瓊室金石補正』始事於庚申（民国九年）之秋、迄今五載（民国十四年)、剞劂甫竟、以（王）季烈參與校勘之役。……顧先生成是書、當光緒之初、歴四十餘年克殺青。……乙丑（民国十四年）六月二日長洲王季烈跋」、また陸増祥「(汪硯山)『十二硯齋金石過眼録』序」に「余亦有志於此、方輯『八瓊室金石補正』、所獲亦幾相埒、而（魏）稼生與余所述之書尚未卜成於何日、(汪）硯山乃先成而刊之……光緒元年三月十日」という。

清・羅振玉『**補寰宇訪碑録刊誤**』(光緒十二年1886成書、二十年刊)

清・陸心源『**唐文拾遺・續拾遺**』(光緒十四年1888)

清・繆荃孫『**藝風堂金石文字目**』(光緒二十四年1898)

清・葉昌熾『**語石**』十巻（光緒二十七年1901序、宣統元年1909校訂)

藤原楚水の訳注（一九七五年）がある。

清・徐樹鈞『**寶鴨齋題跋**』二巻（宣統二年1910)

清・欧陽輔『**集古求眞**』十三巻（民国十三年1924)

清・羅振玉『**增訂碑別字・附碑別字拾遺**』五巻・不分巻（民国十七年1928)

清・劉声木『**寰宇訪碑録校勘記**』十一巻（民国十八年1929)

清・欧陽輔『**集古求眞補正**』四巻（民国二三年1934)

民国・陳志良著「**廣西古代文化遺跡之一探考**」(1940年)

『建設研究』(広西建設研究会）三巻一期所収。また、同氏に「桂林西山考古記」・「桂林開元寺考」(『説文月刊』第2巻合訂本一九四二年）があるが、未見。

民国・楊殿珣編『**石刻題跋索引**』(一九四〇年初版、九〇年増訂本商務印書館)

民国・林半覚編纂『**粤西碑碣總志**』(一九四〇年)

未見。林半覚（1902－1983）は羅香林の調査（一九三九年九月）に同行しており、羅氏「唐代桂林磨崖佛像考」(一九四一年）に「半覚は金石篆刻を治むること有年、方に桂省府の爲めに『粤西碑碣總志』を編纂し、凡そ碑刻拓本は皆な之に由る彙集著録なり」(p77）という。また『桂林旅游大典』(一九九三年、p688）によれば、林半覚は一九四〇年に“広西石刻展覧”(拓印碑刻一三〇〇余件）を開催したという。

民国・林半覚編輯『**廣西歴代碑目**』(民国手抄本)

桂林図書館蔵。『粤西碑碣總志』のことか、あるいはその「目録」であろう。

民国・林半覚輯『**廣西石刻志稿**』(民国手抄本)

桂林図書館蔵。

民国・羅香林著**「唐代桂林磨崖佛像考」**（民国三十年1941）

羅香林著『唐代文化史研究』（商務印書館一九四六年、上海書店重印一九九二年）所収。

民国・林半覚編輯**『桂林石刻志』**（稿本、一九四四年）

未見。『桂林石刻』（一九八一年）の「後記」（p467）によれば、約一二〇〇件を収録、『桂林石刻』への貢献が大であったという。

民国・林半覚輯**『桂林明清碑目略』**（民国手抄本）

桂林図書館蔵。『桂林石刻志』の一部分ではなかろうか。

今・岑仲勉著**『金石論叢』**（一九五六年自序、上海古籍出版社一九八一年）

岑氏往年の論文を整理した論文集が準備（一九五九年）されていたが、「種種の原因に由り」、文化大革命後に出版。「隱山李渤等題名」・「李渤留別南溪詩」・「桂林上元題名」・「李實［寔］先世」等を収める。

今・桂林市文物管理委員会**『桂林石刻説明』**（油印本一九六四年）

今・桂林市文物管理委員会**『桂林石刻展覧目録』**（油印本一九六四年）

桂林図書館蔵。建国十五周年（一九六四年国慶節）を記念して桂林市文物管理委員会の主催による“桂林石刻展覧会”が開かれた。その時のもの。1500余件の内、230余件を厳選。その内、唐代のものは30件。

今・桂林市革命委員会文物管理委員会編印**『芦笛岩大岩壁書』**（一九七四年七月、油印本）

今・藤原楚水訳注**『石語』**三冊（省心書房一九七五～七八年）

葉昌熾『語石』（宣統元年1909校訂本）の訳注。数多くの拓本影印を付録して紹介しており、資料集としても利用価値が高い。桂林に関する拓本も少なくない。拓本の多くは京都大学人文研究所所蔵のものであろう。

今・桂林市文物管理委員会編印**『桂林石刻』**（一九七九年九月、64p）

精選された石刻拓本三十件の影印本。うち唐代は「唐・顔真卿：『逍遥楼』榜書」・「唐・鄭叔斉：独秀山新開石室記」・「唐・李渤：留別南渓詩」・「唐・元晦：畳彩山記」・「唐・元晦：四望山記」・「唐・呉道子：観音童子像」・「唐・貫休：十六尊者像」の七件。ただし後の二件は清代の重摸。印刷技術・紙質（アート紙を使用）ともに好く、拓本の影印は鮮明。この他、以下に掲げるように『桂林石刻』と題する書は多い。

今・桂林市文物管理委員会編**『桂林石刻選』**（広西人民出版社一九八〇年十二月、60p）

拓本二九件の影印本。唐代は「唐・顔真卿：逍遥楼榜書」・「唐・鄭叔斉：独秀山新開石室記」・「唐・李渤：留別南渓詩」・「唐・元晦：畳彩山記」・「唐・呉道子：観音童子像」・「唐・貫休：十六尊者像」・「唐・李陽冰：題舜廟碑額」の七件。一九七九年の拓本影印本『桂林石刻』と収録数はほぼ同じであり、これを基にした選集と思われるが、内容は唐代に限らず、かなり異なっている。印刷状態はかなり悪い。

今・王壮弘『**増補校碑随筆**』(上海書画出版社一九八一年)

今・桂林市文物管理委員会編印『**桂林石刻**』三冊 (一九八一年八月、鉛印本)

主編は林半覚・張益桂。一九七四年から開始された石刻調査に基づいて抄録・対校・編輯し、五年をかけて二〇〇〇件に近い石刻を収集。その中で一九一一年(民国)以前の石刻一五六九件を選んで収録、文革の終焉後に編印。上冊は南北隋唐五代・宋・元、計384頁、中冊は明、計258頁、下冊は清、計468頁。各冊は時代によって編次し、按語を加える。全1110頁、別に「勘誤表」(七頁)を付録する。目下、桂林の石刻を網羅した唯一の基礎資料。ただ翻字が時代の影響を受けて簡体字で行われているのが惜しまれる。上冊の「編輯説明」の末には「編者一九七七年」の日付があるが、下冊の「後記」に「編者一九八一年八月」という。桂林図書館の目録では発行を「1982年」とするが、本書にそのような日付はなく、図書館が受理した日の可能性もある。そうであるにしても印刷後さほど経っていない時であったはずであり、「後記」が八一年八月であるから印行は八二年に入っていたかも知れない。これとは別に油印本『桂林石刻』六冊(桂林図書館蔵)があるが、恐らく試行本であり、三冊本はこれを基にして再編されたものであろう。なお、高橋継男「近五十年来出版の中国石刻関係図書目録(稿)」(『唐代史研究』四、汲古書院二〇〇一年)に『桂林石刻』を録して「発行年月不明」「1977年編者序、香港影印」というが、これは本書の海賊版ではなかろうか。

今・楊震方『**碑帖叙録**』(上海古籍出版社一九八二年)

今・張彦生『**善本碑帖録**』(中華書局一九八四年)

中国社会化学院考古研究所編輯「考古学専刊」乙種第十九号。

今・桂林市文物工作隊編印『**桂林墓碑誌選集**』(一九八六年、油印本)

今・有賀要延『**難字・異体字典**』(国書刊行会一九八七年)

今・石呆子『**桂林石刻**』三冊 (一九八七年)

法帖として作られており、末に「桂林山水奇甲天下、人能共識;桂林石刻富甲岑南、鮮爲人知。迭經天災人災、存世日稀。呆子不敏、勒石縮拓、集以饗世之同好。丁卯夏月」「石獃子印」の落款がある。「石」は姓の可能性もあるが、「石呆子」とは“書呆子”(本の虫、読書家)と同じようなマニアをいう綽名であろう。その中には一九六三年の朱徳・徐徳立の和詩の拓本を収めているから、「丁卯」はその後の丁卯、一九八七年。これはレプリカからの拓本を集めたもので、恐らく観光客を目当てに作られたものであろうが、かなり精確にして原刻に忠実であり、以前の拓本の情況を伝えていて参考になる。

今・陳垣編纂(陳智超・曽慶瑛校補)『**道家金石略**』(文物出版社一九八八年)

今・北京図書館金石組編『**北京圖書館蔵中國歴代石刻拓本匯編(11~35)・唐**』(中州古籍出版社一九八九年)

今・桂海碑林編『**桂林石墨菁華**』(漓江出版社一九九三年五月、128p)

拓本影印本。合計四七件を収めるが、唐代のものは「唐・顔真卿書『逍遥楼』」・「唐・貫休十六尊者像」の二件、極めて少ない。しかもこの二件は桂林石刻博物館（桂海碑林）が製作したレプリカによる拓本のようである。印刷状態も全体的に一九七九年本『桂林石刻』より劣る。

今・呉鋼主編『**全唐文補遺**』（三秦出版社一九九四年）

今・劉玲双編著『**桂海碑林**』（漓江出版社一九九七年七月）

桂海碑林とは七星公園内の龍隠巌にある桂林石刻博物館の通称。

今・広西壮族自治区博物館編『**中國西南地區歴代石刻匯編（第四冊～八冊）廣西省博物館巻**』（天津古籍出版社一九九八年）

今・桂林博物館・桂林石刻博物館編『**中國西南地區歴代石刻匯編（第九冊～十三冊）廣西桂林巻**』（天津古籍出版社一九九八年）

今・周紹良主編『**全唐文新編**』（吉林文史出版社二〇〇〇年）

桂林歴史文物・古代文学研究等：

今・鄧拓「一個新發現的神話世界——桂林芦笛岩参觀記」（『人民日報』一九六二年三月一日）

今・桂林市文物管理委員会編『桂林文物』（一九七二年九月、油印本）

今・桂林市文物管理委員会編『桂林寺觀志』（一九七六年）

桂林図書館蔵。

今・毛水清「神牽夢繞古今清」（『邕江』一九七九年第三期）

今・余国琨・劉英・劉克嘉著『桂林山水』（広西人民出版社一九七九年十二月）

今・桂林市文物管理委員会編著『桂林文物』（広西人民出版社一九八〇年九月、張益桂執筆）

今・徐炳興編輯『桂林旅游』（上海人民美術出版社一九八一年八月）

今・莫杰著『（広西旅游叢書）靈渠』（広西人民出版社一九八一年十一月）

今・劉英著『（広西旅游点簡介）南渓山』（広西美術出版社一九八二年八月）

今・唐兆民編『靈渠文獻粹編』（中華書局一九八二年十月）

今・桂林市文管会選編・劉寿保注釈『古代桂林山水詩選』（漓江出版社一九八二年十月）

今・久保田博『桂林夢幻』（岩波書店一九八二年）

後に『新編桂林夢幻』（一九九〇年）。筧文生著「桂林の山水詩」を収録。

今・張益桂「桂林芦笛岩・大岩壁書考釋」（『広西師範大学学報』一九八六年第一期）

今・桂林市地名委員会編印『桂林市地名録』（一九八六年十月）

今・譚発勝・林京海著「試論桂林石刻的産生・發展及保護」（『桂林文物』一九八七年第三・四期）

今・劉英著『（桂林攬勝叢書）名人與桂林』（広西人民出版社一九九〇年九月）

今・周其若主編『名人與桂林』（海天出版社一九九〇年九月）

書名・出版年は同じであるが、全く異なる書である。資料性は劉英著の方が高い。
今・陳相因・秦邕江編著『(広西史志史料叢書) 廣西方志佚書考録』(広西人民出版社一九九〇年十月)
今・桂林市地名委員会弁公室編印『桂林地名集刊』第一輯 (一九九〇年)
李明葵整理『桂林風土記』・湯銘「今桂林的漢唐城池考索」等、貴重な論文・史料を多く収める。
今・向才徳主編『歴代桂林山水詩文精品賞析』(広西人民出版社一九九一年十一月)
今・桂林市景点徵名小組編『桂林新24景』(漓江出版社一九九二年十月)
今・周昱麟主編『心酔神迷游桂林』(漓江出版社一九九二年十二月)
今・張子模等著『桂林文物古迹』(文物出版社一九九三年三月)
『桂林文物』(一九八〇年) の増補改訂版ともいうべきもの。
今・余国琨・劉英主編『(中国歴史文化名城叢書) 桂林』(中国建設工業出版社一九九三年九月)
今・桂林市人民政府文化研究中心・桂林市海外旅游総公司編『桂林旅游大典』(漓江出版社一九九三年十二月)
桂林の文化・産業等に関する、今日最も充実した総合資料集 (1052ｐ)。石刻の紹介を含む。
今・桂林市地名委員会弁公室編『桂林地名集刊』第二輯 (一九九四年)
今・魏華齢・張益桂主編『桂林歴史文化研究文集 (一)』(漓江出版社一九九五年十二月、682ｐ)
論文五〇篇を収める。黄家城主編『桂林歴史文化研究文集 (二)』(二〇〇〇年) は続編。
今・桂林市地名委員会弁公室編『桂林地名集刊』第3輯 (一九九六年)
今・淩世君・閉俊奮編著『(桂林導游叢書) 疊彩公園』(漓江出版社一九九七年七月)
今・淩世君・閉俊奮編著『(桂林導游叢書) 西山公園』(漓江出版社一九九七年七月)
今・淩世君・閉俊奮編著『(桂林導游叢書) 伏波公園』(漓江出版社一九九七年七月)
今・淩世君・閉俊奮編著『(桂林導游叢書) 象山公園』(漓江出版社一九九七年七月)
今・黎江編著『桂林』(中国旅游出版社一九九七年八月)
今・周昭麟編著『(桂林導游叢書) 七星公園』(漓江出版社一九九七年十二月)
今・桂林市地方志編纂委員会編『桂林市志 (上・中・下)』(中華書局一九九七年十二月、3597ｐ)
今・閉俊奮「疊綵山石刻初探」(『桂林文博』一九九八年第二期)
今・黄家城・曽有云主編『遠勝登仙桂林游』(漓江出版社一九九八年十一月)
今・黄家城主編『桂林旅游史略』(漓江出版社一九九八年十二月)
今・李明葵「李渤簡略評傳」(『桂林文博』一九九九年第一期)
今・桂林旅游資源編委会編『(中国旅游資源普查文献) 桂林旅游資源』(漓江出版社一九九九年十月)
国家旅游局「中国旅游資源普查規範」に拠って桂林市旅游局が組織して調査し、編撰したもの (878ｐ)。
今・桂林市旅游局編『桂林旅游志』(中央文献出版社一九九九年十一月、370ｐ)

今・行雲帆等編著『中国名勝精華游・桂林』(広東省地図出版社二〇〇〇年三月)

今・黄偉林編撰『桂林市民讀本』(接力出版社二〇〇〇年七月)

今・桂林市虞山公園管理処『虞山廟景区』(新世紀出版社二〇〇〇年？)

今・廖国一「広西的佛教与少数民族文化」(『宗教学研究』二〇〇〇年第四期)

今・戸崎哲彦「唐代における山水文学の展開——“嶺南地域”文学研究の提唱」(滋賀大学経済学部『彦根論叢』三三三、二〇〇一年)

今・趙平「唐代舎利函記失而復得(上)」(『桂林日報』二〇〇一年二月二一日)

今・趙平「唐代『舎利函記』失而復得(下)」(『桂林日報』二〇〇一年三月十日)

今・趙平「破解西山灯龕的“千古之謎”」(『桂林日報』二〇〇一年四月十三日)

今・陳永源・奉少廷編注『名人筆下的桂林』(新華出版社二〇〇一年四月)

今・蘇勇「也談有關開元寺沿革的兩個問題」(『桂林文博』二〇〇一年六月第一期)

今・廖国一「唐代旅桂名人對桂林文化的影響」(『桂林文博』二〇〇一年六月第一期)

今・顔邦英主編『桂林之最』(漓江出版社二〇〇一年七月)

今・莫道才等「桂林旅游文化研究」(陽国亮・黄偉林主編『多維視角中的旅游文化與發展戰略』中国旅游出版社二〇〇一年十二月)

今・戸崎哲彦「許渾與李珏——對桂林華景洞石刻『寄李相公』兩首詩及“牛李党争”研究的啓示」(『社会科学家』二〇〇一年十一月第六期)

今・李叡主編『中南山水名勝』(北京科学技術出版社二〇〇二年一月)

今・戸崎哲彦「桂林名山“象鼻山”与“漓山”」(『桂林旅游高等専科学校学報』2002－1)

今・味水「宋代廣西科擧史上兩椿軼事——兼及“桂林山水甲天下”之出處」(『広西文史』2002－1)

今・戸崎哲彦「名句“桂林山水甲天下”の出自と典拠について」(島根大学法文学部『島大言語文化』14、二〇〇三年一月)

今・黄家城主編『桂林歴史文化研究文集(二)』(広西区内部性出版物二〇〇三年、631p)
『桂林歴史文化研究文集(一)』(一九九五年)の続編、論文五四篇を収める。

今・戸崎哲彦「李陽冰事跡考(上)」(『島大言語文化』15、二〇〇三年八月)

今・戸崎哲彦「李陽冰事跡考(下)」(『島大言語文化』16、二〇〇四年二月)

今・戸崎哲彦「唐・元晦の詩文の拾遺と復元－桂林石刻による『全唐文』・『全唐詩』の補正および明・張鳴鳳『桂勝』について」(『島大言語文化』17、二〇〇四年八月)

戸崎　哲彦（とさきてつひこ）

1953年12月、鳥取県生まれ。京都大学大学院文学研究科博士後期課程修了（中国文学専攻）、滋賀大学経済学部教授を経て現在島根大学法文学部教授。著書に『唐代中期の文学と思想』・『柳宗元在永州』・『柳宗元永州山水游記考』・『当代中国語小辞典』等。

＊本書は独立行政法人日本学術振興会平成16年度科学研究費補助金（研究成果公開促進費）による刊行である。

桂林唐代石刻の研究

2005年2月25日　初版発行

著　者　戸崎哲彦
発行者　佐藤康夫
発行所　株式会社　白帝社
〒171-0014　東京都豊島区池袋2－65－1
TEL 03-3986-3271　FAX 03-3986-3272
http://www.hakuteisha.co.jp

印刷　富士リプロ　製本　カナメブックス

　ISBN 4-89174-723-4